JN025497

教義と歴史から理解する

入門・世界の宗教

角田佑一

［著］

ミネルヴァ書房

まえがき

　人類の歴史が始まって以来，世界で多くの宗教が生まれた。そして，各地域で宗教が人間の生の規範と原動力となり，人々の生命観，倫理観，世界観，歴史観に深い影響を及ぼし続けてきた。世界史を見てみると，宗教間の対立や，一つの宗教内の宗派間の対立が，国家間の政治的対立と一体になって，世界史の流れに大きなインパクトをもたらすこともあった。

　20世紀後半から宗教間対話が盛んになり，さまざまな宗教の代表者が互いに出会い，自らの価値観，世界観，歴史観を分かち合いながら，相互理解と相互変容を目指す営みが行われるようになった。そして，さまざまな宗教の平和的な交わりが目に見えるかたちで実現する道が開かれた。21世紀に入り，すでに20年以上もの歳月が流れたが，各地で宗教同士の交わりと一致を求めて，宗教間対話が地道に続けられている。しかし，他方でさまざまな地域で宗教間・宗派間の対立や緊張も続き，国家間の政治的対立を助長する事態も起こっている。日本では，宗教に無関心である人，特定の宗教を信じていない人がかなり多い。しかし，ある特定の宗教が社会に衝撃を与える事件を起こすと，人々はマスコミの報道を通して好奇の目を以て宗教を見つめ，宗教や信徒たちを論じることがある。そのような意味で，結局のところ，日本人も宗教にはまったく無関心ではいられない状況のなかに生きている。

　これまで日本では世界の主要な宗教を紹介する多くの書物が出されたが，各宗教の教え，実践，その他の特徴を簡潔に説明するにとどまり，各宗教の教義や歴史に深く踏み込んで，一冊にまとめた書物はほとんどなかった。本書の特徴は世界の主要な宗教の教義と歴史に焦点を当てて，各宗教の教義が歴史のなかでどのように展開したのか，その結果，各宗教が自らのうちにどのような宗派や教派を持つに至ったのかを解説していることである。本書を読むことをと

おして，読者が世界の宗教の教えと実践への理解を深め，現在も続く宗教間・宗派間対立の根底にある問題を受け止めて，ともに問題を解決するために，どのように宗教間，宗派間の交わりと一致の道を実現できるのか，ともに考えることができればと願っている。

教義と歴史から理解する

入門・世界の宗教

目　次

1 宗教を学ぶ意義

21世紀にあって，グローバルな視野をもって世界のさまざまな地域をより深く見つめ，そこにいる人々を真に理解しようとするならば，その地域の人々の価値観，世界観，歴史観に深い影響を与えている宗教への理解を持つことが重要である。世界の宗教分布を見てみると，信徒数の上では一神教がマジョリティを占めている。とりわけ，ユダヤ教を源とする「セム系一神教」であるキリスト教とイスラーム教が世界第一位，第二位の信徒数を持つ。多神教ではインド発祥のヒンドゥー教が多くの信徒を抱え，世界第三位の信徒数を誇る。これに対して，日本の宗教分布を見ると，すでに述べたように，ある特定の宗教に献身している人が少なく，自分は無宗教であると言う人が多い。ただ，生活習慣上の理由（自分の家のお墓がお寺にある，お葬式はお坊さんにしてもらう，神社の氏子である，神社によくお参りに行くなど）から，自分を仏教や神道の信者として同定している人も多い。そのため，統計上，日本では神道と仏教の信徒がマジョリティを占め，世界でマジョリティを占めるキリスト教やイスラーム教の信徒数は少ない。これは日本に特徴的な宗教分布である。

2 宗教の本質

世界の宗教について学ぶためには，まず宗教とは一体何なのか，宗教の本質について考える必要がある。「宗教」は英語の religion の翻訳語である。もともと religion という語は，religio というラテン語の名詞を語源としている。そ

して，religio は religo というラテン語の動詞に由来する。religo は「結びつける」を意味する言葉である。[1] この語源から考えてみると，宗教は「結ぶ」ことを基本的な特徴としているということができる。この場合，「結ぶ」とは，まず神と人間とを結ぶことを意味する。近代日本の哲学者である西田幾多郎は，彼の著作『善の研究』のなかで，宗教の本質について以下のように述べている。

　　　宗教とは神と人との関係である。神とは種々の考え方もあるであろうが，
　　　これを宇宙の根本と見ておくのが最も適当であろうと思う，而して人とは
　　　我々の個人的意識をさすのである。この両者の考え方に由って種々の宗教
　　　が定まってくるのである。[2]

　ここで，西田は「宗教とは神と人との関係である」と明確に述べ，「神」を「宇宙の根本」，「人」を「我々の個人的意識」と定義している。そのうえで，この両者の関係をどのように考えていくかにしたがって，それぞれの宗教の内容が定まってくると述べている。このように，宗教の本質とは神と人間との関係であり，宗教は両者の関係を「結ぶ」機能を果たす。そして，筆者の私見を述べると，宗教は神と人間とを結ぶことを基本にしながら，人間と人間とを結ぶという特徴も持っている。そのため，どのような宗教も必ず信徒たちの共同体を持ち，各宗教の共同体は特有の構造（ヒエラルキーなど）を持っている。さらに各宗教の共同体は，自分が置かれている空間や時間をどのように見るのかなど，さまざまな考察を行い，独自の世界観や歴史観を発展させてきた。そして，各宗教は自らの世界観や歴史観にもとづいて真正な宗教であることを証明し，自らの宗教の存在意義を説明してきた。このように，宗教とはたんに価値観のみを示すものではなく，必ず世界観，歴史観とをあわせ持ち，それらが有機的に連関し合っている。

1）田中秀央『増補改訂　羅和辞典』研究社，1966年，532頁。
2）西田幾多郎『善の研究』岩波書店，2015年，229頁。

3　真の生命への欲求

　人類の歴史が始まって以来，世界にはさまざまな宗教が生まれた。人類の歴史のなかで，なぜ多くの宗教が発生したのか，それは個々の人間が心の奥底に持っている真の生命への欲求にもとづいていると筆者は考える。西田は『善の研究』のなかで，以下のように述べている。

　　宗教的要求は自己に対する要求である，自己の生命についての要求である。我々の自己がその相対的にして有限なることを覚知すると共に，絶対無限の力に合一してこれに由りて永遠の真生命を得んと欲するの要求である。パウロが既にわれ生けるにあらず基督我にありて生けるなりといった様に，肉的生命の凡てを十字架に釘付け了りて独り神に由りて生きんとするの情である。真正の宗教は自己の変換，生命の革新を求めるのである。[3]

　ここで，西田は「宗教的要求」という人間の心の奥底にある欲求について説明している。「宗教的要求」とは「自己の生命についての要求」である。私たちはこの世界に生きるなかで，深い苦しみや悩みを抱え，罪悪の意識を持ち，肉体的な限界に向き合い，最終的には死という人生の終局に直面しながら生きる。そのなかで，我々は自らの存在が相対有限であることを覚知する。しかし，このとき，私たちの心の奥底から「絶対無限の力」に合一して一切の限界を超えた「永遠の真生命」に至りたいという欲求が湧き出す。これはたんに「不老不死のいのちを得たい」というような有限のいのちの限りない延長を求める欲求ではなく，絶対無限のはたらきと合一して，自己の転換と生命そのものの刷新を求める欲求である。このような「宗教的要求」が人類の歴史における種々の宗教の発生を促してきたと筆者は考える。そして，人々は宗教的要求に即して，絶対無限のはたらきとの合一を体験した。そこから，諸宗教のさまざまな

3）同上，223頁。

「根本体験」が発生したのである。

4　根本体験

　宗教を学ぶうえで重要なことは，それぞれの宗教の「根本体験」を理解することである。「根本体験」とは，各宗教を成立せしめる決定的な啓示，救済，覚醒の体験を意味する。例えば，キリスト教の根本体験とは，イエス・キリストの十字架の死と復活の出来事である。新約聖書によれば，イエス・キリストはユダヤ教の伝統のなかで，神の国の福音を説く活動を行った。しかし，イエスはユダヤ教の律法学者たちと祭司たちから強く非難され，最後，逮捕されて死刑の判決を受け，十字架に付けられて死に至った。ところが，その後，イエスは死んで三日目に復活した。このとき，イエスを救い主であると信じる者たちは，彼の十字架の死によって自分たちの罪がゆるされるのを体験し，復活したキリストに出会うことによって，苦しみと死からの解放，死を超えた限りのない神のいのちを体験した。この根本体験がキリスト教をキリスト教として成立させたのである。さらに仏教の根本体験は，ダルマ（真理）に目覚める体験である。釈迦が菩提樹の下でダルマ（真理）に目覚めてブッダとなった。そして，釈迦が自ら悟った真理の内容を人々に語り，人々もその教えを実践することにより，ダルマ（真理）に目覚める体験をした。そのため，ダルマに目覚めるという根本体験が仏教を仏教として成立させたのである。

　このように，各宗教はそれぞれの根本体験を持ち，その根本体験が個々の宗教を成立させている。そして，どの宗教でも，その宗教の本質を規定する根本体験をすることがなければ，誰もほんとうの意味で救われることはないと考える。さらに，各宗教では，その宗教の根本体験がすべての人々によって共有されうるものであると考えるため，人種，性別，生きている時代や場所を問わず，どのような人もその根本体験をとおして救われうるとみなすのである。

5　本書の構成

　上記の宗教の本質と特徴をふまえたうえで，本書は世界の主要な諸宗教の教義と歴史を紹介することを目的とする。各宗教が歴史のなかでどのように発生し展開していったのかを見ながら，各宗教の教義がどのように展開し，各宗教の内にさまざまな宗派がどのように成立したのかということを見る。本書の構成は以下のとおりである。「第Ⅰ部　一神教——「啓示」に生きる」においては，唯一の神の啓示にもとづいて成立したユダヤ教，キリスト教，イスラーム教，ゾロアスター教を取り上げる。「第Ⅱ部　インド発祥の諸宗教——「ダルマ」に生きる」では，「ダルマ」（真理）に即して生きるインド発祥のバラモン教，ヒンドゥー教，ジャイナ教，シク教，仏教を取り上げる。「第Ⅲ部　中国と日本発祥の諸宗教——「道」に生きる」では，中国で発生した儒教と道教，日本で発生した神道と修験道を取り上げる。

一神教

——「啓示」に生きる——

　第 I 部では，唯一の神の啓示にもとづいて成立した古代の宗教について取り扱う。まずセム系一神教であるユダヤ教，キリスト教，イスラーム教の教義と歴史について説明する。そのうえで，アーリア系一神教であるゾロアスター教の教義と歴史についても解説する。これらの宗教は唯一の神による天地万物の創造，終末，救世主の到来，創造から終末に向かう直線的な歴史観など，さまざまな要素を共有している。

<table>
<tr><td>第1章</td><td>ユダヤ教
——正統派・保守派・改革派</td></tr>
</table>

1　古代イスラエルの宗教

　ユダヤ教は古代イスラエル人の宗教として出発した。古代イスラエル人の祖先は，ユダヤ教のヘブライ語の『聖書』（キリスト教における『旧約聖書』）に現れる「ヘブライ人」である[1]。本節では，『聖書』をひも解きながら，古代イスラエル人の宗教がどのように発生したのかを見てみたい。

［1］　神による天地万物の創造

　ユダヤ教において，神の名はヘブライ語の四つの子音文字（יהוה　YHWH）で表され，この神聖四文字の本来の発音は不明であるが，聖書のなかに出てきた場合，「アドナイ（主）」，もしくは「ヤハウェ」と読まれる。『聖書』の創世記によれば，唯一の主なる神が天と地，植物，動物，人間を創造したと語られる。このとき，最初に創造された人間がアダムとエバ（イヴ）である（創世記1-2章）。アダムとエバはエデンの園に住んでいたが，神の意志に背いて，エデンの園にあった善悪の知識の木の実を取って食べた。その結果，アダムとエバはエデンの園を追放された。それ以来，アダムとエバの子孫である人類は罪，死，苦しみを抱えて，この世界で生きるようになった（創世記3章）。

　その後，アダムの子孫のノアの時代，人類が罪深くなったので，神は洪水を起こして，地上のすべての生き物を滅ぼし尽くすことを考えた。しかし，神は正しい人であったノアとその家族を生かすことを望み，ノアに箱舟を造ることを命じた。ノアは彼の家族，動物たちを箱舟に入れて，箱舟に乗った者たちは

---

1) 石田友雄『ユダヤ教史——聖書の民の歴史』山川出版社，2013年，16頁。

洪水のなかを生き残ることができた（創世記6-8章）。そして，ノアと彼の家族以外の人間たちはすべて洪水によって滅びてしまった。洪水後，神はノアと彼の家族を祝福し，ノアの子孫が各地に広がっていった（創世記9-10章）。

2　アブラハム・イサク・ヤコブの時代（族長時代）

　カルデア（メソポタミア南東部）の都市ウル出身のアブラハム（ノアの子孫）は，ハラン（メソポタミア北西部）に滞在していたとき，唯一の主である神から啓示を受けた。神はアブラハムにカナンの地（現在のパレスチナ地方）に移住することを命じ，アブラハムとアブラハムの子孫に祝福を与えることを約束した（アブラハム契約）。そして，アブラハムはハランからカナンに移住した（創世記12章）。古代イスラエル人の歴史のなかで，アブラハム，イサク（アブラハムの息子），ヤコブ（イサクの息子）が「族長」と呼ばれ，ヤコブの12人の息子たちが，後の「イスラエル12部族」の祖先であるとみなされている。[2]

3　ヘブライ人のエジプト脱出

　『聖書』の創世記によれば，ヤコブの11番目の息子のヨセフがエジプトで宰相になると，父ヤコブの一家をカナンの地の飢饉から逃れさせるために，エジプトへと移住させた（創世記45-46章）。その後，彼らの子孫はエジプトで増えて「ヘブライ人」と呼ばれるようになった。[3] この人々が古代イスラエル人の祖先である。

　エジプト新王国第19王朝時代の王（ファラオ）ラメセス2世の時代（在位紀元前1290-前1224年），ヘブライ人たちは奴隷として働かされ，大きな苦しみを体験していた。『聖書』の出エジプト記によれば，神はモーセという人物に語りかけ，奴隷として苦しめられているヘブライ人たちをエジプトから導き出し，カナンの地に連れていくように命じた（出エジプト記3章）。そして，モーセはヘブライ人たちを連れてエジプトを脱出した。[4]

---

2) 同上，18-25頁。
3) 同上，25頁。

　彼らが荒野のなかを旅してシナイ山に着いたとき，モーセはシナイ山（ホレブ山）に登り，神から二枚の石の板を授けられた。その石の板には「十戒」が記されていた[5]。十戒の内容は以下のとおりである（出エジプト記20・2-17）[6]。

①あなたには，わたしをおいてほかに神があってはならない。

②あなたはいかなる像も造ってはならない。

③あなたの神，主の名をみだりに唱えてはならない。

④安息日を心に留め，これを聖別せよ。

⑤あなたの父母を敬え。

⑥殺してはならない。

⑦姦淫してはならない。

⑧盗んではならない。

⑨隣人に関して偽証してはならない。

⑩隣人の家を欲してはならない。隣人の妻，男女の奴隷，牛，ろばなど隣人
　のものを一切欲してはならない。

　さらに，神はモーセに祭儀や社会生活に関するさまざまな律法（トーラー）を与えた。神はヘブライ人たちにこれらの律法の実践を命じ，彼らが律法を忠実に実践するとき，祝福を与えることを約束した（出エジプト記24章，申命記6章）。このときに神とヘブライ人との契約が締結された（シナイ契約）。そして，血縁意識にもとづくヘブライ人諸部族の共同体を超えて，唯一の神との契約にもとづく民族共同体「イスラエル」が成立した[7]。このエジプト脱出の出来事とシナイ契約は，ユダヤ教の信仰の基盤であり，イスラエル民族のアイデンティティを支えている。そして，エジプト脱出を記念する「過越祭」が，ユダ

4）同上，26-27頁。
5）同上，29頁。
6）聖書の本文は以下の日本語訳聖書にもとづく。『聖書　新共同訳──旧約聖書続編つき』日本聖書協会，1995年。
7）石田 前掲書1），30-31頁。

ヤ教のなかで最も大切な祭りとして，毎年祝われている[8]。

4　イスラエルの民のカナン定住・士師の時代

　シナイ契約締結の後，イスラエルの民は荒野を旅して，カナンの地を目前にしてモーセは亡くなった（申命記31-34章）。『聖書』のヨシュア記によれば，モーセの死後，後継者であるヨシュアが，イスラエルの民を率いてヨルダン川を渡り，カナンの地に入って部族ごとにまとまって定住した。実際のところ，イスラエル諸部族のカナン定着は，紀元前13世紀末から前12世紀中葉にかけて，複雑な過程を経て行われたと考えられている[9]。『聖書』の士師記によれば，イスラエル諸部族はカナンに定住してから，たえず外敵（カナン人，モアブ人，アンモン人，ミディアン人，ペリシテ人ら）からの圧迫にさらされていた。そのなかで，「士師」と呼ばれる軍事指導者（オトニエル，デボラ，サムソン，ギデオンら）がイスラエル諸部族の軍事同盟を結成して外敵と戦った[10]。

5　イスラエルにおける王国の成立

　紀元前11世紀末には，古代イスラエルの部族共同体のなかに王制が導入された[11]。『聖書』のサムエル記上によれば，イスラエルの民が王を立てることを望んだ。それを受けて，「預言者」（神の言葉を告知する人）であったサムエルが，サウルに油を注いで王に任命した（サムエル記上8-9章）。しかし，その後，サウルが神の言葉に背くようになると，サムエルはダビデに油を注いだ（サムエル記上16章）。ダビデはサウルに仕える者となったが，両者は次第に敵対するようになった。サウルとサウルの息子イシュ・ボシェトの死後，ダビデは全イスラエルの王となり，エルサレムに都を置いた（サムエル記下5章）。神はダビデに対して，イスラエルを統治するダビデ王家の永続を約束する（ダビデ契約サムエル記下7章）。ダビデは周囲の異民族の王朝を征服し，王国の版図は大き

---

8) 同上，32頁。
9) 同上，36頁。
10) 同上，37-39頁。
11) 同上，47頁。

く広がった。[12]

　ダビデの死後，息子のソロモンが全イスラエルの王に即位した（列王記上 2
章）。ソロモンはエルサレムに神殿を建設した（第一神殿）。神殿の至聖所には，
「契約の箱」（十戒の石板が入っている箱）が置かれ，神殿では動物をささげる犠
牲祭儀が行われた。ダビデとソロモンの時代（紀元前1004頃-前928年頃），王国
は繁栄した。[13]

⑥　南北王国時代とバビロン捕囚

　ソロモンの死後，紀元前926年頃，王国は北イスラエル王国と南ユダ王国と
に分裂した（列王記上12章）。北イスラエル王国はイスラエル12部族のなかの10
部族（ルベン，シメオン，イサカル，ゼブルン，マナセ，エフライム，ダン，ナフタリ，
ガド，アシェル）で構成されていた。北イスラエル王国では，さまざまな王家
（ヤロブアム家，バシャ家，オムリ家，イェフ家，メナヘム家）が交替した。これに
対して，南ユダ王国は 2 部族（ユダ，ベニヤミン）で構成されていた。そして，
ダビデの子孫であるダビデ王家が王位を継承し続けた。[14]

　紀元前 8 世紀になると，メソポタミア北部で興った新アッシリア帝国が各地
で征服戦争を行い，古代オリエントに巨大な帝国を樹立した。そのなかで，紀
元前722年，アッシリアは北イスラエル王国の都サマリアを占領し，紀元前720
年に北イスラエル王国を完全に滅ぼした。このとき，北イスラエル王国の住民
は，南ユダ王国に移住したり，囚われの身となって新アッシリア帝国の各地に
散らされたりした。そして，帝国の東方から他の諸民族がサマリアに強制移住
させられた。[15]

　ところが，紀元前627年のアッシュール・バニパル王の死後，新アッシリア
帝国は弱体化し，これに乗じて，南ユダ王国の王ヨシヤ（在位紀元前641-前609
年）は，アッシリアの統治下にあった旧北イスラエル王国領を取り戻した。そ

---

12) 同上，47-56頁，63-66頁。
13) 同上，66-70頁。
14) 同上，70-86頁。市川裕『ユダヤ教の歴史』山川出版社，2009年，20-21頁。
15) 石田 前掲書 1)，86頁。市川 前掲書14)，20頁。

して，ヨシヤの時代に，一巻の律法の巻物が神殿のなかから見つかった。この巻物は，現在の申命記の一部であったと考えられる。ヨシヤはその律法の内容に従って宗教改革を行った（申命記改革）。ヨシヤは祭儀を徹底して純正化し，エルサレム神殿のなかにあった異教的シンボルや建造物を排除した。そして，地方聖所を閉鎖して，祭儀を中央聖所であるエルサレム神殿に集中させた。[16]

紀元前7世紀後半，新バビロニアが新アッシリア帝国から独立し，紀元前612年に新アッシリア帝国の首都ニネヴェを占領し，紀元前609年に新アッシリアを完全に滅ぼした。その後，紀元前597年，新バビロニア帝国は南ユダ王国を攻撃し，多くの人々がバビロニアに連れていかれた（第一次バビロン捕囚）。さらに，紀元前586年，新バビロニア帝国は南ユダ王国を滅ぼし，エルサレムを占領して，神殿と城壁を破壊した。そして，南ユダ王国の主要な住民たちが新バビロニアの首都であるバビロンに捕囚民として連行され移住させられた（第二次バビロン捕囚）。[17]

バビロン捕囚期は約60年間に及んだ（紀元前597-前538年）。王国と神殿を失った捕囚民たちは，バビロニアで自らの信仰を守るために律法を収集し，定期的に律法の学習を行い，安息日には皆で集まって神への賛美と礼拝を行った。これが後のユダヤ教の「シナゴーグ（会堂）」の始まりであった。[18]捕囚期以降，旧南ユダ王国出身の捕囚民たちは「ユダヤ人」と呼ばれるようになった。

7　預言者の活躍

南北王国時代，バビロン捕囚期，捕囚解放期の間，多くの預言者が活躍した。預言者はヘブライ語で「ナービー」と言い，神の言葉を人々に告知する者であった。[19]南北王国時代，北イスラエル王国では，エリヤ，エリシャ，アモス，ホセアらが預言者として活動した。これに対して，南ユダ王国では，第一イザヤ（第一イザヤの言葉は『聖書』のイザヤ書1章から39章に収められている），ミカら

---

16) 石田　前掲書1），108-110頁。
17) 同上，110-118頁。
18) 同上，128-129頁。
19) 「解説」『十二小預言書——旧約聖書X』鈴木佳秀訳，岩波書店，1999年，325-326頁。

が活躍した。そして，南ユダ王国滅亡からバビロン捕囚初期にかけて，エレミヤ，エゼキエルなどが預言者として活動した[20]。さらにバビロン捕囚後期から捕囚解放期にかけて，第二イザヤがさまざまな預言活動を行った（第二イザヤの言葉はイザヤ書40章から55章に収められている）。そして，捕囚解放以後，第三イザヤらが活動した（第三イザヤの言葉はイザヤ書56章から66章に収められている[21]）。

　預言者たちは神の言葉を告知して，イスラエルの民の罪の悔い改めを呼びかけ，神のあわれみ，祝福，裁き，審判を説き続けたが，民から理解されず迫害され苦難の生涯を歩んだ。

　預言者のなかには，将来「メシア」が到来することを説く者がいた（例，イザヤ書9・1-6，11・1-10［第一イザヤの言葉］，ミカ書5・1-5など）。メシアとは「油注がれた者」を意味する言葉で，古代イスラエルで「油を注ぐ」ことは王の任職の際に行われていた。『聖書』のさまざまな箇所には，将来のメシア待望を表す言葉がある。この場合，メシアとは政治的救済者であり，圧倒的な力によってイスラエル王国を再建する王であると理解される。これに対して，第二イザヤは「主の僕の歌」（イザヤ書42・1-4，49・1-6，50・4-9，52・13-53・12）のなかで，「主の僕」が民の罪を担い，人々から苦しみを受けて殺されるが，その苦しみと死によって民の罪がゆるされることを語った。第二イザヤの語る苦難の「主の僕」は，圧倒的な力を持つ政治的救済者とは正反対の新しいメシア像を提示し，後にイエス・キリストの受難と死による人類の救済というキリスト教の救いの理解にも強い影響を与えた。

　さらに，捕囚期には終末思想が発展した。捕囚前の預言者のなかで，アモスは「主の日」における神の審判について語り（アモス書5・16-20），ホセアはイスラエルの救いの日について語る（ホセア書2・16-25）。その後，捕囚期の末期になると，第二イザヤは歴史を古い時代と新しい時代にはっきりと区別する終末論を唱え，新バビロニア帝国の滅亡（古い時代の終焉）とイスラエルの解放と救済（新しい時代の始まり）について語った。さらに，捕囚解放以後，第三イザ

20）石田　前掲書1），90-97頁。
21）「解説」『旧約聖書Ⅶ　イザヤ書』関根清三訳，岩波書店，1997年，331-335頁。

ヤは終末を新しい天と地の創造であると考え，終末における救いの希望を語った（イザヤ書65章[22]）。

8 　捕囚からの帰還と神殿再建

　紀元前538年，アケメネス朝ペルシアの王キュロス2世は，新バビロニア帝国を滅ぼした。彼はバビロニアの捕囚民がエルサレムに帰還して神殿を再建することを許可した。それを受けて，捕囚民の一部がエルサレムに戻り，ダビデ家出身の総督ゼルバベルと大祭司イェシュアのもとで，紀元前520年にエルサレムで神殿（第二神殿）の再建を開始し，紀元前515年に完成させた（エズラ記1-6章[23]）。これに対して，バビロニアに残った捕囚民は自分たちの社会を形成し，後2世紀には，ダビデ家の子孫が，バビロニアのユダヤ人社会の代表者「捕囚民の長（レシュ・ガルータ）」に任命された[24]。

　アケメネス朝ペルシアの王アルタクセルクセス1世の時代，紀元前458年頃，書記官である祭司エズラがバビロニアからエルサレムにやって来た。彼は捕囚から解放されて帰還した人々の子孫が周辺異民族の人々と姻戚関係に入っていることを嘆き，エルサレム神殿の前で会衆たちに異民族の配偶者と，その配偶者との間に生まれた子を離縁するよう求めた（エズラ記9-10章）。その後，エズラはエルサレムを去った[25]。

　紀元前445年頃，アケメネス朝ペルシアによって派遣されたユダヤ属州総督ネヘミヤ（捕囚民出身）が，エルサレムの城壁再建を実施した（ネヘミヤ記3-6章[26]）。紀元前430年頃，エズラがバビロンからエルサレムに再び赴き，会衆の前で「モーセの律法」を朗読し，律法の解説を行った（ネヘミヤ記8章）。この時代には，成文律法，すなわち「モーセ五書」（創世記・出エジプト記・レビ記・民数記・申命記）の大部分がまとめられていたと考えられる。エズラはイスラ

22）石田 前掲書1），167-169頁。
23）同上，148-154頁。市川 前掲書14），23頁。
24）同上，54頁。
25）石田 前掲書1），158-160頁。
26）同上，159頁。

エルの民が律法を遵守して生きること，異邦人との姻戚関係を断つことを徹底させた（ネヘミヤ記9章-10章）[27]。このときに初期ユダヤ教が成立したと考えられる。エズラとネヘミヤから始まる第二神殿時代をとおして，エルサレムがバビロニア，エジプトなどさまざまな地域に離散したユダヤ人たちを，唯一の神への純粋な信仰によって結びつける中心となった。そして，人々は信仰生活の中心として律法を徹底して実践するようになり，このときから，厳密な意味で「ユダヤ教徒」と呼ばれる民族・信仰集団が始まった[28]。さらにエズラとネヘミヤの時代に，民族史として「歴代誌」，「エズラ記」，「ネヘミヤ記」が編纂されたと考えられる[29]。

⑨　ヘレニズム諸王朝による支配・ハスモン朝の時代

　紀元前332年頃，マケドニアのアレクサンドロス大王がパレスチナを征服した。それ以降，ギリシア人の王国（プトレマイオス朝，セレウコス朝）がパレスチナを支配し続けた。この時代，ギリシア人の支配する領域では，ギリシア文化とオリエント文化が融合したヘレニズム文化が生じた。そして，ヘレニズム文化はユダヤ教にも強い影響を与えた[30]。

　紀元前280年頃，『聖書』のギリシア語訳がエジプトのアレクサンドリアで完成し，七十人訳聖書（セプチュアギンタ）として，ヘレニズム文化圏で普及した。七十人訳聖書はのちにキリスト教にも大きな影響を与えた。

　紀元前198年，プトレマイオス朝に代わって，セレウコス朝がパレスチナを支配するようになった。セレウコス朝の王アンティオコス4世エピファネス（在位紀元前175-前163年）は，紀元前167年にユダヤ教禁止令を出し，ユダヤ人への迫害，ヘレニズム化の強制を行った（例，エルサレム神殿に異教の神を祀り，異教の祭司を置いて犠牲祭儀を行わせるなど）[31]。

27）同上，160-161頁。
28）同上，161頁。
29）同上，162頁。
30）同上，170-171頁。市川 前掲書14），32頁。
31）石田 前掲書1），174頁。

　これに対して，ユダヤ教の祭司でハスモン家のマタティアが息子たちと反乱を起こした。マタティアの死後，彼の三男ユダが反乱を指導した（マカバイの乱）。紀元前164年，ハスモン家がエルサレムを奪回して，エルサレムの神殿にあった異教の祭壇を撤廃して，異教の祭司を追放した（「宮清め」）。このときからユダヤ教では「宮清め祭（ハヌカー）」を祝うようになった。[32] その後，ユダが戦死すると，彼の兄弟ヨナタンとシメオンが反乱の指導者となった。紀元前152年，ヨナタンがセレウコス朝により大祭司として認められ，ユダヤ民族・宗教共同体の指導者となった。ヨナタンの死後はシメオンが指導者となった。紀元前140年，シメオンを指導者とするユダヤ民族・宗教共同体は，セレウコス朝からの独立を認められ，ハスモン王国（ハスモン朝）という独立国家を創設した。それ以後，ハスモン家が王と大祭司の職を独占するようになった。[33]

　ハスモン朝時代，祭司や律法の実践についてさまざまな理解が生じ，ファリサイ派，サドカイ派，エッセネ派が出現した。

　律法は成文律法と口伝律法に分けられる。成文律法とは，モーセが神から直接授与され，『聖書』のなかの「創世記」，「出エジプト記」，「レビ記」，「民数記」，「申命記」の部分に記されている成文の律法である。この成文律法には十戒が含まれている。これに対して，口伝律法とは，モーセが神より与えられ，その後，師から弟子へと口伝で伝えられた律法である。

　第一にファリサイ派は成文律法と口伝律法を共に認め，律法を研究し，律法に誠実に従って生きた人々である。ファリサイ派の人々は神殿外のシナゴーグで，民衆に律法を普及させた。さらに彼らは義人（神の意志に従って生きた人々）の魂が死後，復活すると考えた。[34]

　第二にサドカイ派は神殿祭司を中核とする貴族階層であり，成文律法のみを認め，口伝律法を認めなかった。ファリサイ派とサドカイ派がユダヤ人議会であるサンヘドリン（ユダヤ教における政治的，宗教的，法的な最高決定機関）のメン

32）同上，175頁。
33）同上，176-179頁。
34）市川 前掲書14），37-38頁。

バーであった。[35]

　第三にエッセネ派は都市から離れて，厳しい生活規則（律法の実践，沐浴などの儀礼の実践，祈りの実践，財産共有など）にしたがって，禁欲的な共同生活を送っていた。[36]

　さらにこの時代，ユダヤ教徒が過酷な迫害を受けるなかで，ユダヤ教黙示思想が発展した。黙示思想においては，隠された終末の秘密が示され，終末における善（神・天使）と悪（サタン）との闘争が描かれる。黙示思想の源流は，預言者たちの終末思想であるが，マカバイの反乱を背景にして書かれた「ダニエル書」以降，紀元前2世紀から後2世紀にかけて，さまざまな黙示書が著された。そして，メシア思想も黙示思想のなかで発展し，終末においてメシアがこの世界に来臨して裁きを行うという信仰が現れた。

10　ローマによる支配

　紀元前64年，ポンペイウス率いる共和政ローマ軍がセレウコス朝を滅ぼし，紀元前63年にはエルサレムを占領した。このとき，ローマはハスモン家の指導者ヒルカノス2世を「エトナルケース」（民族統治者）・大祭司として認めたが，共和政ローマへの朝貢を求めた。[37]

　紀元前40年，ハスモン家のアンティゴノス・マタティアがパルティアより王と大祭司に任命され，ハスモン朝を再興した。これに対して，ローマ元老院はヘロデをユダヤ王に任命した。紀元前37年，ヘロデはアントニウスのローマ軍の援助を受けてエルサレムを占領し，アンティゴノス・マタティアを捕虜にして処刑した。このとき，ハスモン朝は滅亡した。ヘロデはローマの属王として，ヘロデ王朝を樹立し，ヘロデ大王と呼ばれた。[38]

　紀元前4年頃，ヘロデ大王が亡くなると，王国はヘロデ大王の三人の息子（ヘロデ・アルケラオス，ヘロデ・フィリッポス，ヘロデ・アンティパス）に分割され

35）同上，38頁。
36）同上，39頁。
37）石田 前掲書1），181頁。市川 前掲書14），39頁。
38）石田 前掲書1），183頁。

た。その後，ローマ帝国皇帝アウグストゥスは，紀元後 6 年，ヘロデ・アルケラオスの王国の領域（ユダヤ，サマリア，エドム）をローマの属州に編入し，ローマ総督の支配下に置いた。[39]

この時代，ファリサイ派のヒレルとシャンマイが律法学者として活躍し，彼らの弟子たちが，ヒレル学派とシャンマイ学派を形成した。このときから「タンナイーム」の時代（紀元後 1 -200年頃）が始まった。タンナイームとは，ミシュナ（口伝律法の集成）のなかに登場し，口伝律法を教えたラビ（トーラーの教師）たちを意味する。[40]

20年代後半から30年，ナザレのイエスが活動し，イエスを救い主であると信じる者たちが共同体を形成した。当初彼らは「ナザレ派」と呼ばれていた。

66年，ユダヤ人たちがローマ帝国のユダヤ属州総督の統治政策に反発して騒乱を起こし，ローマとの戦争に突入した（第一次ユダヤ戦争の発生）。70年，ティトゥス率いるローマ軍がエルサレムを占領し，エルサレム神殿（第二神殿）を破壊した。このとき，エルサレムのユダヤ人たちは各地に逃亡した。73年，強硬派シカリ党がマサダ要塞に籠ってローマ軍に抵抗し，1,000名近いユダヤ人兵士とその家族が集団自決した（第一次ユダヤ戦争の終結）。[41]

第一次ユダヤ戦争のとき，エルサレムを脱出したヨハナン・ベン・ザッカイが，ローマ総督からヤブネ（ヤムニア）のブドウ園を下賜された。ラビたちはヤブネの地で口伝律法を収集した。第二神殿崩壊後，動物の犠牲祭儀は行われないようになり，ユダヤ教の信仰生活の中心は神殿儀礼から，シナゴーグにおける礼拝，律法の学習と実践に変化した。それに伴い，神殿祭司を中心とするサドカイ派は没落し，律法の研究と実践を中心とするファリサイ派がユダヤ教のなかで重要な役割を担うようになった。そして，律法の教師であるラビたちが，ユダヤ教の信徒たちを導く役割を果たすようになった（ラビ・ユダヤ教の成立）。[42]

39）同上，187頁。
40）石田 前掲書 1 ），196-197頁。市川 前掲書14），51-52頁。
41）同上，48頁。
42）同上，49頁。

　ヤブネの学塾には，ラビ・エリエゼル，ラビ・ヨシュア，彼らの弟子のラ
ビ・アキバ，ラビ・イシュマエルなど第二，第三世代のラビたちが生まれ，活
躍した。90年頃，ヤブネで聖書正典の編纂会議が開かれ，ヘブライ語聖書の正
典（タナッハ）の内容が定められた。ヘブライ語聖書の正典は，「律法（トー
ラー）」5書，「預言者（ネヴィイーム）」8書，「諸書（ケトゥヴィーム）」11書か
ら構成されている。そして，ギリシア語の七十人訳聖書のみにある諸文書（ヘ
ブライ語原典を持たない諸文書）は正典から除外された。これはナザレ派がイエ
スをメシアであると証明するために，七十人訳聖書を用いていたためである[43]。
その後，ヤブネの会議において，ナザレ派がシナゴーグから追放された。その
結果，ナザレ派はユダヤ教から独立してキリスト教となった。

　132年，バル・コクバがローマへの反乱戦争を起こすが，135年，ローマ軍は
エルサレムを陥落させて戦争は終結した（第二次ユダヤ戦争）。第二次ユダヤ戦
争後，ユダヤ教の拠点が，ヤブネからパレスチナ北部のガリラヤに移った。第
二次ユダヤ戦争の後，属州の名前がユダヤからパレスチナに変えられた[44]。

　200年頃，ラビ・ユダ・ハナスィがミシュナ（口伝律法の集成）を編纂した（ミ
シュナ欽定編纂）。3世紀初めに，「アモライーム」の時代が始まった。アモラ
イームとは，タンナイームの時代の後に，ミシュナを解説するラビたちのこと
である。この時代，律法を学ぶ学塾（イェシヴァ）が各地のユダヤ人居住区に
生まれ，多くのラビを輩出した[45]。ラビ・ユダヤ教では，成文律法と口伝律法
に示されたユダヤ啓示法の全体を「ハラハー」と呼び，ハラハーに従って生き
ることをユダヤ人たちに求めた。そして，各地のユダヤ人居住区で，ハラハー
にもとづいた自治社会が形成された[46]。

　バビロン捕囚の終結以降，祖国に戻らなかった捕囚民たちは，ペルシア帝国
の各地に移住し，移住地で離散（ディアスポラ）・ユダヤ人共同体を成立させた。
その後，ヘレニズム王朝やローマ帝国による支配の時代になると，地中海やオ

---

43)　石田 前掲書1），220-221頁。
44)　市川 前掲書14），50頁。
45)　同上，50-52頁。
46)　同上，13-15頁。

リエント世界の多くの地域に，ディアスポラ・ユダヤ人の共同体が広がった。そのなかで，バビロニアのディアスポラ・ユダヤ人共同体においては，律法の研究が盛んであった。バビロニアのユダヤ人社会では，スーラとプンベディータの学塾が互いに競い合い，すぐれたラビたちを輩出した。

　4世紀末，パレスチナでエルサレム・タルムードが編纂された。「タルムード」とはミシュナとそれについてのラビたちの議論（ゲマラ）から成るものである。500年頃には，バビロニアでバビロニア・タルムードが編纂された。[47]

2　中世・近世のユダヤ教

　古代以降，ユダヤ人たちはヨーロッパ，アジア，アフリカのさまざまな地域に離散し，自らの居住地で自治共同体を築いて生活していた。そして，彼らは自らの共同体のなかで，ユダヤ法やユダヤ教の伝統を保持していた。中世・近世になると，ユダヤ人たちは自らの居住する地域で，独自のユダヤ教文化や思想を発展させていった。

1　中世におけるバビロニアのユダヤ人社会

　6世紀中期以降，バビロニアはイスラーム圏の中に入ったが，ムスリム共同体（ウンマ）の支配者であるカリフは，ユダヤ教徒，キリスト教徒を「啓典の民」とみなして尊重し，それぞれの共同体に自治権を与えた。そのため，イスラーム社会におけるユダヤ人たちが，バビロニアのユダヤ人社会の代表「捕囚民の長（レシュ・ガルーダ）」のもとで一つにまとめられていた。[48]

　バビロニアにおいては，3世紀以来，スーラとプンベディータの学塾（イェシヴァ）の塾長が，ラビ・ユダヤ教の口伝律法の解釈について権威を持っていた。レシュ・ガルーダは，二つの学塾の権威を承認し，塾長はガオンの称号と呼ばれた。二つの学塾の存在した時代を，ゲオニーム時代と呼ぶ。この時代，

47）同上，52-55頁。
48）同上，66-67頁。

バビロニアでは，ミシュナ（口伝律法）の研究，タルムードの研究が発展した。しかし，11世紀になると，バビロニアの学塾の権威が衰退した。

②　中世における中央・東ヨーロッパのユダヤ人社会

　ライン地方を中心とした中央ヨーロッパは，アシュケナズと呼ばれる地域であり，その地のユダヤ人たちはアシュケナジと呼ばれた。アシュケナジのユダヤ人たちは，イディッシュ語を話し，ドイツから東ヨーロッパにかけて，独自の文化圏を生成した[49]。

　中世以降，聖書とタルムードのテキスト解釈に秀でた学者が多く現れた。ヨーロッパのフランク王国初期の時代，カール大帝（在位768-814年），ルートヴィヒ敬虔王（在位814-840年）は，ユダヤ人商人の経済力に注目し，ユダヤ人にユダヤ法にもとづく自治を承認し，生命と財産の保全など，さまざまな特権を与えた。アシュケナジ系のユダヤ人たちは，ライン川沿いに北上し，フランスを縦断し，プラハを中心にボヘミア，オーストリア方面にも進出した[50]。

　11世紀にバビロニアの学塾の権威が失われると，ライン地方のマインツやヴォルムスで学塾が設立された。1096年の第一次十字軍遠征の際，十字軍はアシュケナジ系ユダヤ人の居住地で殺戮行為を行い，ユダヤ人社会は厳しい迫害下に置かれた。しかし，この時代，多くのすぐれたタルムード学者が現れた[51]。

③　中世・近世におけるスペインのユダヤ人社会

　スペインはヘブライ語でスファラドと呼ばれたため，この地域のユダヤ人は「スファラディ」と呼ばれ，中世に独自の文化を築いて黄金時代を作った[52]。中世以降，スファラディ系のユダヤ人社会には，多くのすぐれた学者が現れた。例えば，モシェ・ベン・マイモン（マイモニデス　1135-1204年）らが挙げられる[53]。

49）同上，60頁。
50）同上，71頁。
51）同上，73頁。
52）同上，60頁。
53）同上，80頁。

8世紀以降，スペインの大部分が，ムスリム系の王国の支配下に入った。この時期，トレドやコルドバのユダヤ人は，古代ギリシアの学問を吸収したイスラームの学者たちの著作をラテン語へと翻訳する大事業を行った[54]。さらにスペインのユダヤ人のなかから，すぐれた哲学者，詩人，科学者が多く現れた。11世紀の後ウマイヤ朝の滅亡後，キリスト教の諸王国（カスティーリャ，ナバラ，アラゴンなど）が巻き返し，レコンキスタ（国土回復運動）を開始した。キリスト教の諸王国ははじめユダヤ人を優遇した[55]。

　12世紀の後半，スペインのキリスト教圏のスファラディ系ユダヤ人が，ユダヤ神秘主義の思潮の一つ「カバラー」を生み出した。「カバラー」においては，知られざる神が「エイン・ソフ（無限）」と表現され，エイン・ソフから10個の「セフィロート（神の属性・神のなかの力）」が流出する。そして，10個の「セフィロート」の体系が天上と地上の世界の基本構造であると考える[56]。カバラーの古典的テキストとして，12世紀後半には『バヒール』，13世紀後半には『ゾーハル』が現れた。『ゾーハル』は後世のユダヤ教に強い影響を及ぼした[57]。

　13世紀以降，イスラーム勢力が衰え，キリスト教諸王国の勢力が強くなると，スペインのキリスト教圏のなかで，ユダヤ人への不寛容が広まり，各地で反ユダヤ的運動が起こった。14世紀以降，暴動と強制改宗によって「新キリスト教徒（コンベルソ）」が生まれた。そして，1492年にスペインの最後のムスリムの王国であったグラナダ王国が滅び，レコンキスタが完成すると，ユダヤ教徒の追放令が施行された。スペインにいたユダヤ教徒50万人が追放され，隣国ポルトガル，北アフリカ，イタリア，バルカン半島などの地中海周辺，オスマン帝国領内の中東地域などに逃れた。追放されることを望まなかったユダヤ教徒は，キリスト教に改宗した。1496年にはポルトガルでもユダヤ教徒追放令が出された。ポルトガルのユダヤ教徒もポルトガルに残るためにキリスト教に改宗した

54）同上，78頁。
55）同上，89-90頁。
56）同上，90-92頁。
57）同上，90-94頁。ニコラス・デ・ラーンジュ『ユダヤ教入門』柄谷凛訳，岩波書店，2002年，90-91頁。

者もいた。ポルトガルの「新キリスト教徒」のなかには，キリスト教徒になりきる者の集団と，公にはキリスト教徒になったが，密かにユダヤ教を守った者の集団とに分かれた。[58]

④　ヨセフ・カロの『シュルハン・アルーフ』とイツハク・ルリアのカバラー思想

オスマン帝国領内のパレスチナに逃げた一部のスファラディ系ユダヤ人は，16世紀，パレスチナ北部のガリラヤ地方のツファトで，律法研究と神秘思想を発展させた。この地で，ユダヤ教の律法学者と神秘家とが一つに融合し，新たなカバラー理論が，カバラーとメシア待望論とを結びつけて，カバラーの大衆運動化の素地を築いた。とりわけ，ヨセフ・カロ（1488-1575年）とイツハク・ルリア（1534-1572年）は後世に大きな影響を与えた。[59]

ヨセフ・カロは律法典『シュルハン・アルーフ』を執筆した。この法典は現代のラビ・ユダヤ教においても権威を持っている。そして，イツハク・ルリアはカバラー思想をたんに個人的な救済の視点からではなく，「地上におけるユダヤ人全体の苦難と救済」という宇宙論的な視点から理解し，律法主義とも融合させて再生させた。[60]

ルリアはカバラー思想に「神の自己収縮（ツィムツーム）」，「器の破裂（シュヴィラー）」，「器の修復（ティクーン）」の理論を導入した。唯一の神である「エイン・ソフ（無限なるもの）」はすべてに遍満し，被造物が創造される空間は存在しなかった。そこで，神は「自己収縮」をして，被造物が創造されるための空間を開いた。そこに神の意志である光が照射され，神性が段階的に流出して，まず巨大な原人アダム・カドモンが形成された。そして，アダム・カドモンからカバラーの10個のセフィロートが生じ，セフィロートが創造の光を受け止める器となった。しかし，神の創造の光があまりにも強いため，この器は創造の

58）市川 前掲書14），96-97頁。
59）同上，99-101頁。
60）同上，103頁。

光を受け止められずに破裂し，光が天上界に戻ってしまった。そして，破裂した器の破片は創造された世界の内に落ち，悪に変じてしまった。しかし，破裂した器の破片のなかには，神の創造の光の一部が「囚われの火花」として残存している。そこへ絶えず，神は神の光線を照射して囚われの火花を救出し，[61]破裂した破片を回収して壊れた器を修復し，創造の完成を目指そうとしている。破裂した器の破片と囚われの火花はユダヤ人の体のなかにも入っており，ユダヤ人は神への祈りと律法に従うことを実践して，自らの魂を浄化し，囚われの火花を天の世界へ戻す使命を果たすことができると考える。[62]

⑤　近世におけるアシュケナジ系ユダヤ人社会

　アシュケナジ系ユダヤ人は十字軍と黒死病（ペスト）を契機とした迫害から逃れて，15・16世紀には，神聖ローマ帝国の東部や南部に移動し，さらにはポーランド・リトアニア王国へと移動していった。そして，ポーランドでユダヤ人はポーランドの地域区分にしたがって，「ケヒラー（ユダヤ共同体）」を作り，各地の「シュテットル（ユダヤ人の小都市）」がその傘下に属し，自治組織を形成していた。その後，アシュケナジ系ユダヤ人たちはベラルーシやウクライナにも進出した。アシュケナジ系社会におけるタルムード学は，11世紀から13世紀にかけてのライン地方から始まり，16世紀には，ポーランド，北イタリア，ボヘミアへと引き継がれた。[63]

⑥　シャブタイ・ツヴィとヤコブ・フランクのメシア運動

　1665年，カバラー思想の信奉者であるナータンは，エルサレムに住むユダヤ人シャブタイ・ツヴィがメシアであるという啓示を受けた。ツヴィはそれを聞いて，自らがメシアであることを宣言した。ガザのユダヤ人社会では，メシア

---

61) ルリア学派においては，悪を「ケリポット（殻）」と呼ぶ。なぜなら，そのうちに「ニツォツォット（聖なる火花）」を含む外殻であるからである。手島佑郎『ユダヤ教の霊性——ハシディズムのこころ』教文館，2010年，68頁。
62) 市川 前掲書14)，104-105頁。
63) 同上，105-112頁。

と預言者の出現にわき，ナータンは預言を伝えて，人々に苦行と悔い改めを説き，世界の変革のための修復行為（ティクーン）を命じた。[64]

　メシアの出現はヨーロッパや北アフリカのユダヤ人社会にも伝えられ，とりわけキリスト教徒を装っていたポルトガル系ユダヤ人がメシア運動を支持した。オスマン帝国の官憲は，ツヴィを逮捕し，オスマン帝国の支配者であるスルターンのもとに移送した。結局，そこでツヴィは棄教して，イスラーム教に改宗した。このメシアの棄教という出来事を，シャブタイ派（シャブタイ・ツヴィをメシアである信じる人々）の一部の人々は，カバラー思想を用いて解釈した。メシアは自ら「悪の世界の深奥にくだって，内側から悪を滅する使命」を持っている。そのため，彼は自ら選んで悪の世界に落ちて，破裂した器の破片の内にある「囚われの火花」を解放する任務を果たしているのだと彼らは考えた。[65]

　その他にも，18世紀中葉には，ウクライナのヤコブ・フランクをメシアであると考えるフランク派なども現れた。当時，シャブタイ派やフランク派などのメシア運動は，律法の遵守を否定する傾向があり，正統的なラビ・ユダヤ教体制にとって脅威となった。[66]

⑦　ハシディズムの発生

　18世紀中ごろに，ポーランドで，ハシディズムというユダヤ教の敬虔主義運動が始まった。ハシディズムの創始者は，バアル・シェム・トーヴ（イスラエル・ベン・エリエゼル1700頃〜1760年）である。彼の死後，弟子のヤコブ・ヨセフとドヴ・ベールが活躍した。ドヴの死後，ドヴの弟子たちが各地に散ってハシディズム運動を広げ，大きく二つの系統，すなわちベラルーシ・リトアニアの系統と，ウクライナ・ガリツィアの系統とに分かれた。これに対して，リトアニアを拠点とする正統派ユダヤ教体制から，ハシディズムを否定する動きがあり，彼らは「ミトナグディーム（反対者たち）」と呼ばれた。[67]

64）同上，114-117頁。
65）同上，118-119頁。
66）同上，119頁。
67）同上，119-121頁。

　ハシディズムの基本的な神認識は，神はどこにでも存在するということであり，「神不在の場所はどこもない」とハシディズムの実践者たちは考えた。そのうえで，ハシディズムは「礼拝で心を整え，無我になってデベクート（神への密着）とカヴァナー（神への精神集中）」に至ることを目指す。[68][69]

　さらに，ハシディズムはルリアのカバラー思想における神の自己収縮（ツィムツーム），器の破裂（シュヴィラー），器の修復（ティクーン）の理論を，霊的な実践のなかに導入した。神の創造の光を受け止めきれずに破損した容器の破片は，悪に変じてこの世界の中にある。この悪は「ケリポット（殻）」であり，それは「ニツォツォット（聖なる火花）」を含んでいる。そこから，バアル・シェム・トーヴは，私たちが祈りのなかで感じる雑念の内にも，神の聖なる火花が含まれていると考え，「雑念を昇華させる方法」である「ハアラアット・マフシャボット・ザロット（雑念の引き上げ）」を編み出した。すなわち雑念の内に含まれている聖なる火花を上昇させて，神の内に昇華させる方法を考案したのである。[70]

　ハシディズムの共同体の中心は，「義人（ツァディク）」という指導者である。義人は倫理的に正しい人であり，神と人との間を，人と人との間を仲介する役割を担った。具体的に義人は共同体における寡婦や孤児の世話，貧しい学生の支援，結婚の世話など，共同体の信徒たちのために奉仕していた。[71]

3　近代・現代におけるユダヤ教

　近代になると，西ヨーロッパのユダヤ人は，18世紀末のフランス革命以後，自らの居住する国家の市民権が与えられ，ユダヤ人自治共同体から離れて，市民社会のなかで，その国家に属する国民として生活するようになった。そのなかで，さまざまなユダヤ教の教派が生まれた。これに対して，東ヨーロッパの

68）手島 前掲書61），18頁。
69）同上，27頁。
70）同上，69頁。
71）同上，145-148頁。

ユダヤ人は，自らの自治共同体のなかに居住しながら，ユダヤ教の伝統を保持し，独自のユダヤ教思想を発展させていった。さらに19世紀末になると，西ヨーロッパで政治的シオニズムが発生し，現代のユダヤ教に大きな影響を及ぼした。

1　アシュケナジ・スファラディ・ミズラヒ

　近代・現代のユダヤ教においては，ユダヤ人をアシュケナジ，スファラディ，ミズラヒに分類する。アシュケナジとは，もともとライン地方を中心とした中央ヨーロッパに住み，そこから，ドイツ，東ヨーロッパに移動したユダヤ人集団であり，イディッシュ語などを話す。スファラディはもともとスペインに住んでいたが，1492年にスペインからユダヤ人が追放された後，ポルトガル，北アフリカ，イタリア，バルカン半島，中東地域などに移住したユダヤ人集団であり，ラディーノ語などを話す。ミズラヒとは，15世紀にスペインから逃亡したユダヤ人ではなく，アジア（中東，中央アジア，インドなど）・アフリカ（エチオピアなど）に古い時代から住んでいたユダヤ人である。ミズラヒ系ユダヤ人はそれぞれの地域の土着の言葉（アラビア語など）を話す。

　このなかで，近現代におけるさまざまなユダヤ思想運動の中心人物は，ほとんどがアシュケナジ系ユダヤ人であった。

2　ユダヤ啓蒙主義

　18世紀の西ヨーロッパにおける啓蒙思想は，人間の理性の光にもとづいて，すべての事柄を考察し，人間を支配する誤謬，迷信，偏見を打ち破り，公正な社会の実現を目指した。そして，啓蒙主義者は理神論的な立場を取るため，信仰は宗教的権威ではなく，理性にゆだねられるべきであるという宗教寛容論を唱えた。啓蒙主義の発展の流れのなかで，ユダヤ啓蒙主義（ハスカラー）が現れ，モーゼス・メンデルスゾーン（1729-1786年）はその代表者であった。メンデルスゾーンは，ドイツ語で哲学・美学の著作を書き，ユダヤ法の分野はイディッシュ語やヘブライ語で語った。彼はユダヤ人社会が自分たちの居住地域（ゲッ

トー）を超えて，西ヨーロッパの文化や社会にさらされる時代が来ることを確
信し，人々にその準備を促す活動を始めた[72]。さらに彼は「ドイツのユダヤ人
のことを，ユダヤ教を信仰するドイツ人」であると捉え，「宗教的信仰は人間
の自然権であって国家はそれを奪うことができない」と考えた。ここからユダ
ヤ教は「宗教」と位置付けられたのである[73]。

③　フランス革命後の西ヨーロッパのユダヤ人の状況の変化

　西ヨーロッパのユダヤ人たちはユダヤ教にもとづく独自のユダヤ法を持つ自
治共同体を持ち，ユダヤ人居住地域（ゲットー）のなかで生活していた。とこ
ろが，18世紀の啓蒙主義的人間観の発展，フランス革命の勃発以降，西ヨー
ロッパにおけるユダヤ人の地位が変化した。フランス革命によって，フランス
国内では身分差別が廃止され，フランス人権宣言が発布された。フランス人権
宣言のなかで，国民一人ひとりが自由かつ権利において平等な存在として生ま
れ，主権の原理が国民に存することが宣言された。それにもとづいて，フラン
ス国民議会は，ユダヤ人集団を異邦人（フランス国民とは異なる別の民族集団）で
はなく，ユダヤ教を信仰する宗教集団とみなし，ユダヤ人たちにフランス市民
権を与えた。そして，一人ひとりのユダヤ人には信教の自由が保障されたが，
同時にフランス国家に属するフランス国民として生きること，ユダヤ法による
自治を放棄することが求められた[74]。

　その結果，ユダヤ人たちはユダヤ法によって支配される自治共同体から離れ，
一フランス国民として生きるようになった。彼らのなかにはユダヤ教を捨てて，
キリスト教に改宗する者も現れた。19世紀前半になると，西ヨーロッパの諸国
がユダヤ人に市民権を与えるようになり，「ユダヤ人解放」の流れが進んで
いった[75]。

72）市川 前掲書14），133頁。
73）同上，134頁。
74）同上，139-140頁。
75）同上，144-145頁。

4　近代のユダヤ教における改革派・保守派・新正統派の発生

　西ヨーロッパにおける「ユダヤ人解放」の進展のなかで，ドイツのユダヤ人たちは，伝統的なユダヤ教の共同体から離れて，新たなユダヤ教の会派を結成したり，キリスト教に改宗する者も現れたりした。西ヨーロッパの社会への進出を志す人々は，ユダヤ教の教義と組織をキリスト教に準じて改革する運動を起こした。この「改革派（Reform Judaism）」の運動はハンブルク，ベルリン，フランクフルトなどの大都市から開始された。[76]

　1815年に，イスラエル・ヤコブソン（1768-1828年）がベルリンの自宅で改革派団体を創設し，1810年に最初の改革派のシナゴーグを造った。そのシナゴーグはキリスト教の教会に見られるさまざまな特徴を備えていた。例えば，ドイツ語の説教やオルガン伴奏を礼拝に導入したことなどが挙げられる。これがユダヤ教改革派の始まりである。[77]

　改革派のユダヤ人指導者たちは，自分たちの属する国民国家に同化するために，ユダヤ教に特殊であると思われる信条や実践（食物規定，安息日の伝統的な遵守の方法など）を排除しようとした。さらに礼拝制度の変革（ドイツ語の説教やオルガン伴奏，聖歌隊の導入），祈祷書の変更（メシア待望，シオンへの帰還，エルサレム再建，神殿再建，離散民の帰還などの民族的要素を祈祷書から削除すること），新たな呼称による蘇生（自分たちはもはや「ユダヤ人」ではなく，ドイツ市民のユダヤ教徒であるため，「ユダヤ人」ではなく，「ヘブライ人」，「神殿」という聖書的名称を用いること）を推進しようとした。そして，律法におけるユダヤ教の倫理的な教えを強調した。[78]アブラハム・ガイガー（1810-1874年）は穏健な改革派の指導者であった。これに対して，サミュエル・ホルトハイム（1806-1860年）はより急進的な改革派の指導者であった。過激なグループは，タルムードの排除，プリム祭の廃止，割礼の廃止なども主張し，改革派内部に分裂を生むに至った。[79]

　1840年代，ドイツのユダヤ教改革派は，三回ラビ会議を開き，この会議にお

---

76)　同上，147頁。デ・ラーンジュ 前掲書57），103-104頁。
77)　市川 前掲書14），147頁。
78)　同上，148頁。
79)　同上，152頁。デ・ラーンジュ 前掲書57），104-105頁。

いて，後に「保守派（Conservative Judaism）」と呼ばれるグループが現れた。ザカリアス・フランケル（1801-1875年）は，礼拝におけるヘブライ語の使用の廃止を訴え，1845年のフランクフルトにおけるラビ会議から同士とともに脱退した。フランケルは過度な改革に反対し，ユダヤ教の伝統の歴史的研究をしながらも，ユダヤ教の実践の伝統的な形式を保持する，新しいユダヤ教を作ることを目指した。フランケルと同志たちは1854年にブレスラウにユダヤ教の神学校を建設し，「実証歴史学的ユダヤ教」を教えた。[80]

　ユダヤ人学者たちがドイツ社会に参入し始めた頃，「歴史哲学と実証的な歴史学」が学問の世界で発展し，「歴史の変化と進歩の必然性を論証する時代」に入りつつあった。[81]1810年代にユダヤ人学者たちは「ユダヤ科学」を標榜し，レオポルド・ツンツ（1794-1886年）は「新しい実証的な歴史学に従った学問」を推進した。[82]ハインリヒ・グレーツ（1817-1891年）は，ユダヤ人の歴史を研究し，『最古の時代から現代にいたるユダヤ人の歴史』を書き記した。アブラハム・ガイガーもユダヤ教の歴史を研究し，改革派の運動を推進した。ザカリアス・フランケルもユダヤ教の伝統を近代の実証的な歴史学を用いて研究した。[83]

　1830年代から1840年代にかけて，ドイツ語圏の伝統的なユダヤ人たちが，改革派や実証歴史学派（のちの保守派）に対抗する運動を開始した。とりわけ，サムソン・ラファエル・ヒルシュ（1808-1888年）はいわゆる「新正統派（Neo-Orthodox）」の創始者であり，伝統的なユダヤ教に対して新たなコミットメントをすることを目指した。ヒルシュは神がモーセに律法を与え，律法が成文律法と口伝律法を含み，すべての掟が等しく重要であり，倫理的法と儀式的法の間に違いを設けることはできないと述べた。彼は世俗的学問が拒絶されてはならないと考え，「より広い世界における律法（Torah *im derekh eretz*）」を強調し，

---

80) Dana Evan Kaplan, "Contemporary Forms of Judaism," In *The Cambridge Guide to Jewish History, Religion, and Culture,* ed. Judith R. Baskin, Kenneth Seeskin (Cambridge: Cambridge University Press, 2010), 447.

81) 市川 前掲書14)，152頁。

82) 同上，152-153頁。

83) 同上，153-154頁。

律法が支配する枠組みにおいて，伝統的なユダヤ教を世俗的学問と統合させる道を拓いた[84]。

5　政治的シオニズムの発生

　1896年，ウィーンの劇作家テオドール・ヘルツル（1860-1904年）は，『ユダヤ人国家』を出版し，「ユダヤ人国家」を建設することを主張した。当時，西ヨーロッパではユダヤ人解放が法的に達成され，ユダヤ人たちは西ヨーロッパの各国の国民として同化し，さまざまな分野で活躍していた。しかし，19世紀の末期の西ヨーロッパにおいて，ユダヤ人排斥の動きが現れてきた。例えば，ドレフュス事件（フランス），エルネスト・ルナン（フランス）の反セム主義，ヴィルヘルム・マル（ドイツ），ゲオルグ・フォン・シェーネラー（オーストリア）の反ユダヤ主義などが挙げられる[85]。

　19世紀，西ヨーロッパのユダヤ人は「ユダヤ教は宗教であって，われわれはその国の国民である」と考えて，近代主権国家のなかに同化することを目指した。しかし，19世紀末，彼らは根深い反ユダヤ主義に直面することになった。このような状況のなかで，ヘルツルはユダヤ人を個別の「民族」として捉え，ユダヤ人国家を建設することを訴えた。そして，ユダヤ人国家の建設こそがユダヤ人救済の道であると考えた。1897年にはバーゼルで第一回世界シオニスト会議が開かれた。これに対して，西ヨーロッパの同化ユダヤ人たちは，ユダヤ人とはもはや個別の民族ではなく各国の国民であると考えていたため，ヘルツルの主張に反対した[86]。

6　近代の東ヨーロッパにおけるユダヤ人

　東ヨーロッパのユダヤ人たちは，ユダヤ教にもとづく独自のユダヤ法を持つ自治共同体を持ち，ユダヤ人居住小都市（シュテットル）のなかで生活していた。

84）Dana Evan Kaplan, op.cit. 80），448.
85）市川 前掲書14），159-160頁。
86）同上，160頁。

東ヨーロッパのユダヤ人社会は，20世紀前半には800万人にも及ぶ人口を擁し，周囲の国家に同化することなく，ユダヤ教独自の諸要素を発展させていた。

18世紀末のポーランド分割において，ポーランドのユダヤ人たちはロシア帝国の領内に組み入れられ，ロシアのさまざまな同化政策に直面した（ロシア語教育，農耕定住化，カントン制［若年兵役制度］）。しかし，政府は次第に宥和的な政策を取るようになり，ユダヤ商人，知識人，熟練工などが住むようになった。19世紀末には，ロシアのユダヤ人人口は520万人に増え，人口急増による貧困から，何万人ものユダヤ人が南下してウクライナ方面に向かった。そして，移住地で地元の住民との軋轢が起きた。1880年代に，ユダヤ人への集団的迫害（ポグロム）が起こるようになり，多くのユダヤ人が虐殺された。このような状況のなかで，ロシアのユダヤ人たちは西ヨーロッパ，アメリカに多く移住した。そして，シオニズム運動に感化された若者たちは，パレスチナへと向かった。[87]

東ヨーロッパのユダヤ教においては，正統派ユダヤ教，ハシディズム，ハスカラー（ユダヤ啓蒙主義）の思想の流れがあった。リトアニアの正統派ユダヤ教においては，タルムード学が発展していた。とりわけ，ラビ・ハイムがリトアニアのヴォロジンに設立したタルムード学校ヴォロジン・イェシヴァ（1802-1892年）には，多くの学生が集まり，タルムードを学んだ。そして，19世紀のロシアのラビとタルムード学者のほとんどは，この学校の出身であった。[88]

ユダヤ教啓蒙主義（ハスカラー）も，東ヨーロッパにおいて独自の発展を見せた。東ヨーロッパにおけるユダヤ啓蒙主義は，ユダヤ人の「民族」としての復権を唱導した。とりわけ，1880年代のロシアのポグロムは，ロシア領内のユダヤ人に対して，父祖の地への愛と土地開拓を目標に掲げた運動を活発化させ，パレスチナへの第一次アリヤー（上昇，上京）の入植がはじまった。これを「ヒッバト・ツィオン（シオンへの愛着）」の運動と呼ぶ。[89]

この運動を主導したのが，「文化的シオニズム」，「精神的シオニズム」を推

87）同上，163-166頁。
88）同上，168-170頁。
89）同上，174頁。

進したアハド・ハーアム（1856-1927年）であった。ハーアムは「パレスチナで再生されるユダヤ人社会は，伝統的なユダヤ教ではなく，ユダヤ民族意識に基礎を置いた新たな世俗文化でなければならない」と考え，ヘブライ語の復活とヘブライ文学の覚醒を推進した。そして，ハノホ・ナフマン・ビアリク（1873-1934年）は，すぐれたヘブライ語の詩を書き，近代ヘブライ文学の代表者となった。彼は20世紀初期に，ロシアからパレスチナに向かった第二次アリヤーのメンバーでもあった。[90]これに対して，シオニズムと異なる立場を取ったのが，シモン・ドゥブノフ（1860-1941年）であった。彼は離散主義を支持し，「ユダヤ人はもはや国家的，民俗的な領土を必要としない独自の民族であり，文化的・宗教的な歴史的連帯意識にもとづく精神的共同体である」と考え，それゆえユダヤ人たちは「離散社会に暮らしながら，世俗社会の同化の圧力に対抗して文化的自治を享受すべきである」と唱えた（文化的自治主義）。[91]

7　アメリカにおけるユダヤ教の発展

19世紀以降，西ヨーロッパや東ヨーロッパにおけるユダヤ人迫害のなかで，多くのユダヤ人がアメリカ合衆国に移住した。まず，1848年のドイツ革命から1860年代にわたって，ドイツ語圏から多くのユダヤ移民があり，次に1881年から1924年までの東ヨーロッパからの多くのユダヤ人が移住した。[92]

19世紀，ドイツ語圏からのユダヤ人は，アメリカにドイツの改革派ユダヤ教をもたらした。1824年にサウス・カロライナ州で最初のユダヤ教改革派の教会が造られた。1836年から1881年までの間，ユダヤ教改革派はアメリカで大きく発展した。とりわけ，アイザック・メイアー・ワイズ（1819-1900年）は，1846年にボヘミアからアメリカに移住し，アメリカのユダヤ教改革派の中心人物となった。彼はユダヤ教改革派の団体「アメリカ・ヒブル会衆連合（the Union of American Hebrew Congregations [UAHC]）」の結成（1873年），改革派ラビの養成

---

90)　同上，175頁。
91)　同上，175頁。
92)　同上，191-194頁。

機関であるヒブル・ユニオン・カレッジの開校（1875年），アメリカ・ラビ中央会議（the Central Conference of American Rabbis［CCAR］）の結成（1889年）に大きな影響を与えた[93]。

　アメリカのユダヤ教保守派は，ドイツにおけるザカリアス・フランケルの実証歴史学派に由来する。20世紀初頭，アメリカのユダヤ人共同体は，北アメリカにおいてユダヤ教保守派を促進させるためにイギリスのケンブリッジ大学のソロモン・シェヒター（1847-1915年）を招聘した。シェヒターは「普遍的ユダヤ教（カトリック・ジュダイズム）」を唱え，ユダヤ人の連帯を呼びかけた。彼はユダヤ教を実証歴史学の方法を用いて研究し，どのようにユダヤ教がそれぞれの時代の中で変化したのか，特定の歴史的状況のなかで，どのように律法が解釈されたのかを解明することが重要であると説いた。ユダヤ教保守派は，正統派と改革派の中間を行くグループである[94]。

　アメリカのユダヤ教再建派（Reconstructionist Judaism）は，アメリカ合衆国で発生し発展したものである。モルデカイ・カプラン（1881-1983年）は，ユダヤ教を宗教として狭く定義することよりも，ユダヤ人の文明のあらゆる側面を含む理性的なアプローチを採用した。1920年，カプランはジョン・デューイの『哲学における再建』に触発されて，「ユダヤ教再建プログラム」という論文を執筆した。そして，彼はそれまでの職を辞して，35世帯の家族とともに新しい会衆を結成した。カプランの再建策とは，「信徒の日常生活のなかでユダヤ主義を一つの文明として機能させること」である。そして，彼のいう「ユダヤ主義」の中心とは，唯一の神ではなく，「ユダヤの民という集合体」である。カプランはユダヤ文明（イスラエルという土地，言語，文学，民俗生活，道徳，法規範，芸術など）を推進することが重要であると考え，「超越的一神教概念の放棄」，「ユダヤ的選民主義の放棄」，「教義的に自由な態度」，「伝統的ハラハーの変更を志向する態度」を取るに至った[95]。

---

93) 同上，196-198頁。
94) 同上，222頁。
95) 同上，223-225頁。

　ユダヤ教正統派（Orthodox Judaism）にはさまざまな潮流があるが，すべての潮流に共通するのは，神がモーセに成文律法と口伝律法のすべてを与えたと信じて，ハラハーを遵守することである。ハラハーは神の意志そのものであるため，ユダヤ教正統派の人々は，ハラハーが歴史的，社会学的な理由により，廃止されたり，変更されたりしてはならないと考える。現代におけるユダヤ教正統派は二つに分けられる。すなわち，「現代正統派（Modern Orthodox）」と，「超正統派（Ultra-Orthodox）」である。

　第一に現代正統派は伝統的なユダヤ教の最もよいものを，現代の世俗的文化の最もよいものと統合させることを目指す（「開かれた正統主義」）。この流れはドイツにおけるヒルシュの「新正統派」に由来する。

　第二に超正統派は，ハラハーを徹底的に遵守することを目指し，現代の世俗文化を拒絶する傾向を持つ。現代のイスラエルでは，「ダティーム（宗教的シオニスト）」と区別するために，超正統派に属する人々を「ハレディーム」とも呼ぶ。超正統派のなかにも，ハシディズムを基盤とした諸派と，非ハシディズム的な「ミトナグディーム」のユダヤ教（イエシヴァ・ユダヤ教）を基盤とした諸派がある[96]。

　アメリカにおいては，19世紀中葉のドイツ語圏のユダヤ人移民のなかに，ヒルシュの新正統派の信徒がいた。さらに19世紀末から20世紀初頭にかけて東ヨーロッパから多くユダヤ人が移住し，彼らの多くは正統派のユダヤ教の信徒であった。アメリカの超正統主義のなかにも，ハシディズムを基盤とした諸派（ウクライナ系）と，非ハシディズム的な「ミトナグディーム」の諸派（リトアニア系）がある。1898年にアメリカにおける正統派ユダヤ教徒は，「アメリカ正統派ユダヤ会衆連合」を組織した[97]。

8　ユダヤ人のパレスチナ移住と第一次世界大戦

　1881年，ロシアのポグロムをきっかけにして，ロシア系のユダヤ人がパレス

---

96) Dana Evan Kaplan, op.cit. 80), 455.
97) 市川 前掲書14), 200-201頁。

チナに初めて入植したが（第一次アリヤー），この試みは挫折した。その後，1904年に始まる第二次アリヤーは，社会主義的な考えを持つ若いシオニストたちが集まり，世界シオニスト機構の支援もあって，大規模かつ計画性の高いものとなった。彼らは荒地でキブツ（集団農業組織）による農業共産社会を建設し，都市部ではユダヤ人の手による最初の都市としてテル・アヴィヴを建設した[98]。

　第一次世界大戦中，イギリスはバルフォア宣言を出し，シオニスト連盟に対してパレスチナにおけるユダヤ人居住地建設の支援を約束した。大戦後，パレスチナはイギリスの委任統治領となった。1920年代，パレスチナに多くのユダヤ人が移住した。これに対して，パレスチナのアラブ人たちは反抗し，パレスチナにおけるユダヤ人とアラブ人の対立が起きるようになった。1925年には，エルサレムにヘブライ大学が開校された[99]。

⑨　第二次世界大戦におけるユダヤ人の状況

　1933年，ドイツで国家社会主義ドイツ労働者党（通称ナチス）が政権を握ると，ドイツでユダヤ人の排斥を行うようになった。例えば，ユダヤ人の公職追放（1933年），ニュルンベルク法（1935年）などが挙げられる。ユダヤ人は血統，血，人種という観点から規定され，アーリア人と区別された。さらに1938年11月には「水晶の夜」事件という反ユダヤ暴動が起き，ユダヤ人の居住地域，ユダヤ教のシナゴーグが次々と破壊され，多くのユダヤ人が迫害された[100]。

　1939年にドイツ軍がポーランドに侵攻し，第二次世界大戦がはじまった。ポーランド制圧後，ワルシャワではゲットーが建設され，ユダヤ人たちが隔離された。独ソ戦（1941年）開始後，ナチス・ドイツは「ヨーロッパ全域から，ユダヤ人を隔離し強制労働に従事させるため」，多くのユダヤ人たちをドイツやポーランドの収容所に移送するようになった[101]。そして，ポーランド領内にアウシュヴィッツ＝ビルケナウを始めとする絶滅収容所が各地に建設され，

98）同上，228頁。
99）同上，227-232頁。
100）同上，210頁。
101）同上，212頁。

「ヨーロッパにおけるユダヤ人問題の最終的解決」を目的として，1942年以降，ユダヤ人を中心とする「劣等人種」とされた集団の絶滅計画が実行に移された。このユダヤ人大量虐殺（ショアー，ホロコースト）によって，東ヨーロッパのユダヤ人600万人が殺された。[102]

　第二次世界大戦中，パレスチナのユダヤ人社会は，ナチス・ドイツに対抗してイギリス軍に参加した。しかし，パレスチナのユダヤ人指導層は，1941年のアメリカ合衆国の参戦以降，シオニズム運動に対するアメリカの理解と協力を得るためにさまざまな活動を行うようになった。その結果，1943年のアメリカ・ユダヤ委員会（AJC）の会議において，シオニズムが支持されるに至った。[103]

10　イスラエルの建国

　第二次世界大戦後，アメリカのユダヤ市民は，ナチス・ドイツによるショアーからユダヤ人たちを助けることができなかったという罪意識もあり，シオニズムを支持するようになり，「ショアー生存者の避難所としてのイスラエル建国」に賛成するようになった。アメリカのユダヤ人は第二次世界大戦終了後から，1948年のイスラエル建国にかけて多額の寄付を行い，世界シオニスト機構に対するアメリカの影響力は強まっていった。[104]

　第二次世界大戦後，多くのユダヤ人たちがパレスチナに移住するようになり，イギリスは移民受け入れを拒絶し，パレスチナでは，イギリス政府，ユダヤ人，アラブ人が互いに対立するようになった。1946年，ユダヤ人たちはイギリスによる支配に反対する闘争を行い，イギリス軍司令部のあるキング・デイヴィッド・ホテルの一部を爆破した。イギリスはユダヤ人，アラブ人の両陣営の調停を試みたが，結局失敗に終わり，国際連合にパレスチナの事態収拾をゆだねた。国連は1947年にパレスチナをユダヤ人国家，アラブ人国家，国際管理地域（エルサレム）に分割する案を可決した。その後，イギリスはパレスチナの委任統

102）同上，212-217頁。
103）同上，233頁。
104）同上，233頁。

治を1948年5月15日に終了することを宣言した。だが，委任統治終了前に，アラブ人とユダヤ人との間で襲撃事件が多発した。1948年5月14日，ユダヤ人たちはイスラエル独立宣言を行った。その後，アラブ諸国がイスラエルに宣戦布告し，戦争状態に陥った（第一次中東戦争）。そして，翌1949年，休戦協定がなされた。[105]

105）同上，234-235頁。

<table>
<tr><td>第**2**章</td><td>キリスト教
──カトリック教会・東方教会・プロテスタント
教会</td></tr>
</table>

1 イエス・キリストの生涯

　キリスト教はナザレのイエスを「キリスト（メシア・救い主）」であると信じる宗教である。キリスト教では『旧約聖書』と『新約聖書』を聖典として用いる。『旧約聖書』はユダヤ教の『聖書』と基本的に同じ内容を持つ。『新約聖書』はイエスの生涯を記した福音書，初期キリスト教教会の指導者たちの記した諸文書を集成したものである。イエスの生涯については，『新約聖書』のなかの四つの福音書，すなわちマタイ福音書，マルコ福音書，ルカ福音書，ヨハネ福音書のなかに記述されている。本節では，これらの福音書の記述をもとに，イエスの生涯を紹介する。

1 イエス・キリストの誕生

　『新約聖書』のルカ福音書によれば，イエスの母マリアは聖霊のはたらきによってイエスを懐胎し（ルカ1・26-38），住民登録のため，夫ヨセフとともにベツレヘムという町に滞在していたとき，イエスを産んだという（ルカ2・1-7）。さらにヨハネ福音書によれば，神のことば（神の子）が人間性を取り（受肉），イエス・キリストとして生まれた（ヨハネ1・1-18）。そして，マルコ福音書，ルカ福音書によれば，イエスはパレスチナ北部のガリラヤ地方のナザレという町で育ったという（マルコ1・9，ルカ2・51）。

② イエスの宣教活動

(1)　神の国の福音

　イエスは成人すると当時ヨルダン川で悔い改めの洗礼を授けていた洗礼者ヨハネのもとに行き，ヨハネから洗礼を受けた（マルコ1・9-11）。その後，イエスは「時は満ち，神の国は近づいた。悔い改めて福音を信じなさい」（マルコ1・15）と人々に語り，神の国の到来を告げ知らせ，「福音」（神からのよき知らせ）を伝える活動を始めた。神の国（ギリシア語：basileia tou theou）とは，神の統治・神の支配を意味する言葉である。神の支配は人間を抑圧するものではなく，人間を苦しみ・罪・死から解放するものである。とりわけ，神の支配がこの世界に実現するとき，罪人たち，貧しい人たち，飢えている人たち，病人など，社会的に弱い立場に置かれている人たちに真の救いがもたらされる。このような救いは，「貧しい人々は幸いである，神の国はあなたがたのものである。今飢えている人々は幸いである，あなたがたは満たされる」（ルカ6・20-21）というイエスの言葉にも表現されている。そして，神の国においては，神と人間との交わりと一致が回復し，人間同士の間にも交わりと一致がもたらされる。

　イエスは福音を告げ知らせるとともに，多くの奇跡を行った。彼は人々の病を癒し（マルコ1・40-45など），悪霊を追い出し（マルコ9・14-29など），飢えている人々のためにパンを増やし（マルコ8・1-10），突風や嵐を静め（マルコ4・35-41），その他にもさまざまな奇跡を行った。イエスの奇跡とは，神の国が到来する「しるし」であると理解される。

(2)　弟子たちの召命と宣教への派遣

　イエスは漁師，徴税人などさまざまな職業についていた若者たちを呼んで，自分の弟子とした（マルコ1・16-20など）。そして，イエスは弟子たちともに宣教活動をした。イエスは弟子たちのなかから12人（十二使徒）を選んで，彼らを宣教に派遣した（マルコ3・13-19，マルコ6・6-13など）。この12人とは，ペトロ，ゼベダイの子ヤコブ，ヨハネ，アンデレ，フィリポ，バルトロマイ，マタイ，トマス，アルファイの子ヤコブ，タダイ（タダイと呼ばれるユダ），熱心

党のシモン，イスカリオテのユダであった（このなかで，イスカリオテのユダはイエスを裏切ったため，その後マティアが12人の一人に選ばれた）。

(3)　「父」なる神

イエスは神を「父」（「アッバ」）と呼び，自分自身のことを「子」と理解している（ヨハネ17・1-2）。イエスは御父の意志を実現するために，この世界で活動していた。そして彼は人々にも「天におられる私たちの父」に対して，「御名が崇められますように。御国が来ますように。御心が行われますように，天におけるように地の上にも」と祈るように求めた（マタイ6・9-10）。

御父はすべての人間を愛し，その限りない愛によって罪深い人間の罪を積極的にゆるす。御父の限りない愛は，「放蕩息子のたとえ話」（ルカ15・11-32）において放蕩息子の罪を赦す父親の姿のうちに表されている。

(4)　神への愛と隣人愛

イエスはユダヤ教の律法のなかで最も重要な掟として，「心を尽くし，精神を尽くし，思いを尽くし，力を尽くして，あなたの神である主を愛しなさい」（マルコ12・30）と「隣人を自分のように愛しなさい」（マルコ12・31）という掟を挙げ，神への愛と隣人愛の実践が何よりも大切であると説いた。さらにイエスは隣人愛の実践について，他者の罪を積極的にゆるし（マタイ6・12），「悪人に手向かってはならない。だれかがあなたの右の頬を打つなら，左の頬をも向けなさい」（マタ5・39）と言って復讐を禁じ，「敵を愛し，自分を迫害する者のために祈りなさい」（マタイ5・44）と教え，御父の限りない愛を生きるように教えた。

(5)　イエスによる律法の理解

イエスはユダヤ教の律法を御父との直接的なつながりのなかで理解する。彼は律法学者たちの律法解釈に依拠することなく，御父の権威にもとづいて律法を説く（マルコ11・27-33）。イエスは律法や預言者の教えを廃止するためではな

く，完成させるためにこの世界に来たとも述べている（マタイ5・17-20）。イエスは神への愛と隣人愛の実践を基盤にしながら律法を理解して実践する。そして，彼は当時の律法学者やファリサイ派の人々が，神への愛と隣人愛にもとづかずに律法を曲解して，誤った実践をしていることを批判する。例えば，当時，律法学者やファリサイ派の人々は，安息日においては，いかなる労働もしてはいけないと説いていた。これに対して，イエスは安息日であっても，ほんとうに苦しんでいる人がいたら，その人を助ける行いをした。例えば，彼は安息日に弟子たちが空腹であったとき，麦の穂を摘んだり（マルコ2・23-28），病人の病気を癒したりした（マルコ3・1-6）。これに対して，ファリサイ派の人々は，イエスが安息日違反を犯したと考え，イエスを殺そうと考えるようになった（マルコ3・6）。それにかかわらず，イエスはファリサイ派や律法学者たちの誤った律法理解や，権威を振りかざす彼らの高慢な態度を批判し，彼らを「偽善者」と呼んで，「外側は人に正しいように見えながら，内側は偽善と不法で満ちている」（マタイ23・28）と非難し続けた。

(6) エルサレムにおける活動——主の晩餐・ゲッセマネの園

イエスは宣教活動を進めるなかで，律法学者，ファリサイ派，サドカイ派の人々との対立を深め，「人の子は必ず多くの苦しみを受け，長老，祭司長，律法学者たちから排斥されて殺され，三日の後に復活することになっている」（マルコ8・31）と弟子たちに予告するようになった。そして，彼は自ら決断して，弟子たちとともにエルサレムに行き（マルコ11・1-11），福音を説く活動を続けた。

そのなかで，イエスは自らの最後を予期して，12人の弟子たちとともに過ぎ越しの食事を取った。この食事を「主の晩餐」（最後の晩餐）と呼ぶ。そこでイエスはパンを取って，「これはあなたがたのために与えられるわたしの体である。わたしの記念としてこのように行いなさい」（ルカ22・19）と言った。さらにイエスはぶどう酒の入った杯を取り，「この杯は，あなたがたのために流される，わたしの血による新しい契約である」（ルカ22・19）と述べた。そして，

弟子たちはイエス・キリストの体（パン）と血（ぶどう酒）をともに分かち合っていただいた。この主の晩餐は，キリスト教における聖餐式の起源となった。

　その後，イエスは自らにもたらされる苦しみと死を思い，恐れのなかで苦しみ悶えながら，ゲツセマネの園で御父に祈りをささげ，「アッバ，父よ，あなたは何でもおできになります。この杯をわたしから取りのけてください。しかし，わたしが願うことではなく，御心に適うことが行われますように」（マルコ14・36）と述べて，これからもたらされる苦しみの道を，御父の意志として受け容れて歩んでいった。

③　イエスの十字架上の死と復活

(1)　受難と十字架上の死

　イエスは弟子のイスカリオテのユダの裏切りに遭い，祭司長，律法学者たちの遣わした群衆によって逮捕された。このとき，イエスの弟子たちは逃げて離散してしまった（マルコ14・43-50）。そして，イエスは最高法院（サンヘドリン）で裁判を受け（マルコ14・53-65），その後，ローマ帝国の総督のピラトのもとで死刑の判決を受けた（マルコ15・6-15）。そして，イエスはさまざまな苦しみを受けながら十字架を担って歩み，ゴルゴタの丘で十字架にかけられた。最後，イエスは十字架の上で息を引き取った。その後，イエスの遺体は墓のなかにおさめられた（マルコ15・6-47）。

(2)　復活

　イエスは十字架の上で死んだ後，三日目に復活した。復活したイエスは婦人たちや弟子たちの前に出現して，さまざまな言葉を語りかけた（マタイ28・1-10など）。復活したイエスに出会った弟子たちは，エルサレムに再び集まって共同体を作った。復活したイエスと出会った人々は，イエスをはっきりと神であると認識した。復活したイエスは人間の身体を持ち，その復活の体は御父との一致のなかで永遠に朽ちることのない体であった。復活したイエスは弟子たちの前に現れて，彼らを宣教に派遣した。

わたしは天と地の一切の権能を授かっている。だから，あなたがたは行って，すべての民をわたしの弟子にしなさい。彼らに父と子と聖霊の名によって洗礼を授け，あなたがたに命じておいたことをすべて守るように教えなさい。わたしは世の終わりまで，いつもあなたがたと共にいる（マタイ28・18-20）。

さらにイエスは弟子たちに「あなたがたに平和があるように。父がわたしをお遣わしになったように，わたしもあなたがたを遣わす」（ヨハネ20・21）と述べて，息を吹きかけて「聖霊を受けなさい。だれの罪でも，あなたがたが赦せば，その罪は赦される。だれの罪でも，あなたがたが赦さなければ，赦されないまま残る」（ヨハネ20・22-23）と述べて，彼らに罪を赦す権限と権能を与えた。このように復活したイエスと出会い，復活したイエスによって福音宣教へ派遣された弟子たちを「使徒（apostolos）」と呼ぶようになった。

(3) イエス・キリストの十字架の死と復活による人類の救い

キリスト教においては，イエス・キリストの十字架上の死と復活によって，神と人間との決定的な和解と一致がもたらされ，人間に真の救い（罪のゆるし，苦しみと死からの解放）が与えられたと考える。イエスの十字架上の死は，人間に罪のゆるしをもたらす神の限りない愛の表現であり，イエスの復活は，人間に苦しみと死を超えた限りないいのちを示すとともに，神からの救いの確証を与える出来事である。復活したイエスに出会った人々は，苦しみからの解放，死を超えたいのちを体験した。このとき，彼らはイエスをはっきり「神」であると認識し，イエスが「キリスト（救い主）」であると信じるようになったのである。

④ 聖霊降臨と教会の誕生

『新約聖書』のルカ福音書と使徒言行録によれば，イエスは復活後，40日間地上にとどまり，その後，天に上げられて，父なる神のもとに戻った（ルカ

24・50-53，使徒1・6-11）。イエス・キリストの昇天後，聖霊が弟子たちの共同体に降臨し，皆が聖霊に満たされた（使徒2・1-13）。この聖霊降臨の出来事において，キリスト教の「教会」が誕生した。そして，使徒たちは聖霊のはたらきに満たされて宣教を行い，各地に教会を設立していった。

　最初期のキリスト教の教会の信徒たちの生活ぶりを見ると，「ペトロの言葉を受け入れた人々は洗礼を受け，その日に三千人ほどが仲間に加わった。彼らは，使徒の教え，相互の交わり，パンを裂くこと，祈ることに熱心であった」（使徒2・41-42）と記されている。信徒たちは使徒の教えを大切にしていた。なぜなら，使徒たちは復活したイエス・キリストと直接出会い，福音の真理を直接受け取った人々であるため，使徒たちの教えには，キリストの伝えた福音の内容が完全に含まれていると考えられていたからである。さらに教会の信徒たちは洗礼と聖餐を実践していた。聖餐とはイエス・キリストの主の晩餐に由来する儀式である。聖餐のなかで，信徒たちは聖別されたパンとぶどう酒をイエス・キリストの体と血として拝領する。教会のなかで，聖餐を主宰していたのは，使徒たちであると考えられる。

　キリスト教の教会においては，教会の奉仕職にある者たちが，洗礼や聖餐を含めたさまざまな「サクラメント」を信徒たちに授ける。サクラメント（ギリシア語：ミュステリオン，ラテン語：サクラメントゥム）とは，目に見えない神の恵みを，目に見えるしるしとして表すものである[1]。信徒たちは教会でサクラメントを受けることにより，イエス・キリストの十字架上の死と復活によって与えられた神の救いの恵みをより深く体験し，イエス・キリストとの決定的な出会い・つながり・交わりに開かれる。

　最初期のキリスト教の教会は，「ナザレ派」と呼ばれるユダヤ教の一派とみなされていた。しかし，90年頃，ユダヤ教のラビたちがヤブネ（ヤムニア）で開いた会議において，ナザレ派がシナゴーグから追放され，ユダヤ教から独立してキリスト教となった。

---

1) サクラメントという言葉は，日本のカトリック教会では「秘跡」，日本正教会では「機密」，日本聖公会では「聖奠」，プロテスタント諸教会では「聖礼典」と訳される。

2　キリスト教の初代教会——使徒の時代

　使徒たちは聖霊降臨の出来事の後，イエス・キリストの福音を宣べ伝える活動を行った。とりわけ，使徒たちの中で，パウロは異邦人への宣教を積極的に行い，キリスト教の教会がパレスチナを超えて，西アジア，ヨーロッパへと広がり，キリスト教が世界宗教になる道を開いた。

☐1　パウロによる宣教

　パウロはもともと熱心なファリサイ派で，キリスト教徒を迫害していた（ガラテヤ 1・13, 23 など）。しかし，ダマスコに向かう途中で，復活したキリストと出会い，回心する（ガラテヤ 1・12, 1・16, 使徒 9・1-18, 22・6-11, 26・12-18）。その後，パウロは洗礼を受けて，イエスこそ真の救い主であると説き始める。彼は 3 回の宣教旅行を行い，異邦人宣教に取り組んだ。この場合，異邦人とは，ユダヤ人ではない人々を指す。この宣教のなかで，多くの異邦人が洗礼を受けて教会の信徒となった。しかし，その結果，教会のなかでユダヤ人の信徒と異邦人の信徒が共存するようになり，教会のなかで信徒たちがユダヤ教の律法をどのように理解して実践すればよいのかという問題が生じた。そのため，49 年頃，使徒たちと長老たちがエルサレムで会議を開き（エルサレムの使徒会議），異邦人の信徒に対してユダヤ教の律法の実践を免除し，「偶像にささげられたものと，血と，絞め殺した動物の肉と，みだらな行いを避けること」のみを行うように決議した（使徒 15・22-35）。しかし，その後，パウロは律法の実践にこだわる使徒たち（主の兄弟ヤコブなど）と対立した。パウロは宣教旅行の後，エルサレムの神殿でローマ帝国の兵士によって逮捕され，ローマに護送された（使徒 28・11-30）。最後はローマで殉教したと思われる。

　『新約聖書』には，パウロのさまざまな書簡が正典として入れられている。そのなかで，パウロの真筆である「真正書簡」は，テサロニケの信徒への手紙一，コリントの信徒への手紙一・二，フィリピの信徒への手紙，フィレモンへ

の手紙，ガラテヤの信徒への手紙，ローマの信徒への手紙である。これに対して，「第二パウロ書簡」（パウロの死後，誰かがパウロを著者として書いた書簡）が，テサロニケの信徒への手紙二，コロサイの信徒への手紙，エフェソの信徒への手紙，牧会書簡（テモテへの手紙一・二，テトスへの手紙）である。

　パウロの神学は後世のキリスト教思想の展開に決定的な影響を与えた。まずパウロは「信仰義認説」を唱えた。「信仰義認説」とは，イエス・キリストを信仰することによって，信じる者すべてに神の義（正しさ）が与えられ，信仰者が義とされることである（ローマ 3・21-31）。「義とされる」とは，信じる者の罪が神によってゆるされ，神の前で正しい者とされることである。この場合，ユダヤ人であっても，異邦人であっても，イエス・キリストへの信仰のみによって義とされるとパウロは考えた。

　さらにパウロは教会を「キリストの体」として理解し，一つの体が目，耳，手，足など多くの部分によって構成され，それぞれの部分がかけがえのないものであるように，キリストの体である教会も，多くの信徒たちによって構成され，一人ひとりの信徒はそれぞれ神の賜物を与えられているため，教会共同体のなかで，かけがえのないものであると説く（二コリント 12・12-31）。この教会理解は後世のキリスト教に大きな影響を与えた。

[2]　使徒の時代の後の教会

　使徒たちは宣教を行い，各地に教会を設立したが，自分たちの死後も福音を宣べ伝え，教会を統治する任務を担う後継者を任命した。その際，使徒たちは彼らの後継者たちに按手と祈りを授けた（使徒 6・1-6，二テモテ 1・6）。そして，1世紀終わりから2世紀の初めにかけて，教会の職制が定まっていった。この職制は「エピスコポス」，「プレスビュテロス」，「ディアコノス」という三つの奉仕職によって構成されている。

　第一にエピスコポスとは使徒たちの後継者である。エピスコポスは地方教会において使徒たちの担っていた任務（キリストの福音を正しく伝える任務，サクラメントを執行する任務，教会を統治する任務）を直接受け継いで果たす者である。

「エピスコポス」にはさまざまな翻訳語がある。日本のカトリック教会では「司教」，日本正教会と日本聖公会では「主教」，日本のプロテスタント諸教会では「監督」と訳する。そして，使徒たちが自分たちの後継者（エピスコポス）を任命したときに按手と祈りを授けたように，エピスコポスも，次の世代のエピスコポスを任命するときに，按手と祈りを行う。後にエピスコポス（司教・主教）の職位のなかで，パトリアルケース（総大司教・総主教），メトロポリテース（首都［管区］大司教・府主教），アルキエピスコポス（大司教・大主教），エピスコポス（司教・主教）という段階が分けられるようになった。このなかで，古代の教会において高い権威を持っていたのが，ローマ教皇（ローマ司教），コンスタンティノポリス総主教，アレクサンドリア総主教，アンティオケイア総主教，エルサレム総主教であった。

　第二にプレスビュテロスとは，エピスコポスに協力する者であり，エピスコポスの担っている任務を部分的に授けられて果たす者である（ただし，プレスビュテロスとは何なのか，プレスビュテロスとエピスコポスとの関係については，キリスト教の諸教会のなかで，さまざまな理解がある）。プレスビュテロスは，日本のカトリック教会，日本正教会，日本聖公会では「司祭」，プロテスタント諸教会では「長老」と訳される。

　第三にディアコノスとはエピスコポスに奉仕する者である。ディアコノスは，カトリック教会では「助祭」，日本正教会では「輔祭」，日本聖公会，プロテスタント諸教会では「執事」と訳される。

3　古代における公会議と教会の分裂

　古代のキリスト教の教会では，さまざまな教義論争が起きた。4世紀以降，教会内のさまざまな教義上の対立を解決するため，公会議が開かれるようになった。公会議にはエピスコポス（司教・主教）たちが集い，さまざまな議論を行い，最終的に教会が教義宣言を出した。公会議を繰り返すなかで，キリスト教の基本的な教義が定まっていった。しかし，公会議が行われるたびに，公

会議の決定に反対する人々が出て，教会が分裂するという出来事も起こった。

1　古代の重要な公会議

(1)　第一ニカイア公会議（325年）

　アレクサンドリアの教会の司祭アレイオスが，子は父によって創造された被造物であると語ったことから，父と子との関係について論争が起きた。そこで，第一ニカイア公会議が開かれて，子は父によって創造されたものではなく，父から生まれたものであり，父と子が神として同一本質（ホモウシオス）であることが宣言された。この宣言の内容は「ニカイア信条」のなかに述べられている。

(2)　第一コンスタンティノポリス公会議（381年）

　4世紀後半，カッパドキア三教父（カイサレイアのバシレイオス，ナジアンゾスのグレゴリオス，ニュッサのグレゴリオス）が三位一体論を完成させた。彼らは父・子・聖霊という三つのヒュポスタシス（個別的存在）が互いに関係しあい，神として一つの本質（ウーシア）・本性（フュシス）を持つという考えを確立した。その影響のもとに第一コンスタンティノポリス公会議が開かれ，ニカイア信条に聖霊についての教義宣言が付加され，「ニカイア・コンスタンティノポリス信条」が採択された。このとき，教会は神の三位一体を教義として確定し宣言した。

(3)　エフェソ公会議（431年）

　キリスト教の多くの教会はローマ帝国領内にあったが，ローマ帝国の領域の外にもキリスト教の教会があった。とりわけ，ペルシアの教会はササン朝ペルシアの領域のなかにあり，410年にササン朝ペルシアの政府は，自らの領域内のキリスト教の教会を，ローマ帝国内の教会から自立した教会として公認した（アッシリア東方教会の始まり）。

　当時，アレクサンドリア学派とアンティオケイア学派という二つの神学の学

派が対立していた。5世紀のアレクサンドリア学派の代表的神学者がアレクサンドリアのキュリロスである。彼はイエス・キリストにおける神性と人間性の合一を強調し，キリストの神性と人間性が「受肉した神のロゴスの唯一の本性（フュシス）」において一致している，あるいはイエス・キリストにおける神の本性と人間の本性が，受肉した神のロゴスの唯一のヒュポスタシスに即して合一していると説いた。これに対して，アンティオケイア学派の代表的神学者ネストリオスは，イエス・キリストにおける神の本性と人間の本性の明確な区別，もしくは神のプロソーポンと人間のプロソーポンの明確な区別を強調した。そして，神の本性と人間の本性，神のプロソーポンと人間のプロソーポンが，一つのキリストのプロソーポンにおいて一致していると説いた。

　イエス・キリストへのこのような理解の違いを背景にして，キュリロスは聖母マリアを「神の母」と呼んだ（マリアが受肉した神のロゴスを産んだため）。これに対して，ネストリオスは聖母マリアを「キリストの母」と呼んだ（マリアがキリストを産んだため）。このマリアの呼称をめぐる問題で，両者の論争が激化したため，431年にエフェソ公会議が開かれた。そして，公会議のなかでアレクサンドリアのキュリロスの教説が採用され，ネストリオスが破門された。

　その後，ペルシアの教会（アッシリア東方教会）は，ネストリオスの属していたアンティオケイア学派の神学を採用したため，ローマ帝国内の教会から完全に分離した。そこから，アッシリア東方教会は長く「ネストリオス派」の教会と呼ばれるようになった。

(4)　カルケドン公会議（451年）

　エフェソ公会議後，エウテュケスの極端な単性論が問題になった。単性論とは，イエス・キリストにおいて受肉した神のロゴスの唯一の本性のみがあると考える立場である。これに対して，ローマ教皇レオ1世は，イエス・キリストにおいては，神の本性と人間の本性という二つの本性が，唯一のペルソナ（ヒュポスタシス）において合一していると説いた。この立場を両性論と呼ぶ。その後，451年にカルケドン公会議が開かれて，ローマ教皇レオ1世のキリス

ト論が採用され，キリストにおける二つの本性と一つのペルソナ（ヒュポスタシス）が教会の教義として宣言された。カルケドン公会議の両性論的キリスト論を支持したのは，ローマ教皇を中心とするカトリック教会（ローマ・カトリック教会）と，コンスタンティノポリス総主教を中心とするイースタン・オーソドックス諸教会（東方正教会）であった。これに対して，単性論を奉ずる司教たちがカルケドン公会議の決議に反対して自らの教会を作った。これがオリエンタル・オーソドックス諸教会（コプト正教会，シリア正教会，アルメニア使徒教会，エチオピア正教会など）である。

2 大シスマ（1054年）

　カトリック教会とイースタン・オーソドックス諸教会は，カルケドン公会議のキリスト論を支持したが，歴史のなかでさまざまな点で対立するようになった。とりわけ，ローマ教皇の首位権の問題と三位一体の神における聖霊の発出をめぐる問題が大きな議論の対象となった。カトリック教会においては，ローマ教皇が使徒ペトロの後継者として，他のエピスコポス（司教・主教）たちに対して優越する権威（首位権）を持つと主張する。これに対して，イースタン・オーソドックス教会においては，すべてのエピスコポス（司教・主教）は同等の権威を持つと考える。さらに，カトリック教会は三位一体の神において聖霊が父と子からともに発出すると主張する。これに対して，イースタン・オーソドックス教会は，聖霊は父からのみ発出すると考えた。これらの点で両教会は対立し，1054年に，それぞれの教会の指導者であるローマ教皇とコンスタンティノポリス総主教が相互に教会から破門しあうという出来事が起きた（大シスマ）。このときに，ローマ・カトリック教会とイースタン・オーソドックス諸教会が決定的に分裂した。

4　古代のキリスト教諸教会

　古代のキリスト教の教会は，歴史上のさまざまな出来事のなかで，アッシリ

ア東方教会，オリエンタル・オーソドックス諸教会，イースタン・オーソドックス諸教会（東方正教会），カトリック教会（ローマ・カトリック教会）に分裂した。それぞれの教会は教理・サクラメント・教会の統治構造について異なる理解を持っている。

1 教理・サクラメント・教会の統治構造の理解の違い

古代のキリスト教の諸教会においては，教理・サクラメント・教会の統治構造に関してさまざまな理解があった。教理に関しては，三位一体論・キリスト論の理解について教会間で論争があった。サクラメントに関しては，サクラメントの内容に共通点と相違点があった。教会の統治構造に関しては，エピスコポス・プレスビュテロス・ディアコノスの三段階の奉仕職を基本にしながらも，各教会によって位階構造の細かな違いがあった。

2 アッシリア東方教会

アッシリア東方教会はアンティオケイア学派のキリスト論を採用したペルシアの教会を出発点とする。この教会は，第一ニカイア公会議（325年），第一コンスタンティノポリス公会議（381年）のみを認める。それゆえ，ニカイア・コンスタンティノポリス信条に従う。しかし，エフェソ公会議（431年）以降の公会議の決定を認めない。三位一体の神の理解については，カッパドキア三教父の三位一体論（父・子・聖霊という三つのヒュポスタシス，一つの神の本質・本性）に従う。しかし，同時にアンティオケイア学派の伝統にもとづいて父・子・聖霊という三つの qnuma（個別的本性），一つの神の（一般的）本性という独自の三位一体の理解を示す。キリスト論については，アンティオケイア学派のキリスト論を発展させて，神の qnuma と人間の qnuma という二つの qnuma と一つの子（キリスト）のプロソーポンという理解を示す。[2]

2）アッシリア東方教会の三位一体論，キリスト論に関する記述は，以下の文献を参考にしている。Mar O'Dishoo Metropolitan, *The Book of Marganitha (The Pearl) on the Truth of Christianity*, trans. Mar Eshai Shimun XXIII (Chicago: the Literary Committee of the Assyrian Church of the East, 1988).

　サクラメントに関しては，以下の七つの主要なサクラメント（Razeh）を持つ。アッシリア東方教会における七つのサクラメントとは，①洗礼，②塗油（洗礼の直後に塗油と按手によって執行される），③聖餐式におけるキリストの体と血（聖体），④ゆるし（信徒が罪を告白して，キリストから罪のゆるしをいただく），⑤叙階，⑥聖なるパン種（聖餐式のパンに入れるパン種），⑦十字架のしるしである。

　教会の統治構造に関しては，エピスコポス・プレスビュテロス・ディアコノスの三段階の奉仕職を基本にしながらも，エピスコポス（主教）の職位のなかで，最高位のエピスコポスをカトリコス（Catholicos）と呼び，アッシリア東方教会の指導者の役割を担っている[3]。

３　オリエンタル・オーソドックス諸教会

　オリエンタル・オーソドックス諸教会は，カルケドン公会議（451年）の決定に反対して独立したいくつかの教会を指す。そのため，非カルケドン派教会とも呼ばれる。現在，オリエンタル・オーソドックス諸教会に属するのは，コプト正教会，シリア正教会，アルメニア使徒教会，マランカラ正統シリア教会，エチオピア正教会，エリトリア正教会である。

　教理に関しては，第一ニカイア公会議（325年），第一コンスタンティノポリス公会議（381年），エフェソ公会議（431年）のみを認める。それゆえ，教理はニカイア・コンスタンティノポリス信条に従い，カルケドン公会議（451年）以降の公会議の決定を認めない。三位一体の神の理解については，カッパドキア三教父の三位一体論，すなわち父・子・聖霊の三つのヒュポスタシスと一つの神の本質・本性に従う。キリスト論については単性論を取り，アレクサンドリアのキュリロスの「受肉した神のロゴスの唯一の本性」を強調する。神の特性と人間の特性が観念上，区分されることは認める。しかし，現実においては一つの本性のみであると考え，カルケドン公会議のキリスト論の定式（二つの本性，一つのペルソナ）に強く反対する。

3）アッシリア東方教会のみならず，オリエンタル・オーソドックス諸教会に属するアルメニア使徒教会，マランカラ正統シリア教会の指導者も「カトリコス」と呼ばれる。

　サクラメントに関しては，次の七つの主要なサクラメントを持つ。七つのサ
クラメントとは，①洗礼，②塗油（堅信），③聖餐式におけるキリストの体と
血（聖体），④ゆるし，⑤叙階，⑥結婚，⑦病者の塗油である。これらのサク
ラメントの内容は，カトリック教会，イースタン・オーソドックス諸教会と同
じである。ただし，サクラメントの実践の方法はオリエンタル・オーソドック
スの各教会によって異なる。

　教会の統治構造に関しては，エピスコポス・プレスビュテロス・ディアコノ
スの三段階の奉仕職を基本にしながらも，オリエンタル・オーソドックスの各
教会はパトリアルケース（総主教），もしくはカトリコスによって統治される。
位階構造の細かい点は各教会によって異なる。

④　イースタン・オーソドックス諸教会（東方正教会）

　イースタン・オーソドックス諸教会（東方正教会）は，教理に関して，第一
ニカイア公会議（325年），第一コンスタンティノポリス公会議（381年），エフェ
ソ公会議（431年），カルケドン公会議（451年），第二コンスタンティノポリス
公会議（553年），第三コンスタンティノポリス公会議（680年），第二ニカイア
公会議（787年）を認める。それゆえ，教理はニカイア・コンスタンティノポリ
ス信条に従う。三位一体の神の理解については，カッパドキア三教父の三位一
体理解，父・子・聖霊という三つのヒュポスタシス，神の一つの本質・本性を
原則とする。聖霊（聖神）は父のみから発出すると考え，聖霊が父と子からと
もに発出すること（フィリオクェ）を認めない。さらに，グレゴリウス・パラ
マス（1296-1359年）における三位の神の本質（ウーシア），はたらき（エネルゲイ
ア），ヒュポスタシスの区別を受け容れる。キリスト論については，カルケド
ン公会議のキリスト論の教義宣言，すなわちイエス・キリストにおける神の本
性・人間の本性という二つの本性と一つのヒュポスタシスを，後に示すカト
リック教会とともに認める。

　サクラメントに関しては，次の七つの主要なサクラメント（機密）を認める。
七つのサクラメントとは，①洗礼（洗礼機密），②塗油（傅膏機密），③聖体（聖

体機密），④ゆるし（痛悔機密），⑤叙階（神品機密），⑥結婚（婚配機密），⑦病者
の塗油（聖傅機密）である。

　サクラメントの内容はオリエンタル・オーソドックス諸教会，カトリック教
会と同じである。ただし，サクラメントの実践の方法は，オリエンタル・オー
ソドックス諸教会，イースタン・オーソドックス諸教会，カトリック教会との
間で異なっている。

　教会の統治構造に関しては，エピスコポス・プレスビュテロス・ディアコノ
スの三段階の奉仕職を基本にしながらも，イースタン・オーソドックス諸教会
に属する各教会はパトリアルケース（総主教），メトロポリテース（府主教），ア
ルキエピスコポス（大主教）によって統治される。イースタン・オーソドック
ス諸教会のパトリアルケース（総主教）のなかで，名誉上首位性を持っている
のが，コンスタンティノポリス総主教（コンスタンティヌーポリ全地総主教）であ
る。そして，イースタン・オーソドックス諸教会のなかには，独立自治教会
（autocephalous church），自治教会（autonomous church），自主管理教会（self-ruled
church）の区別がある。独立自治教会は自教会内の問題を他の教会の干渉なし
に解決できる。最高権威者（総主教，府主教，大主教）を含めて，自教会の主教
を自由に選ぶことが可能である。モスクワ総主教を最高指導者とするロシア正
教会は，イースタン・オーソドックス諸教会のなかの独立自治教会の一つであ
る。自治教会や自主管理教会は，それぞれの独立自治教会に属している。

5　**カトリック教会**（ローマ・カトリック教会）

　カトリック教会（ローマ・カトリック教会）は，教理に関して，第一ニカイア
公会議（325年），第一コンスタンティノポリス公会議（381年），エフェソ公会
議（431年），カルケドン公会議（451年），第二コンスタンティノポリス公会議
（553年），第三コンスタンティノポリス公会議（680年），第二ニカイア公会議
（787年）を認める。さらに，第四コンスタンティノポリス公会議（869-870年），
ローマ教皇によって召集された第一ラテラノ公会議（1123年）から第二バチカ
ン公会議（1962-1965年）に至るまでの公会議を認める。ニカイア・コンスタン

ティノポリス信条に従う。三位一体の神の理解に関しては，カッパドキア三教父の三位一体論，すなわち父・子・聖霊という三つのヒュポスタシスと一つの神の本質・本性，アウグスティヌスの三位一体論，すなわち父・子・聖霊という三つのペルソナ，一つの神の本質・本性に従う。そして，聖霊は父からだけではなく，父と子からともに発出すること（フィリオクェ）を認める。

　サクラメントに関しては，次の七つの主要なサクラメント（秘跡）を認める。①洗礼，②堅信（塗油），③聖体，④ゆるし，⑤叙階，⑥結婚，⑦病者の塗油である。サクラメントの内容はイースタン・オーソドックス諸教会，オリエンタル・オーソドックス諸教会と同じである。ただし，サクラメントの実践の方法は，カトリック教会，イースタン・オーソドックス諸教会，オリエンタル・オーソドックス諸教会との間で異なっている。聖体のサクラメントについて，カトリック教会では「実体変化」という理解を持つ。実体変化とは，聖餐式（ミサ）において，パンとぶどう酒が聖別されると，パンとぶどう酒の実体のみが，キリストの体と血という実体に変化し，パンとぶどう酒の付帯性（属性・性質）はそのまま保持されるという考えである。それゆえ，聖餐式において聖別されたパンとぶどう酒は真にキリストの体と血であると理解される。

　教会の統治構造に関しては，エピスコポス・プレスビュテロス・ディアコノスの三段階の奉仕職を基本にしながらも，使徒ペトロの後継者であるローマ教皇（ローマ司教）が，他の司教たちに対して優越する立場にあり「首位権」を持っている。カトリック教会においては，ローマ教皇が「裁治首位権」を保有し，世界各地のカトリック教会の司教たちを任命する権限を持っている。

5　プロテスタント宗教改革とプロテスタント諸教会の成立

　16世紀，マルティン・ルターが当時のカトリック教会の教義や制度を批判して「95箇条の提題」を提出し，そこから宗教改革が始まった。そして，西ヨーロッパ各地で宗教改革者が現れ，プロテスタント諸教会が成立していった。プロテスタント諸教会では，信仰のみ，恵みのみ，聖書のみという原則が重要視

される。

① 16世紀に成立したプロテスタント諸教会

(1) ルターとドイツ宗教改革

　マルティン・ルター（1483-1546年）はもともとカトリック教会のアウグスチノ会という修道会に属する司祭であった。彼はドイツのヴィッテンベルク大学神学部の聖書教授として聖書を教えていた。彼は1514年秋頃、「塔の体験」という信仰体験をした。「塔の体験」とは、ルターがローマ1章17節を黙想していたとき、修道院の塔の小部屋のなかで、「神の義」についての新たな理解を得た経験である。このような「神の義」に関する新しい理解にもとづいて、ルターの神学が発展していった。当時、ルターはカトリック教会における「免償（indulgentia）」の制度に対して疑問を持っていた。そして、1517年10月31日、ルターは免償の問題に関して、「95箇条の提題」をマインツ司教アルブレヒト宛に提出した。これが「宗教改革」の始まりとされる日である。この「95箇条の提題」に対して、1521年に教皇レオ10世は大勅書『デケト・ロマヌム・ポンティフィケム（Decet Romanum Pontificem）』を発布し、ルターをカトリック教会から破門した。それ以後、ルターはドイツの宗教改革を推進し、プロテスタント教会が形成されていった。ルターの伝統に立つプロテスタント教会をルター派教会（ルーテル教会）と呼ぶ。

　ルターの神学の基本は、神の義の新しい理解と信仰義認の思想である。ルターはもともと神の義（正しさ）とは、神の意志に背いた罪人を容赦なく罰する義であると思っていた。しかし、彼は自らの信仰体験のなかで、神の義とは罪人と不義なるものを罰する義ではなく、罪人をあわれみ、信仰によって義とする義であることに目覚めた。そして、神の義とは、人間のよい行いによって能動的に獲得される義ではなく、神の恵みとあわれみによって、受動的に与えられる義であると知った。信仰者がイエス・キリストを信じるとき、信仰者の罪をキリストがすべて負い、神の義であるキリストの義が信仰者に帰せられて義とされる（帰負的義）。信仰者が罪人であるにもかかわらず、キリストが罪を

負ってくださったがゆえに，神が信仰者を義であると宣言してくださったのである（法廷的義認）。それゆえ，義とされた信仰者は「義人であり罪人」と呼ばれる。このようなルターの信仰義認の体験から，「聖書のみ」，「信仰のみ」，「恵みのみ」という原則が生まれ，この原則はプロテスタント宗教改革全体の基本的な考えとなっていった。

　ルターが疑問を持ったカトリック教会の免償制度とは，ゆるしのサクラメントにおいて，罪の赦免の後に与えられる償いのわざが免除されることである。そして，免償はこの世界で生きている者だけではなく，煉獄で償いのわざをはたしている死者にも振り向けることができる。煉獄の死者が償いの免除を与えられると，そのまま煉獄から天国へと上げられる。さらに当時のカトリック教会は免償状（贖宥状）という文書を発行して，金銭で売買していた。このような当時の免償制度に対して，ルターは自らの信仰義認の体験に即して強い疑問を持つようになった。ルターは「95箇条の提題」において，「彼（キリスト）は信じる者の全生涯が悔い改めであることをお望みになったのである」（「95箇条の提題」命題1）と述べ，そのうえで教皇は償いの罰を赦免する権限を持っていないし（同上，命題5），煉獄の魂の罰を赦免する権限も持っていない（同上，命題22），そして贖宥の文書で自らの救いが確かだと思っている者たちは，その教師たちとともに，永遠の罪に定められる（同上，命題32）と言明し，免償制度そのものを批判した。[4]

　ルターのサクラメント理解について述べると，彼はサクラメントをイエス・キリスト自身が聖書のなかで制定したものに限定し，洗礼と聖餐のみが教会の真のサクラメントであると考えた。これはプロテスタント諸教会のサクラメント理解に大きな影響を与えた。さらに，聖餐のサクラメントにおいては，パンとぶどう酒のうちにキリストが真に現存すると考える。パンとぶどう酒の実体が保たれつつ，同時にキリストの体と血が共在していると考えた（共在説）。これはカトリック教会の実体変化説，ツヴィングリ（チューリヒの宗教改革者）の

4）マルティン・ルター「贖宥の効力を明らかにするための討論」（通称，「95箇条の提題」）『ルター著作選集——キリスト教古典叢書』徳善義和ほか訳，教文館，2012年，9 -10頁。

象徴説を否定するものであった。象徴説とは，パンとぶどう酒はキリストの体と血のシンボルに過ぎないという考えである。さらに，ルターは聖餐式においてキリストの体（パン）と血（ぶどう酒）の両方を拝領すべきである（二種陪餐・両形態）と述べた。これはカトリック教会の信徒がミサのなかでキリストの体のみを拝領していたことへの批判であった。

　さらにルターは，教会とは「全信徒の集まり」であり，そのなかで福音が純粋に説教されて，サクラメントが福音にしたがって与えられる場所であると考えた。すべての信徒は洗礼において，キリストの祭司職にあずかり，一人ひとりが祭司である（万人祭司性）と考えた。その上でルターはキリスト信者の集いである教会においては秩序が求められるため，教会の信徒たちのなかで，神から「正規の召し」を受けて選ばれた牧師が福音について公に説教し，サクラメントを与える職務を担うべきであると述べた。そして，牧師のなかで，教会の指導的立場を担う監督職を認めた。

(2)　ツヴィングリとカルヴァンによるスイス宗教改革

　フルドリッヒ・ツヴィングリ（1484-1531年）はスイスのチューリヒで宗教改革を行い，ジャン・カルヴァン（1509-1564年）は，スイスのジュネーブで宗教改革を行った人物である。ツヴィングリとカルヴァンはもともとカトリックの信徒であったが，「人文主義（フマニズム）」からの影響を強く受けた。「人文主義」とは，ギリシア・ローマの古典や聖書（聖書のギリシア語原典，教父の聖書註解）の研究をとおして，「源泉へ（ad fontes）」立ち帰るというスローガンにもとづいて，人間の自由と尊厳を回復することを目指した思想運動であった。その後，二人とも福音主義に目覚めて，プロテスタント宗教改革の重要人物となった。ツヴィングリとカルヴァンの伝統に従うプロテスタント教会を，「改革派教会」と呼ぶ。とりわけ，改革派教会においてカルヴァンの思想の影響はきわめて強かった。

　カルヴァンの神学の要点は後にオランダで改革派教会によって開かれたドルトレヒト会議（1619年）において，カルヴァン主義の基本5箇条（TULIP）と

してまとめられた。

① Total depravity（全的堕落）

堕落後の人間は全面的に腐敗しており，自らの意志で神に仕えることを選び取れない。

② Unlimited election（無条件的選び）

神は無条件に特定の人間を救いに，特定の人間を破滅に選んでいる（二重予定説）。

③ Limited atonement（制限的・限定的贖罪）

キリストの贖いは，救いに選ばれた者だけのためにある。

④ Irresistible Grace（不可抗的恩恵）

救いに予定された人間は，神の恵みを拒否することができない。

⑤ Perseverance of the saints（聖徒たちに対する神の堅持）

神によって再生された者は，神の力によって最終的な救いに至るよう保持される。

サクラメントについて，カルヴァンは聖書の記述にしたがって，洗礼と聖餐のみが教会の有効なサクラメントであると考えた。そして，カルヴァンは聖餐式における聖体のサクラメントについて，信徒が信仰をもってパンとぶどう酒を受け取るとき，聖霊の恵みが注がれて，聖霊のはたらきによって，地上にいる我々が天上のキリストの体に与ると考えた。そして，ルターの共在説，ツヴィングリの象徴説，カトリック教会の実体変化説を否定した。

教会の統治構造に関して，カルヴァンは長老制という教会の職制を確立した。長老制とは牧師の「宣教長老」と教会信徒から選ばれた「治会長老」から成る「長老会」が教会を統治するシステムである。

(3)　再洗礼派（アナバプテスト）

再洗礼派とは，「幼児洗礼を認めず，成人が自らの自由意志に基づき受ける

信仰洗礼のみを認める人々」である[5]。再洗礼派の人々は，「まだ分別がなく信仰を自覚できない幼児への洗礼は無効である」とみなした。そして，受洗する人が「悔い改めを行い，キリストに従って生きると決意することが必要だ」と考えたのである[6]。再洗礼派の人々は，イエスに従う「弟子の道」を歩むことを求め，福音書に記されているイエスの言葉と行いに忠実に従い，イエスに倣って生きることを目指す[7]。

　1525年，スイスのチューリヒでツヴィングリの宗教改革の路線に反対した宗教改革者コンラント・グレーベル，フェーリクス・マンツが，罪の悔い改めと信仰告白をした成人に対して，「真にキリスト教的な洗礼（再洗礼）」を実行した。これが再洗礼派（アナバプテスト）の起源である[8]。その後，スイスの再洗礼派は，俗世からの分離，非暴力主義を強調するようになり，1527年に「シュライトハイム信仰告白」を作成した[9]。1525年にチューリヒで再洗礼派が誕生してから，南ドイツ，北ドイツ，低地地方（現在のベネルクス三国），北西ドイツ，モラヴィア（現在のチェコ共和国東部）などにも再洗礼派の共同体が現れた。このなかで，モラヴィアの再洗礼派では，使徒の時代の初代教会の実践にならい，信徒たちの財産共有が行われるようになった。ヤーコプ・フッターがモラヴィアの再洗礼派の指導者であったとき，財産共有を徹底させた。それ以後，フッターの再洗礼派共同体（フッター派）においては，財産共有の制度が徹底され，各地にフッター派の集落が形成された。フッター派は，非暴力無抵抗主義の立場から軍務に服することを拒否する[10]。

　さらにメノー・シモンズは1537年にネーデルランド（低地地方）の再洗礼派の指導者となった。メノーは聖書研究を行って，信仰告白を作成して，信徒たちに対して厳しい教会訓練を課した。メノーの再洗礼派共同体（メノー派）に

---

5) 永本哲也ほか編『旅する教会——再洗礼派と宗教改革』新教出版社，2017年，11頁。
6) 同上，11頁。
7) ドナルド・B・グレイビルほか『アーミッシュの赦し——なぜ彼らはすぐに犯人とその家族を赦したのか』亜紀書房，2008年，139頁。
8) 永本ほか編 前掲書5），41-46頁。
9) 同上，47頁。
10) 同上，59-67頁。

おいては，厳しい規則のもとに，「破門（信仰にふさわしくない行為を行った者が自らの罪を悔い改めなかった場合，その者を教会から追い出すこと）」と「忌避（教会の信徒たちが，破門された者との一切の接触を避けること）」が徹底して行われた[11]。1690年代，スイス再洗礼派内部で，「忌避」をめぐる論争が起きた。もともと，スイス再洗礼派では，「忌避」を徹底して行う伝統がなかった。そのなかで，ヤーコブ・アマンはメノー派から影響を受け，スイスの再洗礼派のなかで厳格な忌避の実践を求めた。その結果，アマンに従う人々は，スイス再洗礼派から分離し，「アーミッシュ」（指導者アマンを語源とするグループ名）と呼ばれる共同体を形成した。彼らの多くは北米に移住し，アマンの教えを厳格に守っている[12]。

(4) アングリカン教会

16世紀，イングランド王ヘンリー8世（イングランド王在位1509-1547年）はイングランドの教会を，カトリック教会から独立させ，1534年の国王至上法（Act of Supremacy）において，自らがイングランド教会の「唯一最高の首長」（the only Supreme Head）であることを宣言した。このときにイングランド国教会（英国国教会）が成立した。その後，エドワード6世（在位1547-1553年）の時代，プロテスタント的な教会改革が行われ，英語による最初の典礼書『祈祷書』（The Book of Common Prayer）が当時のカンタベリー大主教トマス・クランマーによって完成された。その後，エリザベス1世（在位1558-1603年）は1559年に新しい国王至上法を制定し，イングランド国王がイングランド国教会の「唯一最高の統治者」（the only Supreme Governor）であることを宣言した。そして，マシュー・パーカーを新しいカンタベリー大主教に任命して，1559年に新しい『祈祷書』を出版し，1563年に「39箇条」を制定して，イングランド国教会の教理的枠組みを定めた。エリザベス1世の時代に，イングランド国教会は，カトリックとプロテスタントの中間を行く「中道（Via Media）」の教会として自

---

11) 同上，78-95頁。
12) 同上，93頁，179-186頁。

らを位置づけるようになった。[13]

　イギリスが世界各地に植民地を増やしていったとき，イングランド国教会も植民地に広がった。その後，各植民地の教会がイングランド国教会から独立した管区を形成したとき，各教会は独立していながらもイングランド国教会の伝統に従うアングリカン諸教会となった。イングランド国教会のカンタベリー大主教座を中心とした全世界のアングリカン諸教会の交わりを「アングリカン・コミュニオン」と呼ぶ。アングリカン教会の伝統では，すべての主教が対等であるため，それぞれの主教の統治する各国民教会（例．米国聖公会［Episcopal Church］，日本聖公会など）が自国語による礼拝，儀式規定，聖書の翻訳などをする権限を持つ。

　アングリカン教会においては，初代教会からの連続性を大切にする。四つの連続性を示すしるしとして，①聖書，②信経（「使徒信経」と「ニケア信経」），③二つのサクラメント（洗礼と聖餐），④三つの聖職位を挙げる。

　教会のサクラメントについて，アングリカン教会では洗礼と聖餐をサクラメントであるとみなす。聖餐式のなかで，会衆がパンを食し，ぶどう酒を飲むときに，キリスト自身がそこに「真実に臨在する」と考える。

　さらに教会の統治構造に関しては，教会の職制として三つの聖職位（主教・司祭・執事）を保持している。さらにアングリカン・コミュニオンにおいて，すべての主教は同格であるため，カンタベリー大主教はアングリカン・コミュニオンに属する全世界の主教たちと同列であるが，名誉において第一の者とみなされている。アングリカン・コミュニオンの全主教の交わりはカンタベリー大主教を中心に行われる。

　各主教はそれぞれの教区会で聖職者と信徒の代議員によって選ばれる。首座主教は総会で全主教と，聖職者（司祭，執事），および信徒の代議員によって選ばれる。アングリカン教会の神学的立場として，カトリック的な伝統主義を取る「ハイ・チャーチ」（高教会）と，プロテスタント的な福音主義を取る

13）松谷好明『イングランド・ピューリタニズム研究』聖学院大学出版会，2007年，166-168頁。

「ロー・チャーチ」がある。

2 17世紀に成立したピューリタン系のプロテスタント諸教会

ピューリタンとはエリザベス１世の時代のイングランド国教会の宗教改革を不徹底なものであると考え，聖書に従い，ジュネーブの宗教改革（カルヴァン主義にもとづく宗教改革）を模範として，自らの召命にもとづいて，神の栄光のために禁欲的かつ勤勉な生活を行おうとした人々である。彼らはカトリック的な要素を教会のなかから廃止して，真に聖書の言葉にもとづく「純粋な」教会を確立しようとした。[14]

ピューリタンは神と人間の関係，人間同士の社会的関係も，「契約」にもとづいて理解する神学を持ち，地上に「新しいエルサレム」を実現して，「神の前に責任をもつ生活」をすることを目指した。そこから，厳格な倫理や計画性のある生活態度が生まれた。さらに，ピューリタンは，良心の自由（信教の自由），宗教的寛容を積極的に提起した。ピューリタンの思想は，ヨーロッパやアメリカにおける近代民主主義，近代資本主義の形成に大きな影響を与えた。[15]

ピューリタンは1560年代からイングランド国教会のなかに現われた。ピューリタンのなかには，イングランド国教会にとどまって教会を改革しようとした人々（長老派）と，イングランド国教会から分離して自らの教会を設立した人々（分離派）がいた。分離派のなかから，会衆派（組合派），バプテスト，クェーカーなどの諸教派が生じた。

(1) 長老派（Presbyterian）

長老派はピューリタン諸教派の一つである。カルヴァン主義の伝統に立ち，長老制を取る教会である。もともと，ジョン・ノックス（1510-1572年）はカルヴァンのもとで改革派の神学と長老制の教会について学んだ。そして，スコッ

---

14) 久米あつみ「ピューリタニズム」「ピューリタン」廣松ほか編『岩波哲学・思想事典』岩波書店，1998年，1335頁。
15) 同上，1335頁。

トランドでカルヴァン主義にもとづく宗教改革を行い，スコットランド国王の下における長老制のスコットランド国教会が成立した。さらに，ノックスは長老制にもとづく教会の『戒規』を作成した。そして，彼は自らの教会を「長老派（Presbyterian）」と名乗った（大陸におけるカルヴァン派の教会は「改革派」と呼ばれる）。長老派の影響は，スコットランドのみならず，イングランドの教会にも及んだ。その後，1643年にイングランド国教会で主教制が廃止されて長老制が導入されると，教会問題に関する長老派の神学者たちの会議，いわゆる「ウェストミンスター神学者会議」が開かれた。1646年12月，ウェストミンスター神学者会議は「ウェストミンスター信仰告白」全33章を完成させた。そして，1647年11月には「ウェストミンスター大教理問答」，同年12月には「ウェストミンスター小教理問答」を作成した[16]。しかし，1660年のイングランド王政復古の後，イングランド国教会が主教制を回復すると，長老派はイングランド国教会から排除された。

(2)　会衆派（Congregational）

　会衆派はピューリタン諸教派の一つで，カルヴァン主義を取り，会衆制という教会統治のシステムを取る。会衆制とは会衆による教会統治を行い，各個教会の方針は，信徒たちの総会（大会）で決定され，直接民主制のシステムを取る。教会の信徒たちが教会の牧師を選び，信徒と牧師は平等の立場である。そして，各個教会（Congregation）の独立自治を強調するとともに，諸教会間の交わりも大切にする。教会の信徒たちは「教会契約」を結ぶ。教会契約とは，信徒一人ひとりが神と契約を結ぶとともに，信徒同志で相互に契約を結ぶことである。

　はじめ，ロバート・ブラウン（1550-1633年）がイングランド国教会から分離して，『新約聖書』における教会のあり方をモデルにしながら，初めてイングランドに会衆派の教会を作った。しかし，ジェームス1世がイングランド王として即位すると，1604年のハンプトン・コートの会議以降，分離派のピューリ

16）松谷　前掲書13），169-176頁，219-222頁。

タンへの迫害が激しくなった。1620年，会衆派の信徒たちが，イングランド国教会による迫害から逃れて，メイフラワー号に乗って北アメリカ大陸に渡った。そして，プリマス植民地（現在のアメリカ合衆国マサチューセッツ州）を作った。このときに北アメリカに上陸した人々をピルグリム・ファーザーズと呼ぶ。彼らはメイフラワー号の船上で神に対して契約を結び，さらに一人ひとりが相互に契約を結んで，新しい社会共同体を設立することを定めた（メイフラワー誓約）。会衆派の信徒たちはニューイングランド（現在のアメリカ合衆国の北東6州）に入植し，後のアメリカ合衆国における民主主義の基礎を築いた。

(3)　バプテスト

　バプテストは再洗礼派（アナバプテスト）からの影響を受けて，幼児洗礼を否定し信仰告白にもとづく「信仰者のバプテスマ（洗礼）」を実践する。バプテストも会衆派と同様に，会衆制という教会統治のシステムを取る。バプテストはジェネラル・バプテストと，パティキュラー・バプテストとに分けられる。

　第一にジェネラル・バプテストはアルミニウス主義を取る。アルミニウス主義とは，オランダの改革派神学者ヤーコブ・アルミニウス（1560-1609年）が取った修正カルヴァン主義の立場である。アルミニウスはキリストの十字架の贖罪がすべての人々のためのものであると考え，カルヴァンの限定的贖罪論を否定した。そして，彼は人間が自由意志によって，神の恩恵を拒むこともできると考え，カルヴァンの不可抗的恩恵の理論を否定した。さらに，アルミニウスは信徒がキリストの恵みから脱落することもあり得ると考え，カルヴァン主義における聖徒たちに対する神の堅持の教えを否定した。ジェネラル・バプテストは，基本的にアルミニウス主義の立場を取る。ピューリタンの分離派であったジョン・スマイス（ジョン・スミス　1554頃-1612年）と自らの弟子トマス・ヘルウィズ（1570頃-1640年頃）が亡命先のオランダのアムステルダムで再洗礼派の洗礼理解から影響を受けて幼児洗礼を否定し，信仰告白にもとづく「信仰者のバプテスマ」を実践し，新しい教会共同体を作った。これがジェネラル・バプテストの始まりである。その後，ヘルウィズは1611年，イングラン

ドに帰国し，密かにジェネラル・バプテスト教会の集会を持った[17]。

　第二にパティキュラー・バプテストは，カルヴァン主義からの影響を受けて，キリストの贖罪は救いに選ばれた人々のためのものであったと考える（限定的贖罪論）。パティキュラー・バプテストは，1616年にロンドンでヘンリー・ジェイコブによって設立された会衆派の共同体に由来する。その後，1641年，または1642年に，リチャード・ブラントがオランダの再洗礼派に学び，バプテスマが信仰者のためだけにあること，バプテスマは浸礼（体全体を水に浸す洗礼）でなければならないと確信して，浸礼によるバプテスマを実行した。これがパティキュラー・バプテストの起源であるとされる。そして，1644年，パティキュラー・バプテストの七つの教会が，「第一ロンドン信仰告白」を採択し，1677年には「第二ロンドン信仰告白」を発表した[18]。

（4）　クウェーカー

　クウェーカーの正式名称は「キリスト友会（フレンド派）」である。ジョージ・フォックス（1624-1691年）は1646年に「生けるキリストの内なる光」を確信して自らの信仰の立場を確立した。1647年，彼はイングランド国教会の礼拝出席を放棄し，神が直接自らの魂に語る内なる声を見つけることこそ真実であるとする独自の宣教活動を始めた。クェーカーでは，神を内的に直接体験することを重視する。外的な制度や儀式を重要視しない。信徒たちは神から与えられる「内なる光」によって，正しい道を歩むことができると考える。教会における制度や信条を持たず，一人ひとりが「内なる光」に促されて信仰をもって世界と社会に参与していく。洗礼，聖餐などのサクラメントを行わない。無形式の礼拝を行う。徹底した非暴力平和主義を取る。「クウェーカー」（震える者）という通称は，神の言葉を聞いて震える者を意味する[19]。

17）高野進『近代バプテスト派研究』ヨルダン社，1989年，31-34頁。津田真奈美「ジョン・スマイスとトマス・ヘルウィスの「分裂」をめぐって——ヤーノル説の検討による考察」『人文学と神学』東北学院大学学術研究会，2018年，83-87頁。https://www.tohoku-gakuin.ac.jp/research/journal/bk2018/pdf/no03_06.pdf（2021年3月10日閲覧）
18）高野　前掲書17），34-36頁。

3 18世紀以降に成立したプロテスタント諸教会

(1) メソジスト

　メソジストはもともとイングランド国教会の司祭であったジョン・ウェスレー（1703-1791年）が彼の同志たちとともに創立したイングランド国教会の信徒団体であった。ジョン・ウェスレーは弟チャールズ・ウェスレー（1707-1788年）が始めていた「ホーリー・クラブ（Holy Club）」を指導していた。ホーリー・クラブのメンバーは，聖書に示されている方法（Method）に従って生きることを目指した。彼らは規則正しい生活を送り（祈り，瞑想，聖書の読書，自己審査，食事，慈善活動のスケジュールが細かに定められていた），メソジスト（Methodist）というあだ名を付けられた。1738年，ジョン・ウェスレーはロンドンのオルダスゲイト（アルダスゲイト）街で，モラヴィア兄弟団の宣教師の説教を聞いて回心を体験する。この回心において，ウェスレーはキリストへの信頼のみによって救われるという確信を得た。その後，1739年，ウェスレーが野外説教を行うようになると，それが拡大して，イングランド国教会内のメソジスト運動に発展し，メソジスト会（Methodist Society）として組織されていった。

　1744年には，第一回メソジスト年会（Annual Conference）をロンドンで開催した。ジョン・ウェスレーは「世界は我が教区」と述べ，メソジスト会はイングランド，スコットランド，アイルランド，北アメリカで宣教を行い，信徒が増えていった。この時期，メソジスト会はイングランド国教会のなかの信徒団体にとどまっていた。しかし，メソジスト会のメンバーが増加するにつれて，会のなかでサクラメントを執行できる聖職者（監督［主教］・長老［司祭］）の存在が必要とされるようになった。その後，ジョン・ウェスレーは，アメリカのメソジスト会の信徒たちのために，自ら監督と長老の按手礼を実行した。それまでは，イングランド国教会の主教のみが按手礼を行っていたが，ジョン・ウェスレーが自ら按手礼を行ったことにより，国教会の権威と秩序から決定的に離脱した。そして，メソジスト会の信徒説教者がサクラメントを執行する道

---

19) 高橋章「キリスト友会」上智学院新カトリック大事典編纂委員会編『新カトリック大事典Ⅱ』研究社，1998年，523頁。

を開いた。ここから，事実上，メソジスト会はイングランド国教会から自立し
たプロテスタントの一教派となっていった[20]。

　ウェスレーの神学において，人間の救いのプロセスは，①神の先行的恩恵
②悔い改め，③信仰による義認，④聖化という順番で進む。そして，最終的に
聖化の到達点である「キリスト者の完全」に至る[21]。ウェスレーは，義認より
も聖化を重視し，義認は聖化の道の出発点であると考える。聖化の到達点であ
る「キリスト者の完全」とは，信仰者の魂（思想・言葉・行動）が神への純粋な
愛に満たされ，愛に背くものが入る余地がなく，罪から解放されて，信仰者の
魂と生活において「聖潔」が達成されている状態である。そして，ウェスレー
はアルミニウス主義を取り，キリストの贖罪はすべての人間のためのもので
あったと考える。人間は神に対する自由意志を持ち，神の恩恵を拒絶すること
も可能である。信仰による義認を体験した人間も，聖化の道から堕落する可能
性がある。カルヴァンの不可抗的恩恵，二重予定説，聖徒たちに対する神の堅
持の教えを否定する。そして，ウェスレーは聖霊のはたらきを強調する。人間
の救いのプロセスは，すべて聖霊のはたらきによって支えられている。そして，
聖霊のはたらきは，それぞれの人間の魂に「自分が神の子である」という内的
な確証を直接的に与える（聖霊の証し［The Witness of the Spirit］）[22]。

(2)　ホーリネス系諸教会

　ジョン・ウェスレーの聖化の教えを強調する「ホーリネス運動」は，「1830
年代アメリカのメソジスト教会における規律の弛緩に対抗し，ウェスレーの精
神への回帰を訴えるかたちで」開始された。ウェスレアン・メソジスト教会
（1843年），自由メソジスト教会（1860年）の創立や信徒による集会活動などをと

20)　野呂芳男「ウェスリ」上智学院新カトリック大事典編纂委員会編『新カトリック大事典
Ⅰ』研究社，1996年，647-648頁。伊藤忠彦「メソジスト教会」上智学院新カトリック大事典
編纂委員会編『新カトリック大事典　Ⅳ』研究社，2009年，958-959頁。山中弘『イギリス・
メソディズム研究』ヨルダン社，1990年，78-83頁。
21)　同上，136-138頁。
22)　同上，138-157頁。

おして，大きな広がりをみせ，1867年，ニュージャージー州ヴァインランドにおける「ホーリネス推進全国キャンプ・ミーティング協会」の結成から，ホーリネス運動がアメリカ全土に運動が浸透した。さらに，イギリスでは，メソジスト教会の牧師であるウィリアム・ブース（1829-1912年）が救世軍（1865年）を結成し，さまざまな社会活動を行った。救世軍の教理はウェスレーの「聖化」論を基盤にしている。1880年代以降，自ら「ホーリネス」を名乗る単立の教会が，既成教団から分かれて形成されるようになった。例えば，チャーチ・オブ・ゴッドのホーリネス系教団（1880年代初め），ナザレン教会（1907年），ピルグリム・ホーリネス教会（1919年，前身団体創立1897年）などが挙げられる。ウェスレアン・メソジスト教会とピルグリム・ホーリネス教会は1968年に合併してウェスレアン教会となった[23]。

(3)　ペンテコステ派・カリスマ運動

ペンテコステ派は20世紀初頭，ホーリネスの牧師チャールズ・パラムと彼の学生による聖霊と異言の体験（カンザス州トピカ1901年）とウィリアム・シーモアによる聖霊体験（ロサンゼルス・アズサ・ストリート1905年）によって始まった。いずれも「聖霊のバプテスマ」を受け，異言を語るという体験であった。その後，ペンテコステ派のさまざまな教団が生まれた。ペンテコステ派は積極的に宣教を行い，特に第二次世界大戦中から戦後にかけて大きく成長し，全世界に広まった。1960年代には，ネオ・ペンテコステ運動が起こり，従来の諸教会・諸教派，すなわちメインライン（主流派）のプロテスタント諸教会（ルター派，改革・長老派，アングリカン，会衆派，バプテスト，メソジストなど）やカトリック教会に新たな影響を及ぼし，ネオ・ペンテコステ運動は「カリスマ運動」として知られるようになった。カリスマ運動は，自ら独立した教会・教派を作らず，従来の諸教会・諸教派のなかに浸透して，独自の発展を見せた[24]。

23）川村哲嗣・石井祥裕「ホーリネス教会」上智学院新カトリック大事典編纂委員会編『新カトリック大事典　Ⅳ』708頁。
24）川村哲嗣・石井祥裕「ペンテコステ派」上智学院新カトリック大事典編纂委員会編『新カトリック大事典　Ⅲ』研究社，2002年，627頁。

⑷　福音派

　19世紀以降，プロテスタント諸教会においては，シュライエルマッハーを起源とする自由主義神学が，ヨーロッパで隆盛した。自由主義神学は教会の伝統的教義から自由であることを求め，近代思想との調停を行おうとした。そのため，近代において発展した自然科学，近代歴史学，近代聖書学，進化論の研究成果を積極的に取り入れて，キリスト教神学を再構築しようとした。とりわけ，自由主義神学は，聖書本文に対する批評を支持し，聖書無謬説，逐語霊感説を支持しなかった。[25]19世紀半ば，プロテスタント諸教派の代表がロンドンに集まり，カトリック教会，アングリカン諸教会のハイ・チャーチ，プロテスタント教会の自由主義神学に対抗して，福音主義信仰同盟を結成した。1846年，彼らは9箇条の福音主義教理規準を採択した。[26]

　①聖書の神的霊感および神的権威，聖書の充分性

　②聖書解釈における個人的判断の権利および義務

　③三位一体の神

　④アダムの堕落の結果としての人間の全的堕落

　⑤神のひとり子の受肉，人類の罪のための彼の贖いのわざと，彼の仲保的なとりなしと支配

　⑥信仰のみによる罪人の義認

　⑦罪人の回心および聖化における聖霊のはたらき

　⑧霊魂の不滅，肉体の復活，正しい者の永遠の祝福と悪い者の永遠の刑罰を伴う，イエス・キリストによる世界の審判

　⑨キリスト教伝道者職の神的制定，洗礼と聖餐の二つのサクラメントの義務と永続性[27]

---

25)　佐藤敏夫「自由主義神学」上智学院新カトリック大事典編纂委員会編『新カトリック大事典　Ⅲ』147-148頁。

26)　佐藤敏夫「福音主義同盟」上智学院新カトリック大事典編纂委員会編『新カトリック大事典　Ⅳ』311-312頁。

　近代主義的，自由主義的なプロテスタント神学に対して，20世紀初め，アメリカで「根本主義（ファンダメンタリズム）」が現れた。その後，1950年代以降，教条主義的な「根本主義」に対して，「新福音主義（ネオ・エヴァンジェリカルズ）」が現れ，現代文化と関わりながら福音によって文化を変革することを目指した（ビリー・グラハム，ジョン・ストットなど）。以後，彼らは「福音派（エヴァンジェリカルズ）」と呼ばれるようになり，プロテスタント諸教会のなかで大きな影響力を持つようになった。福音派の教会は会衆制を取る。1974年には福音派の第一回世界伝道会議が開かれ，『ローザンヌ誓約』を起草した。『ローザンヌ誓約』のなかでは，キリスト者の個人的な救済のみならず，キリスト者の社会的責任，伝道の責務と伝道における協力などが説かれた。[28] 福音派の見方では，20世紀以降，プロテスタント教会は「リベラル（メインライン［主流派］のプロテスタント諸教会［ルター派・改革派・長老派・アングリカン，会衆派，バプテスト・メソジストなど］）」，「ファンダメンタリズム（根本主義）」，「エヴァンジェリカルズ（福音派）」の三つに分けられるようになった。

27）亀井俊博『「まれびとイエスの神」講話——脱在神論的「人称関係の神学」物語』NextPublishing Authors Press，2014年，49-50頁。
28）同上，50-51頁。

<table>
<tr><td>第**3**章</td><td>イスラーム教
──スンナ派とシーア派</td></tr>
</table>

1 初期イスラーム教の歴史

　7世紀にアラビア半島でイスラーム教がムハンマドによって開かれ，急速に中東世界に広がっていった。まず，ムハンマドの生涯とムハンマド没後のイスラーム諸王朝の歴史を見ながら，初期イスラーム教の歴史について説明する。

1 ムハンマドの生涯

　イスラーム教の創始者であるムハンマド（570頃～632年）は570年頃に，アラビア半島のメッカでクライシュ族の商人の子として生まれた。幼くして孤児になるが，25歳の頃，ハディージャと結婚した。当時のアラビア半島の社会では，人々は偶像を崇拝し，多神教を信じ，現世主義と部族至上主義のなかで生活していた。この時代を「ジャーヒリーヤ（無明時代）」と呼ぶ[1]。

　609年頃，ムハンマドはアッラー（唯一の神）から最初の啓示を受け，その後預言者，使徒としての自覚を得て，「イスラーム」[2]の宣教に努めるようになる。

1）牧野信也『イスラームの原点──〈コーラン〉と〈ハディース〉』中央公論社，1996年，11-44頁。佐藤次高編『イスラームの歴史1──イスラームの創始と展開』山川出版社，2010年，12頁。
2）「イスラーム」（帰依）とは，「帰依する，絶対服従する」を意味するアラビア語 aslama の名詞形である。イスラームの信徒を意味する「ムスリム（muslim）」とは，aslama の能動分詞形で「帰依者」を意味する。中村廣治郎「イスラーム教」廣松渉ほか編『岩波哲学・思想事典』岩波書店，1998年，72頁。クルアーンには，「イスラーム」について，以下のように記されている。「今日，われはおまえたちにおまえたちの宗教を完成させ，おまえたちにわれの恩寵を全うし，おまえたちに対して宗教としてイスラームを是認した」（『クルアーン』5・3）。『日亜対訳クルアーン──［付］訳解と正統十読誦注解』中田考監修・中田香織・下村佳州紀訳，作品社，2014年，136頁。

「イスラーム」（帰依）とは，「帰依する，絶対服従する」を意味するアラビア語に由来する言葉であり，アッラーに帰依する生き方そのものを意味する。ムハンマドが受けた啓示の内容を，彼の死後に集成したものが，『クルアーン（コーラン）』である。ムハンマドはメッカで宣教したが，彼の説く一神教は，メッカのアニミズムや多神教との軋轢を生み，ムハンマドと信徒たちは迫害を受けることになる。しかし，メッカ北方の町ヤスリブ（後のメディナ）の住人たちは，イスラームを受け容れ，彼らの招きで，622年にムハンマドと信徒たちはそこに移住する。この出来事をヒジュラと言う。そこで，「ウンマ」と呼ばれるイスラーム教の信仰共同体ができた。「ウンマ」はその後拡大し，アラビア半島の諸部族を超える「ムスリム（イスラーム教の信徒）」の共同体となった。メディナ移住後，ムハンマドは預言者かつ政治的指導者として，ウンマの拡大と発展に心を尽くし，何度かの戦いの後，630年にメッカの無血開城に成功した。632年，ムハンマドはメッカへの大巡礼を行い，メディナに戻った後，自宅で死去した。彼の死までに，イスラーム教の共同体は，アラビア半島のほぼ全域に広がった[3]。

② イスラーム教の聖典

　イスラーム教信仰の規範となるのが，クルアーンとハディースである。第一にクルアーンとは，アッラーの啓示の言葉が記されている聖典である。クルアーンは「第1章ファーティハ（開扉）章」から「第114章ナース（人類）章」まである。609年にアッラーは天使ジブリール（ガブリエル）をとおして，クルアーンの最初の部分をムハンマドに啓示した。それ以来，アッラーの啓示は続き，アッラーがクルアーンの最後の部分を啓示して完結したのが，ムハンマドの亡くなる632年であった。その後，クルアーンが書物のかたちで正典化されたのは，ムハンマド死後20年経ってから，カリフ・ウスマーンの時代であった[4]。

　第二にハディースとはイスラーム教では「言行録」を意味する。イスラーム

3）中村廣次郎「ムハンマド」廣松ほか編『岩波哲学・思想事典』1572頁。
4）中田考『イスラーム入門——文明の共存を考えるための99の扉』集英社，2017年，32-33頁。

教には後述するように，スンナ派とシーア派の二大宗派があるが，それぞれで
ハディースの理解が異なる。スンナ派のハディースは，ムハンマドの言行録で
ある。とりわけ，9世紀のアル＝ブハーリーとムスリム・イブン・ハッジャー
ジュによってまとめられたハディースの集成が『正伝（サヒーフ）集』として
大切にされている。これに対して，シーア派のハディースは，シーア派の「イ
マーム」の言行録である。そして，これら「クルアーンとハディースの明文
の教え」を指し，イスラーム法を意味するのが，「シャリーア（聖法）」である。

③　カリフとイスラーム王朝

(1)　正統カリフの時代

　ムハンマドの死後，ウンマ（ムスリム共同体）の指導者となったのが，「カリ
フ」である。「カリフ（Caliph）」は「ハリーファ（khalifah）」という語に由来し，
「ハリーファ・ラスール・アッラー（アッラーの使徒の後継者）」の略語であり，
スンナ派ムスリムの最高指導者を指す。「ハリーファ」がヨーロッパ諸語の中
に入って，「カリフ」と呼ばれるようになった。「ハリーファ（カリフ）」は，ス
ンナ派においては，ウンマ（ムスリム共同体）によって選ばれた「民選の可謬の
指導者」を指す。そして，カリフは次の七つの条件を満たしていなければな
らない。それはすなわち，①「公正さ（アダーラ）」，②「法的判断を下すこと
のできる知識（イルム）」，③「視覚・聴覚などの健全な五感」，④「立ち居・振
舞いの正常さ」，⑤「公益（マスラハ）増進の政策意欲」，⑥「敵と戦う勇気と
気概」，⑦「クライシュ族の出身者であること」である。

　ムハンマドの死後，約30年間，四名の「正統カリフ」がウンマ（ムスリム共
同体）の最高指導者であった。四名の正統カリフとは，アブー・バクル（カリ
フ在位632-634年），ウマル（カリフ在位634-644年），ウスマーン（カリフ在位644-
656年），アリー（カリフ在位656-661年）である。

---

5) 同上，34-36頁。
6) 同上，36-37頁。
7) 同上，127-128頁。
8) 佐藤 前掲書 1），127頁。

(2)　ウマイヤ朝とアッバース朝のカリフ

　正統カリフの時代の後，ウマイヤ家のムアーウィヤ（602-680年）により，ウマイヤ朝（661-750年）が創立され，カリフ位はウマイヤ家によって世襲されるようになった（首都ダマスクス，ハッラーン）。その後，ムハンマドの叔父であるアッバースに由来するアッバース家のアブー・アル・アッバース（サッファーフ）がウマイヤ朝を倒し，アッバース朝（750-1258年）が成立した（アッバース朝革命・首都バグダード）。そして，カリフ位はアッバース家によって世襲されるようになった。[10]

　アッバース朝初期，9世紀から10世紀にかけて，イスラームの文化と学問が著しく発展した。9世紀後半以降，さまざまなスンナ派，シーア派の地方政権が生まれた。946年，シーア派のブワイフ朝のアフマドが，バグダードに入城し，アッバース朝のカリフから，「王朝の強化者（ムイッズ・アッダウラ）」の称号を授けられ，王国の統治権（イスラーム法を施行する権限）が与えられた。ここから，アッバース朝のカリフは，「世俗的な権限」を失い，「宗教的な権限」のみを保持するようになり，「スンナ派信仰の象徴としてのカリフ体制」だけが温存された。[11]

(3)　スルターン制の確立

　1055年にセルジューク朝（スンナ派）のトゥグリル・ベクがブワイフ朝を倒してバグダードに入城し，アッバース朝のカリフから「東西のスルターン」の称号を授けられた。このとき，イスラーム教の歴史のなかで，初めてスルターン制が確立された。クルアーンでは，「スルターン」は「権威」，「超越的な力」を意味する言葉である。そこから，スルターンは地上の支配者を意味するようになった。そして，セルジューク朝のスルターンが王国の統治権を持つようになり，アッバース朝のカリフを自らの保護下に置いた。[12]

9）中田　前掲書4），128-129頁。
10）佐藤　前掲書1），123-128頁。
11）同上，137-140頁。
12）同上，144-145頁。

　1258年，モンゴル帝国のフラグが，バグダードを陥落させ，アッバース朝最後のカリフ，ムスタースィムを殺害し，カリフ制は一旦消滅し，スンナ派の信徒は悲嘆に暮れた。しかし，エジプトのマムルーク朝（1250-1517年）スルターンのバイバルスが，バグダードのアッバース朝最後のカリフであったムスタースィムの叔父アフマドをエジプトに連れてきて，カイロで，彼をカリフに擁立し（カリフとしての名前は，ムスタンスィル），カリフ制度を復活させた[13]。

　カイロのアッバース朝カリフは22代，250年にわたり存続したが，オスマン朝スルターンのセリム1世（在位1512-1520年）がエジプトを征服し，カイロのアッバース朝最後のカリフであったムタワッキルを，1517年にイスタンブールに連行した（セリム1世没後，ムタワッキルはエジプトに帰還した[14]）。

　18世紀以降，オスマン朝のスルターンは1517年の時点で，アッバース朝のカリフ位を継承したと主張するようになり，「スルターン・カリフ制」がこのとき成立したと考えられるようになった[15]。1924年にオスマン家のアブデュルメジド二世が廃位されたとき，カリフ位は空位になった。それ以来，スンナ派は「カリフ選出の合意を達成できていない」状態が続いている[16]。

⑷　イマーム

　イマームは大イマームと小イマームに分類される。大イマームとは，「ウンマ（ムスリム共同体）の最高指導者」である。スンナ派では，大イマームはカリフを指す。これに対して，シーア派の大イマームは，アリーの子孫から預言者ムハンマドによって名指しで指名され，アッラーにより任命された無謬の存在である（シーア派の「イマーム」は通常この大イマームを指す）。これに対して，小イマームとは，スンナ派では礼拝の先導者を指す。僧侶や司祭などの専門職ではなく，礼拝のできるムスリムならば，誰でもなれるが，クルアーンの読誦，イスラーム法学の知識に勝る者が優先される（スンナ派の「イマーム」は通常こ

13）同上，146-147頁。
14）同上，148-149頁。
15）同上，152頁。
16）中田 前掲書4），128頁。

の小イマームを指す[17])。

2　スンナ派とシーア派

　初期イスラーム教の歴史のなかで，イスラーム教の二大宗派であるスンナ派
とシーア派が発生した。ここでは，スンナ派とシーア派の基本的な教えと実践
の内容について説明する。

1　スンナ派

　スンナ派はイスラーム教の二大宗派の一つであり，ムスリムの多数を占める。
スンナ派とは，「アフル・スンナ・ワ・ジャマーア（スンナと連帯の民)」，略し
て「アフル・スンナ」の翻訳語である。「スンナ」とは「慣行」を意味し，ム
ハンマドの言行，範例を指す。全ムスリム人口のうち，80～90％を占めると考
えられている（12～14億人）[18]。

　スンナ派は，アッラー，クルアーン，使徒ムハンマドを信奉し，ムハンマド
の死後の「四人の正統カリフ，その後のウマイヤ朝，アッバース朝のカリフた
ちの支配の正当性を認め，ハナフィー派，マーリキー派，シャーフィーイー派，
ハンバリー派の四法学派，アシュアリー派，マートリィーディー派の二つの神
学派」，アル・ブハーリー，ムスリム・イブン・ハッジャージュ，アブー・
ダーウード，ティルミズィー，イブン・マージャ，ナサーイーらが編集したム
ハンマドの言行録ハディースを信ずる人々を指す[19]。

　「スンナ派」という自称が広く使われるようになったのは，11世紀以降，イ
スマーイール派のファーティマ朝や十二イマーム派（シーア派の一派）のブワイ
フ朝との対立によるものである[20]。

17）同上，130-132頁。
18）同上，46頁。
19）同上，46頁。
20）同上，47頁。

(1)　スンナ派の信仰と実践——六信五行

　スンナ派においては，『正伝（サヒーフ）集』における一つのハディースにも
とづいて，以下の六つの信仰箇条と五つの実践を保持している。[21]

六信

　①アッラー

　　「アッラーの他に神はない」。アッラーが唯一の神である。[22]

　②天使

　　天使ジブリール，ミーカール，イスラーフィールの「三大天使」をはじめ
とする多くの天使。[23]

　③啓典

　　「啓典（キターブ）」とは，アッラーから預言者に天使ジブリールをとおし
て授けられた書物である。そこには，一切人間の編集句が交っていない。
イーブラーヒーム（アブラハム）の諸書（スフフ），ムーサー（モーセ）の律法
（タウラー），ダーウード（ダビデ）の詩編（ザブール），イーサー（イエス）の
福音書が，クルアーンの中に挙げられている啓典である。[24]イスラーム教で
は「啓典の民」という概念がある。「啓典の民（アフル・キターブ）」とは，
アッラーから与えられた啓典を奉ずる信仰共同体を意味し，ムーサー（モー
セ）の律法の書を信ずるユダヤ教徒と，イーサー（イエス）の福音書を信じ
るキリスト教徒を指す。啓典の民は，公的空間ではムスリムと同じくイス
ラーム法に服するが，婚姻や離婚などの家族関係を含む私的空間においては，
キリスト教であれば，それぞれの宗派（カトリック，プロテスタント，東方正教
会など）ごとの自治が認められていた。「啓典の民」にはカーディー（裁判

21）同上，83-84頁。
22）同上，87-88頁。
23）同上，88-90頁。
24）同上，90-92頁。

官）になれないなどの一定の差別があったが，生命，財産，名誉などを保障
され，厚遇されていた。[25]

④使徒

　使徒とは，「人々をアッラーの崇拝へと呼び招くために，アッラーから啓
典を与えられた預言者」を指す。預言者たちのなかに使徒たちがいる。使徒
の条件とは「正直」，「至誠」，「賢慮」，「広宣」である。これらの条件を満た
した預言者は使徒とみなされる。公的な宣教を行わなかった預言者は世に知
られていない。名のある預言者は事実上，使徒である。クルアーンに名前が
述べられているのが25人の使徒である。例，アーダム（アダム），イブラー
ヒーム（アブラハム），ムーサー（モーセ），ダーウード（ダビデ），イルヤース
（エリヤ），ヤフヤー（洗礼者ヨハネ），イーサー（イエス），ムハンマド（最後の
使徒）などである。[26]

⑤来世

　イスラーム教の来世観では，人間は死んで墓に入ったときに甦らされる。
そして，墓のなかで天使たちから裁きを受け，生前の行いに応じて報いを受
ける。その後，再び死んで最後の審判を待つ。天使イスラーフィールが最後
の審判のラッパを吹き鳴らすとき，その時点で生きていた命あるすべての生
物が，一度死に絶えてから復活させられる。復活させられた人間は，最後の
審判のなかで裁きの場に立たされ，生前の所業が記された帳簿を渡されて，
善悪が天秤にかけて量られて清算される。そして，善が重かった者は楽園に
入り，悪が重かった者は，火獄に落とされる。最後の審判がいつ来るのかは
誰も分からない。[27]

25）同上，30-32頁。
26）同上，93-94頁。
27）同上，95-96頁。

⑥定命

　スンナ派のムスリムは「宇宙に生起する森羅万象は全てアッラーによって宇宙の創造以前から予め知られており，神意によりその予定通りに進行する，人間の運命も同じである」という「定命」を信じる。[28]ムスリムはよく「アッラーがお望みなら（イン・シャーァ・アッラー）」という言葉を口にする。クルアーンでは，「また，なににつけ，『私はそれを明日なすであろう』と決して言ってはならない。ただし，『アッラーがお望みなら（イン・シャーァ・アッラー）』が（言い添えてあれば）別である」（『クルアーン』18・23-24）[29]と述べられている。

五行

①信仰告白（シャハーダ）

　「アッラーの他に神はない（ラー・イラーハ・イラッラー）。ムハンマドはアッラーの使徒である（ムハンマドゥ・ラスールッラー）」と信仰告白する。[30]

②礼拝（サラー）

　礼拝（サラー）はムスリムにとって最も基本的で重要な義務である。ムスリムは一日五回の礼拝を行う。[31]五回の礼拝とは，「ズフル（昼）」，「アスル（午後後半）」，「マグリブ（日没）」，「イシャーゥ（夜）」，「スブフ（夜明け前）」である。日課の礼拝の他にも，「金曜日の集合礼拝，二大祭（犠牲祭，ラマダーン月の斎戒明けの祭）の礼拝，蝕の礼拝，雨乞い礼拝，葬儀の礼拝」がある。[32]

28）同上，96-98頁。
29）前掲書2），325頁。
30）中田 前掲書4），98-100頁。
31）伝承によれば，メッカの禁裏モスクにいたムハンマドは，天馬ブラークに乗って飛翔し，エルサレムに至り，そこで礼拝を捧げて，さらにそこから七つの天に昇り，第七天でアッラーから一日に五回の礼拝の義務を課されたという。「夜行（イスラー）」，「昇天（ミゥラージュ）」と呼ばれる出来事。『クルアーン』17章1節にも「夜行」の記述がある。前掲書2），311頁。
32）中田 前掲書4），100-102頁。

③浄財（ザカー）

　浄財（ザカー）とは，「一年を通じて一定額の資産を保有した者にかかる定率の宗教税」である。これは義務の浄財である。浄財の分配対象は貧者，困窮者などである[33]。これに対して，「喜捨（サダカ）」とは，義務による寄付ではなく，自発的な施しを意味する。

④斎戒（サウム）

　義務の斎戒（サウム）は，太陰暦のラマダーン月の1か月間行われる。信徒たちは黎明が兆す前から日没までの間，飲食をしない。ラマダーン月以外にも義務ではない斎戒の時期がある[34]。

⑤巡礼（ハッジ）

　巡礼（ハッジ）とは，メッカの禁裏（ハラーム）モスク[35]に巡礼することである。このとき，禁裏モスクのなかにあるカアバ神殿を七回廻る儀礼（タワーフ）を行う[36]。カアバ神殿はイスラームの伝承によれば，イーブラヒーム（アブラハム）とその息子イスマーイールが建立したものであると伝えられている。そして，アラブ人は自分たちがイスマーイールの子孫であると信じている[37]。クルアーンでは，カアバ神殿について，「まことに人々のために建立された最初の館はバッカ（マッカ）のもので，諸世界への祝福，導きとしてであった」（『クルアーン』3・96）[38]と述べられている。

33）同上，102-103頁。
34）同上，104-106頁。
35）「モスク」とは，「マスジド」（アラブ語）が訛った言葉。「ひざまずく場所」を意味する。メッカの禁裏モスク（マスジド・ハラーム），メディナの預言者モスク（マスジド・ナバウィー），エルサレムの至遠モスク（マスジド・アクサー）に参詣することが勧められている。そこでの礼拝には，他の場所での礼拝にはるかにまさる功徳が与えられると考えられている。中田 前掲書4），116頁。
36）同上，106-108頁。
37）同上，20-21頁。
38）前掲書2），91頁。

　以上のように，スンナ派ムスリムはイスラーム教の基本的な教えを六信五行として明確化し，自らの信仰と実践の基盤としているのである。

(2)　イスラーム法の体系化とイスラーム法学派の成立

　8世紀，ウマイヤ朝時代にイスラーム法学が出現し，9世紀，アッバース朝時代の初期にイスラーム法が体系化され，イスラーム法にもとづく司法制度が確立された。スンナ派では①マーリク派（学祖マーリク・ブン・アナス），②ハナフィー派（実質的な学祖は，アブー・ハニーファと彼の二大弟子であるアブー・ユースフ，シャイバーニー），③シャーフイイー派（学祖シャフィイー），④ハンバル派（学祖イブン・ハンバル）の四大法学派が成立した。[39]

(3)　スンナ派ハディースとスンナ派二大神学派の成立

　アッバース朝時代の初期，850年頃から100年ほどの間に，スンナ派のハディースが成立した。さらに神学においては，理性重視のムウタズィラ派に代わって，アシュアリーがアシュアリー派，マートリーディーがマートリーディー派を打ち立て，スンナ派の二つの大きな神学派が成立した。[40]

(4)　スンナ派のイスラーム法学における「イジュティハード」の理解

　「イジュティハード」とは，「クルアーンとハディースに該当する問題の直接的な答えになる明文の典拠が見つからない問題で，他の法源も参考にしつつ力を尽くして規定を探すこと」を意味する。[41]すなわち，イスラム法の新しい解釈のための努力であり，クルアーン，ハディース，先行する法学理論を参考にしながら，新しい法解釈を見出す行為である。「イジュティハード」の条件を満たしている者を，「ムジュタヒド」と呼ぶ。イジュティハードの条件を満たさない者がムジュタヒドの見解に従うことを，「タクリード」と呼ぶ。スンナ

39）佐藤 前掲書1），27-28頁，106-108頁。
40）同上，163-164頁。
41）中田 前掲書4），42頁。

派では，イジュティハードの条件を完全に満たすムジュタヒドは，8世紀から9世紀の四大法学祖アブー・ハニーファ，マーリク，シャーフィイー，イブン・ハンバルらの世代以降は存在せず，後の世代の学者は学祖のイジュティハードに倣い，それを敷衍することしか許されていないと考えられるようになった。そこから，「イジュティハードの門は閉ざされた」と言われるようになった[42]。

② シーア派

　ここからは，スンナ派に対するもう一方の大きな宗派であるシーア派について述べる。第3代正統カリフのウスマーンの暗殺後，ムハンマドの親戚であり娘婿でもあったアリーが656年に第4代正統カリフに就任した。しかし，ウスマーンと同じウマイヤ家のムアーウィヤがこれに反対し，660年，彼もカリフ就任を宣言した。661年，アリーがハワーリジュ派に暗殺されると，ムアーウィヤが単独のカリフとなった（ウマイヤ朝の始まり）。

　ムアーウィヤは息子のヤズィードをカリフの後継者に任命し，680年に没した。それに対して，アリーの子フサインはヤズィードに反旗を翻したが，680年，フサインはヤズィードが差し向けた軍によって虐殺された（カルバラーの戦い）。ムハンマドの最愛の孫であったフサインがヤズィードによって虐殺されたことは，敬虔なムスリムたちに大きな衝撃を与え，この事件がシーア派の分派を決定的にした（「シーア」とは党派を意味するが，「アル＝シーア」という場合には，「アリーの党派」を指す）。シーア派では，アーシュラー（ヒジュラ暦ムハッラム月の10日目）に，フサインの殉教を悼む行事を行う[43]。

(1) シーア派の特徴──イマーム論

　シーア派はアッラー，クルアーン，使徒ムハンマド，イマーム（アリーとその後継者たち）を信奉する。スンナ派は共同体の合意を基盤として，クルアー

42) 同上，42-43頁。
43) 同上，61-63頁。

ンを解釈して思想を構築する。実際にムハンマドの死後，ウンマの合議にもとづいて，アブー・バクルをカリフに選出した。これに対して，シーア派はこの最初の共同体がムハンマド死後の「最初の重要な判断（共同体の指導者であるイマームの決定）」において誤りを犯したと考える。シーア派においては，ムハンマドが後継者に指名したアリーとアリーの後継者たち（シーア派におけるイマーム。ムハンマドの直系の子孫）がウンマにおいて確実な判断を下す指導者であると考える。そのため，シーア派とは「イマームの見解に基づいてイスラームを実践する者」である。そのため，シーア派のハディースはイマームの言行録である[44]。シーア派においては，さまざまな分派がある。十二イマーム派は，現在のシーア派の多数派であり，イランにおいては国教とされ，イラク，バハレーンで多数派を占める。ザイド派は，イエメンで多数派を占める。イスマーイール派はインド，パキスタンで少数派である。その他にも，ドルーズ派，アラウィー（ヌサイリー）派などがある[45]。

(2)　シーア派の分派──十二イマーム派

　十二イマーム派は，初代アリーと彼の子孫12人をイマームとみなす。12人とは，①アリー，②ハサン，③フサイン，④アリー・ザイヌルアービディーン，⑤ムハンマド・バーキル，⑥ジャアファル・サーディク，⑦ムーサー・カーズィム，⑧アリー・リダー，⑨ムハンマド・ジャワード，⑩アリー・ハーディー，⑪ハサン・アスカリー，⑫ムハンマド・ムンタザルである。第12代のムハンマド・ムンタザルが「マフディー（救世主）」であると考えられ，現在は「ガイバ（幽隠）」にあると考えられている[46]。「ガイバ（幽隠）」とは，「やがて再臨するために信徒の間から姿を隠すこと」を意味し[47]，12人目のイマームは，未来に再臨して「大地を正義で満たす」と信じられている[48]。これら12人のイ

44）鎌田繁「シーア派」廣松ほか編『岩波哲学・思想事典』601頁。
45）中田 前掲書4），63-65頁。
46）同上，65-66頁。
47）同上，67頁。
48）同上，66頁。

マームはムハンマドと同じく「無謬の存在」であり，イマームだけが「ムスリム世界を統治する政治的権威」を持っていると認識している。そして，十二イマーム派はスンナ派の初代から第3代の正統カリフたちやイマーム以外の支配者たちをすべて「イマームの政治的権威の簒奪者」であると考える[49]。ただ，十二イマーム派，ザイド派，イスマーイール派は一部のイマームが異なる[50]。

(3)　十二イマーム派におけるガイバ（幽隠）の理解

　第12代イマームが874年にガイバ（幽隠）の状態に入った後，ウスマーン・アサディーがイマームの代理人となり，イマームの言葉を伝えて信徒を指導した。しかし，第4代代理人アリー・サマッリーが941年に後継者を指名せずに死ぬと，イマームと信徒との間の交信が断たれてしまった。この874年から941年までの状態を「ガイバ・スグラー（小幽隠）」と呼ぶ。

　その後，941年から第12代イマームが再臨するまでの期間を「ガイバ・クブラー（大幽隠）」と呼ぶ。ガイバ・クブラーの期間には，イスラーム法学者全体がイマームの代理人になるという「不特定代理」の理論が発展した[51]。

(4)　十二イマーム派の思想——五信十行

　シーア派のなかの十二イマーム派では，以下の五信十行を実践する。

五信

　①神の唯一性，②神の正義，③預言者職，④イマーマ（預言者の後継者の指導権），⑤来世の信仰[52]

49）同上，66-67頁。
50）十二イマーム派は，ムハンマド・バーキルを第5代イマームとみなすが，ザイド派は彼の兄弟ザイドをイマームとみなす。さらに十二イマーム派は，ムーサー・カーズィムを第7代イマームとみなすが，イスマーイール派は彼の兄イスマーイールをイマームとみなす。同上，64-65頁。
51）同上，69頁。
52）同上，66頁。

十行

　①礼拝，②浄財，③ラマダーン月の斎戒，④巡礼，⑤ジハード，⑥五分の一税，⑦善の命令，⑧悪の禁止，⑨（神と預言者とイマームの味方への）友誼，⑩（神と預言者とイマームの敵との）絶縁[53]。

(5)　シーア派のイスラーム法学における「イジュティハード」の理解

　シーア派では，十二イマーム派とザイド派がイスラーム法を持ち，現在でもイジュティハードが認められている。「フッジャトゥルイスラーム（イスラームの証）」や「アーヤトゥッラー（神の徴）」の称号を有する法学者は「ムジュタヒド」である[54]。

(6)　シーア派の諸国家

　8世紀半ばすぎ，カスピ海南西部のダイラム地方にシーア派の信仰が伝えられ，10世紀，ダイラム人のブワイフ家が十二イマーム派の王朝であるブワイフ朝を現在のイランとイラクの地域に創立した。946年，ブワイフ朝はバグダードに入城し，アッバース朝のカリフから王国の統治権（イスラーム法執行の権限）を与えられた（ブワイフ朝は1062年に滅亡）。ブワイフ朝の君主は古代ペルシアの君主と同じように，「シャー」を名乗った[55]。同じく10世紀，イスマーイール派がファーティマ朝を創立し，アリーとファーティマの血を継ぐとされるウバイド・アッラーフをシリアから招いて，「マフディー（救世主）」としてカリフに擁立した。そして，ファーティマ朝はエジプトを征服し，首都カイロを建設した[56]。しかし，サラーフ・アッディーン（サラディン　1137-1193年）がファーティマ朝の宰相になると，アイユーブ朝（1169-1250年）を創始し，エジプトのスンナ派復活を推進し，その後継のマムルーク朝（1250-1517年）の時代になる

53）同上，66頁。
54）同上，43頁。
55）佐藤　前掲書 1 ），137-140頁。
56）同上，141頁。

と，スンナ派のアッバース朝カリフがカイロに擁立された。[57]1501年には，シーア派神秘主義教団サファヴィー教団の長イスマーイールがサファヴィー朝（1501-1736年）をイランに開いた。サファヴィー朝の君主も「シャー」と名乗った。[58]

3　スーフィズム

　中世のイスラーム教の歴史のなかで，スーフィズムというイスラーム神秘主義の思想と実践が発展した。スーフィズムでは，さまざまな修行論，霊魂論，聖者論が構築され，修行者はアッラーとの神秘的な合一を体験した。スンナ派でも，シーア派でもスーフィズムの伝統が生まれた。

[1]　禁欲主義の発生
　7世紀から8世紀のウマイヤ朝の時代に活躍したハサン・バスリー（728年没）は，後世の禁欲主義やスーフィズムの祖であると言われている。8世紀から9世紀のアッバース朝の初期，禁欲主義（ズフド）が発生し，イスラーム法学者イブン・ハンバル（スンナ派四大法学派のなかのハンバル学派の学祖）も『禁欲の書』を著した。禁欲主義はイラクのバスラやクーファからアラビア半島，シリアなど，アッバース朝の幅広い地域に広がった。その後，イラン東部のホラーサーン地方に多くの禁欲主義者が現れ，イブラーヒーム・ブン・アドハム（777年没）らがその代表的な人物であった。[59]

[2]　スーフィズムの発生
　8世紀後半，ラービア・アダウィーヤはイスラーム教における神への愛を説いた。850年以降になると，禁欲主義を源流として，スーフィズムが成立する。

57）同上，145-146頁。
58）同上，142-144頁。
59）同上，155-161頁。

スーフィズムの起源は，クルアーンそのもののなかにある「神の近さ」の考えにあると思われる。850年から950年にかけて，スーフィズムの古典理論が形成された。この古典理論は，修行論，霊魂論，聖者論から構成されている[60]。

③　スーフィズムの修行論・霊魂論・聖者論における主要概念

スーフィズムの修行論と霊魂論にはさまざまな主要概念がある。まず，「一般的知識」である「イルム（外面的知識）」に対して，「マアリファ（内面的知識，霊知・智慧）」が対置される。霊魂の修行は「マカーマート」という修行の段階を経て行われる。そして，霊魂は修行の進展のなかで変容し，それぞれの修行の段階に応じた精神的な境地である「アフワール」が開かれる。そして，アフワールのなかで，「ファナー」と「バカー」が最終的な境地であるとされる。ファナーとは，エゴが消滅し，神のなかに融け込むことである。エゴが消滅すると，私という意識もなく，神を「汝」，「彼」として対象化することもできない。これに対して，バカーとは，「無一物となった修行者の心」に神が住まう状態であり，「一時の陶酔体験ののち，日常生活に戻ってきてそこでもなおかつ神とともにあるかのように生きること」である[61]。

さらに，スーフィズムの聖者論においても重要な概念がある。スーフィズムにおける聖者（ワリー）には，その霊魂の発展段階に従って，ヒエラルキーがある。そして，ムハンマドは「預言者の封印」であるが，預言者の系譜が封印された後，あの世とこの世の間の交信は聖者によってなされる。しかし，この聖者にも「聖者の封印」があり，それが「最高の聖者」であると考えられた[62]。

4　近代イスラーム改革運動の始まりと展開

近代になると，西ヨーロッパ諸国が経済的・軍事的に強大になり，中東やイ

60）同上，161-164頁。
61）同上，164-166頁。
62）同上，166-167頁。

ンドのイスラーム国家の領土を侵食し，植民地を作っていった。そのような状況のなかで，近代イスラーム改革運動が起き，さまざまなイスラーム思想が生まれた。

1　16世紀から18世紀における三つのイスラーム国家

16世紀から18世紀にかけて，三つの巨大なイスラーム国家が東ヨーロッパの一部，北アフリカ，西アジア，南アジアに至る広大な領域を支配していた。

一つ目はスンナ派のオスマン帝国（1299-1922年）である。1453年にオスマン帝国はコンスタンティノポリスを攻略し，東ローマ帝国を滅ぼした。その後，軍事的征服を進め，16世紀中期にはアナトリア，バルカン半島，東ヨーロッパの一部，北アフリカ，西アジアの一部を領有し，イスラーム世界の盟主を自認していた。しかし，17世紀末期から18世紀初期にかけて，軍事的衰退がはじまり，18世紀には西ヨーロッパ諸国に対する軍事的優位を失い，領土を次第に喪失していった。

二つ目はムガル帝国（1526-1858年）である。同じスンナ派で17世紀中頃には，現在のインド，パキスタン，バングラデシュ，アフガニスタンを領有した。19世紀，イギリスに対するインド大反乱（1857年）の後，滅亡した。

三つ目はサファヴィー朝（1501-1736年）で，シーア派のなかの十二イマーム派である。16世紀後半から17世紀初めにかけて，現在のイラン，イラク，アゼルバイジャンを領有した。18世紀にアフシャール朝によって滅ぼされた。

2　イブン・タイミーヤによるイスラーム教改革──サラフィー主義の先駆

イブン・タイミーヤ（1263-1328年）は，エジプトのマムルーク朝時代のシリア，エジプトで活躍したハンバリー派の法学者，神学者である。彼は哲学，神学，法学，スーフィズムなどの後代に成立した学問の権威をすべて否定し，イスラーム教初期の3世代（サラフ）にならって，「クルアーンとスンナ派四法学祖などが認めたハディースのみを権威として直接参照する義務」を唱えた。[63]

---

63) 中田 前掲書4），170-171頁。

　さらに彼はイスラーム法の理解において，イジュティハードの拘束性を認めず，万人のイジュティハードの義務を説いた。さらに，イスラーム法に背いて統治する支配者は背教者であり，討伐の義務があると考えた。彼は近代のスンナ派における「サラフィー主義」の先駆者であるとされる。

　サラフィー主義（サラフィーヤ）とは，「サラフ（先人）に倣う者」を意味する。サラフィー主義の考える「サラフ（先人）」とは，イスラーム教初期の第 3 世代に相当するスンナ派法学者，とりわけ「アフル・ハディース（ハディース遵奉者）」の巨匠であるマーリク，シャーフィイー，アフマド・ブン・ハンバルらが認定した，初期 3 世代のなかの信頼に足る者たちを指す[64]。

　サラフィー主義者は，クルアーンとともに，ムハンマドのハディースに権威があり，そのテキストに字義通りに従うべきであると考える。そして，サラフィー主義者は法学派，神学派，スーフィー教団の権威を否定し，シーア派とも激しく敵対している。近代のサラフィー主義はイブン・タイミーヤの思想を源流としながら，ワッハーブ派とムハンマド・アブドゥフ（1849-1905年）の弟子の，ムハンマド・ラシード・リダー（1865-1935年）の改革運動の流れを汲んでいる。現代のサラフィー主義の圧倒的多数は，政治的には静寂主義であり，サラフィー・ジハーディー（サラフィー・ジハード主義者）と呼ばれる反体制武装闘争派はサラフィー主義のなかでは少数派である[65]。

③　ムハンマド・イブン・アブドゥルワッハーブによるワッハーブ運動

　ムハンマド・イブン・アブドゥルワッハーブ（1703-1792年）は，アラビア半島中部のウヤイナに生まれ，純粋な一神教としてのイスラームを説いた。彼は『タウヒードの書』を著し，「タウヒード（アッラーが唯一の神であることを認めること）」に反する聖木崇拝，聖者崇拝を禁じ，自ら聖木を切り倒し，聖者廟を破壊した[66]。

---

64)　同上，59-61頁。
65)　同上，60-61頁。
66)　小杉泰編『イスラームの拡大と変容——イスラームの歴史II』山川出版社，2010年，7頁。

　彼のこの運動は「ワッハーブ運動」と呼ばれ，その主張を集約すると，①「イスラームの教えを原典に立脚させること」，②「原典を重視する際に，聖典クルアーン（コーラン）と並んでハディース（預言者言行録）を重視すること」，③「原典に忠実である帰結として，伝統への盲従を否定し，イジュティハード（解釈の営為）を認めること」，④「宗教実践として，本来のイスラームに反すると思われる逸脱行為を批判し，社会改革をおこなうこと」である[67]。

　この教えを広めるために，イブン・アブドゥルワッハーブはサウード家のアブドゥッラー・イブン・サウードと1744年に盟約を結び，アブドゥルワッハーブが宗教指導者，イブン・サウードが統治者としてその教えを護持することを約束した。その結果，ワッハーブ運動はイブン・サウードの息子アブドゥルアズィーズの征服運動により，アラビア半島全体に支配権を広げた。サウード家の建国運動は，19世紀に入ってオスマン帝国とエジプトの介入で頓挫し，第二次建国運動も内紛で挫折したが，20世紀になり，第三次建国運動が実を結んで，現在のサウジアラビア王国が成立した[68]。

4　ナポレオンによるエジプト征服

　1798年，ナポレオン・ボナパルト（1769-1821年）率いるフランス軍によって，エジプトが一時的に征服され，イスラーム世界に衝撃を与えた。イスラーム諸国は，西ヨーロッパ諸国の軍事力，科学技術，産業，社会制度，政治制度の発展と卓越性を認識するに至った[69]。

5　ムハンマド・アリー朝によるエジプト統治

　その後，エジプト総督でアルバニア出身のムハンマド・アリー（1769-1849年）は，オスマン帝国から事実上独立して，エジプトを統治し，ムハンマド・アリー朝を創始した。彼は西ヨーロッパの文明（理性の重視，科学精神，教育な

---

67) 同上，8頁。
68) 同上，8-9頁。
69) 同上，11-12頁。

93

ど）をエジプトに積極的に導入し，エジプトを発展させた。[70]

6　オスマン帝国の諸改革

　オスマン帝国でも，セリム 1 世（在位1789-1807年）の時代に「ニザーミ・ジェディード（新秩序）」と呼ばれる改革，マフムト 2 世（在位1808-1839年）の時代に中央集権化や西欧化改革のための努力，アブデュルメジト 1 世（在位1839-1861年）の代では「タンジマート」の諸改革（1839-1876年）が始まり，オスマン帝国は近代国家に変容した。例えば，民法典の制定（1869-1876年）とミドハト憲法の制定（1876年）などが改革の成果として挙げられる。しかし，1878年にアブデゥルハミト 2 世（在位1876-1909年）が憲法を停止し，議会を解散して，専制支配を行うようになった。[71]

7　スーフィー教団の改革運動

　ワッハーブ運動は，スーフィー教団の聖者崇拝，聖者廟参詣，スーフィー教団（タリーカ）を「後世の逸脱」として否定する考えを持っていた。それに対して，イスラーム法の遵守を主張する改革的なスーフィー思想家が現れた。そのなかで，アフマド・イブン・イドリース（1750/60-1837年），アフマド・ティジャーニー（1737-1815年）が代表的なスーフィー思想家である。ティジャーニーは，イスラーム法遵守を重視して聖者廟参詣を戒め，大きな影響を与えた。その他にも伝統を刷新する多くの改革的なスーフィー教団が現れた。そして，それらの教団は，西欧列強の侵略に対するレジスタンスも組織した。[72]

8　アフガーニーのパン・イスラーム主義

　ジャマールッディーン・アフガーニー（1838-1897年）は，ムガル帝国滅亡後の英領インドを訪れ，帝国主義の脅威を認識し，その後，彼はイスラーム世界

70）同上，12-13頁。
71）同上，14-16頁。
72）同上，20-21頁。

とヨーロッパで近代イスラーム改革を訴える思想家として活躍した。彼は弟子のムハンマド・アブドゥフとともに雑誌『固き絆』を刊行した。アフガーニーはクルアーンにもとづいて，時代の実態に即してイジュティハードを行うことを唱えた。アフガーニーとアブドゥフは「初期世代（サラフ）に立脚するイスラーム」という考え方を打ち出し，近代のサラフィー主義の唱道者となった。この二人の考えをアブドゥフの弟子ラシード・リダー（1865-1935年）が広めた。

　さらにアフガーニーは，帝国主義に対抗するために，「パン・イスラーム主義」を唱え，「イスラームの統一と東方（アジア）の連帯」を訴えた。彼はイスラーム世界の統一と連帯のために，「ウンマ」が「信仰上の理念の域を出て，具体的な行動や協調によって連携する実体的存在」となるべきであると考えた。さらに彼は立憲制と議会制の導入を主張した。[73]

⑨　ムハンマド・アブドゥフとラシード・リダーによる近代イスラーム改革運動

　ムハンマド・アブドゥフ（1849-1905年）は，アフガーニーの弟子として，ともに『固き絆』を発刊し，反専制，反植民地主義，パン・イスラーム主義を唱えた。前半生では，近代イスラーム改革運動の実践を行い，イギリスの支配に抗したエジプトのアラービー革命（1881-1882年）に参与したが，後半生では穏健になり，「理性と啓示の調和」，「宗教と科学の調和」を唱えた。[74]

　ラシード・リダー（1865-1935年）はもともと神秘主義教団に出入りしていたが，雑誌『固き絆』を読んで感銘を受け，アブドゥフの弟子となった。リダーは雑誌『マナール』を創刊した。この雑誌はイスラーム世界に流布して大きな影響力を持った。マナール派の功績は，アフガーニー，アブドゥフの著作や思想をイスラーム世界に広めたこと，ヨーロッパの列強諸国によって分断されたイスラーム世界に，地域を超えたムスリム共同体である「ウンマ」の「意識と実体」を与えたこと，アブドゥフの「理性と啓示の調和」，「宗教と科学の調

73）同上，22-25頁。
74）同上，29-31頁。

和」という理念をイスラーム教の具体的内容として展開したことであった。さらにイジュティハードの有効性を理論的に確立し，イスラーム教は現代でも有効であるというメッセージを出し続けた[75]。

5　20世紀におけるイスラーム復興運動の展開

　20世紀になると，第一次世界大戦後にオスマン帝国の崩壊にともなって，カリフ制が廃止された。そして，エジプトで設立されたムスリム同胞団が，20世紀のイスラーム復興運動で重要な役割を果たした。ムスリム同胞団からは，サラフィ・ジハード主義が生まれ，現代にも深い影響を与えている。

1　オスマン帝国の崩壊とカリフ制廃止

　オスマン帝国が第一次世界大戦の敗戦国となった後，1922年にムスタファ・ケマル（1881-1938年）の組織するトルコ大国民議会が帝政の廃止を決議して，オスマン帝国は滅亡した。1923年，トルコ大国民議会は共和政を宣言してトルコ共和国が成立した。そして，1924年，トルコ共和国はオスマン家に受け継がれてきたカリフ位も廃止した。このカリフ制廃止の出来事は全世界のスンナ派ムスリムに衝撃を与えた。トルコ共和国初代大統領ムスタファ・ケマルは強力な西欧化，近代化，脱イスラーム，民族主義路線を推進した。これにより，トルコがイスラーム世界における中心ではなくなった。その結果，第一次世界大戦後，各地でイスラーム復興運動が展開し，現代的なイスラーム思想を生み出す主要な場は，アラブ諸国と南アジアとなった[76]。

2　ムスリム同胞団の結成

　第一次世界大戦後のイスラーム復興運動の流れのなかで，ハサン・バンナー（1906-1949年）は，若い頃にラシード・リダーのサラフィー主義に影響を受け，

75）同上，31-36頁。
76）同上，37-38頁。

1928年，イスラーム復興運動の新しい組織「ムスリム同胞団」を同志たちととも
もに結成した。1932年に本部をカイロに置き，教育，社会活動（例，貧困者の
救済），政治活動などを行った。

　第二次世界大戦後もイギリスがスエズ運河を所有するなど，実質的なエジプ
ト支配が続いたため，ムスリム同胞団は反イギリス闘争を行い，1948年のイス
ラエル独立と第一次中東戦争の際，義勇兵をパレスチナに派遣した。[77]

　同胞団は1940年代から1950年代には，エジプト以外のアラブ諸国にも支部を
作り，パレスチナ，シリア，ヨルダン，イラクなどにその勢力を広げていた。
スエズ運河地帯やパレスチナにおける義勇兵闘争を続けていた。1948年，エジ
プト政府は同胞団を危険視し，同胞団を非合法化した。1948年に，同胞団のメ
ンバーが当時のエジプト首相ムハンマド・ヌクラシ・パシャを暗殺し，エジプ
ト政府と同胞団の対立は激化した。同胞団は政府の弾圧に対して組織防衛のた
めの秘密機関を創設した。その後，この半軍事組織である秘密機関が同胞団の
指導部の手を離れて暴走するようになり，同胞団の内部で対立が起きた。1949
年に同胞団の創設者バンナーがエジプト政府の秘密警察によって暗殺された。
1952年にナセル，ナギーブ，サダトの率いる自由将校団がクーデターを起こし
て政権を握り，ムハンマド・アリー朝の王制を廃して，共和制政府を成立させ
た。これがエジプト革命である。しかし，1954年，同胞団はアラブ民族主義，
アラブ社会主義を唱えるナセルを敵対視して彼を暗殺しようとするが失敗した。
そして，ナセルが大統領になって政権を握ると，同胞団を非合法化して徹底的
に弾圧した。[78]

③　アラブ民族主義・アラブ社会主義

　1950年代から1960年代は，アラブ民族主義が広がった時代であった。1956年，
エジプトのナセルがスエズ運河の国有化を宣言すると，エジプト軍とイギリ
ス・フランス・イスラエル連合軍の間で，スエズ戦争（第二次中東戦争）が起き

---

77) 同上，37-39頁。
78) 同上，39-41頁。

た。最終的にエジプトが戦争に勝利し，ナセルは「民族の英雄」とみなされるようになった。その後，ナセルはアラブ民族主義（アラブ民族の連帯とアラブ民族の統一国家の設立を目指す政治思想）・アラブ社会主義を推進した。ナセル主義はアラブ諸国に広がり，1950年代から1960年代にかけて，アラブ諸国で革命が起こった。例えば，カダフィ大佐によるリビア革命（1969年）などが挙げられる。さらにアラブ民族主義・アラブ社会主義を唱えるもう一つの代表的な勢力であるバアス党もアラブ諸国で伸長し，シリア，イラクで政権を握った。ナセル主義とバアス党いずれもイスラーム復興運動を禁止した。ところが，1967年の第三次中東戦争でエジプトがイスラエルに敗れて，シナイ半島を奪われると，ナセルの権威は失墜し，アラブ民族主義・社会主義の勢いも衰えた。[79]

④　サラフィー・ジハード主義の発生

　「ジハード」という語の元来の意味は「定まった目的のための努力」である。そのなかで，ジハードの定義は「心のジハード（信仰のための個人の内面的努力）」，「言葉によるジハード（信仰や正義を行き渡らせるための説得）」，「手によるジハード（イスラームを実践する社会や制度への貢献）」，「剣によるジハード（戦闘ジハード，すなわちイスラームを敵から防衛する活動，イスラームを広めるための征服活動）」などに分類される。さらに，信仰のための個人の内面的な努力が「大ジハード」であり，戦闘行為は「小ジハード」であるという分類がなされることもある。[80] このなかで，戦闘ジハードは，イスラームを広めるための「ウンマ外部への侵略戦争（拡大ジハード）」と「外部の敵からウンマを守るための戦い（防衛ジハード）」に分けられる。拡大ジハードは，正統な指導者のもとでシャリーア（イスラーム法）に適って，組織的に行われなければならない。これに対して，防衛ジハードにはそのような制約は定められていない。[81]

79）同上，41-42頁。
80）佐原徹哉「サラフィ・ジハード主義の歴史と『イスラム国』」『現代宗教』国際宗教研究所，2018年，180頁。
81）同上，186頁。

5　サラフィー・ジハード主義におけるジハード理解①

　初期のイスラームでは征服活動を活発に行っていたので，「ジハード」とは，基本的に「剣によるジハード」を意味した。しかし，時代が下ると，スーフィズムでは，内面的修行における心のジハードが，剣によるジハードよりも重要視された。さらにジハードはスンナ派の六信五行のなかに含まれておらず，個人の宗教的義務というよりも，イスラーム共同体全体の義務であるという解釈が一般的である。伝統的なスンナ派イスラームの擁護者は，より穏健なジハード理解を取る。これに対して，サラフィー主義者は，初期イスラームにおけるジハード理解に立ち帰り，ジハードとは，剣によるジハード，すなわち戦闘行為のみであり，ムスリム個人の義務であると考える。[82]

(1)　ハサン・バンナーのジハード論

　ムスリム同胞団のハサン・バンナー（1906-1949年）はサラフィー主義的な観点から，初期イスラームのジハード理解，すなわち戦闘行為としてのジハードを強調し，大ジハードが心のジハードであることを否定する。そして，戦闘ジハードが一人ひとりのムスリムの逃れることのできない個人的義務であると主張した。そして，一人ひとりのムスリムがアッラーのために自ら死を望み，進んで「高尚な死」に向かって行動するよう呼びかけた。[83]

(2)　サイイド・クトゥブのジハード論

　同じムスリム同胞団のサイイド・クトゥブ（1906-1966年）は，1950年代から1960年代のナセル政権による弾圧の中で，同胞団の精神的支柱として活動した。彼は1954年に逮捕，投獄されて，1966年に処刑された。彼は主著『道しるべ』のなかで，自分のイスラーム思想を述べている。彼のイスラーム思想の中核は「神の主権（ハーキミーヤ）」である。神（アッラー）への帰依は「神の定めた法への絶対的服従」を意味するので，すべての法は神に由来するものでなければ

82）同上，180-181頁。
83）同上，181-182頁。

ならないと考える。[84]神の主権に従って秩序立てられた社会は「完全な社会」である。これに対して，人間が定めた法に支配される社会は矛盾と混乱に満ちており，イスラーム以前の無明状態を意味する「ジャーヒリーヤ」と同じ状態にあると考える。このクトゥブの考える「ジャーヒリーヤ」とは立憲制や世俗法をとりいれたムスリム国家を含んでいるため，ムスリムであっても「人の作った法」を採り入れた支配者はイスラームに反する存在とみなされる。[85]

　クトゥブはムスリムたちが「ジャーヒリーヤ」から脱却して「ハーキミーヤ」に至るためには，真のイスラームを体現した少数の先覚者が，武装闘争をとおしてジャーヒリーヤ体制の権威と組織を排除して，イスラーム政体を実現すべきであると考えた（前衛主義）。そして，「イスラームへの帰依を妨害するものがいたら，そのものが服従を宣言するか，あるいは死に至るまで戦うのがイスラームの体制の義務である」と述べた。さらに，彼は（ウンマ［ムスリム共同体］）防衛のためのジハードを，「人類の自由を制限するすべての勢力に対する『人類の防衛』」のためのジハードと捉え，世界全体がイスラーム化するまで，戦闘ジハードが継続されなければならないと考えた。[86]

6　イラン革命

　1979年，イランにおいてシーア派（十二イマーム派）のイスラーム法学者ホメイニー（1902-1989年）を指導者とする革命評議会が，パフラヴィー朝皇帝のエジプト亡命後，政権を奪取してイスラーム共和制国家を樹立した（イラン革命）。その後，ホメイニーはシーア派の「法学者の統治論」にもとづいて，イランの最高指導者になった。[87]

7　ソヴィエト連邦によるアフガニスタン侵攻

　1979年，ソヴィエト連邦軍がアフガニスタンに侵攻した。この戦争は「ム

84）同上，183頁。
85）同上，183-184頁。
86）同上，183-185頁。
87）小杉 前掲書66），47頁。

ジャーヒディーン（ジハード戦士）」によるレジスタンス運動を生み，国際的な
イスラーム闘争ネットワークが生まれた。[88]

8 サラフィー・ジハード主義におけるジハード理解②

(1) ムハンマド・アブドゥッサラーム・ファラグのジハード論

ムハンマド・アブドゥッサラーム・ファラグ（1954-1982年）は，ムスリム同
胞団のメンバーとして地下活動をしながら，サイイド・クトゥブの思想に強い
影響を受けた。しかし，1970年代に同胞団が穏健路線に変わると，ファラグは
これに反発して，1979年にジハード団を結成した。ジハード団は1979年にサダ
ト大統領暗殺事件を起こし，1982年にファラグは処刑された。ファラグは自ら
の著書『無視された義務』のなかで，イスラーム国家の樹立，カリフ制の復活
は神から命じられたことなので，それを実現するための戦闘ジハードは全ムス
リムの義務であると主張した。そして，「人の作った法」に従って統治を行う
ムスリムの支配者は神の主権を侵しているため，このような支配者に対する戦
いは「一般的な義務」であり，誰かの許可を求める必要はないと考える。さら
に，ファラグは防衛ジハードの論理を拡大解釈して，イスラーム内部の背教者
（「近い敵」）はイスラームの土地を内部から蝕んでいるので，彼らへのジハード
は自衛のための戦いとして無条件で肯定される。このような「近い敵」との戦
いは，外部からイスラーム世界を脅かす「遠い敵」との戦いに優先するとも主
張した。[89]

(2) アブドゥッラー・アッザームのジハード論

アブドゥッラー・アッザーム（1941-1989年）はパレスチナ出身で，若い頃に
ムスリム同胞団に参加した。ソ連軍のアフガニスタン侵攻のとき，アッザーム
は現地のムジャーヒディーンによる抵抗運動を見て，世界中のムスリム諸国か
ら義勇兵を集める活動を始めた。彼は「手のひらほどの広さのムスリムの土地

88）同上，48頁。
89）佐原 前掲書80），185-186頁。

が侵略されたなら，ジハードは男女を問わず全てのムスリムの一般的義務となる」と考え，外部からの侵略を受けた土地に住んでいるムスリムだけではなく，直接侵略を受けた土地に住んでいないすべてのムスリムにとっても，防衛ジハードが義務であると説いた。[90]

　アッザームは「異教徒を我々の土地から追い払うのは個人的義務，つまり万人に課せられた強制的任務である。これはあらゆる義務の中で最も重要なものである」と述べ，その理由が「（異教徒の侵略した）土地にいるムスリムが異教徒を撃退できなかったときは，個人的義務はその最も近くにいる者たち，ついでその次に近くにいる者たちへと同心円状に広がり」世界全体に及ぶからであると考えた。「手のひらほどの土地でさえもイスラームのものであったものが異教徒の手に落ちたままである間は，その罪はすべてのムスリムが負わねばならない」のであり，侵略者に対する「ジハードを怠ることは断食や礼拝を拒否するのと同じである」とも考えた。アッザームのジハード論は1990年代以降，世界各地のムスリムの政治運動に決定的な影響を与えた。彼のジハード論においては，ジハードの焦点が国家や政体から「イスラームの土地」に移ったので，異教徒との戦争状態にあるすべてのムスリム地域に適用可能となった。[91]

90）同上，187頁。
91）同上，187-188頁。

<table>
<tr><td>第4章</td><td>ゾロアスター教
──アフラ・マズダーとアンラ・マンユ</td></tr>
</table>

1　ザラスシュトラの生涯──ゾロアスター教の開祖

　ゾロアスター教の開祖は，ザラスシュトラである。ここでは，まずザラスシュトラの生涯を見ながら，ゾロアスター教の成立の歴史を見ていきたいと思う。

⬚1　ザラスシュトラと善なる神アフラ・マズダーとの出会い

　ゾロアスター教の教祖ザラスシュトラ・スピターマが生きた時代は不詳で，さまざまな説がある（例，紀元前1700-前1200年の間，紀元前1200-前1000年の間など）。パフラヴィー語の文献によれば，ザラスシュトラは，中央アジアに残った原始アーリア人の子孫で，哄笑しながら（大口で笑いながら）誕生したと言われている[1]。ザラスシュトラは，15歳で成人式を受け，聖紐クスティー（古代アーリア民族が腰に巻いたひも）を身にまとって，原始アーリア人の神官としての教育を受けたが，20歳のとき家を出て，放浪の旅に入ってしまった。30歳になり，イラン暦正月元日（日本の春分の日）に，ワンフウィー・ダーティヤー川のほとりで，大天使ウォフ・マナフに召されて，善なる神アフラ・マズダーに出会った。これを契機に彼はアーリア人の宗教を改革し，「アフラ・マズダーの善なる教え」を布教し始めた。彼が詠んだ詩文を「ガーサー」と呼び，ササン朝ペルシア時代に結集された聖典『アヴェスター』の中核部分となっている[2]。

---

1) 青木健『新ゾロアスター教史──古代中央アジアのアーリア人・中世ペルシアの神聖帝国・現代インドの神官財閥』刀水書房，2019年，24頁。
2) 同上，26頁。

2　ザラスシュトラの布教の生活

ザラスシュトラは宣教を行ったが，原始アーリア人の宗教の神官たちから妨害を受け，信徒を一人も得ることはできなかった。その後，ザラスシュトラは原始アーリア人の一派トゥーラーン人のもとに布教に行くが，彼らから反発を受けて失敗した。それから，10年の間，さまざまな場所で宣教を行ったが，信徒を得ることはできなかった[3]。10年後，ザラスシュトラの従兄マドヨーイモーンハが，ザラスシュトラに帰依して，はじめての信徒となった。その後，「スィースターンの賢者」と呼ばれるサエーナーという人物が，自分の100人の弟子を引き連れてザラスシュトラに帰依した。その後，ナオタラ族の王カウィ・ウィーシュタースパがザラスシュトラの教えを受け容れた。この頃から信徒が増えていき，原始教団が形成されていった[4]。

ところが，隣国のヒョーン人たちが，ナオタラ族の改宗に不満を抱き，ヒョーンの王アルジャトアスパ王は，ナオタラ族のウィーシュタースパ王にザラスシュトラの教えを棄てるように迫った。しかし，ウィーシュタースパ王はこれを拒んだため，アルジャトアスパ王は，ナオタラ族の王国に侵攻した。戦争の結果，ナオタラ族の軍がヒョーン人に勝利した[5]。

3　ザラスシュトラの晩年

ザラスシュトラは晩年，教団の整備に努力し，第一妻との息子イサトワーストラに神官階級の指導を，第二妻との息子ルワタトナラに農民階級の指導を，三男ウルチフルに軍人貴族階級の指導を任せた。そして，三女ポルチスターの娘婿ジャーマースパに未来を予言する能力を保証して，原始教団を率いる指導者とした。原始教団の指導者として，「ザラスシュトローテマ職（「ザラスシュトラの似姿」という意味の言葉）」が設置され，ジャーマースパが初代のザラスシュトローテマになったと考えられる。ザラスシュトラの最期について，『ア

---

3) 同上，29頁。
4) 同上，30頁。
5) 同上，31-33頁。

ヴェスター』は何も述べていない。ただし，後世の一つの伝承によると，ザラスシュトラは77歳のときに，バクトリアのバルフの拝火神殿で祈りをささげている途中，トゥール人のトゥール・イー・ブラートロークレーシュによって暗殺されたと言われている。[6]

　ザラスシュトラと第三妻フウォーウィーとの間に生前の子どもはいなかった。しかし，ザラスシュトラが彼女に対して放った精子は，イラン高原上のカンサオヤ湖のなかに保存されていて，将来この湖で沐浴する 3 人の女性の胎内に受精して，彼女たちからウフシュヤト・ウルタ（パフラヴィー語でウシェーダル），ウフシュヤト・ヌマフ（パフラヴィー語でウシェーダルマーフ），サオシュヤント（パフラヴィー語でソーシャーンス）の 3 人の息子が生まれると予言されている。彼らは終末のときに，救世主としてこの世界に到来して人類を至福の世界へと導くと考えられている。[7]

2　ザラスシュトラの教え

　ザラスシュトラは唯一の神アフラ・マズダーへの信仰にもとづいて，原始ゾロアスター教を開いた。ここでは，ザラスシュトラが説いた教えを見ながら，最初期のゾロアスター教の教理について説明したい。

[1]　聖典『アヴェスター』における「ガーサー」
　ザラスシュトラの教えは，本人が口述した詩文「ガーサー」と，彼の没後，原始教団の指導者たちによってまとめられた散文「七章ヤスナ」から知ることができる。[8]

---

6) 同上，34頁。
7) 同上，33-35頁。
8) 同上，36-38頁。

② 「叡知の主」アフラ・マズダー

　ザラスシュトラは，原始アーリア人の宗教のさまざまな神々のなかで，アフラ・マズダーだけを崇拝するよう教えた。アフラ・マズダーの神名は，「アフラ＝主」と「マズダー＝叡知」という言葉で構成され，「叡知の主」を意味している。ザラスシュトラによれば，宇宙は「生命」と「非生命」に分かれる。アフラ・マズダーは「生命」と「非生命」の混沌の世界のなかに一定の秩序をもたらす。しかし，アフラ・マズダーの支配のもとにあっても，「生命」と「非生命」の混沌は，霊的存在（マンユ）としての「有益な霊的存在（スペンタ・マンユ）」と「悪なる霊的存在（アンラ・マンユ）」の双子兄弟の闘争のかたちを取って続いた。

　ゾロアスター教思想の最初期の段階（原ゾロアスター教）では，スペンタ・マンユとアンラ・マンユが互いに対立し，アフラ・マズダーはそれを傍観する立場にあった。しかし，9世紀から10世紀のパフラヴィー語文献のなかでは，アフラ・マズダーがアンラ・マンユと直接対峙するようになったと書かれている[9]。

③ 六つのアメシャ・スペンタ

　アフラ・マズダーは六つの「アメシャ・スペンタ（不死なる益霊たち）」を従えている。六つのアメシャ・スペンタとは，「アシャ（天則）」，「ウォフ・マナフ（善思）」，「フシャスラ・ワルヤ（支配）」，「アールマティ（敬虔）」，「ハルワタート（全体・健全）」，「アメレタート（不死）」である。アメシャ・スペンタの下には，「ヤザタ（天使）」，「フラワシ（守護天使）」が存在する[10]。アメシャ・スペンタはもともとアフラ・マズダーの属性を表していたが，その後，人格化して霊あるいは陪神となった。六つのアメシャ・スペンタは，以下のように，ザラスシュトラが述べたよき人生の骨格を提供する[11]。

9）同上，38-39頁。
10）同上，40頁。
11）P. R. ハーツ『ゾロアスター教』奥西峻介訳，青土社，2004年，114-115頁。

①アシャ

　ザラスシュトラはアメシャ・スペンタのなかで，アシャ（天則）を重視する。アシャは道理であり，人間の生きるべき道である[12]。

②ウォフ・マナフ

　人々がアシャを知り，アシャに従って生きることができるように，アフラ・マズダーはウォフ・マナフ（善思，良心）を人々に与えた。人間は生涯をかけてウォフ・マナフを養い，善思，善語，善行を育んでいく。そして，ウォフ・マナフにおいて，自由意志によって，アシャ（天則・道理）にもとづいて，真なるもの，善なるものを選ぶ[13]。

③アールマティ

　アールマティは敬虔を意味する。アールマティを得た者は，愛と寛容の心を持ち，困る者を助けて平和の実現に努める[14]。

④フシャスラ・ワルヤ

　フシャスラ・ワルヤとは道徳的な力による指導力である。これを獲得した者は，家庭で，社会で指導者になる[15]。

⑤ハルワタート・⑥アメレタート

　ゾロアスター教徒がこの人生において「ハルワタート（全体・健全）」を達成したとき，「アメレタート（不死）」に到達する[16]。

　9世紀から10世紀以降，アフラ・マズダーがアンラ・マンユと直接対峙していると考えられるようになると，それまでアンラ・マンユと対決していたスペンタ・マンユが，七つ目のアメシャ・スペンタとみなされるようになった。

---

12)　同上，115-117頁。
13)　同上，118-120頁。
14)　同上，120頁。
15)　同上，121頁。
16)　同上，122頁。

④　ザラスシュトラの世界観と人間観──善悪二元論と人間の自由意志

　ザラスシュトラによれば，善なる神アフラ・マズダーは天使たちを従え，悪なる霊的存在アンラ・マンユと対立している。それゆえ，世界は善と悪との闘争によって成立している。そこから，人間の自由意志が重視され，つねに人間は善を選ぶか，悪を選ぶかという選択が求められる。そして，世界と歴史は最終目的を持っていて終末へと向かっているという世界観と歴史観を持っている。[17]

(1)　死後の世界

　ザラスシュトラによれば，「世界の始原は善と悪との闘争」であり，「個人の始原は善と悪の選択」であると考える。一人ひとりの生命は，「善である生命が，悪である死に敗れる形で」，いったん終わる。地上における肉体が滅ぶと，死者の霊魂は「チンワトの橋（選別の橋）」をとおして冥界へ赴く。このとき，「生前の善行が悪行を上回った場合」，チンワトの橋は広くなって霊魂に天国への道を開く。しかし，「生前の悪行が善行を上回った場合」，チンワトの橋はだんだん狭くなり，ついに霊魂は地獄へと転落する。このように，ザラスシュトラは現世での個人の善悪選択の自己責任に対応して，来世における因果応報を唱えたのである。[18]

(2)　時間の終末と救世主思想

　「個人の運命に始原と終末がある」のと同じように，「世界の運命にも始原と終末がある」と考えられる。ザラスシュトラによれば，「世界は一回性のもの」であり，「始原に始まった善と悪との闘争」は，この世に救世主が到来して，悪を完全に封印して，善に完全無欠の勝利をもたらすとき終結する。その救世主とは，未来において生まれるザラスシュトラの息子たちである。救世主によって「フラショークルティ＝復活と最後の審判」が行われ，このとき，す

17）青木 前掲書 1），41-42頁。
18）同上，43頁。

べての悪が撲滅され，地上には善人がよみがえって，至福の王国が実現する[19]。

3　サv サン朝ペルシア時代のゾロアスター教

3世紀に成立したササン朝ペルシアでは，ゾロアスター教が国教とされ，ゾロアスター教の神官組織，祭祀制度，教義が確立された。さらに，ゾロアスター教の聖典『アヴェスター』が編纂された。

［1］　ササン朝ペルシアの皇帝

アルダシール1世が224年にササン朝ペルシアを建国し，「ササン朝ペルシア皇帝＝シャーハーンシャー」に即位した。ササン朝ペルシア皇帝アルダシール1世は，イラン高原を中心とする地域を「エーラーン・シャフル（パフラヴィー語でアーリア人の国）」と称し，「エーラーン人（パフラヴィー語でアーリア人）」の指導者としての立場を鮮明に打ち出した。アルダシール1世は自らを神々の末裔であると名乗り，「マズダー崇拝の神（主），アルダシール，エーラーンの肯定，神々の末裔」と自称している。そして，皇帝は幼少期に神官としての訓練を受け，成長すると神官と皇帝を兼任したと伝えられている[20]。

［2］　アルダシール1世の宗教改革——ゾロアスター教の国教化

アルダシール1世に仕える神官トーサルは，ゾロアスター教をエーラーン・シャフル全土に布教する活動を始めた。彼はササン朝公認の聖火を各地に設置した。そして，セレウコス朝時代から普及したギリシア的偶像崇拝にも徹底的に反対し，各地の偶像神殿の偶像を聖火に置き換えた。この偶像破壊運動は，6世紀頃まで続けられていたようである。そして，ゾロアスター教と神官団がエーラーン・シャフル全域に広まり，イラン高原のアーリア人史上初めて，組織化された神官団がエーラーン・シャフル全域に配置され，政治的中央集権，

19）同上，44頁。
20）同上，128-132頁。

文化的一元主義の国家が現れた。このとき，ゾロアスター教は国教化したのである[21]。

③　3世紀から5世紀のゾロアスター教神官団

　第4代皇帝バハラーム1世（在位271-274年）の時代になると，ゾロアスター教神官ヘールベド・キルデールがゾロアスター教神官団の実権を握った。彼はエーラーン・シャフル内の異教を打倒することを推進し（例，マニ教迫害），ゾロアスター教の国教としての基盤を強固なものとした。キルデール死後，第9代皇帝シャープール2世（在位309-379年）の時代，大神官アードゥルバード・イー・マフラスパンダーンが，ゾロアスター教神官組織の整備を行った。彼は口承で伝えられていた「アヴェスター」の結集，教義の確立も推進した。彼の孫のアードゥルバード・イー・ザルドシュターンの時代に，口承「アヴェスター」の注釈者として，メードヨーマーフ，アバラグ，ソーシャーンスの3人が出現し，ゾロアスター教の三大法学派が成立した。ゾロアスター教神官団は6世紀に至るまで，独自の書物を編纂することがなかった[22]。

④　ズルヴァーン主義の拡大

　ササン朝ペルシア初期に，ズルヴァーン主義が広まった。ズルヴァーン主義とは，「善と悪は時間の神ズルヴァーンから生まれた双子の存在であると説いた拝時教」である。ズルヴァーン主義はササン朝のゾロアスター教に強い影響を与え，ササン朝宮廷では，ズルヴァーンを最高神として崇拝していた可能性が高い[23]。ズルヴァーン主義的なゾロアスター教の場合，ゾロアスター教の創世記においては，善悪二神が対立する「有限時間」の前に，両者を超越する「無限時間」の神ズルヴァーンが存在した。彼は有限時間を動かして，この世を生み出すにあたり，その統治者を望み，犠牲をささげて祭式儀礼を行ったと

21）同上，135-137頁。
22）同上，175-177頁。
23）同上，142-143頁。

ころ，長男としてアンラ・マンユを，次男としてアフラ・マズダーを授かった。ズルヴァーンはアンラ・マンユの邪悪さを見抜いて彼を嫌悪したが，長男なので先にこの世の統治権を与えざるを得ず，有限時間を区切って3000年間をアンラ・マンユに任せた。その後では，次男のアフラ・マズダーに統治権を渡すように命じ，ズルヴァーン自身はこの世の事柄への介入から手を引いたとされる。[24]

5　ササン朝領内のキリスト教の浸透

　ササン朝時代，キリスト教の諸教会が領内に浸透した。まず，シリアのエデッサ王アブガル8世が3世紀にキリスト教を受容した頃から，シリア系のキリスト教がササン朝領内に広がっていった。さらにローマ帝国との戦争のなかで，捕虜となったギリシア語文化圏のキリスト教徒たちも，ササン朝の領内で生活していた。[25]

　アーリア人はもともと碑文などを製作する以外には，独自の書物文化を持っていなかった（碑文制作時には，アラム文字を変形させた碑文用のパフラヴィー文字を用いていた）。6世紀に書物用のパフラヴィー文字とパフラヴィー語の使用が一般化するまで，セム系の文字を借用していた。これに対して，キリスト教は書物文化の強いセム系のユダヤ教の伝統やヘレニズム文化の伝統を受け継いでおり，高度な書物文化を持っていた。この点に関して詳しく述べると，5世紀まで，ゾロアスター教の神官団はアーリア人固有の口承伝承のみを保持し，それらの伝承は文書化されていなかった。これに対して，シリア系のキリスト教の教会は，2世紀にはシリア語で『ディアテッサロン』（調和福音書）を作成し，『旧約聖書』，『新約聖書』のシリア語翻訳を作成していた。3世紀から4世紀には，碑文用のパフラヴィー文字しかなかったために，キリスト教徒は自ら独自の書物用パフラヴィー文字を考案し，シリア語訳聖書の『詩編』をパフラヴィー語化している。このようなキリスト教の書物文化から影響を受けて，

24）同上，142-144，187頁。
25）同上，157-159頁。

アーリア人たちは 5 世紀から 6 世紀になってから自ら書物用のパフラヴィー文字を考案し， 6 世紀にゾロアスター教の聖典『アヴェスター』を書き記すためにアヴェスター文字を開発した。[26]

　さらにシリア系のキリスト教会のなかでも，アッシリア東方教会はエデッサの神学校，キンネシュリーンの神学校，ニシビスの修道院などで，ギリシア語文献のシリア語訳を作成し，ササン朝で医師，学者，占星術師などの知的職業ではアッシリア東方教会に属する信徒の占める割合が高くなり，宣教師も高度な知的教育を受けた者のなかから現れ， 5 世紀まで知的水準の面でゾロアスター教神官団を凌駕していた。このように，ゾロアスター教神官団はアッシリア東方教会の発展によって危機に直面した。しかし，その後，ササン朝の国家権力の支援も受けて， 6 世紀以降，組織化された神官団と整備された統一教義を持つゾロアスター教が生まれるに至った。[27]

6　後期ササン朝ペルシアにおけるゾロアスター教

　531年，ホスロー 1 世（在位531-579年）が皇帝に即位し，軍制，税制，法制システムの改善に尽力して，ササン朝ペルシアの再建に成功し，ホスロー 1 世はササン朝ペルシアの中興の祖と呼ばれるようになった。

　529年に東ローマ帝国の皇帝ユスティニアヌスがプラトン創設のアカデメイア学園を閉鎖したとき，そこで教えていたギリシア人哲学者たちがササン朝に亡命してきた。ホスロー 1 世は彼らを迎え入れ，ジュンディーシャープール学院を設立し，彼らに提供した。ギリシア哲学者たちはそこで研究活動を行った。この学院で，哲学，医学，天文学，地理学に至るまで膨大なギリシア語学術文献が，シリア語とパフラヴィー語に翻訳された。[28]さらにホスロー 1 世の時代，インド文化の導入も行われた。伝説によれば，ホスロー 1 世は，宰相ウズルグミフル・イー・ボーフタガーンをインドに派遣し，古代インドの説話集『パン

---

26) 同上，167頁。
27) 同上，168頁。
28) 同上，181頁。

チャ・タントラ』を入手し，これをサンスクリット語からパフラヴィー語に翻訳するように命じた。ギリシア文化やインド文化の積極的移入は，ゾロアスター教の正統教義確立のために大きな貢献をなした。[29]

7　アヴェスター文字の開発と聖典『アヴェスター』の編纂

　6世紀，イラン高原のアーリア人は書物用のパフラヴィー文字を用いて，書物文化を発展させた。そして，ホスロー1世の時代，ゾロアスター教神官団はアヴェスター文字を開発して，聖典『アヴェスター』を書物として編纂した。[30]

4　ゾロアスター教の正統教義

　聖典『アヴェスター』の編纂とともに，ゾロアスター教の正統教義が後期ササン朝ペルシアの時代に確立された。ここでは，『アヴェスター』の構成とゾロアスター教の正統教義の内容を見てみたいと思う。

1　聖典『アヴェスター』の構成
　『アヴェスター』は以下の六つの部分から成る。[31]

①ヤスナ（敬神書）
　　主要な祈祷用の文献。ゾロアスター教の中心的な教義であるガーサーが含まれる。
②ウィスプラド（万霊書）
　　ゾロアスター教の祭日に，アフラ・マズダーやその他の神々に祈願するための礼拝文。
③ヤシュト（頌神歌）

29）同上，184頁。
30）同上，179-180頁。
31）ハーツ　前掲書11），94頁。

　　ゾロアスター教の陪神（ヤザダ）に対する称賛。

④ウィデーウダード（除魔法）

　　祭祀，宗法，修祓を扱う祭礼規定。

⑤ホルダ・アヴェスター（小アヴェスター）

　　ニヤーイシュン（小讃歌），ガー（小祈祷書）。

⑥逸文残簡。その他の讃歌や祈祷文。

　「ヤスナ」（敬神書）のなかのガーサーは，ザラスシュトラ自身の言葉であると考えられていて，ゾロアスター教教義の基本となっている。ガーサーは以下の五つの部分に分けられる[32]。

　①アフナワティ・ガーサー（ヤスナ28-34）

　②ウシュタワティー・ガーサー（ヤスナ43-46）

　③スプンタ・マンユ・ガーサー（ヤスナ47-50）

　④ウォフフシャスラー・ガーサー（ヤスナ51）

　⑤ワヒシュトーイシュティ・ガーサー（ヤスナ53）

② ゾロアスター教正統教義の確立

　6世紀，ゾロアスター教神官団はゾロアスター教教義の統一を行った。この際，ズルヴァーン主義をゾロアスター教から切り離した。ササン朝後期に確立したゾロアスター教正統教義の内容を以下に述べたいと思う[33]。

⑴　アフラ・マズダーとアンラ・マンユの対立

　ザラスシュトラの教えの最初の段階では，アフラ・マズダーは宇宙を秩序づけて，スペンタ・マンユとアンラ・マンユの対立を傍観していた。しかし，ササン朝後期のゾロアスター教神学では，アフラ・マズダーの位置が相対的に下

32）同上，97-107頁。
33）青木　前掲書１），185頁。

落して，アフラ・マズダーが直接アンラ・マンユと対決するようになった。

　光（善）の神アフラ・マズダーに対して，闇（悪）の神アンラ・マンユが戦争を仕掛けたとき，光と闇，善と悪が入り混じった「この世＝混合世界（グメーズィシュン）」が成立した。アフラ・マズダーは無限時間のなかで，闘争が永遠に続くのを避けるために，アンラ・マンユに対して「無限時間を区切って有限時間とし，そのなかでのこの世の分担統治」を提案した。この提案は善が最終的に悪に勝利することも見込んでの提案であった。各有限時間については，3000年間をアンラ・マンユに与えた，あるいは共同統治にしたなど，さまざまな記述が伝えられている（有限時間の長さも9000年から12000年間までの幅をもって伝えられる）。アンラ・マンユはこの提案を受け入れた。以上がゾロアスター教の二元的な創世記物語である[35]。

(2)　人類の始原

　「善と悪の混合状態の世界（グメーズィシュン）」において，アフラ・マズダー率いる善なる存在（神々）と，アンラ・マンユ率いる悪なる存在は，さまざまな創造物を駆使して戦っている。アフラ・マズダーは「創造者（ダーマン）」と呼ばれるが，アンラ・マンユは「模造者（ドゥジュダーマン）」と呼ばれる。アンラ・マンユは「悪なる存在を創造したのではなく，アフラ・マズダーの真似をして創造しようと試み，造り損ねた」のである[36]。

　ゾロアスター教の世界観においては，世界は七つの州に分かれていて，その中央に「アーリア人の住まう土地」が存在している。その土地の中心には，アルボルズ山という高い山があり，その山の頂上にはチンワトの橋が架かっている。この橋から「死者の霊魂が天国に向かう」と考えられている[37]。

　アフラ・マズダーは大地の女神スプンタ・アールマティと最近親婚を行い（父娘の最近親婚），この二人の神から最初の人類ガヨーマルトが生まれた。し

34）同上，186頁。
35）同上，186頁。
36）同上，189-190頁。
37）同上，190頁。

かし，この最初の人間は球体をしていたとされる。ガヨーマルトは30年間生き続け，ガヨーマルトの精液が，スプンタ・アールマティに落ちると（母と息子の最近親婚），植物の形をしたマシュヤグとマシュヤーナグという兄妹が生まれた。後にこの兄妹は現生人類の形をした人間になった。この兄妹が最近親婚を行い，彼らの子孫から人類が増えていった。マシュヤグとマシュヤーナグの後，人類の系譜はホーシャング，タフムーラス，ジャムシードと継承された。人間たちは生まれたときから，「善悪の宇宙的規模での闘争」のなかにあるため，善の陣営か悪の陣営に属する戦士として戦わなければならない。ここで，人類が主体的に自由意志を用いて善と悪を選択し，能動的にどちらかの陣営に属することになる[38]。

(3)　三大聖呪

　この地上での善と悪の戦いにおいて，ザラスシュトラが「最初の神官」として現れ，悪を祓うために威力のある三大聖呪を人類にもたらした。すなわち，①「ヤサー・アフー・ワルヨー（「教え人として望ましいように」という意味。ザラスシュトラを讃える句。「アフナ・ワルヤ呪」と呼ばれる）」，②「アシェム・ウォフー（「天則はよきもの」という意味。この世の正義を信じる句）」，③「イェンヘー・ハーターム（「あるものたちのうちでどの男性の」という意味。ゾロアスター教徒のなかの有徳者を讃える句）」である[39]。

(4)　拝火儀礼と聖火

　さらにザラスシュトラは，善を増進し，悪を撲滅するために，聖火の前で拝火儀式を執行した。聖火はアフラ・マズダーの象徴であると考えられている。ササン朝時代のイラン高原には，以下の三大聖火が定められた。

---

38) 同上，191-192頁。
39) 同上，189-193頁。

①神官階級の守護聖火

　　ペルシアのアードゥル・ファッローバイ聖火

②軍人貴族階級の守護聖火

　　旧メディアのアードゥル・グシュナスプ聖火

③農民階級の守護聖火

　　ホラーサーンのアードゥル・ブルゼーンミフル聖火

　その他にも多くのヴァフラーム聖火が聖別された。ヴァフラーム聖火とは，三大聖火とその次のランクの聖火を指す。ヴァフラーム聖火のなかで，三大聖火の一つアードゥル・ファッローバイ聖火はイランのヤズド周辺の村に現存している。その次のランクの火のなかでは，アナーヒター女神の火がイランのヤズド周辺の村に現存し，その他はインドの八つの場所（ボンベイに四つ，スーラトに二つ，ウドワーダーに一つ，ナヴサーリに一つ）に移されて現存している。[40]

(5)　ゾロアスター教法の遵守

　ゾロアスター教徒は聖火の前で聖呪を唱えるだけではなく，神の定めた「宗教法（ダード）」に従って生きることが求められる。『アヴェスター』における宗教法は，「宗教に即して一般社会を律する法（ダード・イー・ザルドシュト）」と「純然たる宗教的内容をもった悪魔祓い法（ダード・イー・ジュド・デーウ）」に分けられる。ゾロアスター教の法学者たちが宗教法の規定を現実の社会のなかにどのように適用するかを探求し，メードヨーマーフ，アバラグ，ソーシャーンスのゾロアスター教の三大法学派がササン朝時代に成立した。[41]

(6)　個人の終焉と審判

　一人の人間が死ぬと，死者の肉体は，その人が善人であればあるだけ，その善を打ち倒した悪の力が大きいと考えられるため，汚染が甚だしくなることが

40）同上，192-195頁。

41）同上，195-196頁。

予想された。そのため，遺体が聖なる火や水や大地を汚さないようにするため，すみやかに荒野で狼やハゲタカに食わせて，骨だけを摩崖の「ダフマ（曝葬する場所。「沈黙の塔」とも訳される）」に収納して葬る。

　死者の霊魂は冥界に赴き，「死者の善行が多ければ，可憐な乙女の姿をした二重自己（ドッペルゲンガー）」に遭遇して，チンワト（選別）の橋に到達する。しかし，「悪行を重ねていれば，魔女の姿の二重自己」に出会い，チンワトの橋に導かれる。そして，死者はチンワトの橋を渡ることを求められる。「善思・善語・善行」を多く実践した者は，広々としたチンワトの橋を渡って天国に行くことができる。これに対して，「悪思・悪語・悪行」を多く実践した者は，チンワトの橋を渡ることができず，地獄へ落ちる[42]。

(7)　最後の審判と世界の浄化

　終末において，ザラスシュトラの息子である3人の救世主の到来，アンラ・マンユの打倒，世界の建て直し，死者の復活，最後の審判，至福王国の実現が起きる。3人の救世主の名前は，パフラヴィー語でウシェーダル（ウフシュヤト・ウルタ），ウシェーダルマーフ（ウフシュヤト・ヌマフ），ソーシャーンス（サオシュヤント）と呼ばれる。

　第一の救世主ウシェーダルが到来するとき，善と悪の最後の大戦がはじまる。彼の時代は1000年間である。第二の救世主ウシェーダルマーフが到来するとき，すべての蛇が合体して一つの巨大な龍となるが，ウシェーダルマーフと人類が協力してヤスナ祭式を実行し，巨大龍とすべての悪しき動物を滅ぼす。彼の時代も1000年間である。第三の救世主ソーシャーンスが到来するとき，最初の人間ガヨーマルトが復活する。そして，彼に続いて死者たちが次々と復活する。そして，ハタヨーシュという特別な牛が犠牲にささげられる。その牛の脂肪とハオマ液を混ぜて人間が摂取すると，永遠の不死を得る。このあと，善と悪の闘争は最高潮に達し，善なる勢力が悪なる勢力を打ち倒して，善と悪の宇宙的

42）同上，197-198頁。

闘争が終結する。[43]

　すべての悪が駆逐されると，世界の浄化が始まる。ゾロアスター教の大聖火が世界のすべての金属を溶かし，それが洪水となって全世界を飲み込む。この金属の熱湯は，善人には快く感じられ，悪人には熱く感じられてやけどを負う。しかし，悪人が苦しむのも3日間で終わり，浄化を受けた後，すべての人類が善に帰一する。ゾロアスター教では，「悪人といえども永遠に苦しむ罰を与えられることはない」と考えられる。その後，「世界を満たしていた溶鉱は，冷めて固まると，この世と地獄を結ぶ回廊を封印し，無力化したアンラ・マンユを永遠に隔離する」という。このようにして実現した至福の王国を統治するのは，ソーシャーンスである。[44]

③　イスラーム教の勃興とササン朝ペルシアの滅亡

　610年頃，ムハンマド（570頃-632年）がアッラーの啓示を受けて，イスラーム教を開教し，ムハンマドが亡くなる頃には，イスラーム教はアラビア半島全体に広がっていた。ムハンマド没後，634年に第二代正統カリフのウマルの指導のもとに，ムスリム軍は北上を開始し，636年に東ローマ帝国領のシリアを攻略した。この時期，ササン朝ペルシアでは，皇帝の後継者争いを原因とする，4年にわたる内戦が起きて混乱していた。637年，ムスリム軍はメソポタミア平原に侵攻して，カーディスィーヤの野で，ササン朝の軍と戦った。そして，ムスリム軍が勝利してササン朝の都クテシフォンを攻略した。ササン朝はメソポタミア平原を失い，イラン高原へと退いた。その後，ムスリム軍はイラン高原へと侵攻し，642年，ネハーヴァンドでササン朝軍と戦って勝利した。さらにムスリム軍はササン朝の領土を次々と占領した。ササン朝ペルシア最後の皇帝ヤズデギルド3世（在位632-651年）は，651年，逃亡先のホラーサーンのメルヴで暗殺されて，ササン朝ペルシアは滅亡した。[45]

43）同上，197-200頁。
44）同上，200頁。
45）同上，205-213頁。

5　イスラーム国家の統治下におけるゾロアスター教

　サザン朝ペルシアがムスリムによって滅ぼされてから，イランではイスラーム国家のもとでイスラーム教が広がり，シーア派の拠点が築かれた。ゾロアスター教徒は迫害されたため，インドに移住し，インドでゾロアスター教の教団組織を確立した。

[1]　イラン高原のイスラーム化

　サザン朝ペルシアの崩壊後，イスラーム国家はゾロアスター教の神官団組織，階級制度を徹底的に破壊し，多くの人々がイスラーム教に改宗していった。そして，10世紀までにはペルシア語とイラン文化を保持した「ペルシア・イスラーム世界」が現出するに至った。しかし，ペルシアからケルマーンに至るイラン高原南部地域では，9世紀から10世紀までゾロアスター教神官団の勢力が根強くあり，イスラーム教への改宗が容易に進まなかった。これに対して，イラン高原北部ではイスラーム教のシーア派の拠点が次々と生まれた。そして，イラン高原北部のイスラーム教のシーア派王朝が，イラン高原南部に残ったゾロアスター教を打倒した。10世紀末には，イラン高原上の都市住民は皆イスラーム教徒となった。[46]

[2]　ゾロアスター教徒のインド移住

　近世ペルシア語の伝承『サンジャーン物語』によれば，イラン高原での迫害に耐えかねたゾロアスター教徒の集団が，936年にインド西海岸の漁村サンジャーンにたどり着き，現地のヒンドゥー教徒の保護を得て，周辺地域に居住するようになった。インドでゾロアスター教徒は「パールスィー＝ペルシア人」と呼ばれた。その後，サンジャーンに定住したゾロアスター教徒は，ペルシア高原からアータシュ・バフラーム級聖火（三大聖火に次ぐランクの聖火）を

46) 同上，236-239頁。

インドにもたらした。その火はインドの八つの場所（ボンベイに四つ，スーラトに二つ，ウドワーダーに一つ，ナヴサーリに一つ）に分配されている[47]。

③　インド・ゾロアスター教の五大管区の成立

　インドのゾロアスター教徒は12世紀以降，サンジャーン以外の場所にも次第に広がっていき，14世紀初頭にはインド・ゾロアスター教神官団の五大管区であるカンバーター神官団（本拠はキャンベイ市），バルーチャー神官団（本拠はバルーチ市），ゴーダーワラー神官団（本拠はスーラト市），バガリアー神官団（本拠はナヴサーリー市），サンジャーナー神官団（本拠はサンジャーン市）が成立した[48]。

④　近世ゾロアスター教の中心地ナヴサーリー

　16世紀以降，インド・ゾロアスター教は発展した。ムガル帝国の皇帝アクバル（在位1556-1605年）はゾロアスター教や古代ペルシア文化に関心を持ち，ナヴサーリーから神官メヘルジー・ラーナーを招聘した。以後，メヘルジー・ラーナーと彼の子孫がインド・ゾロアスター教の指導者として君臨するようになり，五大管区を統治することになった。そして，メヘルジー・ラーナーのバガリアー神官団と本拠地ナヴサーリーがインド・ゾロアスター教神官団の中心となった[49]。

47）同上，249-250頁。
48）同上，253-254頁。現代ゾロアスター教の「基本的な祭祀」は，「聖別した火の管理，ヤスナ祭祀，汚穢に触れた者の修祓」である。さらに「希望者のために祈念や特別の儀礼（ナオジョート［入信式］，ジャシュン［先祖に感謝し追憶する祭儀］，結婚式，死者の弔いなど）」も行う。ナオジョート（入信式）においてゾロアスター教に入信する若者は信仰の象徴であるスドラ（白い衣）とクスティー（帯）を受け取る。ハーツ 前掲書11），130-149頁。
49）青木 前掲書1），255-259頁。

第 II 部

インド発祥の宗教

—— 「ダルマ」に生きる ——

第Ⅱ部では，インドで発生した宗教について取り扱う。まず古代インドにおいて成立したバラモン教，ヒンドゥー教，ジャイナ教，仏教の教義と歴史について説明する。仏教に関してはインド仏教，中国仏教，日本仏教の展開について取り扱う。さらに，16世紀に発生したシク教の教義と歴史についても解説する。これらの宗教はダルマ（真理）の探求，業・輪廻・解脱の思想，究極的な現実（存在）への目覚めなど，さまざまな要素を共有している。

第**5**章	バラモン教
	――ヴェーダとウパニシャッド

1　古代インドの文化と宗教

　紀元前1500年頃，アーリア人が古代インドに移住すると，バラモン（祭官）を頂点とするヴァルナ制度を築き，バラモン教を成立させた。バラモン教の根本聖典はヴェーダである。ヴェーダにもとづいて，バラモンたちはさまざまな祭儀を執り行った。

☐ インド文化史の区分

　まずはインド文化史の区分について述べる。表5-1のように，インド文化史は六つの時代区分で捉えられる。それぞれの時代に民族の移動やさまざまな宗教の興廃があり，大きな変化をしている。以下に詳しく見ていく。

表5-1　インド文化史の区分

時　代　区　分	年　代
インダス文明の時代	紀元前2500- 前1500年
ヴェーダの宗教の時代（バラモン教の時代）	紀元前1500- 前500年
仏教などの非アーリア系文化の時代	紀元前500- 紀元後650年
ヒンドゥー教興隆の時代	650-1200年
イスラーム教支配下のヒンドゥー教の時代	1200-1850年
ヒンドゥー教復興の時代	1850年以降

　　出所：立川武蔵『ヒンドゥー教の歴史』山川出版社，2014年，11-14頁をも
　　　　とに筆者作成。

2　アーリア人のインド移住

　紀元前2500年から前1500年頃まで，インダス川流域パンジャーブ地方に，インダス文明が栄えていた。しかし，紀元前1500年頃，アーリア人がこの地域に侵入して，そこから東北インドに向かって移動していった。そして，ヴァーラーナーシー（ベナレス）など，多くの都市を作っていった。インドに到来したアーリア人たちは聖典ヴェーダを用いて，祭官であるバラモンを中心にして祭儀を行った。アーリア人たちは征服地の先住民（ドラヴィダ人）を奴隷（シュードラ）にしたと言われている。

3　ヴァルナ制度（カースト制度）の形成

　アーリア人は社会のなかに明確な階級の区別を設けていた。そのなかで，インドに入ったアーリア人たちはヴァルナ制度（カースト制度）を発展させた。ヴァルナ制度は①バラモン（祭官），②クシャトリヤ（王族，武人），③ヴァイシャ（農民，商人），④シュードラ（奴隷）という４つの階級によって構成されている。このなかで，バラモン（祭官）が支配した古代インド・アーリア人の宗教をバラモン教と呼ぶ。

4　ヴェーダの構成

　ヴェーダは古代インド・アーリア人の宗教の根本聖典である。「ヴェーダ（veda）」とは「知識」を意味する語である。ヴェーダの本体はサンヒター（本集）である。そして，サンヒターのテキストにブラーフマナ（祭儀書），アーラニヤカ（森林書），ウパニシャッド（奥義書）が付属している。

---

1) アーリア人はもともと黒海中間のカフカース（コーカサス）北部地方に住んでいて，北ヨーロッパに移動した集団と，カスピ海を迂回して南東，すなわちイラン，インド地方に移動した集団があったと推定されている。同上，17頁。
2) 同上，12頁。
3) 同上，6頁。

(1)　サンヒター（本集）の編纂

　サンヒター（本集）はヴェーダの元来の本文であり，狭義のヴェーダである。古代インドのバラモン教の時代に形成されたヴェーダには四つある。一つ目のヴェーダが『リグ・ヴェーダ』である。これが最古のヴェーダであると考えられている（紀元前1200-前1000年頃に編纂）。『リグ・ヴェーダ』には，神々（英雄神インドラ，火神アグニ，スールヤなどの太陽神，ヴァルナ，ミトラ，サラスヴァティー，ヤマ，ヴィシュヌ，ルドラなど）への讃歌が載せられている[4]。さらに『リグ・ヴェーダ』では，宇宙開闢（かいびゃく）の有様が以下のように語られる。

　　　その時（大初において），無もなかりき，有もなかりき。空界もなかりき，そを蔽う天もなかりき。何物か活動せし，いずこに，誰の庇護の下に。深くして測るべからざる水は存在せりや。その時，死もなかりき，不死もなかりき。夜と昼との標識（日月星辰）もなかりき。かの唯一物（創造の根本原理）は，自力により風なく呼吸せり。これよりほか何物も存在せざりき。太初において，暗黒は暗黒に蔽われたりき。一切宇宙は光明なき水波なりき。空虚に蔽われ発現しつつありしかの唯一物は，自熱の力によりて出生せり（『リグ・ヴェーダ』宇宙開闢の歌）[5]。

　さらに原人プルシャの歌では，原人プルシャの身体から，太陽，月，神々，人間などが生まれたと述べられる。さらにプルシャを犠牲にして分解したとき，四つのヴァルナが生じたという（『リグ・ヴェーダ』プルシャの歌）[6]。

　二つ目のヴェーダが『サーマ・ヴェーダ』である。『サーマ・ヴェーダ』は歌詠を司る祭官グループが用いた聖典である。祭儀における旋律付の神々への讃歌が載せられている。インド古代音楽の源流であるともされる[7]。

---

4)　同上，18-25頁。
5)　「リグ・ヴェーダの讃歌」辻直四郎訳，辻直四郎編『ヴェーダ・アヴェスター——世界古典文学全集3』辻直四郎ほか訳，筑摩書房，1967年，103頁。
6)　同上，101-102頁。
7)　立川 前掲書1），25頁。

　三つ目のヴェーダが『ヤジュル・ヴェーダ』である。このヴェーダは,「真言（マントラ・呪）と祭式の説明部分を組み合わせながらそれぞれの儀礼の次第を説明する」という内容を持つ。『ヤジュル・ヴェーダ』には,『黒ヤジュル・ヴェーダ』と『白ヤジュル・ヴェーダ』がある。[8]

　四つ目のヴェーダが『アタルヴァ・ヴェーダ』である。このヴェーダは呪法用讃歌を多く含む。民間信仰の要素も多分に取り入れている。『アタルヴァ・ヴェーダ』が第四のヴェーダと認められるまで長い年月を要した。[9]

　ヴェーダの吟誦の初めには,聖音「オーム（AUM）」が唱えられた。AUMは三つのヴェーダ（『リグ・ヴェーダ』,『サーマ・ヴェーダ』,『ヤジュル・ヴェーダ』）をすべて含むものである。そして,AUMは「ブラフマン（宇宙の原理）」を表すとも考えられた。

(2)　ブラーフマナ（祭儀書）の成立

　四つのヴェーダのサンヒター（本集）の編纂が終わった紀元前10世紀から前9世紀にかけて,それぞれのヴェーダ本集に付随するかたちで,七つのブラーフマナ（祭儀書）が成立した。ブラーフマナには讃歌や祭儀の意味の説明,神話や伝説が載せられている。七つのブラーフマナとは,『リグ・ヴェーダ』に属する①『アイタレーヤ・ブラーフマナ』と②『カウシータキ・ブラーフマナ』,『サーマ・ヴェーダ』に属する③『ジャイミニーヤ・ブラーフマナ』と④『パンチャヴィンシャ・ブラーフマナ』,『黒ヤジュル・ヴェーダ』に属する⑤『タイッティリーヤ・ブラーフマナ』,『白ヤジュル・ヴェーダ』に属する⑥『シャタパタ・ブラーフマナ』,『アタルヴァ・ヴェーダ』に属する⑦『ゴーパタ・ブラーフマナ』である。[10]

8）同上,25-26頁。
9）同上,26-27頁。
10）同上,27-28頁。

(3)　アーラニヤカ（森林書）の成立

　アーラニヤカ（森林書）はブラーフマナと同じように，「各ヴェーダに属し儀礼の手順細目や神話の解釈を述べる一連の書」である。森林のなかで伝授される秘儀，奥義を意味する[11]。

(4)　ウパニシャッド（奥義書）の成立

　以上のように，ヴェーダのサンヒター，ブラーフマナ，アーラニヤカの成立後，紀元前8世紀から前7世紀に，いくつかの初期ウパニシャッド（奥義書）が成立した。以後，ウパニシャッドは紀元後16世紀頃まで編纂され続けた多くの聖典の一つのジャンルを指すようになった。

　『リグ・ヴェーダ』の時代には，人間は死んだ後，「天において祖先の霊たちとともに楽しく暮らす」と考えられていた。ところが，紀元前8世紀から前7世紀くらいになると，輪廻（サンサーラ）の観念が発達し，人間は自らの生前の業（カルマ）に従って，次の世でさまざまなかたちに生まれ変わり，苦しみ迷い続けると考えられるようになった（輪廻転生）。次の世でよりよい状態に生まれ変わるためには，現世で「浄い行為」をしなければならない。その「浄い行為」とは，ウパニシャッド成立前の時代では，主にヴェーダの祭式を正しく執行することであった。しかし，ウパニシャッドでは，バラモンの儀式主義が克服され，「ブラフマン（宇宙の原理）」と「アートマン（個我の原理）」とが本来同一であること（梵我一如）を知ることによって，輪廻から解脱することができると考えるようになった。ウパニシャッドはヴェーダの最後の部分を形成するので，「ヴェーダーンタ（ヴェーダの結尾）」とも呼ばれる[12]。

　初期ウパニシャッドのなかの代表的なものに『ブリハッド・アーラニヤカ・ウパニシャッド』，『チャーンドーギヤ・ウパニシャッド』，『アイタレーヤ・ウパニシャッド』，『タイッティリーヤ・ウパニシャッド』の四つがある[13]。

11）同上，28頁。
12）同上，38-39頁。
13）同上，40頁。

それぞれのウパニシャッドには，梵我一如についてさまざまな記述がある。

　　かの微粒子はといえば，この一切（全宇宙）は，それを本性とするもの
　である。それは真実である。それはアートマンである。それは汝である。
　シヴェータケートゥよ」（『チャーンドーギヤ・ウパニシャッド』6・8）[14]。

　　この大地の中で活動力があり不死であるこのプルシャ，そして個体に関
　しては肉身に内在して活動力があり不死であるこのプルシャ，これこそこ
　のアートマンにほかならない。それは不死であり，それはブラフマンであ
　り，それは一切（全宇宙）である（『ブリハッド・アーラニヤカ・ウパニシャッ
　ド』2・5）[15]。

　上記の『チャーンドーギヤ・ウパニシャッド』の引用文のなかの「それは汝
である（Tat tvam asi）」という言葉は，梵我一如を端的に言い表したものとし
て，バラモン教，ヒンドゥー教で大切にされてきた。

(5)　シュルティ（天啓）
　以上，ヴェーダのサンヒター（本集），ブラーフマナ，アーラニヤカ，ウパ
ニシャッドをすべて含めてシュルティ（天啓）と呼ぶ。なぜなら，これらはリ
シ（聖人）たちに神が直接伝えた教えであるからである。

2　非アーリア系文化の台頭──仏教，ジャイナ教の出現

　紀元前6世紀から前5世紀に，非アーリア系宗教である仏教やジャイナ教が
発生した。これらの宗教はアーリア人の作ったバラモン教とは異なる要素を持

14)「チャーンドーグヤ＝ウパニシャッド」岩本裕訳，辻編『ヴェーダ・アヴェスター──世
界古典文学全集3』214頁。
15)「ブリハッド＝アーラヌヤカ＝ウパニシャッド」岩本訳，辻編『ヴェーダ・アヴェスター
──世界古典文学全集3』235頁。

ち，ヴェーダの権威に従わないという特徴を持っていた。とりわけ，仏教は古代インドの統一王朝であるマウリヤ朝やクシャーナ朝で重んじられ，紀元後4世紀までインドで興隆した。しかし，紀元前2世紀から紀元後2世紀にかけて，初期ヒンドゥー教が形成され始め，アーリア人のヴェーダの宗教の信徒たちは，バラモン教の基本的な要素を継承しながら，バラモン中心主義にもとづく新しい社会を構築することを目指した。

①　アーリア人の東インド進出と非アーリア系文化の台頭

　紀元前7世紀から前6世紀にかけて，ガンジス川上流域はアーリア民族，ガンジス川中流域は非アーリア系の民族が支配していた。この時期，北インドからデカン北部にかけて，十六大国がしのぎを削り，その後，十六大国のなかでマガダ国が強大になり，東北インドを統一した。さらに非アーリア系の宗教や文化が栄え，紀元前6世紀から前5世紀にかけて，仏教やジャイナ教が東北インドに出現した。その後，これらの非アーリア系宗教は，紀元後650年頃までインドで一定の勢力を保ち続けた。[16)]

②　マウリヤ朝の時代（紀元前321頃-前180年頃）

　マウリヤ朝は，紀元前4世紀後期，チャンドラグプタ（在位紀元前321-前297年）が設立した古代インドの統一王朝である。チャンドラグプタの時代に活躍した宰相カウティリヤが『実利論（アルタ・シャーストラ）』を書いて，国家統治の方法を詳しく説き，後世に大きな影響を与えた。チャンドラグプタは晩年熱心なジャイナ教徒になったと言われている。マウリヤ朝は第3代アショーカ王（在位紀元前268-前232年頃）の時代に最盛期を迎え，南端部を除くインドほぼ全域を領有した。アショーカ王は熱心な仏教徒であった。マウリヤ朝の時代，ヴェーダの宗教，すなわちバラモン教の勢力は幾分衰えたが，西インドやガンジス川領域においては，バラモンの勢力は維持されていた。この時期，ヴェーダの宗教は仏教や各地域の伝統文化の影響を受けて新しく生まれ変わりつつ

16）立川　前掲書1），43-46頁。

あった。ヒンドゥー教の枠組みを総括的に述べた法典『マヌ法典』は紀元前2
世紀頃から編纂され始め，紀元後2世紀に編纂を終えたと考えられている。[17]

3　クシャーナ朝の時代（紀元後1〜3世紀）

　紀元後1世紀半ばになると，大月氏に属していたイラン系のクシャーナ人が
インドでクシャーナ朝を建設し，ガンダーラ地方を含む西北インドを中心にし
て，東北インド，中央インドを領有した。カニシカ王（在位紀元後144年-171年
頃）の時代，クシャーナ朝は最盛期を迎えた。カニシカ王も熱心な仏教徒で
あった。この時期，インド仏教は大乗仏教の時代に入っていくが，ガンダーラ
地方はインド大乗仏教初期の興隆の地となった。さらに3世紀にはナーガール
ジュナ（龍樹）が現れ，「空」の理論にもとづいて大乗仏教の基盤を作った。[18]

4　『マヌ法典』（マーナヴァ・ダルマ・シャーストラ）の成立

　紀元前2世紀から紀元後2世紀，アーリア人のヴェーダの宗教の信徒たちは，
非アーリア系の諸宗教（仏教，ジャイナ教）に押されていたが，ヴェーダ以来の
バラモン中心主義にもとづく新しい社会を形成しようと考えていた。その新し
い社会の規範が具体的に説かれているのが『マヌ法典』である。『マヌ法典』
においては，世界創造，ヴァルナ（カースト），宗教儀礼，倫理規範，義務，訴
訟などについて，社会の生活規範が細かく規定されている。[19]

　『マヌ法典』では，『リグ・ヴェーダ』の原人論にもとづき，四つのヴァルナ
（カースト）の成立が説明される。そして，それぞれの階級には，義務（ダルマ）
がある。バラモンの義務はヴェーダの学習と教授，自己および他人のための儀
礼の執行，施しをすることと受け取ることである。クシャトリヤの義務は，人
民の保護，施し，供犠，ヴェーダの学習，感覚的対象に対する無執着である。
ヴァイシャの義務は牧畜，施し，供犠，ヴェーダの学習，商業，金銭の貸与，

17）同上，48-50頁。
18）同上，50-51頁。
19）同上，51-61頁。

土地の耕作である。シュードラの義務はバラモン，クシャトリヤ，ヴァイシャ
の三つのヴァルナに奉仕することである（『マヌ法典』1・87-90）[20]。

　さらに，『マヌ法典』によれば，宇宙は以下の四つの時期を循環していると
されている（『マヌ法典』1・68-86）[21]。

①クリタ・ユガ（4800年）

　　法（ダルマ）は四足を有して完全であり，真理（サティヤ）も完全である。
　　人間は疾病なく，すべての目的は成就され，400年の寿命を持つ。クリ
　　タ・ユガでは，苦行が最上である。

②トレーター・ユガ（3600年）

　　クリタ・ユガより下の三つのユガでは，不法なる利得のゆえに，各段階ご
　　とに法（ダルマ）は一足ずつ失う。窃盗，不正，詐偽により，法（善徳）は
　　四分の一ずつ減じ，生命も四分の一ずつ短縮される。トレーター・ユガで
　　は，知識が重要である。

③ドゥヴァーパラ・ユガ（2400年）

　　供犠が重要である。

④カリ・ユガ（1200年）

　　布施のみが重要である。

　四つのユガの総計12000年が神々の1ユガと呼ばれる。神々のユガを1,000合
計したものが，ブラフマンの昼の長さであり，ブラフマンの夜の長さも昼と同
じだけあるとされている。

20）『マヌの法典』田邊繁子訳，岩波書店，1953年，36-37頁。
21）同上，34-35頁。

第6章	ヒンドゥー教 ──ヴィシュヌ派とシヴァ派

1　ヒンドゥー教の成立

　4世紀になると，ヒンドゥー教が成立し，ヴェーダやプラーナ文献の記述に
もとづいて，ヒンドゥー教の主要な神々が確定していった。そのなかで，ヴィ
シュヌを最高神として信仰するヴィシュヌ派と，シヴァを最高神として信仰す
るシヴァ派が発生した。

1　グプタ朝の時代（320-550年頃）

　グプタ朝は紀元後320年頃，チャンドラグプタ1世が創始した王朝である。
第2代サムドラグプタ（在位350-375年）の時代に領土が拡大し，北インド，西
インド，東インドを領有した。第3代チャンドラグプタ2世（在位380-415年
頃）にグプタ朝は最盛期を迎えた。グプタ朝の初代および第2代の王の治世の
頃に，ヴァルナ（カースト）制度が社会秩序の基本的な枠組となったと考えら
れる。550年頃，グプタ朝は滅亡し，その後13世紀まで，インドは諸王朝が乱
立する状況が続くようになる[1]。

　グプタ朝の王たちは諸宗教に寛容であった。紀元前2世紀から紀元後2世紀
にかけて初期ヒンドゥー教が現れ出し，4世紀のグプタ朝の時代にヒンドゥー
教が確立した。さらにグプタ朝の時代には，インド大乗仏教が興隆した。『大
無量寿経』や『法華経』などの大乗仏教の経典が編纂され，4世紀終わりには
アサンガ（無着），ヴァスバンドゥ（世親・天親）兄弟が現れ，唯識論を大成さ
せた。しかし，グプタ朝滅亡後，インドの仏教は衰退していった[2]。

---

1) 立川武蔵『ヒンドゥー教の歴史』山川出版社，2014年，77-80頁。

2　ヒンドゥー教の主要な神々の出現

　ヒンドゥー教ではバラモン教の伝統に即して多くの神々が出現するが，そのなかでもブラフマー，ヴィシュヌ，シヴァがヒンドゥー教の主要な神々であるとされる。まず，紀元前5世紀から前4世紀にかけて，宇宙の原理であるブラフマンが人格神ブラフマーとなり，宇宙の創造神とみなされるようになった。そして，サラスヴァティーがブラフマーの配偶神（妻）と考えられるようになった。ヴィシュヌとシヴァは『リグ・ヴェーダ』のなかで，ヴィシュヌとルドラ（のちのシヴァ）という神々として登場する。紀元前2世紀から前1世紀における初期ヒンドゥー教の成立期において，ヴィシュヌへの崇拝とシヴァへの崇拝が強くなり，ヴィシュヌ派とシヴァ派が形成されていったと考えられる。

　紀元後4世紀から6世紀のグプタ朝の時代，ブラフマーを仲介にして，ヴィシュヌ崇拝とシヴァ崇拝が融合され，ブラフマー，ヴィシュヌ，シヴァが三つの神々のかたちを持ちながら一体であると考えられるようになった。これをトリムルティ（三神一体）と呼ぶ。この場合，ブラフマーが創造，ヴィシュヌが宇宙の維持，シヴァが宇宙の破壊を司るとされる。この三神一体の信仰のなかで，ヴィシュヌ神を最高神として信仰する者たちがヴィシュヌ派（ヴァイシュナバイト），シヴァ神を最高神として信仰する者たちがシヴァ派（シャイバイト）と呼ばれる。

(1)　プラーナ文献

　ヒンドゥー教の神々の神話が，「プラーナ」という神話集成としてまとめられている。「プラーナ」とは「プラーナム・アーキャーナム（古い物語）」という言葉に由来する。プラーナは4世紀から14世紀にかけて成立したと考えられている。プラーナは「五つの特性」を持つと言われている。「五つの特性」と

2）同上，80-82頁。
3）同上，88-89頁。
4）同上，89頁。
5）同上，89-90頁。

表6-1　18プラーナ

18プラーナの名称	
①ブラフマ・プラーナ	⑩ブラフマヴァイヴァルタ・プラーナ
②パドマ・プラーナ	⑪リンガ・プラーナ
③ヴィシュヌ・プラーナ	⑫ヴァラーハ・プラーナ
④シヴァ・プラーナ	⑬スカンダ・プラーナ
⑤バーガヴァタ・プラーナ	⑭ヴァーマナ・プラーナ
⑥ブリハン・ナーラディーヤ・プラーナ	⑮クールマ・プラーナ
⑦マールカンデーヤ・プラーナ	⑯マツヤ・プラーナ
⑧アグニ・プラーナ	⑰ガルダ・プラーナ
⑨バヴィシュヤ・プラーナ	⑱ブラフマーンダ・プラーナ

出所：立川武蔵『ヒンドゥー教の歴史』山川出版社，2014年，168-169頁をもとに筆者作成。

は，①「（世界の）創造」，②「（周期的な壊滅の後の）再創造」，③「（神々と聖者たちの）系譜」，④「マヌの紀元（人類の始祖マヌについての記述）」，⑤「諸王朝の歴史」を指す[7]。それぞれのプラーナには，ヴィシュヌやシヴァの物語や讃歌が多く載せられ，ヴィシュヌ派やシヴァ派の信仰や教義を支えている。ヒンドゥー教の歴史のなかでは，18のプラーナ文献が重要とされ，「18プラーナ」とも呼ばれる（表6-1）。

　18プラーナのなかで『ヴィシュヌ・プラーナ』はヴィシュヌを最高神として讃え，ヴィシュヌの化身（アヴァターラ）の物語やヴィシュヌ信仰の実践について語る。このプラーナはヴィシュヌ派の信仰と教義を支える重要なプラーナとされている。そして，『バーガヴァタ・プラーナ』はヴィシュヌの化身（アヴァターラ）やクリシュナの物語を載せていてインドで最も有名なプラーナ文献とみなされている[8]。さらに『リンガ・プラーナ』はシヴァを最高神として讃え，さまざまな物語を載せている。シヴァ派の信仰と教義を支える重要なプラーナとされている[9]。

6）ヴィンテルニッツ『叙事詩とプラーナ——インド文献史 第二巻』中野義照訳，日本印度学会，1965年，221頁。

7）ルイ・ルヌー，ジャン・フィリオザ『インド学大事典』山本智教訳，金花舎，1979年，34-35頁。

8）ヴィンテルニッツ 前掲書6），1965年，245-258頁。

2　ヴィシュヌ信仰

　ヴィシュヌはまず『リグ・ヴェーダ』に現れ，二大叙事詩『マハー・バーラタ』，『ラーマーヤナ』にも登場する。ヴィシュヌはさまざまな化身（アヴァターラ）を持ち，『マハー・バーラタ』ではクリシュナ，『ラーマーヤナ』ではラーマとして現れる。さらにプラーナ文献においても，ヴィシュヌがさまざまな化身を持ちながら活躍するありさまが伝えられている。

1　『リグ・ヴェーダ』におけるヴィシュヌ

　ヴィシュヌは『リグ・ヴェーダ』に現れる。そのなかで，ヴィシュヌが世界を三歩で歩いたという物語が語られている。さらにヴィシュヌは他の三つのヴェーダ本集にも現れる。ヴェーダ祭式において，ヴィシュヌは「供犠そのもの」，「供犠のもたらす恵み」を表していた。今日でもヴィシュヌは「ヤジュニャ・ナーラーヤナ」つまり「供犠ナーラーヤナ」とも呼ばれる。[10]

2　二大叙事詩におけるヴィシュヌ

　ヴィシュヌ信仰を考えるうえで，二大叙事詩『マハー・バーラタ』と『ラーマーヤナ』が重要である。ヒンドゥー教では，それぞれの叙事詩のなかにヴィシュヌの化身（アヴァターラ）が登場して活躍していると理解され，人々のヴィシュヌ信仰を支える役割も果たしている。

　第一に『マハー・バーラタ』はバラタ族の戦争を物語る叙事詩である。リシ（聖仙）のヴィヤーサによって口述されたと伝えられ，紀元後4世紀に現在のかたちになったと考えられる。『マハー・バーラタ』は全18巻あり，そのうちの第6巻23章から40章にわたる計18章は，『バガヴァット・ギーター』と呼ばれている。『バガヴァット・ギーター』におけるクリシュナは，ヴィシュヌの

9）同上，270頁。
10）立川 前掲書1），61-62頁。

化身（アヴァターラ）であるとされる。『バガヴァッド・ギーター』の原型は紀元前2世紀から紀元後1世紀頃に存在し，現在形は2世紀中頃にはできていたと考えられる。

　第二に『ラーマーヤナ』はラーマ王子と弟ラクシュマナが悪魔ラーヴァナを倒す物語である。詩人ヴァールミーキが編纂したと伝えられる。紀元後2世紀に現在のかたちになる。後世，このラーマがヴィシュヌの化身（アヴァターラ）であるとみなされるようになった[11]。

(1)　『バガヴァット・ギーター』におけるクリシュナの教え

　『バガヴァット・ギーター』に登場するヴィシュヌの化身クリシュナは，以下の教えを説いた。第一に人間の本来の生き方についてである。人間主体は「決して生まれず，死ぬこともない」，「不生，常住，永遠であり，太古より存する」，「人が古い衣服を捨て，新しい衣服を着るように，主体は古い身体を捨て，他の新しい身体に行く」という人間観を説く（『バガヴァット・ギーター』2・20-22[12]）。そして，人間は「自己の義務（ダルマ）」を果たさなければならない（『バガヴァット・ギーター』2・31[13]），「あなたの職務は行為そのものにある。決してその結果にはない。行為の結果を動機としてはいけない。また無為に執着してはならぬ」（『バガヴァット・ギーター』2・47[14]）と述べて，行為の結果にとらわれず，ひたすら行為そのものに専念すべきであると説く。

　第二にヨーガの一般的意味について以下のように説いた。ヨーガとは「平等の境地」を意味する。「平等の境地」とは「苦楽，得失，勝敗，生死を平等（同一）のものと見る」ことである。（『バガヴァット・ギーター』2・38，2・48[15]）。そして，「ヨーガに立脚して諸々の行為」を行うように求める（『バガヴァット・ギーター』2・48[16]）。さらに「行為のヨーガ（カルマ・ヨーガ）」，「知識のヨーガ

---

11)　同上，62-64頁。
12)　『バガヴァッド・ギーター』上村勝彦訳，岩波書店，1992年，35頁。
13)　同上，37頁。
14)　同上，39頁。
15)　同上，37-39頁。

（ジュニャーナ・ヨーガ）」，「信愛のヨーガ（バクティ・ヨーガ）」という三つのヨーガがあると述べる。この三つのヨーガはいずれも最高神と合一し，ブラフマンとアートマンが一体であることに目覚めて解脱することを目的とする。

　第三に「行為のヨーガ（カルマ・ヨーガ）」について説明する。「行為のヨーガ（カルマ・ヨーガ）」とは，すべての行為を絶対者へのささげものとして行うことである。クリシュナはすべての行為を最高神であるクリシュナ（＝ヴィシュヌ）自身のうちに「放擲（サンニヤーサ）」することを求める（『バガヴァット・ギーター』3・30）[16]。すべての行為を最高神にささげることを「祭祀のための行為」とも呼ぶ（『バガヴァット・ギーター』3・9）[17]。このとき，行為の結果に束縛されなくなり，行為しても行為にとらわれなくなる。これを「行為の超越」と呼ぶ（『バガヴァット・ギーター』3・4）[18]。この際，「知性のヨーガ（ブッディ・ヨーガ）」，すなわち行為の結果を動機としない知性を確立することが必要になる（『バガヴァット・ギーター』2・49-53）[19]。

　第四に「知識のヨーガ（ジュニャーナ・ヨーガ）」について説明する。「知識のヨーガ（ジュニャーナ・ヨーガ）」とは，絶対者についての知識に専心することであり，行為のヨーガと相依性を持つ。行為のヨーガにより成就した人は，「自己（アートマン）」の内に知識を見出し，知識を得た者は「最高の寂静」に到達する（『バガヴァット・ギーター』4・38-39）[20]。最高神に関する知識に専念する行為を「知識の祭祀」（『バガヴァット・ギーター』9・15，18・70）[21]と呼び，「知識の祭祀は財物よりなる祭祀よりも優れている。アルジュナよ，すべての行為は残らず知識において完結する」（『バガヴァット・ギーター』4・33）[22]と述べる。

16）同上，39頁。
17）同上，47頁。
18）同上，44頁。
19）同上，43-44頁。
20）同上，39-40頁。
21）同上，55頁。
22）同上，82，140頁。
23）同上，54頁。

　第五に「信愛のヨーガ（バクティ・ヨーガ）」について説明する。「信愛のヨーガ（バクティ・ヨーガ）」とは，最高神に信仰と愛（バクティ）をささげ，永遠の寂静に至ることである（『バガヴァット・ギーター』9・29-34）[24]。クリシュナは最高神であるクリシュナ（＝ヴィシュヌ）への信愛（バクティ）を持ち，クリシュナと一体になるようにアルジュナに求める（『バガヴァット・ギーター』9・30-31）[25]。そして，聖音オームを唱えながら，クリシュナを念じ，「最高の帰趨」に達する（『バガヴァット・ギーター』8・13）[26]ように説く。

　第六に梵我一如について説く。梵我一如とはブラフマン（宇宙の原理）とアートマン（自己の原理）が一体であることを意味する。梵我一如についてクリシュナは「罪障を滅し，疑惑を断ち，自己（アートマン）を制御し，すべての生類の幸せを喜ぶ聖仙（リシ）たちはブラフマンにおける涅槃に達する」（『バガヴァット・ギーター』5・25）[27]，「欲望と怒りを離れ，心を制御し，自己（アートマン）を知った修行者たちにとって，ブラフマンにおける涅槃は近くにある」（『バガヴァット・ギーター』5・26）[28]と述べる。

(2)　『バガヴァッド・ギーター』の意義

　これまでバラモン教の伝統では，ヴェーダにおける儀礼中心の「行為の道」とウパニッシャドにおける「知識の道」があった。『バガヴァッド・ギーター』における行為のヨーガは，儀礼だけではなく，日常生活のすべての行為において実践する道であり，知識のヨーガ，信愛のヨーガと不可分の関係にある。このようにして，『バガヴァッド・ギーター』は，バラモン教の伝統における「行為の道」と「知識の道」とを統合した[29]。

24）同上，84-85頁。
25）同上，84頁。
26）同上，77頁。
27）同上，60頁。
28）同上，60頁。
29）立川　前掲書 1)，67頁。

図6-1　ヴィシュヌの10種の化身（アヴァターラ）

注(1)：カルキという化身はまだ現れていない。未来に現れると考えられている。バラモンの家系に生まれ
　　　ると予言されている。彼は成人して馬に乗り，剣を手に取って悪魔たちを殺すという。
出所：立川武蔵『ヒンドゥー教の歴史』山川出版社，2014年，161-168頁をもとに筆者作成。

3　プラーナ文献におけるヴィシュヌの化身（アヴァターラ）

　『ヴァーユ・プラーナ』や『クールマ・プラーナ』では，ブラフマー，ヴィ
シュヌ，シヴァの三神が一体であることが語られ，ブラフマーが創造，ヴィ
シュヌが宇宙の維持，シヴァが宇宙の破壊を司るとされる。ブラフマーによる
宇宙創造の後，世界は四つのユガ（クリタ・ユガ，トレーター・ユガ，ドゥヴァー
パラ・ユガ，カリ・ユガ）を循環する（図6-1）。それぞれのユガの状況に合わ
せて，ヴィシュヌはさまざまな化身（アヴァターラ）を取って現れる。ヴィシュ
ヌの化身については，『パドマ・プラーナ』，『ヴィシュヌ・プラーナ』，
『ヴァーユ・プラーナ』，『バーガヴァタ・プラーナ』，『アグニ・プラーナ』，
『ヴァラーハ・プラーナ』，『クールマ・プラーナ』，『マツヤ・プラーナ』に詳
しく語られる。さらにヴィシュヌの配偶神（妻である女神）はラクシュミーで

30）同上，161-168頁。

ある。夫ヴィシュヌのさまざまな化身に即して，妻であるラクシュミーもさまざまな姿に変わる。[31]

3　シヴァ信仰

　シヴァは『リグ・ヴェーダ』において，ルドラとして登場する。そして，プラーナ文献のなかで，シヴァはさまざまな相（ムールティ）を持ち，多様な活動をする。

1　『リグ・ヴェーダ』におけるルドラ（シヴァ）

　『リグ・ヴェーダ』に登場するシヴァはルドラと呼ばれ，恵みの雨，健康と幸福をもたらす神であった。さらにルドラは暴風神でもあった。ヒンドゥー教の時代になると，ルドラはシヴァと呼ばれるようになり，多くの人々の崇敬を集めるようになった。[32]

2　シヴァの特徴

(1)　シヴァのシンボル

　クシャーナ朝の時代（紀元後1-3世紀）には，リンガ，三叉戟（トリシューラ），牛（ナンディン）がシヴァのシンボルとして用いられるようになった。とくにシヴァ神崇拝においてリンガ崇拝と強く結びついている。[33]

(2)　プラーナ文献におけるシヴァの相（ムールティ）

　プラーナ文献によれば，シヴァはさまざまな相（ムールティ）を取る。例えば，「リンガからの顕現の相」，「象の魔神を殺す相」，「死神カーラを殺す相」，「舞踏の相」などである。「舞踏の相」は，シヴァが火炎の輪のなかで踊り，右手

---

31) 同上，161-168頁。
32) 同上，152-153頁。
33) 同上，153頁。

二本，左手二本のうち，上の右手が持っているダマル太鼓は「宇宙展開の始ま
り」を意味し，上の左手にある炎は「宇宙の破壊」を意味している。下の右手
は「祝福を与える印」を示し，下の左手は「象の鼻の印」を示しながら，人の
避難所であるシヴァの左脚を指し示している。[34]

(3)　シヴァの配偶神

　シヴァには多くの配偶神（妻である女神）がいる。まず，ヴェーダでは，サ
ティーがルドラ（シヴァ）の妻である。そして，ヒンドゥー教の時代になると，
まずパールヴァーティーがシヴァの妻であるとされる。パールヴァーティーは
ガネーシャとクマーラ（スカンダ）の母親である。彼女はサティーの生まれ変
わりであるとも理解される。そして，ドゥルガーもシヴァの妻である。ドゥル
ガーはパールヴァーティーの別の相としても理解される。カーリーもシヴァの
妻である。カーリーはパールヴァーティーの別の相としても理解される。シ
ヴァにはその他にも多くの妃たちがいる。グプタ朝崩壊後，王朝の貴族や高官
たちの多くが南インドに移住した。彼らはシヴァへの信仰を持っていた。南イ
ンドにはそれぞれの地域に「村の神（グラーマ・デーヴァター）」と呼ばれる土
着の神々がいたが，そのほとんどが女神であった。その女神たちがシヴァの妻
とみなされるようになった。そのため，南インドの女神たちは，パールヴァー
ティーの生まれ変わりであったと考えられるようになった。[35]

(4)　シャクティ

　シャクティは力，能力，エネルギーを意味する女性名詞で，特定の女神名
（シヴァの妃であるパールヴァーティー，ドゥルガー，カーリーなど）のもとに崇拝さ
れた。この女神を主要神として崇拝する一派を「シャークタ（性力派）」と呼ぶ。
後にシャクティ崇拝はタントリズムと結びついた。[36]

34）同上，156-158頁。
35）同上，149-152頁。
36）中村元『ヒンドゥー教史』山川出版社，1979年，222-224頁。引田弘道「シャクティ」廣
松渉ほか編『岩波哲学・思想事典』岩波書店，1998年，699頁。

4　古代におけるヒンドゥー教思想の展開

　ヒンドゥー教は「シュルティ（天啓）」と「スムリティ（聖伝）」を重んじる。古代のヒンドゥー教思想では，ヒンドゥー教哲学の諸派（六派哲学）が発展した。そのなかで，ヨーガ学派がサーンキヤ学派の哲学を用いながら古典ヨーガの理論と実践を生み出した。さらに，ヴェーダーンタ学派では，シャンカラがブラフマンについての思惟と体験を深めて，後世に大きな影響を与えた。

① スムリティ（聖伝）の誕生

　第5章で示したように，ヴェーダのサンヒター（本集），ブラーフマナ，アーラニヤカ，ウパニシャッドをすべて含めて「シュルティ（天啓）」と呼ぶ。「シュルティ」はリシ（聖人）たちに神が直接伝えた教えである。そして，「シュルティ」にもとづいてさまざまな文学，学問，実践の営みが生まれた。それを総称して，「スムリティ（聖伝）」と呼ぶ。「スムリティ」は以下のものを指す。

　①ヴェーダンガ：文法，天文学，科学に関する書
　②シャーストラ：法に関する書（例，『マヌ法典』）
　③イティハサ：物語，叙事詩『マハー・バーラタ』，『ラーマーヤナ』
　④プラーナ：ヒンドゥー教の神々の神話，伝説，讃歌など。
　⑤タントラ：秘教的な教えと実践の手引き
　⑥アーガマ：祭儀と建築の手引き
　⑦スートラ：哲学体系（例，六派哲学など）
　⑧バーシャ：主要なテキスト（例，バガヴァット・ギーターなど）の注釈書

② 六派哲学（サド・ダルシャナ）

　1世紀頃からバラモンたちの哲学学派の初期的体系が形成され，4世紀以降，

以下のヒンドゥー教の六派哲学が成立した。[37]

①ニヤーヤ学派：論理学，認識論

②ヴァイシェーシカ学派：自然哲学，宇宙論

③サーンキヤ学派：プルシャとプラクリティの研究

④ヨーガ学派：心身の実修による解脱

⑤ミーマーンサ学派：ヴェーダの祭儀研究

⑥ヴェーダーンタ学派：ブラフマンとアートマンの一致を求める哲学

※①と②，③と④，⑤と⑥は相互に密接なつながりがある

③　ヨーガ学派における古典ヨーガの思想

　六派哲学の内の一つ，ヨーガ学派の根本聖典『ヨーガ・スートラ』は２世紀から４世紀の間に成立した。『ヨーガ・スートラ』において「ヨーガとは心の作用のニローダ（nirodha）である」と定義されている。「ニローダ」は統御と止滅という意味を持つ。『ヨーガ・スートラ』は以後のヒンドゥー教のヨーガ行者の教科書になった。[38]

(1)　『ヨーガ・スートラ』におけるヨーガの八段階（八支ヨーガ）

　ヨーガの目的は「心の作用のニローダ」に至ることである。ヨーガ行者がこの目的に近づくために八つの段階がある。これを「八支ヨーガ」と呼ぶ。ヨーガの八段階とは以下のとおりである。[39]

①禁戒（ヤマ）

　道徳的準備。不殺生，正直，不盗，不淫，財産の無所有の実践。

37）立川　前掲書１），83-87頁。

38）同上，109-111頁。

39）同上，112-118頁。

②勧戒（ニヤマ）

精神的・身体的準備。心身を清め，満足を知り，苦行を行い，経典を読誦し，イーシュバラ（自在神，主宰者）を祈念すること。ヨーガ学派でイーシュバラは「煩悩や業によって汚されていない特別なプルシャ（霊我）」を意味する。

③坐法（アーサナ）

坐り方。安定した快適な坐り方をする。身体を動かすこと，言葉を話すこと，心を働かせること，これらはすべて原質（プラクリティ）の働きなので，否定されるべきである。

④調息（プラーナーヤーマ）

呼吸・気（プラーナ）の調整。

⑤制感（プラティヤーハラ）

感覚器官がそれぞれの対象と結びつくことを止める。

⑥凝念（ダーラナー）

特定の対象（臍，心臓，鼻先，舌先，ヴィシュヌ神など）に心を結び付けて固定させる。

⑦静慮（ディヤーナ）

特定の対象に結び付けられた心が伸展していく。

⑧三昧（サマーディ）

心が対象について考えなくなり，心が対象そのものになる。自分の心が空になる。

この八つの段階を経ても心の作用のニローダはまだ不完全である。なぜなら，三昧（サマーディ）の段階で，心のはたらきは統御されているが，心に映る対象のイメージがまだ残っているためである。『ヨーガ・スートラ』のヨーガは，対象のイメージが消えて，心の作用が完全に止滅した境地を目指す[40]。

40）同上，118頁。

(2)　『ヨーガ・スートラ』におけるヨーガとサーンキヤ学派の哲学の関係

　サーンキヤ学派の哲学が古典ヨーガの理論的基礎となった。サーンキヤ学派の哲学は徹底した二元論を取り，純粋精神である「プルシャ（霊我）」と，現象世界を成立させる質料である「プラクリティ（原質）」という二つの原理を基本に置く。

　「プルシャ（霊我）」は「プラクリティ（原質）」の活動を見る観照者である。これに対して，「プラクリティ（原質）」は，「サットヴァ（純質）」，「ラジャス（激質）」，「タマス（暗質）」という三つの「グナ（要素）」によって構成されている。この三つの「グナ（要素）」の均衡が崩れると，「プラクリティ（原質）」は，「マハット（大）」となって現れ，「マハット（大）」は「アハンカーラ（自己感覚・自己意識）」となる。「サットヴァ（純質）」の勢力が強いとき，「アハンカーラ（自己感覚）」は自ら11の器官（五つの感覚器官，一つの思惟器官，五つの行為器官）となって展開する。「タマス（暗質）」の勢力が強いときは，「アハンカーラ（自己感覚）」は「物質的世界が発生するための種子」へと変わる。「ラジャス（激質）」は，「主観的な現象世界と客観的な現象世界の両者の出現」に関わり，「プラクリティ（原質）」が展開するときの動力となる。

　古典ヨーガ学派は，このサーンキヤ学派の哲学にもとづいて，この現象世界へと展開した三つの「グナ（要素）」の均衡を取り戻して，「プラクリティ（原質）」の展開を止め，純粋精神である「プルシャ（霊我）」の本来のあり方に目覚めることを目指す。三つのグナの均衡状態が成立して「プラクリティ（原質）」の活動が止むとき，世界は展開を止め，原初の統一が回復される。そのとき，ヨーガ行者は「霊我（プルシャ）」の本来のあり方に目覚め，精神的至福を体験するのである。[41]

④　ヴェーダーンタ学派におけるシャンカラの不二論

　ヴェーダーンタ学派のなかで，シャンカラ（700頃-750年頃）は「ケーヴァラ・アドヴァイタ（純粋不二論）」の立場を取った。この説では，ブラフマンの

---

41)　同上，104-109頁。

みが唯一の実在であり（ブラフマンは非人格的存在），ブラフマン以外の第二のものは存在しないと考える。多様性を持つ現象世界は幻であり，真に存在しない。あくまで現象世界は無知な人々，迷いのなかにある人々の思考においてのみ存在する。さらに「それは汝である」という梵我一如の認識が精神の至福をもたらす。[42]

[5] タントリズムとシャクティ崇拝

　6世紀以降，インドにおいてタントリズムという新たな宗教実践が生まれた。タントリズムは，自己と人格的絶対者との合一を体験し，輪廻に束縛されない能動的主体を回復することを目指す。最古のタントリズムの文献の成立は，6世紀から8世紀であるとされる。タントリズムはシャクティ崇拝と結びついて発展した。タントリズムにおいては，シヴァとシヴァの妃パールヴァーティー，ドゥルガー，カーリーが崇拝される。シヴァは宇宙の原理ブラフマンと同一視され，まったく非活動のものである。これに対して，彼の妃は活動そのもの＝シャクティであり，あらゆるものに内在すると考えられる。最高神シヴァと妃との関係は，「自己」と「自己性」，月と月光などと表現される。シャクティは宇宙の展開を司る力であり，最高神と不可分な関係にある。最高のシャクティは，意欲，活動，智の三種の形態に即して展開し，それらは宇宙の創造，維持，破滅と対応している。シャクティによって，行者は自己と人格的絶対者との合一に目覚め，輪廻から解脱し，真に自由な主体となる。[43]

(1) タントリズムにおける身体理解

　タントリズムによれば，人間の身体には「粗大な身体」と「微細な身体」がある。「粗大な身体」とは，現実の人間の肉体であり，目に見え，手で触れることのできる身体である。これに対して，「微細な身体」とは，ヨーガの行法のために考えられた想像上の身体モデルである。人間の身体のなかには無数の

42）同上，173-176頁。
43）引田 前掲書38)，699頁。中村 前掲書38)，260-262頁。

脈があり，その中で重要なのが，頭頂に達するスシュムナーという中脈である。
そして，この中脈には，七つのチャクラがある。チャクラとは無数の細い脈が
円盤形に絡まった叢のことである。一番下のチャクラには，リンゴのかたちを
したブラフマンを含む，その周りをシヴァの妃である女神が蛇のように三まわ
り半取り巻いている。そして，この女神は「クンダリーニ」と呼ばれ，この活
動力は万物の根源であると考えられる。[44]

(2) タントリズムの実践内容

タントリズムには四つの主要な実践がある。一つ目が「犠牲」であり，カー
リー女神に植物，動物，人間の犠牲をささげることである。二つ目が，「輪
座」であり，同数の男女が深夜に輪座して性的儀礼を行うことである。三つ目
が「ヨーガ」，四つ目が「呪術」である。[45]

(3) 右道と左道

ヒンドゥー教のなかにタントリズムが取り入れられ，ヒンドゥー・タントリ
ズムは９世紀から12世紀に全盛期を迎え，多数のタントラ文献が著された。13
世紀以降になると，動物供儀，性的儀礼を行う左道は廃れ，動物儀礼，性的儀
礼を行わない右道が中心となっていった。[46]ヒンドゥー・タントリズムはその
後，大乗仏教における密教の成立にも影響を与えた。

5　中世ヒンドゥー教思想の展開

中世のヒンドゥー教思想にはさまざまな展開が見られた。ヴェーダーンタ学
派では，ラーマーヌジャやマドゥヴァが活躍した。そして，ヨーガの理論と実
践においては，ハタ・ヨーガという新しいヨーガの潮流が生まれた。ハタ・

---

44) 同上，260-261頁。
45) 同上，262頁。
46) 高島淳「タントリズム」廣松ほか編『岩波哲学・思想事典』1048頁。

ヨーガはヴェーダーンタ学派の哲学を用いて，独自の身体論，修行論を発展させ，後世のヨーガの理論と実践に大きな影響を与えた。15世紀にはラーマーナンダやカビールがヒンドゥー教の改革運動を行った。

⬜1　イスラーム王朝によるインド支配

　13世紀初めから16世紀前半までに，デリーを中心に五つのイスラーム王朝（奴隷王朝，ハルジー朝，トゥグルク朝，サイイッド朝，ローディー朝）が興廃した。1221年にはチンギス・ハンのモンゴル軍がインダス川の流域まで進出し，1398年にはティムールがデリーに侵入して，略奪を行った。その後，1525年，ティムールの玄孫であるバーブルが中央アジアからインドに進入し，デリーにムガル帝国を確立した。その後，16世紀から17世紀にかけて，アクバル，シャー・ジャハーン，アウラングゼーブの時代に，ムガル帝国は領土を拡大し，インド全土をほぼ手中にした。

⬜2　ヴェーダーンタ学派におけるラーマーヌジャの不二論

　ラーマーヌジャ（1017-1137年頃）はヴァーダーンタ学派の哲学者であり，「ヴィシシュタ・アドヴァイタ（制限を受けた不二論）」の立場を取った。彼の立場において，第一のものはイーシュバラ（人格神）であり，第二のものは世界と我である。ラーマーヌジャの場合，イーシュバラは最高の人格神を意味し，その神がブラフマン（宇宙の原理）である。そして，この最高の人格神とはヴィシュヌである。これに対して，第二のものである世界と我は第一のもの（イーシュバラ）の身体である。このようにして，彼は多元性を持つ現象世界の実在性を認めた。そして，最終的な悟りにおいて，シャンカラは自我が消えると考えたが，ラーマーヌジャは個としての自己が消えることはないと考えた。彼の思想の基本には，ヴィシュヌへの信愛（バクティ）があった。[47]

47）立川 前掲書 1 ），177-179頁。

(1)　ヴァダガライ派とテンガライ派——猿猫論争

　13世紀頃，ラーマーヌジャ派は，北方のヴァダガライ派と南方のテンガライ派とに分かれた。ヴァダガライ派は，神に救われるためには，信仰と信仰にもとづいた行が必要であると考える。これに対して，テンガライ派は，人々は神の恩寵によってのみ救われるため，信徒は最高神への信仰を持つだけでよく，自分の努力によって功徳を積む必要はないと考えた。両派は「猿猫論争」を行い，ヴァガダライ派の場合，子猿を連れている母猿が危険に陥ると，子猿は自分から母猿にしがみついて，母猿が子猿を安全なところに連れて行く。これと同じように，人間が救われるためには，最高神のはたらきに人間の側が協力していくことが必要であると考える。これに対して，テンガライ派は，子猫を連れている母猫が危険に陥ると，母猫は子猫を口にくわえて，安全なところに連れて行く。子猫は救われるために何もせず，ただ受け身である。これと同じように，人間が救われるためには，最高神のはたらきにすべてゆだねるだけでよいと考える。[48]

(2)　ヴェーダーンタ学派におけるマドゥヴァの二元論

　マドゥヴァ（1197-1276年）は「ドゥヴァイタ」（二元論）の立場を取った。これは第一のもの（神）と第二のもの（世界と我）がともに同じ度合いで実在するという考えである。ただし，第一のもの（神）は独立して存在するが，第二のもの（世界と我）は第一のもの（神）の意志に従って存在する。[49]

③　ハタ・ヨーガの発生

　ハタ・ヨーガはタントリズムを入れたヨーガである。ハタ・ヨーガとは「力のヨーガ」という意味で，シヴァ派と深いつながりを持つ。ハタ・ヨーガの理論的基礎はヴェーダーンタ学派の哲学である。ハタ・ヨーガの行法は9世紀から10世紀頃から徐々に形成され，13世紀のヨーガ思想家ゴーラクナートは，ハ

---

48)　中村 前掲書38)，283-285頁。
49)　立川 前掲書1)，179-181頁。

タ・ヨーガの体系を述べた『ゴーラクシャ・シャタカ』を著した。そして，16世紀から17世紀には，ヨーガ思想家のスヴァートマーラーマが『ハタ・ヨーガ・プラディーピカー』を著し，ハタ・ヨーガを体系的に説明した。この後，ヨーガ思想家ゲーランダがハタ・ヨーガの解説書『ゲーランダ・サンヒター』を著した[50]。

(1)　『ハタ・ヨーガ・プラディーピカー』におけるハタ・ヨーガの最初の準備の諸段階

　『ハタ・ヨーガ・プラディーピカー』では，『ヨーガ・スートラ』の古典ヨーガと同様に，ヨーガを行ずるための最初の準備の諸段階がある[51]。

　①禁戒（ヤマ）

　　非暴力，誠実，不盗，梵行（女性と交わらないこと），忍耐，節食など。

　②勧戒（ニヤマ）

　　努力，満足を知ること，布施，神に供養すること，説教を聞くこと，マントラを唱えることなど。

　③坐法，あるいは体位法（アーサナ）

　　84のアーサナ（弓のアーサナ，亀のアーサナなど）。

　④調息（プラーナーヤーマ）

　　気（プラーナ）の調整。

(2)　ハタ・ヨーガの身体論

　ハタ・ヨーガはヒンドゥー・タントリズムの影響を受けて「粗大な身体」と「微細な身体」を区別する。そして，「微細な身体」の上には，ハタ・ヨーガにおける「プラーナ」（気）の運行図が書かれている[52]。そして，ハタ・ヨーガに

50）同上，193-195頁。
51）同上，195-196頁。
52）同上，197頁。

表6-2　ハタ・ヨーガにおける身体と諸元素との関係

身体の部位	五元素	シンボル
足から膝まで	地	四角
膝から肛門まで	水	三日月
肛門から心臓まで	火	三角
心臓から眉間まで	風	三角と逆三角の合体
眉間から頭頂まで	空	円

出所：立川武蔵『ヒンドゥー教の歴史』山川出版社，2014年，
197-198頁をもとに筆者作成。

おいては，地，水，火，風，空の五元素によって，この身体と世界が構成されていると考える。そして，身体の各部分は五元素に対応する[53]（表6-2）。

(3)　プラーナ（気）・ナーディー（脈）・チャクラ

　身体のなかにある脈を「プラーナ」（気）が通る。気が脈のなかをよく通ることができるよう，ヨーガの実践を行う。微細な身体においては，多くの脈があるが，ハタ・ヨーガで重要な脈は，身体の中央を上下に貫いているスシュムナー（中脈），その左右を走るイダー脈およびピンガラー脈である[54]。微細な身体の中央を走るスシュムナー（中脈）には，七つのチャクラがある。チャクラとは無数の細い脈が円盤形に絡まった叢のことである。このチャクラは気のエネルギーが集結しているエネルギー・センターであるが，細い脈が絡まっているため，スシュムナー（中脈）のなかをプラーナ（気）がよく通らない。そのため，ハタ・ヨーガはこの叢をほぐして中脈のなかにプラーナ（気）がよく通ることを目指す。チャクラは下から尾骶骨，生殖器，臍，心臓，喉，眉間，および頭頂に相応する場所に，微細な身体の中脈に沿って存在する。ハタ・ヨーガの行者は気を七つのチャクラの並ぶスシュムナー（中脈）の下から上へと移動させる[55]。

53）同上，197-198頁。
54）同上，198-199頁。
55）同上，199-200頁。

　一番下のチャクラは「根を支えるもの」（ムーラ・アーダーラ）と呼ばれ，微細な身体の根にあたる。このチャクラにはシヴァを象徴するリンガがあり，そのリンガに蛇が巻き付いている。この蛇はクンダリーニと呼ばれる女神である。このクンダリーニはシャクティとも呼ばれる。ハタ・ヨーガの行者は，蛇のかたちをとって眠っている女神クンダリーニを目覚めさせ，毎日の訓練によって徐々に中脈のなかを昇らせる。クンダリーニはいくつかのチャクラを押し開きつつ通過する。そして，クンダリーニは第四チャクラ（心臓のあたり）において聖なるものであるアートマンの顕現に出会う。そして，クンダリーニは第五チャクラ（喉のあたり）において男性原理と女性原理の融合というかたちを取り，第六チャクラ（眉間のあたり）で，「マハット（大）」，すなわちサーンキヤ学派の哲学でプラクリティ（原質）が現象世界の形成のために動き出した初期の形態に出会う。クンダリーニが第七チャクラ（頭頂あたり　サハラスーラと呼ばれるチャクラ）に至ると，ブラフマンとアートマンが合一した状態に至る。このように，ハタ・ヨーガにおいては，微細な身体とは，ヨーガ行者の身体であるとともに宇宙でもある。[56]

④　ヒンドゥー教における宗教改革運動

　15世紀以降，ヒンドゥー教の思想家たちはイスラーム教の思惟方法から影響を受けて，それまでの伝統的なヒンドゥー教思想を批判して改革を求め，新しいヒンドゥー教思想の潮流を生み出した。

　ラーマーナンダ（1400-1470年頃）は，ヴィシュヌ派の宗教者で，中世ヒンディー語で布教し，『ラーマーヤナ』の主人公であるラーマを信仰する宗教運動の指導者として活躍した。彼はラーマーヌジャ派との関わりを持ち，「ヴィシシュウ・アドヴァイタ（制限を受けた不二論）」の立場を取った。ヴィシュヌ神の化身であるラーマが最高の主であり，ラーマに対する信仰とラーマの名を繰り返し唱えることを勧めた。ラーマーナンダはカーストを否定し，ヴィシュヌ神の前では，すべての者が平等であると説いた。そのため，どのようなカー

56）同上，201-205頁。

ストに属する者でも，ともに食事をすることができると考えた。彼にはカビールなど多くのすぐれた弟子がいた。[57]

　ラーマーナンダの弟子カビール（1440-1518年）は，中世インドを代表する思想家で，カースト制度を否定し，ヒンドゥー教とイスラーム教の融合を目指した。伝説によれば，彼はバラモンの寡婦の私生児として生まれ，親から捨てられ，イスラーム教徒の織工に拾われて育ち，織工として生涯を終えた。カビールはラーマーナンダの弟子となり，ヒンドゥー教から業（カルマ）と解脱の思想を取り入れ，ラーマを最高神として信仰し，ラーマの名を唱える行を実践した。そして，イスラーム教の影響を受けて，一切の偶像を否定した。しかし，彼はヴェーダやクルアーンの権威を否定し，遍在する唯一の神「ラーマ」のみを信仰し，その神はヒンドゥー教徒によって「ラーマ」と呼ばれ，イスラーム教徒によって「アッラー」と呼ばれると考え，ヒンドゥー教とイスラーム教の宗教の違いを乗り越えようとした。そして，ヒンドゥー教における「化身」（アヴァターラ）の教義を排斥し，ヴィシュヌ神が人々を救うために，さまざまな「化身」を取ることを否定した。カビールの思想はシク教の創立者であるグル・ナーナクに影響を与えた。[58]ラーマーナンダの創設した教団に属していたトゥルシー・ダース（1532-1624年）は『ラーマーヤナ』にもとづいて，東部ヒンディー語で『ラーマの行いの湖』を著した。この書は後世に大きな影響を与えた。彼はラーマを最高神として信仰し，すべての人間の平等を説いた。そして，道徳的生活の実践を説いた。[59]

　さらにラーダー（クリシュナの恋人）とクリシュナへの崇拝が13世紀に発展し，14世紀，15世紀に入ると，ヴィシュヌ神を讃える詩人が現れ，ラーダーとクリシュナを讃える歌を多く作った。これらの詩人のなかで，チャンディー・ダースとミーラー・バーイーがよく知られている。その後，16世紀初めに，ヴァッ

57）中村　前掲書38），287-288頁。藤井毅「ラーマーナンド」廣松ほか編『岩波哲学・思想事典』1659頁。
58）中村　前掲書38），288-293頁。保坂俊司「カビール」廣松ほか編『岩波哲学・思想事典』254-255頁。
59）中村　前掲書38），298-299頁。

ラバとチャイタニヤが現れ，ラーダーとクリシュナを崇拝する組織を作った。[60]

6　近世・近代のヒンドゥー教思想の展開

　近世・近代のヒンドゥー教思想は，さまざまなヒンドゥー教改革・復興運動とともに展開し，ブラフモ・サマージ，アーリヤ・サマージ，神智協会，ラーマクリシュナ・ミッションの諸団体が設立され，活動した。さらに，19世紀後半以降，イギリスによるインド支配という状況のなかで，インド独立運動が展開し，ガンディーが活躍した。

1　イギリスによるインド支配

　15世紀後半以降，ヨーロッパ諸国の勢力（ポルトガル，オランダ，デンマーク，フランス，イギリスなど）がインドに進出するようになった。1600年にイギリスの東インド会社が設立され，18世紀後半から積極的にインド経営に着手しだし，次第に勢力を広げていった。そして，1858年のインド大反乱（セポイの反乱）の後，ムガル帝国は消滅した。そして，イギリス政府は，東インド会社は解散させて，インドを直接統治するようになった。1877年には，イギリス政府はイギリス国王を皇帝とするインド帝国を樹立した。[61]

2　インド独立運動

　1885年にイギリスのインド総督の承認のもとでインド国民会議が開かれた。19世紀末になると，インド国民会議のなかからティラクやオーロビント・ゴーシュらの急進派が現れ，スワラージ（自治）を唱えるようになった。1905年のベンガル分割令に対して，1906年にインド国民会議はカルカッタで開かれた大会で，英貨排斥（イギリス商品のボイコット），スワデーシー（国産品愛用），スワラージ（自治・独立），民族教育を採択した。

60）同上，294-296頁。
61）立川 前掲書1），218-219頁。

　第一次世界大戦後，ガンディー，ネルー，チャンドラ・ボースらがインド独立運動に参加するようになった。ガンディーは非暴力不服従の方法を基本にしながら，スワデーシー，スワラージ，非協力運動を展開した。

　第二次世界大戦後，インド独立運動がさらに盛んになった。最後のインド総督マウントバッテンは，ヒンドゥー教徒多数派地域とイスラーム教徒多数派地域の分離独立を提案し，1947年，ヒンドゥー教多数派地域において，英連邦内のインド連邦が独立を宣言し（1950年に英連邦内の共和国），イスラーム教徒多数派地域において，英連邦王国パキスタンが独立を宣言した（1956年に英連邦内の共和国）。

③　近代ヒンドゥー教改革運動諸団体の設立

(1)　ラーム・モーハン・ローイによるブラフモ・サマージの設立

　ラーム・モーハン・ローイ（1772-1833年）は，近代におけるヒンドゥー教改革運動の先駆者であり，ブラフモ・サマージを設立し，西ヨーロッパの合理主義にもとづいて，ヒンドゥー教の復興と改革，インド社会の改革を目指した。ローイはインド近代化の父ともみなされる。彼は，人間は本性上，唯一神信仰への志向性を持っていると考え，ウパニシャッドやヴェーダーンタを研究しながら，ヒンドゥー教を一元論にもとづいて理解した。そして，彼はヒンドゥー教における多神教，化身思想，偶像崇拝，無意味な儀礼を否定した。

　さらに彼は旧約・新約聖書を読み，キリスト教研究も行った（ローイのキリスト教理解は，三位一体の神を否定するユニタリアンの立場に立っていた）。さらに，彼は社会改革運動を行い，サティー（寡婦殉死）の廃止，未亡人の再婚の承認，一夫多妻制に反対した。ブラフモ・サマージは，ローイの死後，デヴェンドラナート・タゴールのもとで指導された。その後，ケーシャブ・チャンドラ・センが指導者となった。センはインドの社会変革（カースト完全廃止など）を求める活動したが，次第にヒンドゥー教からキリスト教に傾くようになり，ブラフモ・サマージは分裂した。[62]

62）中村　前掲書38），315-316頁。

(2)　ダヤーナンダによるアーリヤ・サマージの設立

　ダヤーナンダ（1824-1883年）はアーリヤ・サマージを設立して，「ヴェーダ
に帰れ」をモットーとして，ヴェーダ以後のヒンドゥー教の変化発展をすべて
排除し，純粋なヒンドゥー教を復興しようとした。そして，ブラフマンのみを
最高神として信仰することを説き，ヴェーダに根拠のない偶像崇拝，化身思想，
カースト制度，霊場巡拝，祖先崇拝，女性差別，幼児婚などを否定した。そし
て，教育と社会事業において大きな貢献をした。アーリヤ・サマージは国粋主
義的で，ヒンドゥー教絶対主義を取るため，他宗教に対しては排他的である。[63]

(3)　ブラヴァツキイ夫人とオルコットによる神智協会の設立

　1875年，ウクライナ生まれのE. P. ブラヴァツキイ夫人と，アメリカ人H. S.
オルコットは，ニューヨークで神智協会（Theosophical Society）を創設した。
1879年に，インドに本拠を移した。A. ベザント夫人の参加により，インドの
合法的自治運動，ヒンドゥー教の擁護，民族教育を支持するようになった。
　神智協会の人間観として，人間の精神的存在性の中核である「自我」は，肉
体の死によって滅びることなく，死後に高次の精神界に行き，そこで，一定期
間過ごした後に，再び肉体を得て地上の生に戻る（再受肉）。地上の生の間に達
せられる成長の限界まで来ると，再び人間の自我は精神界に戻り，地上の生の
間に得た成果を整理して，次の再受肉に備える。地上の生において，どのよう
な運命をたどるのかはカルマ（業）の法則に従うが，人間の精神（自我）が次
第に高度に発達し，これ以上の地上回帰を必要としない段階に達したとき，人
間の深化は完成する。そして，神智協会の宇宙観としては，宇宙と存在のすべ
ては，相互に関わり合いを持つ一体で，遍在する同一の源に発し，目的と意味
を持ち，秩序あるかたちで顕現すると考える。宗教，哲学，科学の統合を目指
し，未解明の自然法則と人間の潜在能力の探求が重視された。
　個々の宗教伝統が持つ価値観を尊重し，人種・信条・性別・カーストにもと
づく差別を乗り越えて人類同胞の実現を図った。さらにインド古典学の研究に

63)　同上，316-317頁。

多大な貢献を為し，オルコットは仏教を受け容れて，セイロン（スリランカ）における仏教復興に影響を与えた。[64]

4 ラーマクリシュナ・ミッションの活動

(1)　ラーマクリシュナによるヒンドゥー教復興と宗教運動

　ラーマクリシュナ（1836-1886年）は，近代インドの神秘家である。ベンガルのバラモンの家に生まれ，カーリー女神を崇拝していた。そして，カーリーを見る神秘体験を繰り返し，シャクティへの帰依を信仰の根底に持つようになる。その後，彼は修行を重ね，ヒンドゥー教，キリスト教，イスラーム教に至る宗教を遍歴し，独自の宗教信仰を形成した。彼によれば，ブラフマンとシャクティは同一原理の両面であり，真理に至る種々の道は，その異なった顕現であると考えた。そこから，すべての宗教はみな意義のあるものであり，ただ同じ究極的真理の異なった局面を示しているに過ぎない，宗教の本質は人を愛すること，人に奉仕することであると理解した。[65]

(2)　ヴィヴェーカーナンダによるラーマクリシュナ・ミッションの活動

　ヴィヴェーカーナンダ（1863-1902年）は，ラーマクリシュナの弟子で，師の思想を発展させて，社会改革を説いた。彼はシャンカラ系統の不二一元論を唱えた。1893年のシカゴの世界宗教大会に参加して演説を行い，多くの人々に感銘を与えた。1896年にニューヨークでヴェーダーンタ協会を設立し，1897年に「ラーマクリシュナ・ミッション」を設立して，社会奉仕や教育活動を推進した。1901年にラーマクリシュナ僧院をインドに作った。ヴィヴェーカーナンダによれば，すべての宗教は真であるが，ヒンドゥー教がその母であり，すべてを包摂する普遍宗教であると考えた。[66]

64）新田義之「神智学」廣松ほか編『岩波哲学・思想事典』830-831頁。
65）藤井毅「ラーマクリシュナ」廣松ほか編『岩波哲学・思想事典』1658-1659頁。中村　前掲書38），318-320頁。
66）藤井毅「ヴィヴェーカーナンダ」廣松ほか編『岩波哲学・思想事典』115頁。中村　前掲書38），320-323頁。

5　ラビンドラナート・タゴールの文学活動

　ラビンドラナート・タゴール（1861-1941年）は，インドを代表する詩人，思想家である。ブラフモ・サマージ指導者のデヴェンドラナート・タゴールの子であった。ラビンドラナート・タゴールは，ウパニシャッド，ベンガルのヴィシュヌ派の影響を受け，神，人間，自然の創造的統一を志向したが，個我の維持を認めたことから，不一不異論にもとづいて，瞑想と実践の調和を説いた。彼は多くの詩，小説，音楽，舞踏，絵画などを残し，1909年，ベンガル語の詩集『ギーターンジャリ』を英訳し，世界中から大きな反響があり，1913年にはノーベル文学賞を受賞した。[67]

6　ガンディーのインド独立運動

　ガンディー（モーハンダース・カラムチャンド・ガーンディー　1869-1948年）は，インド独立運動の指導者として活躍した。彼は南アフリカで弁護士として働いていたとき，インド人年季労働者の権利擁護闘争のなかで，非暴力不服従運動を確立した。1915年にインドに帰国し，スワデーシー，スワラージ，非協力運動（例，イギリス植民地政府の塩の専売法に反対する「塩の行進」など）を行い，イギリスの植民地政府に対する抵抗運動を展開した。ガンディーによれば，真理が神であり，真理は生得で人間の内奥に存在するがゆえに，内なる声に耳を傾ける方法を学ばなければならず，その方法として質素，抑制，自己犠牲と社会倫理が強調された。真理獲得を阻害する要因を除去するための行が「サティヤーグラハ（真理の把捉）」である。「サティヤーグラハ」の原則として，アヒンサー（非暴力的寛容），サティヤ（真理），アパリーグラハ（不所有），アステーヤ（盗まないこと），ブラフマチャリヤ（貞潔），スワデーシーなどが挙げられる。

　ガンディーは宗教間の寛容を説き，ヒンドゥー教徒とイスラーム教徒を共に含んだインドの独立を望んでいたが，1947年のインドとパキスタンの分離独立によりその望みは果たされず，1948年にヒンドゥー教原理主義者に暗殺された。[68]

67）藤井毅「タゴール」廣松ほか編『岩波哲学・思想事典』1032頁。
68）藤井毅「ガーンディー」廣松ほか編『岩波哲学・思想事典』289頁。

第7章

ジャイナ教
——白衣派と空衣派

1　マハーヴィーラの生涯

　マハーヴィーラはジャイナ教の指導者であり，開祖であるとみなされている。彼は30歳のときに出家して，出家修行者となって厳しい苦行を実践し，「一切智」を得た。それから，マハーヴィーラは教えを説き，彼に従う弟子たちも増えて，初期のジャイナ教の教団が生まれた。彼は72歳で亡くなったが，そのときに完全な「解脱者」になったと考えられている。

① マハーヴィーラの前半生

　マハーヴィーラ（紀元前444頃-前372年）はジャイナ教の指導者である。一般的には彼がジャイナ教の開祖ともみなされている。「ジャイナ」とは「ジナ（jina 勝者，修行を完成した人）の教え」という意味である。マハーヴィーラはインド東北部の現在のビハール州パトナ近郊のクシャトリヤの家に生まれたとされている。生まれたときの名前をヴァルダマーナと言った。マハーヴィーラは誕生前，クシャトリヤの女性の母胎ではなく，バラモンの女性の母胎に受胎した。しかし，これを知ったバラモン教の神々の王インドラが，マハーヴィーラの霊魂を，同じころ妊娠していたクシャトリヤの女性トリシャラーの母胎の霊魂と交換して，マハーヴィーラがクシャトリヤの母から生まれるようにしたという伝説がある。マハーヴィーラは両親が生きている間，世俗の生活を続けるという誓いを立てて，結婚して妻を持ち，娘もいた。しかし，彼は両親の没後，30歳のときに世俗的な生活を離れ，一切の所有物を放棄して出家した。[1]

2　マハーヴィーラの後半生

　マハーヴィーラは厳しい苦行を実践しながら，瞑想，断食，遊行（托鉢しながら徒歩で旅をすること）を行った。12年半の苦行生活の末，42歳のときに「一切智」を得た。彼が一切智を獲得したとき，世界，神々，人間，悪魔のありさま，それらがどこから来てどこへ行くのかを見通したという。マハーヴィーラは一切智を獲得した後，人々に説法を始め，インドの東部地方を遍歴しつつ，30年間人々を教化した。彼はインドラブーティ・ガウタマを始めとする11人を弟子たちの筆頭として，教団の統率者とした。マハーヴィーラは72歳のときに，現在のビハール州のパーヴァープリーでその生涯を終えて，完全な「解脱者」となったと言われている。[2]

2　マハーヴィーラの教え

　マハーヴィーラはさまざまな教えを説き，彼の教えはジャイナ教の基盤となっている。マハーヴィーラはバラモン教の神々を信仰せず，ティールタンカラと呼ばれる救済者を崇拝する。そして，ヴェーダの権威を否定し，ヴァルナ制度にも反対する。そのうえで，不定主義，ジーヴァ（生命）とアジーヴァ（非生命）の区別，業・輪廻・解脱についての理論を展開する。さらに，五つの誓戒（マハーヴラタ）を守って生きるように，信徒たちに説いた。

1　ティールタンカラ（救済者）崇拝・世界観・宇宙観

(1)　ティールタンカラ（救済者）

　マハーヴィーラの両親はパールシュヴァという人物（マハーヴィーラから遡って250年前の人物）が率いた「ニガンダ宗」の信奉者であった。マハーヴィーラはおそらく「ニガンダ宗」を改革した修行出家者であったと考えられる。ジャ

---

1) 上田真啓『ジャイナ教とは何か——菜食・托鉢・断食の生命観』風響社，2017年，14-15頁。中村元『思想の自由とジャイナ教——中村元選集［決定版］第10巻』春秋社，1991年，155-164頁。
2) 上田 前掲書1），14-15頁。

イナ教の伝統的な説では，パールシュヴァの前にさらに22人の「ティールタン
カラ（救済者）」が存在したと考えられている。パールシュヴァは23人目の
ティールタンカラであり，マハーヴィーラは最後24人目のティールタンカラで
あるとみなされている。24人のティールタンカラの名前を順番に挙げると，リ
シャバ（アーディナータ），アジタ，サンバヴァ，アビナンダナ，スマティ，パ
ドマプラバ，スパールシュヴァ，チャンドラプラバ，プシュパタンダ（スヴィ
ディ），シータラ，シュレーヤーンシャ，ヴァースプージュヤ，ヴィマラ，ア
ナンタ，ダルマ，シャーンティ，クントゥ，アラ，マッリ，ムニスヴラタ，ナ
ミ，ネーミ，パールシュヴァ，マハーヴィーラである。[3]

(2)　不定主義（相対主義）

　マハーヴィーラは「不定主義（相対主義）」を唱えた。「不定主義（相対主義）」
の内容は以下のとおりである。もし，誰かが何らかの判断をくだそうするなら
ば，「ある点から見ると（シャード）」という制限を付して述べなければならな
い。例えば，ある事物を「実体または形式」という点から見るならば，その事
物が「常住」であると言い得る。しかし，同じ事物を「状態または内容」とい
う点から見るならば，その事物が「無常」であると言い得る。それゆえ，その
事物が単に常住であるのみとは言えないし，また単に無常であるのみとも言え
ない。その事物の常住または無常ということも，絶対的な意味に解すべきでは
ない。このように，「すべては相対的に言い表し，相対的に解すべきである」
と考えて，あるものを観察して理解する方法を「見方（ナヤ）」と言う。[4]

(3)　ヴェーダの権威の否定

　マハーヴィーラはヴェーダの権威を否定し，ヴェーダの規定に従って，バラ
モンたちが日常行っている祭祀は無意義，無価値であると考えた。そして，バ
ラモン教で設定されているヴァルナ制度（カースト制度）に反対した。とりわけ，

3）同上，12-13頁。
4）中村 前掲書 1)，184-186頁。

バラモンたちが祭祀のなかで, 生き物を殺すことを激しく非難した。[5]

(4)　宇宙の構成要素

　マハーヴィーラは宇宙の構成要素について, この宇宙に存在するすべての実在は以下のどちらかに分類されると考えた。

　　①ジーヴァ (生命体, 生き物, 霊魂)

　　　地・水・火・風・植物・動物。

　　②アジーヴァ (非生命体, 非霊魂)

　　　運動の条件, 静止の条件, 虚空, 物質 (「時間」を入れることもある)。物質
　　　は原子から構成されている。

　さらに, 世界の外に「非世界」があり, 世界と非世界の両者を合わせたものが「全宇宙, あるいは自然世界」であると考えた。宇宙は永遠の昔からこれらの実在から構成されているので, 太初に宇宙を創造し支配している主宰神のようなものは存在しない。ジャイナ教徒はすべての生き物 (ジーヴァ) における生命を尊重し, 愛護することを求められる。[6]

(5)　生き物の苦しみの原因

　人間を含めた生き物 (ジーヴァ) は皆苦しみ, 悩んでいる。それは生き物が「自己中心的な愛欲に捉われて」さまざまな行為を行うためである。ジャイナ教では古来, おもな煩悩として「怒り, 慢り, いつわり, 貪り」の四つを挙げる。これら四つの煩悩にもとづいて「妄執」が起こる。そして, 「妄執」から「迷い」, 「迷い」から「生まれること」, 「生まれること」から「死ぬこと」, 「死ぬこと」から「苦しみ」が生じる。このようにして, 迷いのうちにある生き物は, 輪廻の内にあって, 生存を繰り返し, 苦しみと悩みから脱することが

---

5)　同上, 196頁。
6)　同上, 246-255頁。

できない[7]。

2 業・解脱・五つの誓戒

(1) 業の問題と解脱

　マハーヴィーラはバラモン教から業（カルマ）の思想を受け継いでいる。しかし，彼の業理解の特徴は，業を一種の微細な物質であると考えるところにある。人間が何かの行為をするとき，業が身体の内部に流入してジーヴァ（霊魂）に付着し，「業の身体」という特別な身体を作り出して，ジーヴァ（霊魂）を束縛する。それゆえ，出家修行者は業による束縛から離脱するために，一切の行為をしないことが求められる。それによって，業の流れを断ち，業がジーヴァ（霊魂）に付着することを防ぐことができるという。しかし，出家修行者がこの世界で生きている以上は，一切の行為をせずに生きることは不可能ではないかという疑問も起こる。しかし，原始ジャイナ教では，出家修行者の修行は，通常の意味における行為ではないとみなされていた。そのため，彼らはもろもろの修行，とくに苦行の力によって「業の身体」を滅ぼし尽くし，業の束縛からジーヴァ（霊魂）を解放させて，一切の苦しみから離脱することができた（解脱）。そして，最終的には「身体の壊滅」すなわち死がその解脱を完全なものとした[8]。

(2) 五つの誓戒（マハーヴラタ　五つの実践項目）

　マハーヴィーラは五つの誓戒を立て，ジャイナ教徒に実践することを求めた。

　①生き物を傷つけない。「不殺生（アヒンサー）」。

　②嘘をつかない。「真実語（サティヤ）」。

　③与えられていないものを取らない。「不盗（アステーヤ）」。

　④性的禁欲を守る。「不淫（ブラフマチャリヤ）」。

---

7) 同上，227-235頁。
8) 同上，241-245頁。

⑤所有しない。「無所有（アパリーグラハ）」。

　これらの教えは，現代に至るまで，すべてのジャイナ教徒の行動の指針となっている。それぞれの実践項目は，「意と口と身体によって，しない，させない，するのを認めない」という原則にもとづいて実践される。例えば，「意と口と身体によって，生き物を傷つけず，人に生き物を傷つけさせず，または他が生き物を傷つけるのを容認しない」，「意と口と身体によって，嘘をつかず，人に嘘をつかせず，または他が嘘をつくのを容認しない」などである。[9]

3　現代のジャイナ教の特徴

　現代のジャイナ教は，マハーヴィーラの教えにもとづいて七つの真実，ヴェーダの権威の否定，ジーヴァとアジーヴァの区別，ティールタンカラへの崇拝，業・輪廻・解脱についての理論などを説き，出家修行者と在家信者の生活をさまざまな誓戒によって規定する。

① 現代のジャイナ教の教え

(1)　七つの真実

　現代のジャイナ教では，ジーヴァとアジーヴァという二つの原理と，業の流入から解脱に至るまでの五つのプロセスがまとめられて，「七つの真実」としてジャイナ教徒に説かれている。

　①ジーヴァ，②アジーヴァ，③業の流入，④業による束縛，⑤業の遮断，⑥業の消滅，⑦解脱[10]

(2)　ジーヴァとアジーヴァ

　現代のジャイナ教においては，この世界に存在するすべてのものは，ジー

---

9) 上田 前掲書1）, 15-16頁。
10) 同上，49頁。

ヴァとアジーヴァに分類される。さらにジーヴァはトラサ（可動の物：例, 動物など）とスターヴァラ（不動の物：例, 植物など）に分類される。[11]

(3)　業, 輪廻, 解脱の理論

　現代ジャイナ教は基本的にマハーヴィーラの業・輪廻・解脱の理論を受け継いでいる。業（カルマ）とは非常に微細な物質であり, 我々人間が日常的な活動を行うことによって, 業が我々人間のジーヴァ（霊魂）のなかに入り込んで付着する。ジーヴァは業の一切付着していない本来の状態では上昇する性質を持っているが, 業がジーヴァに入り込むと, ジーヴァは上昇できなくなり, 輪廻をさまようことになる。現代ジャイナ教の世界観では, この世界は階層構造を持っており, 上方が天界, 下方が地獄であると考えられる。業がジーヴァにどれくらい付着しているかに応じて, 我々はこれらの階層を上下しつつ生まれ変わりを繰り返している。この世界の最も高い場所には特別な場所があり, ジーヴァが本来のまっさらな状態になることができれば, そこへ到達し, 二度とそこから下方へ落ちることはなく, それ以後は何者にも生まれ変わることはない。これが輪廻からの解脱である。それゆえ, 「自らのジーヴァを業の一切付着していない状態に戻すこと」がジャイナ教の目的である。輪廻からの解脱に至るためには, 業がジーヴァに入り込むのを防ぎ, ジーヴァの内に残存する業を滅し尽くさなければならない。そして, 出家修行者の生活こそ, このような解脱にいたるプロセスを可能にするものであると考えられている。[12]

(4)　ヴェーダとバラモンの権威の否定

　現代ジャイナ教でもマハーヴィーラの考えを受け継いで, ヴェーダの権威を否定している。またヴァルナ制度（カースト制度）も否定している。そして, バラモンの権威には決して従わない。「シュラマナ」（沙門）という出家者中心の宗教である。「シュラマナ」とは, 生まれによる身分を否定し, 遊行しなが

---

11)　同上, 31-32頁。
12)　同上, 25-26頁。

ら托鉢によって生きる修行者である。バラモンの行っていた祭祀を否定する。原始仏教も「シュラマナ」中心の宗教であった。[13]

②　ジャイナ教の聖典

マハーヴィーラの教えは，口伝によって弟子たちに伝えられ，教団のなかで伝承されていった。マハーヴィーラ没後，4度の聖典編纂会議が行われたと伝えられている。聖典の中でマハーヴィーラの直説を伝えるのが「アンガ」と呼ばれる経典群である（現存11経）。その他にも「ウヴァンガ」（12経），「ムーラ」（4経），「チェーヤ」（6経），「チューリヤー」（2経），「パインナ」（10経），「プッヴァ」（現存しない）と呼ばれる経典群がある。聖典の内容と数は，ジャイナ教の諸宗派によって異なる。[14]

③　ジャイナ教出家修行者・在家信者の生活

⑴　出家修行者の生活

出家修行者はマハーヴィーラの五つの誓戒をより完全なかたちで実践する者たちである。出家修行の最終目的は，輪廻からの解脱をはかることである。出家修行者の生活においては，不殺生（アヒンサー）の実践が徹底され，生き物を傷つけないように細心の注意が払われる。不殺生は出家修行者の生活のすべてを規定する原則である。[15] 出家修行者は，「所有しない」という誓戒を実践するため，生きていくために必要最小限のものしか持っていない。出家修行者は生涯独身で一つの場所に定住することなく，（雨期の四か月を除いて）つねに旅をしながら遊行の生活を送っている。基本的に乗り物には乗らず，裸足で歩いて移動する。乗り物に乗ると，不用意に生き物を傷つけてしまう可能性があるからである。出家修行者は托鉢で在家信者から食物をもらい，一日に二度食事をする。[16]

---

13) 同上，10-11頁。
14) 河﨑豊・藤永伸編『ジャイナ教聖典選』上田真啓ほか訳，図書刊行会，2022年，10-13頁。
15) 上田 前掲書1），22-28頁。
16) 同上，28-31頁。

　ジャイナ教の不殺生（アヒンサー）は，動物，植物を含めたすべてのジーヴァ（生命体）を傷つけることを禁止している。そのため，出家者は動物を殺すだけでなく，植物を自ら採取して食べた場合も，不殺生の誓戒を破ることになってしまう。それゆえ，出家修行者は火を用いて調理することもせず，野菜や果実を収穫することもせず，托鉢で在家信者から飲食物をもらって生きる。在家信者には植物を調理することが認められているため，出家修行者は在家信者によって完全に調理され，生命体としての価値を取り除かれた飲食物のみを，托鉢で受け取り口にする。[17] 托鉢では「偶発性」が求められる。すなわち，家庭で食事をしていたら，「たまたま」幾分かの食物が余ってしまい，そこへ「たまたま」出家修行者が通りかかったので，余った食物を提供したというのが，理想的な托鉢の形態である。在家信者が出家修行者に食事を与える目的で食物を調理して，出家修行者を招待して，食事を与えることは禁じられている。[18]

　断食が出家修行者を含むすべてのジャイナ教徒によって重視され，ジャイナ教の祝祭日における断食，罪を滅ぼすための断食など，さまざまな動機で断食がなされる。「サッレーカナー」という死に至る断食もあり，これは「一定の条件下においてのみ許可されるもので，長期間にわたって徐々に飲食物を制限することによって計画的に死と向き合いながら，心の平静を保ったまま自発的に死に至る行為」である。これは出家修行者にも在家信者にも許されている断食である。[19]

(2)　在家信者の生活

　出家修行者の生活の目的は，修行して「すべての業を滅ぼしつくして輪廻から解脱すること」である。これに対して，在家信者の生活の目的は，「より世俗的な事柄」，例えば，「現世において幸福になること」，「来世においてよりよい境涯に生まれ変わること」を目的としている。在家信者はマハーヴィーラの

---

17) 同上，31-34頁。
18) 同上，34-36頁。
19) 同上，36-38頁。

五つの誓戒を出家修行者よりもゆるやかに実践しながら，世俗の生活を送っている。在家信者には五つの誓戒に加えて，三つの「グナ・ヴラタ（徳戒）」と四つの「シクシャー・ヴラタ（学習戒）」という七つの補助的な誓いが設けられている。[20]

(3)「グナ・ヴラタ（徳戒）」

　在家信者は日常生活のなかで，五つの誓戒をゆるやかに守りながら，ジーヴァを業の付着していない状態にして精神的幸福を得るために，五つの誓戒の内容と関わりを持つ「グナ・ヴラタ（徳戒）」を実践する。

　①方位に関する誓戒

　　移動範囲を制限する誓い。必要以上に移動したり，自由気ままに移動したりすることによって，むやみに生き物を害してしまうことを避けるためである。

　②無用な毀損に関する誓戒

　　他人を傷つけようとしたり，賭け事をしたり，むやみに木を切ったり，土を掘ったりすることを戒める。また，「毒物や武器などの有害な物品を拡散させたり，他人同士を争いに導いたりすること」も禁止している。

　③消耗品と耐久品に関する誓戒

　　特定の物品の使用を制限するものであるが，この誓戒によって，特定の食物の制限，夜食の禁止，特定の職業に就くことなどを制限する場合もある。[21]

20）同上，38-39頁。例えば，「所有しない」という誓戒をどのように実践しているのかを見てみると，出家修行者は生きるために必要最小限のものしか持っていない。これに対して，在家信者は一般の家屋を持ち，俗世間での生活を送るために必要な家具，衣類，車などを持っている。同上，23頁。
21）同上，39-40頁。

⑷　「シクシャー・ヴラタ（学習戒）」

　在家信者は日常生活のなかで，五つの誓戒をゆるやかに守りながら，ジーヴァを業の付着していない状態にして精神的幸福を得るために，五つの誓戒の内容と関わりを持つ「シクシャー・ヴラタ（学習戒）」を実践する。

　①場所に関する誓戒
　　　期間を限定して，「方位に関する誓戒」よりもさらに厳しく移動範囲を制限する誓いである。
　②反省的瞑想に関する誓戒
　　　サーマーイカという日課の瞑想を毎日欠かさず実践することである。
　③布薩に関する誓戒
　　　特定の日に戒律を思い起こして，戒律をきちんと実践しているかどうかを確認しながら（布薩），普段よりも厳格な生活を送り，不殺生を徹底して断食を行うことである。
　④布施に関する誓戒
　　　布施を行うことを勧める戒めである。これは出家修行者への布施，教団への布施などを含む[22]。

⑸　在家信者の食事に関する規定

　在家信者には食材を調理することが許されている。食材を調理するとき，ジーヴァ（生命体）のなかで「不動の生命体」である植物を調理し，食することが許される。在家信者が飲食しようとするとき，「そこに生命が存在する可能性」，「そこから生命が発生する可能性」を見る。例えば，動物（人為的に殺された動物だけではなく，自然死した動物も含む）に由来する肉類，蜂蜜，イチジク類の果物，酒類，濾過されていない水を摂ることが禁止されている。なぜなら，それらが殺生によって得られるものであるからであり，さらにそれらのなかに無数の微生物がいるからである。葉の物，湿った食べもの，発酵食品，腐

22）同上，40頁。

敗した食べものなども，それらのなかに無数の微生物がいるからという理由で
食べることが規制されている。「無数の身体（アナンタ・カーヤ）」と呼ばれる植
物も規制の対象となっている。「無数の身体」の植物には，玉ねぎなどの球根
や，大根などの根菜類，イモ類などの地下茎を持つ植物も含まれている。これ
らの植物は「そこから新たな生命が生じるから」という理由，あるいは，「収
穫のときに地中の生物を害してしまうから」という理由から規制される。「多
くの種を持つもの（バフ・ビージャ）」も禁じられている。ここにはザクロ，ナ
ス，トマトなどが含まれている。これらの植物も「そこから新たな生命が生じ
るから」という理由で規制されるのである。[23] そのため，在家信者は球根，根
菜，多くの種を持つ植物などを避けて，それ以外の植物を採取して調理する。
例えば，豆類，レタス，キャベツ，ホウレンソウ，カボチャなどが挙げられる。

4　ジャイナ教の諸派

　現代のジャイナ教には，白衣派（シュヴェーターンバラ派）と空衣派（ディガン
バラ派）という二大宗派がある。そして，二つの宗派のなかに，さまざまなグ
ループがある。

1　白衣派（シュヴェーターンバラ派）
(1)　白衣派（シュヴェーターンバラ派）の教えと実践
　ジャイナ教には出家修行者が白い衣を着ることから「白衣派（シュヴェーター
ンバラ派）」と呼ばれる宗派がある。男性の出家者と女性の出家者がいる。出家
修行者は頭髪を引き抜き，白い衣，払子（白い箒），口を覆うための布，托鉢の
ための容器，細長い杖などを持っている。これに対して，在家信者は白い衣を
着ることなく，世俗の生活を送っている。白衣派では，マハーヴィーラ誕生前
の母胎と霊魂の交換，マハーヴィーラの結婚と娘の誕生を認めている。そして，

23）同上，42-46頁。

19番目のティールタンカラであるマッリナータが女性であると考えている[24]。

(2)　白衣派のなかの諸派

　　白衣派のなかには，白衣派・尊像崇拝肯定派と白衣派・尊像崇拝否定派がある。

　①白衣派・尊像崇拝肯定派（ムールティプージャカ派）
　　マハーヴィーラやティールタンカラの尊像を崇拝することを認め，尊像を安置する寺院の存在も認める。白衣派の最大派閥である。
　②白衣派・尊像崇拝否定派（スターナカヴァーシー派，白衣派のテーラーパンタ派）
　　マハーヴィーラやティールタンカラの尊像を崇拝することを認めず，尊像を安置する寺院の存在も認めない[25]。

2　空衣派（ディガンバラ派）
(1)　空衣派（ディガンバラ派）の教えと実践

　　白衣派に対して，出家修行者が一切衣服を着ないことから「空衣派（ディガンバラ派）」と呼ばれる宗派もある。出家者は男性のみで女性の解脱を認めない。出家修行者は頭髪を引き抜き，孔雀の羽でできた箒を持ち，英雄坐の座り方をなし，手を器として食事をする。これに対して，在家信者は衣服を着て生活し，世俗の生活を送っている。マハーヴィーラ誕生前の母胎と霊魂の交換，マハーヴィーラの結婚と娘の誕生を認めない。19番目のティールタンカラであるマッリナータが男性であると考える[26]。

---

24)　同上，19-24頁，28-29頁。中村 前掲書1），561-564頁。
25)　上田 前掲書1），21-22頁。
26)　同上，19-24頁。中村 前掲書1），561-564頁。空衣派は「裸形派」とも訳される。

(2)　空衣派のなかの諸派

　空衣派のなかにも，空衣派・尊像崇拝肯定派と空衣派・尊像崇拝否定派がある。

　　①空衣派・尊像崇拝肯定派（ビースパンタ派，空衣派のテーラーパンタ派）
　　　マハーヴィーラやティールタンカラの尊像を崇拝することを認め，尊像を
　　　安置する寺院の存在も認める。
　　②空衣派・尊像崇拝否定派（ターラナパンタ派）
　　　マハーヴィーラやティールタンカラの尊像を崇拝することを認めず，尊像
　　　を安置する寺院の存在も認めない。[27]

3　礼拝（プージャー）の二つの方法

　尊像を崇拝する宗派と尊像を崇拝しない宗派で，礼拝（プージャー）の仕方
が異なる。

　　①外的礼拝
　　　尊像を崇拝する宗派において，在家信者はマハーヴィーラを含むティール
　　　タンカラの尊像に礼拝し，供物をささげる。
　　②内的礼拝
　　　尊像を崇拝せず，尊像を安置する寺院も持たない宗派において，在家信者
　　　は心のなかでマハーヴィーラを含むティールタンカラを思い浮かべたり，
　　　讃歌を唱えたりすることによって礼拝する。[28]

27）上田 前掲書1），21-22頁。
28）同上，41-42頁。

第8章	シク教
	——正統派，ナームダーリー派

1 シク教の成立

　シク教の開祖はグル・ナーナクである。彼は神の啓示を受けて，神から受けた教えを人々に伝え，初期のシク教の共同体が生まれた。グル・ナーナクの死後，人間のグル（宗教指導者）たちがシク教の共同体を率いた。第10代グルであるグル・ゴービンド・シングは，シク教を根本的に改革し，シク教の共同体のなかにカールーサーという組織を作り，聖典『グル・グラント・サーヒブ』を編纂して，正統派シク教の基盤を作った。正統派シク教においては，グル・ゴービント・シングの死後，聖典『グル・グラント・サーヒブ』がグルとみなされるようになった。

1 グル・ナーナクの生涯

　シク教の開祖であるグル・ナーナク（1469-1539年）は，クシャトリヤ階級に属するベーディーというサブ・カーストの家に生まれた。ナーナクが30歳のとき，川で沐浴をしていると，神の啓示を体験した。ナーナクによれば，この体験のなかで彼は神の宮殿に召されて，神が唯一で人格的であり，宇宙に遍在していることを悟ったという。彼は神の御名の甘露の杯を飲めと手渡され，世の中に出て神の御名を説くことを命じられた。このとき以来，彼は神が自分のなかにいることが分かっただけではなく，「一切の形あるもの，色をもつもの，心に遍在している」ことを知った[1]。

1）W. オーウェン・コール，ピアラ・シング・サンビー『シク教——教義と歴史』溝上富夫訳，筑摩書房，1986年，12-15頁，98頁。

　この体験をとおして，ナーナクは神の名をこの世界に伝えるために，神によって選ばれたのだという意識を持つようになった。その後，彼はヒンドゥー教やイスラーム教の巡礼地を訪れた。この旅のなかで，ナーナクは当時の既成宗教のさまざまな問題（祈りと礼拝の方法，形式的な儀式主義，カースト制度，女性差別など）に直面し，自らの神体験にもとづいて，真の宗教とは何かを探し求めるようになった。[2]

　50歳頃，ナーナクの旅は終わり，その後，彼は家族とともにカルタールプルに住むようになった。そこで，ナーナクを中心にして，独自の儀式と独自の特徴を持つ新しい宗教共同体が形成されていった。ナーナクはその宗教共同体の指導者（グル）として，人々に説教をしながら真理を説き，信徒たちを導いた。この共同体がサンガド（シク教の集会，会衆）の始まりであった。グル・ナーナクと後継者たちは，信徒たちをグルバーニー（グルをとおして伝えられる神の言葉）に導こうとした。ナーナクは1539年に没したが，彼が没したとき，シク教の基盤となる宗教共同体がすでに形成されていた。信徒たちは974の讃歌に収められたナーナクの教えを忠実に守り，家庭生活を営み，労働を神への奉仕の形態とみなし，ナーナクの作ったキールタン（神の讃歌）を歌い，神の名を瞑想していた。[3]

② 10人のグル——グル・ナーナクと後継者たち

　ナーナク没後，彼の後継者である９人のグルたちがシク教の共同体を導いた。グルの名前は以下のとおりである。[4]

　①グル・ナーナク（1469-1539年）

　②グル・アンガド（グル在位1539-1552年）

　③グル・アマル・ダース（グル在位1552-1574年）

2）同上，15-19頁。
3）同上，19-24頁。
4）同上，24-56頁。

④グル・ラーム・ダース（グル在位1574-1581年）

⑤グル・アルジャン（グル在位1581-1606年）

⑥グル・ハルゴービンド（グル在位1606-1644年）

⑦グル・ハル・ラーイ（グル在位1644-1661年）

⑧グル・ハル・クリシャン（グル在位1661-1664年）

⑨グル・テーグ・バハードゥル（グル在位1664-1675年）

⑩グル・ゴービンド・シング（グル在位1675-1708年）

　グル・ラーム・ダースの時代に，聖地アムリトサルが建設された。グル・アルジャンの時代に，最初の聖典『アーディ・グラント』が編纂された。この頃からシク教はムガル帝国から迫害を受けるようになった。そのなかで，グル・アルジャンとグル・テーグ・バハードゥルが殉教した。

③　グル・ゴービンド・シングによるシク教改革

　第10代グルであるグル・ゴービンド・シングは，ムガル帝国による迫害のなかで教団存続の危機に直面し，グル・ナーナクによって開かれたシク教の信仰や宗教共同体の構造を刷新して，現代まで続く正統派シク教の基盤を作った。

（1）　カールーサーの成立

　グル・ゴービンド・シングは，1699年のバイサキーの日（収穫を祝う祭りの日）にシク教徒たちを召集した。彼はシク教徒にとって「今生きている時が危険な時」であり，「弱点を力と団結で克服する計画」について信徒たちに語った。そして，この計画には「グルに対するこの上ない忠誠心」が求められるので，グル・ゴービンド・シングは剣を抜いて信徒たちに「進み出て自分の頭を私に捧げる者はいないか」と問いかけた。すると，1人のシク教徒が名乗り出て，グルのテントに連れていかれた。その後，グルが一人だけで，血のついた剣を持って現れた。さらに2人目，3人目，4人目の者が次々に名乗り出て，1人ずつグルのテントのなかに入れられると，その都度，グルが血のついた剣

を持ってテントから現れた。人々はグルがテントのなかで一人ずつ首を切って
いるのだと思った。ところが，5人目の信徒がテントのなかに入った後，グ
ル・ゴービンド・シングは5人を連れてテントから現れた。シク教徒のある者
は，グルが彼らを生き返らせたのだと言い，血は山羊の血であったという者も
いる。しかし，この5人が「グルに対して何ものも恐れぬ献身を捧げたこと」
は，シク教徒の模範となった。さらにそこで，グルは5人の者たちに「水と砂
糖の結晶（パターシャー）で作られ，鉄製の盆にのせて両刃の剣でかき混ぜた
甘露（アムリト）」を与え，5人の者たちはその甘露を飲んだ。これが現在のシ
ク教の入信式の原型となった。この出来事を契機にして，シク教に「カールー
サー（純粋なもの）」という新しい組織が生まれ，カールーサーに入ったシク教
徒は五つのシンボル，すなわち「五つのK」をつねに身に着けるよう命じられ
た。「五つのK」とは，剃らない毛髪（ケーシュ），櫛（カンガー），鉄製の腕輪
（カラー），剣（キルパーン），短い半ズボン（カッチャー）を指す。そして，カー
ルーサーに入った男性には「シング（ライオン）」という名前が与えられた。さ
らに，女性たちにもカールーサーへの入会が許され，「コウル（王女）」という
名前が与えられた。[5]

(2)　聖典『グル・グラント・サーヒブ』の編纂とグル任命

　それまで，シク教の聖典として『アーディ・グラント』があった。その後，
グル・ゴービンド・シングが『アーディ・グラント』に第9代グルであるグ
ル・テーグ・バハードゥルの詩を付け加え，聖典『グル・グラント・サーヒ
ブ』が成立した。『グル・グラント・サーヒブ』は，10人のグルのうちの6人
のグル，さらにシク教徒だけではなく，ヒンドゥー教徒やムスリムによっても
書かれた祈りのための詩を集めた書物である。1708年，グル・ゴービンド・シ
ングが暗殺されたとき，彼は死の間際に聖典『グル・グラント・サーヒブ』を
グルに任命した。このときから現在に至るまで，正統派シク教徒にとってのグ
ルは，聖典『グル・グラント・サーヒブ』である。[6]

5) 同上，50-52頁。

2　シク教の思想

　シク教は唯一の神を信仰する一神教である。とりわけ，神の名を唱えること
を大切にする。シク教にはバラモン教，ヒンドゥー教，仏教，ジャイナ教と同
じように，業・輪廻・解脱という考えがある。そして，グルの教えに従って生
きることを大切にする。

☐1　シク教における神理解

(1)　唯一の神

　シク教は唯一の神を信仰する宗教である。唯一の神は超越的存在であり，色
もなくかたちもない人格神である。そして，神は万物の創造主で，すべてのも
のの内に遍在している（万有内在神論）。ただ，シク教は神の化身（アヴァター
ラ）という説を取らない[7]。

(2)　神の名

　シク教では唯一の神をさまざまな名で呼ぶ。これらの神の名を人々に説くこ
とを大切にする。そして，信徒たちは神の名を唱える実践を行う。神の名には
以下のようなものがある。

　「イク・オンカール」という名は「神は唯一」を意味する。「ニルグナ」とい
う名は「無属性」を意味し，神は純粋な存在であらゆる属性を超えていること
を示している。「アカール」という名は「不時」を意味し，神が時間を超えて
いることを表している。「アジューニー」という名は「不生」を意味し，神が
生まれることや死ぬことを超えた存在であることを示している。そして，神は
真理そのものであるがゆえに「サト（真理）」，「サト・ナーム（真の名）」とも
呼ばれる。さらに神を「グル」と捉え，「サト・グル（真のグル）」，「ワーヘ・

---

6) 同上，52-56頁。
7) 同上，98-99頁。

グル（すばらしき主）」と呼ぶ。このなかで，シク教の信徒たちは「ワーヘ・グル」を繰り返し唱える行を実践する[8]。

(3)　神の意志（フカム）

　神は自らの意志によってすべてを動かす。神によってすべての出来事は予定されている[9]。

(4)　被造物の実在とマーヤー

　シク教では，神によって創造された被造物の実在性を認める。そして，世界は「人間が利用し享受すべき存在」で，世界を忌避したり，邪悪であるとみなしたりすべきではないと考える。シク教において「マーヤー」という語は，きわめて広い意味での現世と，現世に対する執着を意味する言葉である[10]。

2　シク教における人間理解

(1)　人間

　人間は神によって創造されたが，神から離れてしまい，神の意志を知らず，自らの行い（業・カルマ）にしたがって，さまざまな在り方に生まれ変わり，輪廻のなかで迷い続けている。ある者が人間に生まれることができれば，神と出会い，解脱の機会を得ることができる。ところが，人間は「マーヤー」と「ハウマイ」にもとづいて誤った行いをしてしまい，解脱の機会を逸してしまう。「マーヤー」とは世俗的執着であり，「ハウマイ」とは「自己信頼」を意味する。自己信頼とは，神を信頼しないで，自分を頼みとして生きることである。解脱に至るためには，人間は神の名を心のなかで念じ，口で唱え，神の意志に従って生きることが重要である[11]。

---

8)　同上，96-104頁。
9)　同上，104-106頁。
10)　同上，117-120頁。
11)　同上，107-112頁。

(2)　解脱（ムクティ）

　解脱とは「死と再生の繰り返しから解放され，神との合一を達成すること」である。神の名を心にとめて瞑想することにより，解脱に至ることができる（「ジーヴァン・ムクト」生きたまま解脱した人）。解脱に至るためには「ナーム・シムラン」（神の御名と本性に関する瞑想）をサンガト（信徒の共同体）のなかで実践することが重要である。[12]

(3)　グル

　インドの諸宗教（ヒンドゥー教，ジャイナ教，シク教など）においては，通常「グル」と呼ばれる宗教指導者がいる。シク教徒にとっては，「グルバーニー（グルの教え）」に従って生きることが重要なことである。シク教の「グル」には，いくつか特殊な意味がある。シク教徒は「グル」と言う言葉を，「グ」＝暗闇，「ル」＝光というように説明する。シク教におけるグルとは，「解放の神託と，解放を悟る技術を与えることによって，人を無知から解放してくれる人」である。[13] シク教では，「グル」の意味として以下のものが挙げられる。

　①サト・グル

　　正統派では唯一の神に対して「サト・グル」という呼称を用いる。これに対して，ナームダーリー派では生きている人間のグルに対して「サト・グル」という呼称を用いる。

　②10人の人間のグル

　　正統派では10人の人間のグルを認める。これに対して，ナームダーリー派では10人の人間のグル以降も現在に至るまで人間のグルが続いているとみなす。

　③聖典『グル・グラント・サーヒブ』

　　正統派では，10人の人間のグルの後，聖典『グル・グラント・サーヒブ』

---

12)　同上，121-125頁。
13)　同上，256頁。

を生けるグルであるとみなす。これに対して，ナームダーリー派では聖典を生けるグルであるとみなさない。

3　シク教徒の信仰生活

正統派のシク教徒は，唯一の神への信仰，10人の人間のグル，聖典『グル・グラント・サーヒブ』を生けるグルであると信じること，入信式を大切にする。シク教徒はグルドゥワーラーという寺院で礼拝を行う。

1　シク教徒の信仰と実践

(1)　シク教徒であるための条件（正統派）

①唯一の神を信じること。

②10人のグルを信じ，その教えに従うこと。

③聖典『グル・グラント・サーヒブ』を生けるグルであると信じ，その教えに従うこと。

④入信式（アムリト）の必要性と重要性を信じること。

⑤他の宗教に従わないこと。[14]

(2)　シク教徒の個人生活

①経典の学習と神の瞑想を日々行うこと。

②10人のグルの教えに従って生活すること。

③教団に奉仕するようにつとめること（奉仕＝セーワー）。[15]

2　シク教徒の信仰共同体

(1)　グルドゥワーラー（シク教正統派の寺院）

それぞれのグルドゥワーラーには，グランティー（聖典『グル・グラント・

14）同上，266頁。
15）同上，266頁。

サーヒブ』の世話をする人であり，グルドゥワーラーの管理者）と呼ばれる人がいる。グランティーが礼拝の先導役をする。グルドゥワーラー（シク教正統派の寺院）では，毎日皆のために食事（ランガル）が出される。[16]

(2)　入信式

　シク教の入信式はグル・ナーナクの時代から1699年まで，人間のグル自らが「チャラン・アムリト（足の甘露）」を授けて行っていた。グルの足に水をかけ，それを鉢に取り，その甘露を入信する人が飲むという儀式であった。しかし，1699年のグル・ゴービンド・シングによるカールーサー成立の出来事以降，その出来事にならって入信式が再構成された。シク教に入信する者は五つのKを身に着ける。そして，入信式の進行役である5人の信徒（パンジ・ピヤーレー）が，台座上の鉄製の鉢に結晶糖と水を入れて，両刃の短剣で一人ひとりが讃歌を歌いながらそれをかき混ぜる。そして，甘露（アムリト）ができると，入信志願者は祈りを唱えながらその甘露を飲む。それから，入信志願者の目と髪に五回甘露がふりかけられる。[17]

4　シク教の諸派

　現代のシク教には，正統派（カールーサー・シク）とナームダーリー派がある。両者にはさまざまな教義上の違いがあり，とりわけ，グルの理解が根本的に異なっている。

1　正統派（カールーサー・シク）

　正統派では，グル・ナーナクを含めた10人のグルを信じ，その教えに従う。グル・ゴービンド・シングの没後，人間のグルはおらず，聖典『グル・グラント・サーヒブ』が生けるグルであると信じ，その教えに従う。

16）同上，255-256頁。
17）同上，174-184頁。

② ナームダーリー派 (ナームダーリー・シク)

　ナームダーリー派の創設者はバーバー・ラーム・シング (1816-1884年) である。彼はシク教のなかにある非シク的な要素を一掃しようとした。そして,ナームダーリー派の会員は,礼拝の終わりに忘我状態になり,踊りだし,叫ぶことがよくあったため,「クーカー (叫ぶ者)」とも呼ばれた。ナームダーリー派の信徒たちは,白いターバンなど,白い衣服を身にまとう。彼らはナームダーリー派以外の人たちから供された食事を受け付けない。ナームダーリー派では,第10代グルであるグル・ゴービンド・シングは死んだのではなく,世捨て人になったと考える。そして,彼は長生きしてバーバー・バーラク・シングを第11代グルに任じた。その後,1841年にバーバー・ラーム・シングがバーバー・バーラク・シングの弟子になり,1862年にバーバー・ラーム・シングが第12代グルになったと主張した。現在のナームダーリー派のグル (第17代グル) は,グル・ウダイ・シング (2012年-現在) である。ナームダーリー派は,グル・ゴービンド・シングの後も人間のグルが続いていると考えるため,『グル・グラント・サーヒブ』は聖典であるが,生けるグルであるとは考えない。[18]

---

18) 同上,220頁。

第9章	インド仏教
	——原始仏教・上座部仏教・大乗仏教

1 原始仏教

仏教の開祖である釈迦は出家して修行をしているとき，真理（ダルマ）を悟り，ブッダと呼ばれるようになった。その後，彼は自ら悟った真理の内容（縁起・四諦・八正道・中道・四法印など）を人々に説き，多くの人々が彼に帰依した。そのなかから，出家修行者として生きる者たちも出て，最初期の仏教教団が形成されていった。

1 釈迦の生涯

(1) 釈迦の前半生

仏教の開祖は釈迦（紀元前463-前383年）である。釈迦は紀元前5世紀から前4世紀にかけて活躍した。釈迦は紀元前463年に東北インドの小さな諸部族の一つであるサクヤ族（釈迦族）の部族国家の王子として誕生した。釈迦のもともとの名前はガウタマ・シッダールタと言った。伝説によれば，彼は母親から生まれたとき，七歩歩いて，一つの指で天を指し，もう一つの指で地を指して「天上天下唯我独尊」と言ったという。シッダールタが生まれてから七日後に母親のマーヤー夫人が死去し，母の妹のマハーパジャーパティーに育てられたという。[1] その後，シッダールタは成長し，ヤショーダラーという女性と結婚して，ラーフラという息子を授かった。しかし，シッダールタは人間が生まれることによって経験する老・病・死の問題について深い悩みを抱くようになり，29歳のとき，生・老・病・死の苦を超える道を求めて出家し修行者となった。

---

1) 竹村牧男『「覚り」と「空」』講談社，1992年，15-20頁。

彼はバラモン教のアーラーラ・カーラーマやウッダカ・ラーマプッタという師匠の下で厳しいヨーガの修行をしたが，生・老・病・死の苦から脱することができなかった。その後，シッダールタは師から離れて，ネイランジャラー河のほとりにある森で，独りで修行を続けた。そして，菩提樹の下で修行していたときに，彼は真理（ダルマ）に目覚めて悟りを開いた。このとき，彼は「ブッダ（目覚めた人）」になったのである。そして，生・老・病・死の苦を超えて解脱したのである。シッダールタは悟りを開いた後，サクヤムニ（釈迦族の尊者），ブッダと呼ばれるようになった。後に中国でサクヤムニを釈迦牟尼，釈迦牟尼仏，釈迦牟尼世尊と表記するようになり，そこから釈迦，釈尊という名称が生まれた。さらにブッダは仏陀と表記され，そこから仏という名称が生まれた。以下の文章では釈迦と表記する[2]。

(2)　釈迦の後半生

　釈迦は悟りを開いた後，ベナレス郊外の鹿野園で，かつての修行者の仲間に初めて説法を行った（初転法輪）。このときに，縁起，四諦，八正道，中道など原始仏教の基本的な教えが説かれたと考えられる。その後，釈迦に帰依する多くの出家者の弟子たちが生まれ，次第に大きな教団になっていった。釈迦は雨期のとき，一つの場所に滞在して弟子たちとともに修行の日々を送った。そして，乾期になると彼は弟子たちとともに托鉢しながら遊行して過ごし，各地で仏教の教えを説いた。当時の東北インドでは十六大国が互いに争っており，そのなかでマガダ国とコーサラ国が強国であった。釈迦はマガダ国とコーサラ国を行き来しながら，それぞれの国の王族からの帰依を受けた。そして，マガダ国の国王ビンビサーラから竹林精舎という僧院を寄進された。その後，コーサラ国の王子ジェータから祇園精舎という僧院を寄進された。釈迦は80歳のときに病を得て，クシナガラという場所でサーラ樹の林に入り，二本のサーラ樹（沙羅双樹）の間に頭を北に向けて休み，弟子たちに囲まれて息を引き取った[3]。

2）同上，20-41頁。
3）同上，41-62頁。

2　釈迦の悟った真理——ダルマ（法）

　「ダルマ」という言葉はもともと真理，法則，教説，真実の実在，経験的事物を意味する。仏教において，ダルマ（法）とは，ブッダが悟った究極的真理（存在のありのままの真理）と，それを表す縁起，四諦，八正道，中道，四法印などの仏教の根本的な教えを意味する。

(1)　縁起の道理

　仏教ではすべてのものが因縁果の道理に従って生成したり，消滅したりすると説く。この場合，因とは直接原因，縁とは間接原因，果とは因と縁によって生ずる結果を意味する。そのうえで，釈迦は縁起の道理を説く。縁起とはすべてのものが何かを縁として存在していることである。すなわち，縁起とはすべてのものが相互の依存関係によって成り立っていることを意味する。いかなるものも独立孤存していない。これが仏教の基本的なものの見方である。縁起の道理は「これがあるとき，それがある。それがあるとき，これがある。これが生ずるから，それが生じる。これが滅するから，それが滅する」という定式で表現できる。

(2)　十二支縁起

　十二支縁起とは，釈迦がどのようにして苦が生じるのかを解明したものである。十二支縁起は以下のような順序で成立している。

　　①無知（無明）
　　②行（形成作用）
　　③識（識別作用）
　　④名色（名称と形態）
　　⑤六処（六つの感覚作用，眼・耳・鼻・舌・身・意）
　　⑥触（対象との接触）
　　⑦受（感受作用）

⑧愛（愛執）

⑨取（執着）

⑩有（生存）

⑪生（出生）

⑫老・死・愁・悲・苦・憂・悩

「無明」が滅すれば，十二支縁起の順序に従って「行」，「識」，「名色」，「六処」，「触」，「受」，「愛」，「取」，「有」，「生」がなくなり，最後に「老・死・愁・悲・苦・憂・悩」が消滅して，最終的には人生の苦から解放される。[4] 無明とは，真理に対する根本的な無知である。この場合，無知とは縁起の道理に対する無知を意味する。

(3)　四諦

釈迦は十二支縁起と並んで，四諦の教えを説く。「諦」とは真理，真実を意味する。「四諦」とは苦諦・集諦・滅諦・道諦の四つの聖なる真理を意味する。

第一に苦諦とは，人間存在そのものが苦であるという真理である。第二に集諦とは苦の原因は，無明と煩悩（人間の欲望と愛着の心）にあるという真理である。第三に滅諦とは苦悩の原因である煩悩のはたらきが完全に無くなり，苦しみから解放された状態（涅槃）である。第四に道諦とは，滅諦を実現するための具体的な実践方法（八正道）である。[5]

(4)　八正道

八正道とは，正見（正しい見解）・正思惟（正しい思索）・正語（正しい言葉）・正業（正しい行為）・正命（正しい生活）・正精進（正しい努力）・正念（正しい思念）・正定（正しい瞑想）を意味する。[6]

4）同上，36-39頁。

5）同上，42-43頁。

6）同上，45-48頁。

⑸　中道

　釈迦は出家後，6年間の苦行生活の後，この苦行が悟りの道ではないと知り，苦と楽の両極端を離れて，中道を悟った（苦楽中道）。苦楽中道とはこの場合，八正道を指す。すなわち，世間的な快楽に身を任せることと，苦行に没頭することの両極端を避けて，八正道に専念せよと教える。その他にも，さまざまな中道がある。例えば，断常中道とは断見（世間・自己の断滅を主張する見解）と常見（世間・自己の常住を主張する見解）の両極端を離れることを意味する。そして，有無中道とは，有見（一切があるという見解）と無見（一切が無であるという見解）の両極端を離れることを意味する[7]。

⑹　四法印

　後に仏教では釈迦の教えに即して「四法印」が唱えられるようになった。四法印とは一切皆苦，諸行無常，諸法無我，涅槃寂静である[8]。

　一切皆苦とは「あらゆるものは苦である」ことを意味する。そして，その苦の内容が四苦八苦である。四苦とは生・老・病・死であり，それに愛別離苦，怨憎会苦，求不得苦，五蘊盛苦を加えると八苦になる。愛別離苦とは，愛する者と別れる苦である。怨憎会苦とは，怨み憎んでいる人と会う苦である。求不得苦とは，求めているものが得られない苦である。五蘊盛苦とは，人間と世界の構成要素である五蘊，すなわち色（いろ・かたちあるもの）・受（感受作用）・想（表象作用）・行（形成作用）・識（識別作用）に由来する苦である。

　諸行無常とは，あらゆるものは生じては滅することを意味する。諸法無我とはあらゆるものには常住不変の実体（我＝アートマン）がないことを意味する。涅槃寂静とは煩悩のはたらきが消えた自由で安らかな境地を意味する。

---

7) 同上，43-45頁。
8) 同上，49-50頁。

2　部派仏教の時代（紀元前4世紀〜前1世紀）

　釈迦が入滅してから100年後，仏教教団は大衆部と上座部に分裂した（根本分裂）。さらに釈迦が入滅してから200〜300年後，大衆部と上座部はそれぞれ小さな部派に分裂していった（枝末分裂）。この時代の仏教を部派仏教と呼び，部派仏教では，「ダルマ（法）」を解明する「アビダルマ」という学問の営みが行われた。

①　釈迦入滅後の結集（サンギーティ）

　釈迦が入滅した直後，教団のなかで釈迦の教えを集成する結集（サンギーティ）が行われた（第一結集）。まず弟子のアーナンダが釈迦の教え（経典）を唱え，弟子のウパーリが教団の規則（戒律）を唱えた。彼らが唱えた句に対して，教団の僧たちが唱和して承認するかたちで，経と律が確定した。釈迦の教えは，後に『阿含経』にまとめられて伝承された。[9]

②　仏教教団の分裂——根本分裂と枝末分裂

　釈迦入滅後100年経つと，仏教教団のなかで，時代の変化に合わせて戒律の遵守の方法を変えていくべきだという人々と，釈迦の伝えた戒律を厳格に守るべきであるという人々との間で，意見の対立が見られるようになった。その結果，教団は「大衆部」（教団内の革新派）と「上座部」（教団内の保守派）とに分裂した。この出来事を「根本分裂」と呼ぶ。根本分裂の時代に，第二結集が行われたと考えられている。[10]

　釈迦入滅後200年から300年経つと，大衆部と上座部はそれぞれ細かく分裂していった。大衆部からは一説部，説出世部，鶏胤部，多聞部，説仮部，制多山部，西山住部，北山住部が生じ，上座部からは本上座部，説一切有部，

9）竹村牧男『インド仏教の歴史——「覚り」と「空」』講談社，2004年，74-75頁。
10）同上，79-80頁。

犢子部, 化地部, 法蔵部, 飲光部, 経量部, 法上部, 賢冑部, 正量部, 密林山住部が生じた。その結果, 仏教教団は20ほどの教団に分裂した。これを「枝末分裂」と呼ぶ。そして, この一つひとつの教団を「部派」と呼ぶ。[11]

③　アビダルマ──部派仏教における「ダルマ（法）」の解明

　部派仏教では, 「ダルマ（法）」の解明を行った。この営みを「アビダルマ」と呼ぶ。この場合, 「ダルマ」とは釈迦の教え, 真理を意味するとともに, 存在や現象を構成する基本単位を意味する。それゆえ, アビダルマにおいては, 存在や現象の基本単位を解明することが徹底して行われた。部派仏教のアビダルマにおける「ダルマ」の定義とは, 「自相（独自の特質）を維持するもの」である。この場合, 「ダルマ」は「任持自性, 軌生物解」, すなわち自性を任持して, 軌となって人々にそのものの解を生ず, という特徴を持つ。[12]

　部派仏教のなかで, とりわけ説一切有部がアビダルマについての論書を多く残した。説一切有部のアビダルマ論書のなかで有名なものが, ヴァスバンドゥ（世親・天親）の『倶舎論（アビダルマコーシャ）』である。その後, ヴァスバンドゥは兄アサンガ（無着）の影響を受けて, 大乗仏教に改宗し, 唯識の学者となった。[13]説一切有部のアビダルマ論書は, 存在を「五位七十五法」に分類している。すべての存在は色法, 心法（心王）, 心所有法（心所）, 心不相応法, 無為法の五つの範疇（五位）に分けられ, 五つの範疇のもとに, 七十五のダルマ（法）が分類されている（七十五法）。[14]

3　大乗仏教（紀元後1世紀〜）

　紀元後1世紀に大乗仏教が発生し, インドで広がっていった。そして, インドの仏教は, 部派仏教の上座部に由来する上座部仏教と, 新しく生まれた大乗

---

11) 同上, 80-82頁。
12) 同上, 83-85頁。
13) 同上, 87-89頁。
14) 同上, 90-95頁。

仏教という二つの勢力にまとまっていった。

1　大乗仏教の出現

　釈尊入滅後400年経つと（後1世紀），インドに新しい仏教，すなわち大乗仏教が出現した。この新興の仏教は次第に広がっていった。初期の大乗仏教の経典として，『般若経』，『華厳経』，『法華経』，『無量寿経』などがあるが，これらの経典を誰が編んだのかは定かではない。しかし，これらの経典を説いてまわったのは，法師（ダルマ・バーナカ）であった。大乗仏教の出現後，仏教は部派仏教のなかの上座部の流れを汲む上座部仏教と，新興の大乗仏教とに分けられることになった。[15)]

2　上座部仏教と大乗仏教の違い

　上座部仏教（小乗仏教）は，自己一人の悟り・完成を目指すものである。部派仏教のなかの上座部（テーラヴァーダ）の流れを汲む。大乗仏教の人々は上座部仏教を批判的に「小乗」（ヒーナヤーナ）と呼ぶことがある。小乗とは「小さな乗り物」を意味し，上座部仏教が自己一人の完成を目指すためにそう呼ばれたのである。上座部仏教では，最終的にアラハット（阿羅漢）になることを目指す。南伝仏教とも呼ばれる。

　これに対して，大乗仏教はすべての衆生の救済を目指す。「大乗（マハーヤーナ）」とは「大きな乗り物」を意味する。出家者か在家者を問わず，すべての者がブッダと同じ悟りに至ることができる，もしくはすべての者がそのような悟りに到達した諸仏によって救済されると説く。大乗仏教では，菩薩として一切の人々を助ける働きをして，最終的に仏になることを目指す。北伝仏教とも呼ばれる。

3　大乗仏教の基本的思想

　大乗仏教では，慈悲の実践を重視する。慈悲とは仏教における普遍的な愛，

---

15) 同上，126-128頁。

すなわち人間に限らず，動物や草木に至るまで，すべての生きとし生けるもの（一切衆生）を大切にすることである。大乗仏教では，すべての衆生が仏性（仏になる可能性）を持っていると説かれる（一切衆生悉有仏性）。

　とりわけ，大乗仏教では菩薩（ボーディサットヴァ）が慈悲の実践の模範である。菩薩は一切衆生の救済のために働き，完全な悟りを目指す求道者を意味する。菩薩は悟りを求める菩提心を起こし，一切の衆生が救われない限り，自分も救われない，すなわち完全な悟りに至ることはないという願いを立てる。そして，菩薩は利他行（人々を救う行）をしながら，衆生の救済につとめる。

　大乗仏教では菩薩が実践すべき六つの修行の道として，六波羅蜜が説かれる。六波羅蜜とは，①布施（財産・教え・安心を与えること），②持戒（戒律を守ること），③忍辱（困難に耐え忍ぶこと），④精進（悟りに向かって努力すること），⑤禅定（瞑想によって心を安定・統一すること），⑥智慧（真理を悟る直観的な智慧）である。

　さらに大乗仏教では，仏の三身説が発展した。仏の三身説とは，仏が法身（ダルマカーヤ）・報身（サンボガカーヤ）・応身（ニルマーナカーヤ）という三つの身体を持つと考える説である。第一に法身とは真理（ダルマ）そのものであり，かたちなく，言葉では言い表せない永遠不滅の現実である。第二に報身とは菩薩がすべての生きとし生けるものを救いたいという願いを立てて修行し，悟りを開いて仏となったとき，自らの願いと修行によって成就された功徳を持つ仏の身体である。第三に応身とは歴史上にかたちをもって現れた仏の身体である（例，歴史上に生きた釈尊）。

4　インド大乗仏教①──中観派

　インド大乗仏教の主要な学派の一つが，中観派である。中観派はナーガールジュナの空の思想を基盤に形成された学派である。

1　ナーガールジュナの空の思想

　ナーガールジュナ（龍樹　紀元後150頃-250年頃）は南インドのバラモンの家に

生まれ，インド各地を遍歴した後，晩年は南インドで長い人生を終えた。『中論』，『十二門論』など，大乗仏教の経典の注釈書を数多く著し，空の思想を確立して，大乗仏教の理論的基礎を固めた。

「空（シューニャター）」とは，すべて存在するものは固定的な不変の実体を持たないことを意味する。なぜなら，すべてのものは相互依存の関係によって成り立っているからである。ある存在が孤立して変わらぬ本性を持ちながら存在することはできない。すべてのものは相互の依存関係で成り立っている（縁起）。そこから，すべてのものは自ら固有の実体（自性）を持たず，他のものとの依存関係の中で成立している（無自性）。それゆえに，いかなるものも無実体である（空）。

そのうえで，ナーガールジュナは『中論』のなかで，言葉や概念を超えた「空」の現実を説明するために，「八不中道」を説いた。「八不中道」とは，いかなるものも滅することなく（不滅），生ずることなく（不生），断ずることなく（不断），常住であることなく（不常），同一であることなく（不一），異なるものであることなく（不異），来ることもなく（不来），去ることもない（不出）ことを意味する[16]。さらにナーガールジュナは二つの真理（二諦説）を説いた。第一の真理とは，究極の真理（勝義諦）であり，これは言葉や概念を超えている。第二の真理とは，世俗の真理（世俗諦）であり，これは言葉や概念によって言い表される[17]。この二諦説は後の大乗仏教に大きな影響を与えた。

２　ナーガールジュナ以後の中観派

ナーガールジュナ没後，彼の弟子アーリヤデーヴァ（提婆　170-270年頃）が，『百論』，『四百論』など中観派の論書を書いた。中国・日本の三論宗は，ナーガールジュナの『中論』，『十二門論』，アーリヤデーヴァの『百論』を研究する学派であった。その後，中観派のなかで，プラサーンギカ派（帰謬論証派）とスヴァータントリカ派（自立論証派）が発生した。中観派のブッダパーリタ

16）同上，200-205頁，216-223頁。
17）同上，225-226頁。

（仏護　470-540年頃）は，どのような命題を立てても論理的誤謬に陥ることを主張した。この立場を取る学派をプラサーンギカ派（帰謬論証派）と呼ぶ。これに対して，バーヴィヴェイカ（清弁　490-570年頃）は仏教論理学の推論式を用いて，中観派の立場を積極的に論証しようとした。この立場を取る学派を，スヴァータントリカ派（自立論証派）と呼ぶ。その後，プラサーンギカ派（帰謬論証派）には，チャンドラキールティ（月称　600-650年），シャーンティデーヴァ（寂天　650-700年頃）が現れた。これに対して，スヴァータントリカ派（自立論証派）には，シャーンタラクシタ（寂護　725-790年頃），カマラシーラ（蓮華戒　740-795年頃）が現れた。[18]

5　インド大乗仏教②──瑜伽行派

　インド大乗仏教のもう一つの主要な学派が，瑜伽行派である。瑜伽行派はマイトレーヤ，アサンガ，ヴァスバンドゥの唯識思想を基盤にして形成された学派である。

1　マイトレーヤ，アサンガ，ヴァスバンドゥの唯識思想

　インド大乗仏教のなかで中観派と並ぶ勢力を持っていた学派が瑜伽行派であった。瑜伽行派は唯識思想を中心に置く。唯識思想では，世界がただ「識」のみであり，いかなる外界の独立した実体も認めず，いかなるものも実体を持つことはなく，「識」という現象世界のみがあると考える。そして，常住の自我や物があることを否定する。その後，インド大乗仏教のなかで，唯識思想は4世紀後半から5世紀にかけて体系化されていった。[19]

　唯識思想の大成者として主に以下の三人が挙げられる。マイトレーヤ（弥勒　生没年不詳）は『中辺分別論頌』，『大乗荘厳経論頌』，『瑜伽師地論』などを著した。そして，アサンガ（無着　310頃-390年頃）は主著『摂大乗論』，『顕揚聖

18）同上，230-234頁。
19）同上，262-263頁。

194

教論』,『大乗阿毘達磨集論』を著した。ヴァスバンドゥ（世親・天親　320頃 -400年頃）はアサンガの弟であり,『中辺分別論』,『大乗荘厳経論』,『摂大乗論釈』,『倶舎論』,『成業論』,『唯識二十論』,『唯識三十頌』,『十地経論』,『浄土論（往生論）』,『法華経論』など多くの著作を残した。[20]

② マイトレーヤ,アサンガ,ヴァスバンドゥ後の唯識思想

　6世紀になり,ディグナーガ（陳那　480-540年）が現れ,仏教論理学を発展させた。そして,ダルマパーラ（護法　530-561年）がディグナーガの影響を受けつつ,唯識思想を発展させ,シーラバドラ（戒賢　529-645年）が後を継いだ。そして,唐の玄奘（600-664年）がインドで修学中,ナーランダ寺でシーラバドラのもとで学んだ。そして,玄奘はヴァスバンドゥ『唯識三十頌』についてのさまざまな唯識学者の説（ダルマパーラの説など）を翻訳して,『成唯識論』を編纂した。その後,玄奘の弟子の慈恩が『成唯識論』を根本聖典とする法相宗を開き,中国と日本で発展した。[21]

③ 唯識思想の構造

(1) 八識

　唯識思想では,八つの識（八識）があると考える。八つの識とは,眼識・耳識・鼻識・舌識・身識・意識・マナ識（末那識）・アラヤ識（阿頼耶識）である。この八つの識のなかでアラヤ識が最も根底にある識である。アラヤ識には過去の一切の行為（業）が「種子」としてため込まれている（生死輪廻の一切の経験が保存されている）。そして,アラヤ識のなかに保存されている種子が,次の行為などを生み出す根源となる（一切種子識）。アラヤ識にため込まれた業は必ず異なったかたちをもって実現される（異熟識）[22]。そして,それぞれの識は四重の構造を持っている（識の四分説）。すなわち,一つの識は,①見分（見るもの）,

---

20）同上,242-249頁。
21）同上,249-252頁。
22）竹村牧男『唯識の構造』春秋社,1985年,70-80頁。

②相分（見られるもの），③自証分（見分が見た内容を確認する），④証自証分（自証分が見た内容を確認する）によって構成されている[23]。修行者が悟りを開いて仏になると，八つの識が転じて悟りの智慧に変わる（転識得智）。眼識・耳識・鼻識・舌識・身識は成所作智に転じる。意識は妙観察智に転じる。マナ識は平等性智に転じる。アラヤ識は大円鏡智に転じる[24]。

(2)　唯識三性説・五位百法

　唯識思想では唯識三性説を唱え，世界を遍計所執性，依他起性，円成実性という三つのありようから捉える。第一に遍計所執性では，常住不変の実体として自我や物を見る（名言所計）。第二に依他起性では，すべてのものが縁起の関係にあると見る（因縁所生）。第三に円成実性では，すべてのものは無自性・空であると見る（法性・空性）[25]。

　唯識思想では説一切有部（部派仏教の一つ）のアビダルマのように存在の分析を行う。唯識の学者は大乗仏教を基盤にしながら，すべてのものを「五位百法」に分類した。五位とは，①心王，②心所有法，③色法，④心不相応法，⑤無為法を意味し，五位に百の法が含まれていると考える[26]。

(3)　五つの種姓

　さらに唯識思想の人間観では，各人の悟りの智慧の原因をアラヤ識における種子に求め，すべての者が悟りに至る種子を持っているわけではないと考える。各人が持っている種子の種類によって，一人ひとりの宗教的資質が異なり，五つの種姓（声聞・縁覚・菩薩・不定・無性）に分けられると理解する（五姓各別）。五つの種姓のなかで声聞・縁覚・菩薩は三乗と呼ばれる。声聞とは，釈迦の説法を聞いて自分の悟りと解脱のみを求める小乗仏教の者たちである。縁覚とは仏の教えによらずに独りで十二支縁起を悟り，それを他の人々に説かない小乗

23) 竹村牧男『「成唯識論」を読む』春秋社，2009年，79-89頁。
24) 竹村 前掲書9），279-283頁。
25) 竹村 前掲書22），48-59頁。
26) 同上，98-112頁。

仏教の者たちである。菩薩とは，すべての者たちを助けて正しい悟りに至ることを求める大乗仏教の者たちである。さらに五つの種姓のなかの不定は，小乗仏教の修行から入り，回心して大乗仏教の修行に転ずる者である。無性は悟りに至る種子を一切持たない者たちである。五つの種姓のなかで，真実の正しい悟りに至ることができるのは，菩薩と不定の者たちだけである。[27]

6　インド大乗仏教③——如来蔵思想

　インド大乗仏教では，如来蔵思想が発生した。如来蔵思想においては，我々の自己が本来，仏の本性を持ち，仏の悟りに至ることができると考えられた。この思想は東アジアの大乗仏教に大きな影響を与えた。

1　如来蔵思想の発生

　如来蔵とは，仏性と同じく，「仏の本性」を意味する。そして，如来蔵思想のなかで，すべての者が如来蔵を有しているという場合，すべての生きとし生ける者が，仏の本性を持っているため，仏の悟りに至ることを意味する。如来蔵思想の淵源には，初期大乗仏教経典や，般若経における「自性清浄心」(煩悩に汚染されない浄い心) の探求があり，そこから，自己が仏の本性を所有しているという如来蔵思想に発展した。如来蔵思想は，『如来蔵経』に始まり，『勝鬘経』，『不増不減経』，大乗涅槃経などの経典に説かれ，『究竟一乗法性論』において体系的にまとめられた。[28]

2　如来蔵思想の発展

　如来蔵は，もともと，衆生のもつ仏の本性を意味する語であるが，そこからさらに輪廻と涅槃を共に成り立たせる「場・境域」という意味に高められ，唯

---

27) 同上，202-207頁。
28) 下田正弘「如来蔵思想」廣松渉ほか編『岩波哲学・思想事典』岩波書店，1998年，1226-1227頁。

識思想の阿頼耶識と等しい意味を持つようになる。『楞伽経』や『大乗起信論』では，この意味での如来蔵が見られる。如来蔵思想は，東アジアに大きな影響を与えた。[29]

7　インド大乗仏教④——密教

インド大乗仏教においては，密教が生まれた。密教では，曼荼羅・印・真言（マントラ）・三昧耶形をとおして仏の身体・言葉・心のはたらきと合一し，仏の悟りそのものに至ると考えられた。

[1]　密教の発生

密教は大乗仏教の一形態であり，「金剛乗（ヴァジラヤーナ）」，「真言乗（マントラヤーナ）」とも呼ばれる。インドで5世紀から6世紀に現れ，インドでは仏教の滅亡する13世紀まで続いた。密教とは，秘密の教えを意味し，言語で表現できない仏の悟りそのものを説く。これに対して，顕教とは，密教以外のすべての上座部仏教，大乗仏教の教えであり，悟りを求める衆生の能力に応じて，言葉を用いて仏の教えを説く。密教では，言葉で表現できない仏の悟りを示すために，多くのシンボルを用いる。曼荼羅・印・真言（マントラ）・三昧耶形（例，金剛杵や蓮華など）。とりわけ，密教においては，印・真言・三昧耶形を，仏の身・口・意のはたらきをあらわすものであると考える。[30]

[2]　中期密教経典——『大日経』と『金剛頂経』

7世紀末から8世紀初頭に，『大日経』と『金剛頂経』という密教経典が成立し，印・真言・三昧耶形を用いた密教の行法と曼荼羅との関係が明確化された。『大日経』では「胎蔵界曼荼羅」が説かれた。「胎蔵界曼荼羅」は「理法身の大日如来」を示し，大日如来と衆生が本来平等であることを説く（理平等門）。

29）同上，1226-1227頁。
30）田中公明「密教」廣松ほか編『岩波哲学・思想事典』1544-1545頁。

これに対して，『金剛頂経』では「金剛界曼荼羅」が説かれた。「金剛界曼荼羅」は「智法身の大日如来」を示し，衆生の智慧から仏の智慧にいたる心を説く（智差別門）。胎蔵界と金剛界は不二である。『大日経』，『金剛頂経』の成立によって，密教は初期の段階を脱して，中期の段階に入ったとみなすことができる。中国と日本には，中期密教が伝来した。[31]

③　後期密教経典

　8世紀後半以降，インドで『金剛頂経』系統の密教が発展し，後期密教が成立した。後期密教経典は，タントラと呼ばれ，「父タントラ」，「母タントラ」，「不二タントラ」に区別される。父タントラを代表する経典が，『秘密集会タントラ』，母タントラを代表する経典が，『ヘーヴァジュラ』，『サンヴァラ』である。11世紀に成立した『時輪タントラ』は，父母両タントラの理論を総合した不二タントラである。後期密教には，ヒンドゥー教のタントリズムの影響が強く見られ，チャクラ，気脈，クンダリーニ，性における合一などの要素を持つ。チベットとネパールには，後期密教が伝来した。[32]

31）浅野守信「金剛頂経」廣松ほか編『岩波哲学・思想事典』556頁。
浅野守信「大日経」廣松ほか編『岩波哲学・思想事典』1020頁。
田中公明「密教」廣松ほか編『岩波哲学・思想事典』1544-1545頁。
32）同上，1544-1545頁。

<table>
<tr><td>第10章</td><td>中国仏教
——三論・法相・華厳・律・天台・密教・禅・
浄土</td></tr>
</table>

1　中国仏教の始まり

　紀元前1世紀から紀元後1世紀にかけて，インドから中国に仏教が伝来した。中国に伝わったのは，大乗仏教であった。以後，インドから優れた仏僧が中国に渡来し，多くの大乗仏教の経典が中国語に翻訳され，中国仏教が発展していった。

1　中国への仏教の伝来

　インドから中国に仏教が初めて伝来したのは，紀元前1世紀から紀元後1世紀の頃であったと考えられる。中国への仏教伝来については，さまざまな伝説が残っている。そのなかで，紀元前2年，前漢哀帝の時代に大月氏国の使者が初めて仏教を伝えたという伝説がある。紀元後1世紀，後漢の明帝の異母弟である楚王英（？-71年）は，仏教を信仰していた。紀元後2世紀になると，後漢の皇帝桓帝（在位146-167年）は黄老信仰や不老長生術の一つとして仏教を信仰し，166年には黄帝，老子とともに，仏陀を祀る祠を建てた。以後，インドや西域から多くの仏教僧が中国に渡来し，大乗仏教の経典を中国語に翻訳した。[1]

2　三国時代・西晋時代・五胡十六国時代の中国仏教

　三国時代の対立の後，三世紀後期から四世紀初頭にかけて，西晋（265-316年）が中国を統一した。西晋の時代，仏教は栄え，竺法護が『正法華経』など多くの大乗経典を漢訳し，後の中国仏教に大きな影響を与えた。[2] 316年に西晋

1）鎌田茂雄『新　中国仏教史』大東出版社，2001年，12-19頁。

が北方の匈奴系の漢（後に前趙）によって滅ぼされ，晋の王族は中国南部に逃れ，建業（建康）を都にして，東晋を興した。このときから，約100年間，中国北部は北方系の五胡（匈奴・鮮卑・羯・氐・羌）の諸王朝によって支配され，中国南部は東晋によって支配されるようになった（五胡十六国時代）。中国北部の五胡の王朝では，仏教が重んじられた。石勒・石虎の後趙（319-351年）の時代，仏図澄（232-348年）が活躍した。仏図澄はもともと亀茲の人であったが，洛陽と鄴都で活動した。彼は著作を残さず，仏典の翻訳もしなかったが，「神異道術（呪術）」の達人であったと言われている。彼は道安，竺法雅など多くの弟子を持ち，強い影響力を持った。道安（314-385年）は前秦王符堅の信頼を得て，多くの門弟を持ち，『般若経』など，多くの仏典の校訂，注釈と経録の編纂，儀軌の制定などを行い，中国仏教の基礎を築いた。竺法雅は格義仏教を唱えた。格義とは老荘思想をとおして，仏教を理解することである。しかし，道安は格義を批判した。[4]

　後秦（384-417年）の時代，皇帝である姚興は，亀茲出身の僧，鳩摩羅什（くまらじゅう）（344-413年，または350-409年）を長安に迎えた。鳩摩羅什は長安で『般若経』，『法華経』，『阿弥陀経』，『維摩経』，『金剛経』，『梵網経』などの経典，『中論』，『十二門論』，『百論』，『大智度論』，『成実論』，『十住毘婆沙論』などの論書，『十誦律』などの律典などを含めて，300巻以上の仏教文書を翻訳した。彼の翻訳した多くの経典・論書は，後の中国仏教の発展に大きく寄与した。鳩摩羅什は多くの弟子を持ち，彼らのなかで，僧肇（そうじょう），僧叡，道生，道融が什門の四傑，道恒，曇影，慧観，曇済が什門の四俊と呼ばれた。このなかで，僧肇は師の翻訳事業をよく助け，自らも『般若無知論』，『物不遷論』，『不真空論』，『涅槃無名論』を著し，これらの著作は四絶論とも呼ばれ，『肇論』の内にまとめられた。[5]
法顕（339?-420年?）は399年に経典を求めて，インドへの旅に出た。インド，スリランカに行き，インド仏教を学び，仏典のサンスクリット語の原典を得て，

2）同上，30-32頁。
3）同上，36-41頁。
4）同上，41-51頁。
5）同上，53-57頁。

中国に戻った。14年に渡る旅の記録を『法顕伝』に書き記している。[6]

　中国南部の東晋においては，道安の弟子である廬山の慧遠（334-416年）が活躍した。鳩摩羅什とも文通しながら学問的交流を行い，羅什の新しい翻訳経典や論書から影響を受けた。そして，慧遠は廬山で支婁迦讖訳の『般舟三昧経』にもとづいて，阿弥陀仏を専念し，見仏するという禅観の方法に従って，念仏三昧を実践した（いわゆる称名念仏とは異なる念仏）。ここで念仏をした人々は，後に廬山の白蓮社を形成するに至った。[7]鳩摩羅什門下の道生（355-434年）も江南で活躍し，悉有仏性説にもとづいて，頓悟成仏説を唱え，漸悟説を唱える慧観との論争が起こった。彼の頓悟説は後代の華厳宗や禅宗に大きな影響を与えた。[8]

2　南北朝時代の中国仏教

　南北朝時代，中国仏教は発展し，北朝では北魏の時代に雲崗の石窟寺院と龍門の石窟寺院が開かれ，多くの寺院が造られた。南朝でも歴代皇帝が仏教を尊崇した。

1　南北朝時代の成立

　420年に中国南部では東晋が滅びて宋（劉宋）が興り，439年に中国北部では北魏が華北を統一した。このときから南北朝時代（439-589年）が始まった。北朝では，北魏・東魏・西魏・北斉・北周という北方異民族の諸王朝が興亡し，南朝では，宋・斉・梁・陳という漢民族の王朝が興亡した。[9]

2　北朝の仏教

　北魏（386-534年）は北方異民族のなかの拓跋部の王朝であり，北魏の太祖道

6) 同上，75-77頁。
7) 同上，65-68頁。
8) 同上，68-70頁。
9) 同上，82，94頁。

武帝，二代皇帝太宗は仏教を尊崇していた。第三代皇帝世祖太武帝（在位423-452年）は，はじめ仏教を大切にしていたが，宰相の崔浩（381-450年）と，道教の新天師道の創始者寇謙之（363-448年）が結託して，太武帝を道教信仰，仏教弾圧へと向かわせた。そして，太武帝は439年に華北を統一すると，440年代に廃仏（仏教弾圧）を行うようになった。太武帝の死後，高宗文成帝（在位452-465年）は廃仏を止め，それ以後，仏教が復興した。そして，顕祖献文帝（在位465-471年），高祖孝文帝（在位471-499年），世宗宣武帝（在位499-515年），粛宗孝明帝（在位515-528年）の時代に，北魏の仏教は最盛期を迎えた。5世紀後半，曇曜（生没年不詳）が僧官として活躍し，雲崗の石窟寺院が開かれた。孝文帝が493年に洛陽に遷都し，宣武帝の時代になると，龍門の石窟寺院が開かれた。そして，次の孝明帝は洛陽に永寧寺という巨大な寺院を造った[10]。北魏は534年に東魏（534-550年）と西魏（535-556年）に分裂した。その後，東魏が滅んで北斉（550-577年）が興り，西魏が滅んで北周（556-581年）が興った。北斉においても仏教は栄え，多くの僧侶が活躍した。北周においては，武帝（在位560-578年）の時代に廃仏が起きた。武帝は儒教を第一に置き，仏教，道教を弾圧した。この廃仏の影響は甚大で，南北朝時代の学問仏教が，実践を重視する仏教へと転換する機会を与えた[11]。

③　南朝の仏教

　宋（劉宋420-479年）は漢民族の王朝であり，宋の開祖武帝は，仏教を公的宗教と認め，以後，宋の歴代皇帝は仏教を信仰した。斉（南斉479-502年）の時代においても，仏教は尊崇された。梁（502-549年）の時代には，武帝（在位502-549年）が仏教の篤信者であり，菜食を守り，戒律を実践した。陳（557-589年）の時代も，歴代皇帝は仏教を尊崇し，仏教の発展を支えた[12]。

10）同上，94-101頁。
11）同上，102-105頁。
12）同上，82-92頁。

3　隋時代の中国仏教

　隋の時代，文帝と煬帝が仏教を保護し，中国三論宗の大成者である吉蔵や天台仏教の創始者である天台智顗が現れ，中国仏教はさらなる発展を遂げた。

隋による中国統一と文帝による仏教振興政策

　北周の楊堅（541-604年）は，北周の皇帝から禅譲を受け，高祖文帝（在位581-604年）として皇帝に即位し，隋王朝（581-618年）を開いた。文帝は589年に南朝の陳を滅ぼして，中国を統一した。文帝は北周の廃仏によって壊滅していた仏教を復興する政策を行った。文帝は都を大興城（長安）に定め，国立寺院である大興善寺を設立した。さらに601年，文帝は舎利塔を各州に建立した。この舎利塔の建立は，後世に大きな影響を与えた。　この時代，浄影寺の慧遠（523-592年，東晋時代の廬山の慧遠とは異なる人物）が文帝に重んじられた。[13] 文帝を継いだ煬帝（在位604-618年）は仏教を優遇する政策を取った。皇帝即位前の揚州総督であった時代から，多くの高僧と関わりがあり，三論宗の大成者である嘉祥寺吉蔵や天台仏教の創始者である天台智顗らを揚州の慧日道場に迎えた。そして，後に煬帝が皇太子になると，大興城（長安）内に日厳寺を建立し，三論宗の吉蔵など多くの高僧がその寺に住した。[14]

4　唐時代の中国仏教

　唐の時代，中国仏教は最盛期を迎えた。玄奘三蔵がインドに行って，ナーランダ僧院で学んだ。彼は中国に多くの仏教経典を持ち帰り，それらをすべて中国語に翻訳した。さらに中国十三宗が形成され，倶舎宗，三論宗，法相宗，密教などインドに由来する大乗仏教の学派に加えて，華厳宗，天台宗，禅宗，浄

13）同上，108-112頁，116頁。
14）同上，112-119頁。

土教など中国で新たに発展した大乗仏教の学派も現れた。

1　唐の成立と仏教の発展

　隋の官人であった李淵（566-635年）は，隋の恭帝から禅譲を受けて，皇帝（高祖）として即位し，唐王朝（618-907年）を開いた。唐の皇帝は都を長安に置き，第一に道教，第二に仏教を重んじた。唐の時代，中国仏教は栄えて最高潮に達した。[15]

(1)　玄奘の大翻訳事業

　唐の第二代皇帝太宗（在位626-649年）の時代から第三代皇帝高宗（在位649-683年）の時代にかけて，玄奘（602-664年）が活躍した。玄奘は629年に長安を出発してインドに行き，ナーランダ僧院で戒賢（シーラバドラ）の下で学び，インド中を巡った後，勝軍（ジャヤセーナ）から唯識の論書を学んだ。その後，657部の経典を持って，645年に中国に帰国した。玄奘は帰国後，太宗皇帝の庇護のもとに，長安で膨大な経典を翻訳する事業に取り掛かった。647年にはインドや西域諸国に関する見聞録『大唐西域記』を書いて，皇帝に上奏した。玄奘は亡くなるまでに『大般若経』，『解深密教』，『弁中辺論』，『摂大乗論』，『成唯識論』，『倶舎論』，『大毘婆沙論』など，総計75部1335巻の経典を漢訳した。玄奘より前の経典の翻訳を旧訳，玄奘の翻訳を新訳と呼ぶ。玄奘門下には，基（中国法相宗の祖），普光，法宝，神昉，嘉尚などのすぐれた僧が多く出て，唐時代の学問仏教の担い手となった。[16]

(2)　義浄の翻訳事業

　義浄（635-713年）は中国からインドに渡り，インドで部派仏教，大乗仏教を共に学んで多くのサンスクリット語仏典を持って，695年に洛陽に戻った。そこで，翻訳事業を行い，実叉難陀，菩提流支とともに八十巻『華厳経』を翻訳

15）同上，122頁。
16）同上，144-147頁。

した。その他，『金光明最勝王経』，『孔雀王経』など56部230巻を翻訳した。『大唐西域求法高僧伝』，『南海寄帰内法伝』も著した。[17]

(3)　諸州の寺院の建立

唐の第三代皇帝高宗（在位649-683年）は，諸州に一観一寺を造った。高宗の妻則天武后が690年に皇帝の位（在位690-705年）に就くと，道教よりも仏教を重んじるようになり，諸州に大雲寺を造った。[18]

(4)　会昌の廃仏

第18代皇帝武宗は会昌の廃仏において徹底的に仏教を弾圧した。仏教寺院は破壊され，僧侶が還俗させられ，仏教の経典は散逸させられた。このとき，仏教諸宗は決定的な打撃を受けた。[19]

②　隋・唐時代における中国仏教諸宗──中国十三宗

隋・唐時代，中国仏教は隆盛期を迎え，多くの優れた学僧が生まれ，経論の研究が深化した。そのなかで，中国十三宗が形成され，後世の中国仏教に大きな影響を与えた。

(1)　毘曇宗（倶舎宗）

ヴァスバンドゥ（世親・天親）の『倶舎論』（玄奘訳の『阿毘達磨倶舎論』）にもとづいて，部派仏教の説一切有部におけるアビダルマ（阿毘達磨）思想を研究した。

(2)　成実宗

ハリヴァルマン（訶梨跋摩）の『成実論』（鳩摩羅什訳『成実論』）を研究した。

---

17)　同上，147-148頁。
18)　同上，125-126頁。
19)　同上，127-128頁。

隋末から初唐にかけて衰退した。

(3) 律宗

律宗は『四分律』にもとづいて成立した学派である。東晋の時代に,『十誦律』,『四分律』,『摩訶僧祇律』などの律典が翻訳され,律の研究が進んでいった。北魏の時代,法聡が『四分律』を研究して,四分律宗（南山宗）を開いた。そして,法礪（569-635年）は『四分律』を研究して相部宗を開いた。さらに法礪の弟子の懐素（624-697年）は,『四分律新疏』を著して東塔宗を開いた。相部宗と東塔宗は相対立したが,その後,両宗はいずれも衰え,南山宗のみが栄えた[20]。

(4) 三論宗

三論宗はナーガールジュナ（龍樹）の『中論』,『十二門論』,龍樹の弟子のアーリヤデーヴァ（提婆）の『百論』にもとづいた成立した学派である。この三つの論は鳩摩羅什によって翻訳されたため,三論宗の宗祖は鳩摩羅什であるとされる。中国三論宗のなかでは,僧朗,僧詮,法朗,吉蔵,明法師が著名で,このなかで吉蔵は『三論玄義』,『中観論疏』などを著し,三論宗の大成者であるとされる[21]。

(5) 地論宗

地論宗はヴァスバンドゥ（世親・天親）の『十地経論』（菩提流支訳）を研究した。北魏の菩提流支の弟子の道寵の系統から地論宗北道派が生じ,慧光の弟子法上（495-580年）の系統から地論宗南道派が生じた。浄影寺慧遠は法上の弟子であった。浄影寺慧遠は地論宗南道派の教学から仏教全体を考察し,『大乗義章』を著した[22]。

---

20) 同上,176頁。
21) 同上,156-159頁。
22) 同上,116-117頁。

(6)　摂論宗

　摂論宗は無着『摂大乗論』（真諦三蔵訳），世親『摂大乗論釈』（真諦三蔵訳）を研究した。

(7)　涅槃宗

　涅槃宗は宝雲・仏駄跋陀羅訳『涅槃経』六巻本（法顕将来），曇無讖訳『涅槃経』（北本），『涅槃経』（南本）を研究した。

(8)　天台宗

　天台宗は北斉の慧文禅師が開祖とされる。慧文は龍樹の『中論』と『大智度論』を読んで「一心三観」を悟った。そして，慧文は一心三観を南岳慧思（514/515-577年）に伝え，南岳慧思は一心三観を用いて法華三昧の悟りを得た。その後，南岳慧思の弟子である天台智顗が，中国天台宗を完成させた[23]。

(9)　華厳宗

　華厳宗は『華厳経』にもとづいて成立した学派である。中国北部で発達した地論宗や摂論宗の学説を取り入れ，初唐に玄奘が伝えた唯識思想からの刺激を受けて成立した。華厳宗の祖は杜順（557-640年）であると言われる。第二祖は杜順の弟子の智儼（602-668年），第三祖が智儼の弟子の法蔵（643-712年）である。法蔵が華厳宗の大成者であると考えられている[24]。

(10)　法相宗

　玄奘三蔵がインドから中国に唯識思想を伝え，弟子の慈恩大師基（632-682年）によって法相宗が作られた。基は『成唯識論述記』を著した。その後，慧沼（650-714年）が『成唯識論了義燈』，智周（668-723年）は『成唯識論演秘』を著した。中国法相宗は智周の没後，急速に衰えた[25]。

─────────────────────────────

23）同上，159頁。
24）同上，171-174頁。

⑪　禅宗

　菩提達磨（5世紀後半〜6世紀前半）が南北朝時代，インドから中国にやって来て禅を伝えたと言われている。開祖達磨以降，慧可（第二祖），僧璨（?-592年，第三祖）と禅の法系が続いた。僧璨の後，道信（580-651年，第四祖），弘忍（602-675年，第五祖）と法系が続いた。弘忍には神秀，慧能，慧安など多くのすぐれた弟子がいた。弘忍の法門を東山法門と呼ぶ。その後，東山法門のなかで，神秀の北宗，慧能の南宗が禅の有力なグループになった。[26]

⑫　密教

　716年，善無畏（637-735年）がインドから中国に来て密教を伝えた。このとき，彼は『虚空蔵求聞持法』を翻訳した。弟子に一行，玄超などがいた。720年，金剛智（669-741年）がインドから中国に渡来し，不空とともに，『金剛頂瑜伽中略出念誦経』を翻訳した。その後，金剛智の弟子である不空三蔵（705-774年）が玄宗皇帝の庇護のもとに活躍し，中国各地に密教を伝えた。不空は『金剛頂経』などを翻訳した。恵果（?-805年）は不空から金剛界，善無畏の弟子の玄超から胎蔵界を学んだ。恵果の弟子に弁弘，恵日，空海，義操などがいる。[27]

⑬　浄土教

　浄土三部経に従って，念仏を実践し，阿弥陀仏の極楽浄土に往生することを目指すのが，浄土教である。中国浄土教の開祖は，曇鸞（476-542年）である。曇鸞は洛陽で菩提流支から『観無量寿経』を授けられてから，浄土教を実践するようになった。彼は浄土三部経（康僧鎧訳『無量寿経』，畺良耶舎訳『観無量寿経』，鳩摩羅什訳『阿弥陀経』），龍樹の『十住毘婆沙論』，世親（天親）『浄土論（往生論）』（鳩摩羅什訳）を研究し，自らも『浄土論註（往生論註)』，『讃阿弥陀仏

25）同上，167-168頁。
26）同上，184-186頁。伊吹敦『禅の歴史』法蔵館，2001年，8-57頁。
27）鎌田 前掲書1)，180-184頁。

偈』を著し，中国浄土教の基礎を築いた。曇鸞の後，道綽（562-645年）が浄土教に帰し，『観無量寿経』を講じた。太宗皇帝からの庇護を受けた。主著に『安楽集』がある。道綽は聖道門と浄土門を区別した。道綽の弟子善導（613-681年）は，中国浄土教の大成者であり，終南山悟真寺，長安の光明寺で活動した。『観無量寿経疏』，『往生礼讃偈』，『法事讃』などを著した。善導は浄土教の実践を正行（礼拝・讃嘆・観察・読誦・称名）と雑行とに分けた。中国の浄土教には，曇鸞—道綽—善導の伝統だけではなく，盧山の慧遠に発する白蓮社の浄土教の伝統，慈愍三蔵慧日（680-748年）による念仏禅の伝統もあった。[29]

5　隋唐時代の中国仏教①——天台思想

　天台智顗は天台仏教の創始者であり，法華経にもとづいて，諸法実相，一念三千，空仮中の三諦円融，十如是，十界互具を特徴とする天台思想の体系を完成し，さらに一心三観という止観行を確立して，東アジアの仏教に大きな影響を与えた。

1　天台智顗の生涯

　天台智顗（538-597年）は，中国南北朝時代（梁・陳）から隋時代にかけての仏僧であり，天台仏教の大成者である。智顗は南岳慧思のもとで学び，法華三昧を得た。575年に天台山に隠棲して修禅に励み，深い悟りの体験（「華頂峰の頭陀」実相の理としての円満な中道の証得）を得た。その後，法華経を基盤にしながら，「五時八教の教判」にもとづいて全仏教を統一的に見て，法華経の諸法実相論にもとづいて実相論を展開した。そして，一念三千，空仮中の三諦円融，十如是を中核とする天台思想の体系を完成させた。さらに実践面においては，諸法実相を観得するために，「止観」の行のもとに従来の禅法を体系づけて，一心三観の行法を創始した。主著に『法華玄義』，『法華文句』，『摩訶止観』が

28）同上，189-190頁。
29）同上，192頁。

あり，天台三大部として天台仏教において大切にされている[30)]。

2　天台思想の内容

(1)　五時八教の教相判釈

　中国仏教の各宗では教相判釈を行う。教相判釈とはさまざまな仏教経典に記されている釈迦の教説を，教えが説かれた時期，順序，教えの内容の浅さや深さに従って分類し，どの釈迦の教えが最も優れているのかを明らかにする営みである。天台智顗は「五時八教」の教相判釈を行った。五時とは，「華厳時，鹿苑時，方等時，般若時，法華涅槃時」である。八教とは「化儀の四教（頓教，漸教，秘密教，不定教）」と「化法の四教（蔵教，通教，別教，円教）」である。化儀の四教は「教化の儀式」によって分けられ，「化法の四教」は「教説の内容」から分けられている。「化法の四教」のなかで最高の教えが「円教」であり，これは法華経の教えを意味する[31)]。以後，五時八教の教相判釈は天台宗の基本思想となった。

(2)　諸法実相と三諦円融

　天台思想では諸法実相を説く。諸法実相とは，すべてのもののありのままの真実の姿を意味する。そして，諸法実相を空・仮・中の三諦によって明らかにする。一つひとつのものは縁起という相互依存関係のなかで成立し，そのままで空であり，仮であり，中である。例えば，一つの机について言うならば，一つの本体としての机はない（空）。しかし，空は無ではない。仮に机のようなものがある（仮）。そのため，机が一方的にあるとも言えないし，ないとも言えない（中）。このように一つの机のなかに，空・仮・中がまどかに融け合っている。これを「即空即仮即中の三諦円融」と言う[32)]。

---

30)　藤井教公「智顗」廣松渉ほか編『岩波哲学・思想事典』岩波書店，1998年，1057-1058頁。
31)　鎌田 前掲書 1），162頁。
32)　同上，162頁。

(3)　一心三観

　天台仏教では一心三観の実践を行う。一心三観は空・仮・中の三諦に即した三止と三観から成り立つ。三止とは，休真止（空なる真理を体得して，そこに住すること），方便随縁止（巧みな方便でもって仮の諸相に随縁してそこに住すること），息二辺分別止（空・仮の二辺を分別することを止め，いずれにもとらわれない不偏の中道に住すること）を意味する。そして，三観とは従仮入空，従空入仮，中道第一義を意味する。以上の三止と三観を，同時的，一体的に見ることを「円頓止観」といい，「一心三観」という。

(4)　十如是・十界互具・一念三千

　天台智顗は十如是・十界互具・一念三千という基本的な存在理解を示す。『法華経』「方便品」に説かれる十如是は，諸法実相を詳しく分析したものである。「如是」とは，すべてのものの真実のありのままのあり方を意味し，諸法実相を表す。十如是とは，如是相・如是性・如是体・如是力・如是作・如是因・如是縁・如是果・如是報・如是本末究竟等である。

　十界互具とは，地獄・餓鬼・畜生・修羅・人（人間）・天（天上）・声聞・縁覚・菩薩・仏の十法界が互いに互いを具えていることを意味する。一つひとつの法界のなかには他の九つの法界がある。例えば，地獄のなかには，餓鬼・畜生・修羅・人・天・声聞・縁覚・菩薩・仏があり，餓鬼のなかには，地獄・畜生・修羅・人・天・声聞・縁覚・菩薩・仏があり，仏のなかには，地獄・餓鬼・畜生・修羅・人・天・声聞・縁覚・菩薩があると理解する。十界互具の思想を見ると，仏のなかに悪があるのかという問いが出てくる。この場合，仏にも悪の要素があるが，実際に悪を行うことはできない（性悪あるが，修悪なし）と考える。

　一念三千とは，一瞬の心に三千世間があることを意味する。一つの心に十法界がある。十法界の各々に十法界がある（百法界）。一つの法界には三つの世間（衆生世間・五陰世間・国土世間）があり，世間の各々には十如是がある（三十種の世間）。それゆえ，「一つの法界×三十種の世間×百法界＝三千世間」となり，

一念三千が成立する。一念三千では，一瞬の心に地獄から仏まですべてが入っていて，すべてのものが互いに融け合って存在する。この一念三千から，一つひとつのものがすべてのものを具えているという性具説が天台思想のなかで生まれた[33]。

(5)　六即説の修道論・四種三昧

円教では修行の過程を六即という六つの位に分ける。六即とは「理即（ただ仏性だけ具えただけのもの）」，「名字即（ただ仏性を理解しただけのもの)」，「観行即（弟子五品位）」，「相似即（菩薩五十二位のなかの十信位）」，「分真即（菩薩五十二位のなかの十住・十行・十廻向・十地・等覚位)」，「究竟即（菩薩五十二位のなかの妙覚位)」を意味する[34]。

さらに天台智顗は『摩訶止観』のなかで四種三昧について述べる。四種三昧とは，常坐三昧（ひたすら坐禅する），常行三昧（般舟三昧・念仏を称えながら本尊阿弥陀仏の周りをまわる），半行半坐三昧（方等三昧・法華三昧），非行非坐三昧である。四種三昧は天台宗の基本的な修行となった。

6　隋唐時代の中国仏教②──華厳思想

華厳思想は唐の時代，法蔵によって完成された。華厳思想では，四法界，十玄門，六相円融義など，すべてのものが相互に関係しあっている事態を解明する。

①　法蔵による中国華厳思想の完成

法蔵は智儼の弟子であり，若い頃から『華厳経』に親しんでいた。則天武后の時代，実叉難陀が義浄，菩提流支とともに，新訳八十巻『華厳経』を翻訳したとき，その手伝いをした。704年に法蔵は則天武后に華厳思想を説いた。著

---

33)　同上，163頁。
34)　同上，163-164頁。

書に『華厳五教章』，『華厳経探玄記』などの華厳思想関係のもの，『般若心経』，『梵網経』の疏（注釈書）などがある。法蔵の後，華厳宗には澄観（738-839年）が現れ，教禅一致の立場を取った。その後，宗密（780-841年）が教禅一致の立場を大成させた。華厳思想と禅の一致を唱えた。宗密の没後，会昌の廃仏があり，華厳宗の相承は不明となった。[35]

② 華厳思想の内容

(1) 五教十宗の教相判釈

華厳思想では五教十宗の教相判釈を行う。五教とは「小乗教（阿含経，倶舎論など）」，「大乗始教（相始教：唯識思想，空始教：中観思想）」，「大乗終教（涅槃経，楞伽経，大乗起信論，宝性論，如来蔵思想，天台思想）」，「頓教（維摩経）」，「円教（華厳経）」を意味する。十宗とは「我法倶有宗（犢子部。アートマンがあると考える）」，「法有無我宗（説一切有部。アートマンはないが，ダルマがあると考える）」，「法無去来宗（大衆部。過去や未来のダルマはないが，現在のダルマのみがあると考える）」，「現通仮実宗（説仮部。仮のダルマと実のダルマがあると考える）」，「俗妄真実宗（説出世部など。ダルマは虚妄である。涅槃と悟りの智慧のみがあると考える）」，「諸法但名宗（一説部。すべては名前のみであると考える）」。「我法倶有宗」から「諸法但名宗」までが部派仏教（小乗仏教）である。その後は，「一切皆空宗（大乗始教のなかの空始教）」，「真徳不空宗（大乗終教）」，「相想倶絶宗（頓教）」，「円明具徳宗（円教）」。「一切皆空宗」から「円明具徳宗」までが大乗仏教である。[36]

(2) 四法界

華厳思想では，すべてのものが相互に関係しあっている事態を明らかにするために，四法界を説く。四法界とは，「事法界（諸法，個々の事物，個物，特殊，現象界，相対）」，「理法界（法性，事物の本性，一般，普遍，実在界，絶対）」，「理事無礙（理と事が無礙に融け合う。諸法の本性と諸法が融け合う。絶対と相対が融け合

---

35) 同上，173-175頁。
36) 竹村牧男『華厳五教章を読む』春秋社，2009年，79-94頁。

う）」，「事事無礙（事と事が無礙に融け合う。一つの個物が理を通して，他の個物と融け合う。松は竹である，竹は松である。松は松である，竹は竹である）」である。

(3)　異体・同体

　華厳思想では，一つのものが他のものとどのように関係しあっているかを異体・同体という概念を用いて表す。第一に異体とは，異なるもの同士の関係を見ることである。ＡとＢという互いに全く異なるものがどのように関係しあうのかを見る。そして，異体における用（作用）の関係を相入と呼び，異体における体（本体）の関係を相即と呼ぶ。例えば，相入の場合，ＡとＢが作用において互いにはたらきあう。相即の場合，ＡとＢが本体（体）において互いに関係しあう。すなわち，Ａが有であるときは，Ｂは無自性でＡになり尽くす。Ｂが有であるときは，Ａは無自性でＢになり尽くすという関係になる。[37]

　第二に同体とは，ある一つのもののなかで，それ自身と他のものとの関係を見ることである。例えば，ＡのなかにＢがなければ，ＡとＢは関係できないし，ＢのなかにＡがなければ，ＢとＡは関係できない。そして，同体における用（作用）の関係を，「一中多，多中一」で表し，同体における体（本体）の関係を「一即多，多即一」で表す。[38]

(4)　十玄門

　華厳思想では，すべての者の相互関係の段階を十玄門のなかに表現する。法蔵の『華厳五教章』に示されている十玄門の内容は以下のとおりである。[39]

①同時具足相応門
　　　　　　どう じ　ぐ ぞくそうおうもん

　異体・同体，相入・相即など，すべての関係が同時に成立している。毘盧遮那仏の海印三昧で明らかにされている。

37）同上，156-176頁。
38）同上，176-190頁。
39）同上，191-241頁。

②一多相容不同門

　一中多，多中一。一と多が互いに入り込み，摂め合う。しかも，一は一，多は多である。例えば，イスや窓が黒板の中に入り込んでいる。窓の中にイスや黒板が入り込んでいる。そして，イスはイス，窓は窓，黒板は黒板である。

③諸法相即自在門

　一即一切，一切即一。あるものの有が前面に出てきたとき，他のすべてのものが無になって，互いに相即しあう。例えば，イスは窓そのものである。イスが黒板そのものである。窓がイスそのものである。窓が黒板そのものである。

④因陀羅微細境界門

　Ａ は B，C，D，……を映す。Ｂ は A，C，D……を映す。網の目が無量にあり，そこに珠玉（宝石）が無量にあり，一つ一つの宝石が他のすべてを映している。

⑤微細相容安立門

　小に大を容れ，一に多を容れる。一に一切が入っている。それでいて一と多が壊れることはない。例，机のなかに黒板や窓が入っている。黒板のなかに机と窓が入っている。それでいて，それぞれのものが壊れることはない。

⑥秘密隠顕倶成門

　「秘密隠顕倶成門」とは，例えば，自分は親に対すれば子，弟に対すれば兄，妻に対すれば夫である。各々の名目と資格が一身上にあって，表に顕れたり，裏に隠れたりしながら，共に成り立っていることである。

⑦諸蔵　純 雑具徳門
<small>しょぞうじゅんぞう ぐ とくもん</small>

　一切が一であるとき，一は純，一切は雑である。一つの行のなかに一切の行が入っている。例えば，六波羅蜜の修行において布施をしているとき，あらゆる修行の内容が入っている。

⑧十世隔法異成門
<small>じっせいきゃくほう い じょうもん</small>

　現在の中に，現在の現在，現在の過去，現在の未来があり，過去の中に，過去の現在，過去の過去，過去の未来があり，未来の中に，未来の現在，未来の過去，未来の未来がある。これらを合わせて，九世と呼ぶ。そして，九世はすべて現在という一世の内に統合されているため，十世である。この十世が同時に顕現して，縁起の関係にある。

⑨唯心廻転善成門
<small>ゆいしん え てんぜんじょうもん</small>

　一心（唯一真如，一如来蔵，自性清浄心）が転変して，縁起の世界が成り立つ。空性としての本性にもとづいて，現象世界，個物が成り立つ。これを「性起」と呼ぶ。

⑩託事顕法生解門
<small>たく じ けんぽうしょう げ もん</small>

　喩えによって重々無尽のあり方を明かす。喩えられた世界がそのまま重々無尽のあり方にある。

(5)　六相円融義

　華厳思想では，一つのものが他のすべてのものとどのように関係しあっているのかを表現するために六相円融義を唱える。一つひとつのものが六相を具えていると考える。六相とは「総相」（全体），「別相」（個々の構成要素。部分は部分である），「同相」（個々のものが集まって，一つの全体を作り上げる），「異相」（個々のものは部分としては異なる），「成相」（個々のものが縁起によって関係を結んでいる），「壊相」（個々のものが自分自身に住している。関係項としては，それ自身で

ある）を意味する。このなかで「総相」と「別相」,「同相」と「異相」,「成相」と「壊相」がペアである。[40]

7　隋唐時代の中国仏教③——禅の思想

　中国の禅宗は，達磨によって創始されたと伝えられ，唐の時代に発展した。とりわけ，慧能の系統からすぐれた禅僧が現れ，馬祖道一，百丈懐海が中国禅の基本的性格を定めた。その後，中国の禅宗において唐の時代から五代十国時代にかけて，臨済，曹洞，法眼，潙仰，雲門の五宗（禅宗五家）が形成された。

1　中国禅宗の始まり

　中国の禅宗は6世紀初頭の達磨を開祖とする。その後，中国禅宗の法統は，慧可（487-593年・第二祖），僧璨（？-606年・第三祖），道信（580-651年・第四祖），弘忍（602-675年・第五祖）と続いた。弘忍の弟子に神秀（606-706年）と慧能（638-713年・第六祖）がいた。神秀は北宗の祖，慧能は南宗の祖となった。慧能の説法を記録したものが『六祖壇経』である。慧能の弟子には青原行思（?-740年），荷沢神会（668-760年），南岳懐譲（677-744年）などがいた。のちに荷沢神会の系統が荷沢宗，南岳懐譲とその弟子馬祖道一（709-788年）の系統が洪州宗と呼ばれるようになって栄えた。青原行思の弟子である石頭希遷（700-790年）は石頭宗を開いた。その結果，慧能の南宗が中国の禅宗の主流になった。[41]

2　洪州宗の禅

　馬祖道一（709-788年）は禅のなかで「平常心是道」,「即心即仏」を主張した。彼は超越的なものや理念的なものを無意味・無価値なものとして退け，つねに日常生活のなかで具体的な現実に即して実践する「大機大用禅」を説いた。馬祖禅は中国禅に決定的な影響を与え，その後，馬祖の系統が発展していった。[42]

40）同上，243-282頁。
41）鎌田 前掲書1），185頁。

　馬祖の弟子の百丈懐海（720-814年）は，「清規」を制定し，禅寺の生活様式を定めた。9世紀半ばになると，禅宗の中では洪州宗と石頭宗のみが世に行われるようになった。[43]

③　9世紀から10世紀にかけての禅宗の発展

　9世紀半ば，唐の武宗による会昌の廃仏によって，仏教は決定的な打撃を受けた。仏教諸宗は多くの寺院，僧侶，経典を失い，衰退していった。このような状況のなかで，禅宗だけが発展し，9世紀半ばから10世紀前半にかけて，多くのすぐれた禅僧が現れた。洪州宗の系統を見ると，百丈懐海の弟子に潙山霊祐（771-853年），黄檗希運（9世紀前半）がいた。後に潙山霊祐の系統が潙仰宗へと発展した。そして，黄檗の弟子臨済義玄（?-867年）の系統が臨済宗へと発展した。

　石頭宗の系統を見ると，石頭希遷の弟子薬山惟儼の系統から洞山良价（807-869）が現れ，洞山良价と彼の弟子曹山本寂（840-901年），雲居道膺（835-902年）の系統から曹洞宗が生じた。そして，石頭希遷の弟子天皇道悟の系統から雪峰義存（822-908年）が現れ，五代十国時代，雪峰の弟子雲門文偃（864-949年）の系統から雲門宗が生じた。さらに雪峰の弟子玄沙師備の系統から法眼文益（清涼文益　885-958年）が出て，そこから法眼宗が生じた。このようにして，中国の禅は臨済，曹洞，法眼，潙仰，雲門の五宗に分かれた（禅宗五家）。[44]

8　隋唐時代の中国仏教④──中国密教の思想

　唐の時代，インドから善無畏（637-735年）が長安に来て密教を中国に伝えた。その後，インドから金剛智（669-741年）が洛陽に来て密教を伝えた。金剛智の弟子が不空であった。不空（705-774年）もインドの人で金剛智とともに中国で

42）同上，185頁。伊吹 前掲書26），58-60頁。
43）鎌田 前掲書1），187頁。伊吹 前掲書26），61頁。
44）同上，61-77頁。

密教を広めた。善無畏は胎蔵界曼荼羅を伝え，金剛智と不空は金剛界曼荼羅を伝えた。一行（673-727年）は善無畏と金剛智から密教を学び，『大日経疏』を著した。恵果（?-805年）は不空のもとで金剛界を学び，善無畏の弟子の玄超のもとで胎蔵界を学んだ。恵果の弟子に弁弘，恵日，空海，義操がいた。密教の中心は，行者の身口意が大日如来の身口意に一致するとき，入我我入の境地に入って，即身成仏する（この肉身のままで悟りを開いて仏となる）ことである。[45]

9　隋唐時代の中国仏教⑤――中国浄土教の思想

　浄土教は，阿弥陀仏の極楽浄土への往生を説く。浄土教はインドで発生し，ヴァスバンドゥ（世親・天親）が『浄土論（往生論）』を著した。浄土教が中国に入ると，曇鸞が『浄土論註（往生論註）』，善導が『観無量寿経疏』を著し，浄土教の教理と実践の形成に大きな影響を与えた。

①　浄土教の基本思想

　浄土教は浄土三部経（『大無量寿経』・『観無量寿経』・『阿弥陀経』）にもとづいて，阿弥陀仏の極楽浄土に往生することを説く。とりわけ，『大無量寿経』のなかで法蔵菩薩が本願を立てて修行し，悟りを開いて阿弥陀仏となり，極楽浄土を建立する。この出来事が浄土教の根幹となっている。

　法蔵菩薩は世自在王仏の前で，すべての衆生をすくい取るためにどうすればよいのか，五劫という長い時間をかけて思惟し，48の本願（すべての衆生を救いたいという仏の願い）を立てた。法蔵菩薩は誓願を立てた後，「不可思議なる兆載永劫」というきわめて長い時間，修行に励む。法蔵菩薩は長い修行の末に，悟りを得て（成仏して），阿弥陀仏になった。弥陀成仏後，すでに十劫が経っている。阿弥陀仏は西方の十万億土のかなたにある安楽世界にいる。阿弥陀仏の極楽浄土は自然の七宝を合わせて地をつくり，はてしなくひろがって広大で，きわまるところがない。

45）鎌田 前掲書1），180-184頁。

2 中国の浄土教祖師の思想

　インドの唯識思想を大成したヴァスバンドゥ（世親・天親）は『浄土論（往生論)』を著して，阿弥陀仏の極楽浄土に往生する五つの道（五念門）を説いた。五念門とは，礼拝門（仏を礼拝すること)，讃嘆門（口で仏の名を称えて讃えること)，作願門（精神を統一すること)，観察門（阿弥陀仏の浄土を観想すること)，廻向門（礼拝門，讃嘆門，作願門，観察門で得た功徳を他の苦しみ悩む者に向けること）である。

(1)　曇鸞の浄土教思想

　曇鸞（476-542年？）は中国浄土教の祖である。曇鸞は世親（天親）の『浄土論（往生論)』の註釈書『浄土論註（往生論註)』を著した。彼は易行道と難行道という概念を導入した。易行道とは，阿弥陀仏を信じて，阿弥陀仏の本願力（他力）によって浄土に往生する道であり，難行道とはそれ以外のすべての仏教の道であると考えた。曇鸞は念仏と信心を重視した。さらに曇鸞は仏の身体に関して，法身を法性法身と方便法身に分けて見る新しい仏身観を導入した。法性法身とは，真如，空性であり，言語や概念を超えていて、かたちを持たない仏身である。これは三身説における法身にあたる。これに対して，方便法身とは，言語，概念で表現され，かたちを持つ仏身であり，三身説における報身と応身にあたる。阿弥陀仏は法性法身，方便法身両方の次元を持つ。[46]

(2)　善導の浄土教思想

　善導（613-681年）は『観無量寿経』の注釈書『観無量寿経疏』を著した。そのなかで，善導は『観無量寿経』が浄土往生の要門を説き，その要門が「定善（心を集中して行う善)」と「散善（散乱したままの心で悪を廃して善を修すること)」によって構成されていることを説いた。そして，善導は阿弥陀仏の本願のはたらきに乗じて，凡夫が阿弥陀仏の「報土」に往生できること，凡夫が浄土を観想する方法として，浄土を「西方に具体的に様相を持つ世界として観ずる（指方立相）方法」を提唱した。そして，称名念仏（阿弥陀仏の名号である南無阿弥陀

46）西本照真「曇鸞」廣松ほか編『岩波哲学・思想事典』1190頁。

仏をひたすら称える行）を本願に順ずる浄土往生の行の中心に据えた（「一心に専ら弥陀の名号を念じて，行住坐臥の時節の久近を問わず，念々に捨てざる者，これを正定の業と名づく，彼の仏の願に順ずるが故に」）。この思想は後世に大きな影響を与えた[47]。

10　五代十国時代の中国仏教

　五代十国時代の中国仏教は，中国北部では，後周の世宗による仏教弾圧が起きたが，中国南部の諸王朝においては，仏教が保護され，栄えた。

[1]　五代十国時代（907-960年）の成立

　907年，朱全忠は唐の皇帝から禅譲を受け，皇帝に即位して後梁（907-923年）という新しい王朝を開いた。このとき，唐が滅亡し，五代十国時代が始まった。その後，中国北部には五つの王朝（五代），すなわち後梁（907-923年），後唐（923-936年），後晋（936-946年），後漢（947-950年），後周（951-960年）が興亡した。中国南部には，十の王朝，すなわち前蜀（907-925年），後蜀（934-965年），呉（902-937年），南唐（937-975年），荊南（912-963年），呉越（907-978年），閩（びん・909-945年），楚（907-951年），南漢（909-971年），北漢（951-979年）が乱立した[48]。

[2]　五代十国時代における仏教の状況

　955年，後周の世宗は国家の財政的な窮迫を改善するため，そして僧団の堕落による仏教教団の粛清のために廃仏を断行した。多くの寺院を廃絶し，私度僧を禁止した。これが三武一宗の法難の最後にあたる[49]。中国南部の十国においては，南唐，呉越，閩，南漢の皇帝たちは，仏教を保護し，仏教が栄えた。この時代の南唐で禅宗のなかの法眼宗，南漢で雲門宗が成立した[50]。

47）西本照真「『観無量寿経疏』」廣松ほか編『岩波哲学・思想事典』296頁。
48）鎌田 前掲書1），214-215頁。
49）同上，214-216頁。
50）同上，216頁。

11　北宋・南宋時代の仏教

　北宋・南宋の時代，禅宗が発展し，禅宗五家のなかで臨済宗と曹洞宗が隆盛して，多くの優れた禅僧が現れた。この時代，さまざまな禅の語録が編纂され，臨済宗では公案を用いる禅が発達した。さらに，三教一致，儒禅一致，禅浄双修という新たな思潮が現れた。

1　北宋（960-1127年）・南宋（1127-1279年）の成立

　960年，趙匡胤（太祖　在位960-976年）は後周の皇帝から禅譲を受けて皇帝に即位し，宋王朝（北宋・趙宋）を開いた。1127年に金によって北宋が滅ぼされると，北宋の王族が中国南部に移動して，南宋を開いた。1279年に南宋は元によって滅ぼされた。北宋と南宋の時代，中国仏教には大きな転換があった。北宋初期には，インドや西域諸国からある一定数の経典が伝来して翻訳事業も行われた。しかし，それらの伝訳事業が中国仏教に大きな変容をもたらすほどの影響を与えることはなかった。そして，唐末から断続的に起きた廃仏や五代十国時代の戦乱によって，諸宗の経典が散逸した。しかし，北宋の時代には『大蔵経』の大規模な印刷が行われ，後世の仏教に大きな影響を与えた。さらに，この時代，禅宗がひじょうに発展した。[51]

2　北宋・南宋時代における禅宗の発展

　唐から五代十国時代にかけて，中国の禅宗は臨済，曹洞，法眼，潙仰，雲門の五宗に分かれた（禅宗五家）。北宋初期には臨済宗，雲門宗，法眼宗が栄えた。潙仰宗は五代十国時代に衰え，北宋時代に臨済宗のなかに発展解消した。法眼宗も北宋末期には衰退し，消滅した。雲門宗も北宋末期から次第に衰え，南宋末には消滅した。その代わり，北宋末期から曹洞宗が隆盛するようになった。[52]

51）同上，214頁。
52）同上，234-238頁。伊吹 前掲書26），83-95頁。

　唐の時代，禅僧たちの間でお互いを批評することが流行した。そのなかで，普遍的評価を得ている過去の禅問答が「古則」と呼ばれるようになり，「公案」とも呼ばれるようになった。その後，臨済宗の禅の伝統のなかで，公案は修行者の固定観念を打ち砕き，悟りへと導く手段であると考えられるようになった。有名な公案の例として，「父母未生以前における本来の面目」（慧能），「『狗子（犬）に仏性があるか』，『無』」（趙州）などが挙げられる。北宋から南宋時代にかけて，公案批評が流行するようになった。そのなかで，「拈古（通常の言葉による批評）」，「頌古（詩による批評）」，「著語（短評，コメント）」，「評唱（講評）」など，さまざまな批評の方法が考案された。そして，「頌古」のみを集めた「頌古百則」，「頌古百十則」がさまざまな禅僧によって作られるようになった。南宋時代には，その「頌古」を編集して，『碧厳録』，『従容録』，『無門関』などの禅の語録が作成された。さらに悟りに至るプロセスを表現した『十牛図』も作られた。そして，臨済宗では，修行者が公案をとおして悟りに至らしめる公案禅を実践するようになった[53]。

③　臨済宗の成立

　臨済宗は臨済義玄を派祖とする。臨済義玄の言行録が『臨済録』である。臨済宗は宋代になると大きく発展した。その後，圜悟克勤（1063-1135年）が1125年に『碧厳録』を編集し，臨済禅に大きな影響を与えた。南宋時代，圜悟克勤の弟子大慧宗杲（1089-1163年）は公案を修行のなかで用いる公案禅を大成させた。彼は多くの弟子を持ち，その系統は栄えた（大慧派）。大慧の兄弟弟子である虎丘紹隆（1077-1136年）の系統も盛んになり，この系統からは密庵咸傑（1118-1186年）が出て，密庵門下から松源崇岳（1132-1202年），破庵祖先（1136-1211年）の二人が現れた。松源の系統から虚堂智愚（1185-1269年）が出て，破庵系統から無準師範（1177-1249年）が出た。日本の南浦紹明（1235-1308年）は虚堂智愚に師事し，東福円爾（1202-1280年）は無準師範に師事した。さらに松源派の蘭渓道隆（1213-1278年），破庵派の兀庵普寧（1197-1276年），無学祖元

53）同上，103-104頁，119-124頁。

（1226-1286年）は日本に臨済禅を伝えた[54]。

　臨済宗では「教外別伝，不立文字，直指人心，見性成仏」を説き，教えや経典の言葉に依存せず，修行の中で，身心において悟りを直接体験することを求める。修行者は「己事究明」を行い，自己とは何かを探求する。『十牛図』は自己を探求するプロセスを表現している。そして，臨済宗においては公案禅（看話禅）を実践する。修行者は公案を解くプロセスのなかで，自らの師匠と問答を行う（禅問答）[55]。

4　曹洞宗の成立

　曹洞宗は洞山良价（840-901年）とその弟子，曹山本寂（840-901年）を派祖とする。洞山良价は「無情説法の話」をとおして悟りを開き，洞山で活躍した。五位の思想を確立した。曹洞宗は曹山の兄弟弟子である雲居道膺（うんごどうよう）（902年没）の系統が栄えた。雲居道膺の系統で，丹霞子淳（たんかしじゅん）（1064-1117年）の門下に，宏智正覚（わんし）（しょうがく）（1091-1157年）と真歇清了（しんけつせいりょう）（1088-1151年）という二人が現れた。宏智正覚と真歇清了は公案禅（看話禅）ではなく，黙々と坐禅を実践する「黙照禅」を唱えた。真歇清了の系統から天童如浄（1163-1228年）が出た。日本の道元は天童如浄に師事した[56]。

5　三教一致，儒禅一致論の発展

　北宋，南宋の時代になると，三教一致（儒教，道教，仏教の一致），儒禅一致（儒教と禅の一致）が盛んに説かれるようになった。大慧宗杲も三教一致，儒禅一致を説いた。この時代，禅，儒教，道教は互いに影響し合い，南宋の時代に成立した朱子学は，禅仏教批判を行ったが，実際のところ，禅の影響を強く受けている。さらに南宋の時代，金の領内で成立した道教の新しい一派である全真教も，禅からの影響を強く受けている[57]。

---

54) 鎌田 前掲書1），236-238頁。
55) 沖本克己「禅」廣松ほか編『岩波哲学・思想事典』952-954頁。
56) 鎌田 前掲書1），235頁。伊吹 前掲書26），115，122頁。
57) 同上，124-126頁，139-140頁。

6 禅浄双修

　北宋，南宋時代には，禅と浄土教との融合が進み，禅浄双修の動きが，雲門宗を中心に，臨済宗，曹洞宗の禅僧にも認められる。中国の浄土教は，「唯心浄土」の傾向が強いため，禅との融合が容易であったと考えることができる。禅浄双修，三教一致，儒禅一致論は，元，明の時代にも発展した[58]。

58）同上，124-126頁。

<table>
<tr><td>第**11**章</td><td>日本仏教
——南都六宗・真言・天台・浄土・禅・日蓮</td></tr>
</table>

1　南都六宗

　6世紀の中期，百済の聖明王から使者が遣わされて，日本に仏教が最初に伝えられた。その後，飛鳥時代に聖徳太子が仏教を信奉し，四天王寺や法隆寺を建立し，蘇我馬子とともに仏教の理念にもとづく国家統治を行うことを目指した。奈良時代になると，聖武天皇が仏教に帰依し，鎮護国家の理想のもとに，諸国に国分寺と国分尼寺を造り，東大寺の大仏を建立した。そして，奈良には中国仏教の影響を受けた六つの仏教の宗派（学派）が導入され，後に「南都六宗」と呼ばれるようになった。南都六宗とは，三論宗，成実宗，倶舎宗，法相宗，律宗，華厳宗であった。[1]

2　日本の真言密教

　日本の真言密教の開祖は空海である。9世紀に空海は唐の長安で真言密教を学び，五大・四曼・三密，三密行にもとづく即身成仏，十住心などの密教思想を説き，日本の真言宗を開いた。12世紀に覚鑁が空海の思想にもとづきながら，一密・二密行にもとづく即身成仏，真言密教と浄土教を融合する独自の密教思想を唱えて，後の新義真言宗の祖となった。

1 　空海の生涯——日本真言宗の祖
　平安時代になると，真言密教と天台宗が日本に導入され，後の日本仏教に決

---

1) 箕輪顕量『事典　日本の仏教』吉川弘文館，2014年，116-117頁。

定的な影響を与えた。空海（774-835年）は日本真言宗の開祖であり，弘法大師とも呼ばれる。彼は讃岐国多度郡に，郡司佐伯田公の子として生まれ，俗名を真魚と言った。792年，大学明経科（儒学を学ぶ学科）に入学したが，大学での勉強に飽き足らず，793年優婆塞（在俗修行者）になり，各地の山林で厳しい修行を行った。このとき，彼は「虚空蔵菩薩求聞持法」（記憶力を増進させるための密教の修行。虚空蔵菩薩の真言を一万遍，百日間唱える修行）を修した。このとき，彼は暁の明星が口中に入るという体験をしたという。797年，自らの出家宣言とも言うべき『聾瞽指帰』（のちに『三教指帰』に改題）を著し，儒教，道教，仏教を比較して，仏教が最も優れていることを論証している。804年，具足戒を受けて空海と名乗り，同年唐に渡航し，長安に入る。805年，空海は青龍寺の恵果に師事して，恵果から胎蔵界・金剛界の両部・伝法灌頂を受け，さらに遍照金剛の密号を授けられた。806年，多数の経典，密教法具，仏教絵図などを携えて日本に帰国し，『御請来目録』を朝廷に献上した。

　809年，空海は入京し，京の高雄山寺に身を置いた。810年に勅許を得て密教を教えるようになり，国家鎮護の修法も行じるようになった。812年に空海は最澄に密教の灌頂を授けた。815年，顕教に対する密教の優位性を主張する『弁顕密二教論』を著した。816年，空海は最澄の弟子泰澄をめぐる問題で，最澄と訣別した。さらに同年，勅許を受けて紀伊国の高野山に金剛峯寺を設立した。819年，『即身成仏義』を著した。821年には土木技術の知識を用いて讃岐国に満濃池を造った。そして，823年には京の東寺（教王護国寺）を朝廷より賜った。828年には，綜芸種智院を創建し，貴族や官人の子弟だけではなく，庶民も学ぶことのできる学校を作った。830年頃，『秘密曼荼羅十住心論』，『秘蔵宝鑰』などを執筆した。この頃に，空海の密教思想の体系が完成した。835年には，宮中で後七日御修法を行い，真言宗の年分度者三名が認められた。同年，空海は高野山で入定した。空海は万能の天才であり，仏教だけではなく，詩文，書道にも秀で，さらに科学や土木技術の知識も持っていた。詩文集『性霊集』，『文鏡秘府論』（修辞学の書），『篆隷万象名義』（日本初の漢字辞書）なども著した。[2]

　日本真言宗では，弘法大師信仰が盛んである。空海が入定してから，今でも生きていて，高野山の奥の院で永遠の修行をしていると信じられている。四国八十八箇所巡礼では，巡礼者たちが「同行二人」と書かれた笠をかぶり，弘法大師とともに巡礼をすると理解されている。

2　空海の思想

(1)　六大・四曼・三密

　空海の存在理解は，六大・四曼・三密にまとめられる。第一に六大とは存在の「体（本体）」であり，地・水・火・風・空・識という万物を構成する六つの要素を意味する。この六つの要素から，仏の四種法身（自性法身・受用法身・変化法身，等流法身），衆生世間（生けるものの世界），器世間（生けるものの住する所），智正覚世間（さとりの世界）が生ずる[3]。

　第二に四曼とは存在の「相（現象）」であり，大曼荼羅・三昧耶曼荼羅・法曼荼羅・羯磨曼荼羅を意味する。大曼荼羅は仏菩薩の絵像で表現される。三昧耶曼荼羅は仏菩薩の所持するもので表現される。法曼荼羅は仏・菩薩の種子（それぞれの仏・菩薩を象徴的に表す梵字），真言で表現される。羯磨曼荼羅は仏菩薩の彫像で表現される立体曼荼羅である[4]。

　第三に三密とは存在の「用（作用）」であり，身口意のはたらきを意味する。衆生の三密のはたらき（手に印，口に真言，心に仏の観想）と，大日如来の法身の三密（法界の存在現象，音声，理）が感応しあうとき，衆生と仏との合一，すなわち「仏は我に入り，我は仏に入る（入我我入）」の即身成仏が実現する。衆生の三密と仏の三密が相応しあうことを，三密加持という。三密には「有相の三密」と「無相の三密」がある。有相の三密とは，手に印（身密），口で真言を称え（語密），心で瞑想する（意密）ことである。これに対して，無相の三密とは，一切の身の動作を身密とし，一切の言語を語密とし，一切の思念を意密

2)　頼住光子「空海」廣松渉ほか編『岩波哲学・思想事典』岩波書店，1998年，375-376頁。

3)　空海『即身成仏義』金岡秀友訳・解説，太陽出版，1985年，70-109頁。頼住　前掲書2），375頁。

4)　空海　前掲書3），110-119頁。頼住　前掲書2），375頁。

として，日常生活のなかで実践することである。有相の三密から無相の三密に
発展する。空海の思想のなかで，教相と事相の区別がなされる。教相とは密
教的世界観，事相とは修法の実践を意味する。空海は六大・四曼・三密の教相
にもとづいて，事相（修法の実践）を展開した。自利の面では即身成仏，利他
の面では衆生救済や鎮護国家のための加持祈祷がなされた。

(2)　即身成仏

　即身成仏とは，この肉身のままで仏になることである。空海は即身成仏につ
いて「かの身すなわちこれこの身，この身すなわちこれかの身，仏身すなわち
これ衆生身，衆生身すなわちこれ仏身なり。不同にして同なり，不異にして異
なり」（空海『即身成仏義』）と述べている。

(3)　十住心

　空海によれば，以下の十の段階を経て，人間は究極の悟りに至る。仏教の
なかで密教を最高段階に位置付けている。

　　①異生羝羊心：倫理以前の世界
　　②愚童持斎心：儒教　倫理的世界
　　③嬰童無畏心：道教・バラモン教
　　④唯蘊無我心：声聞乗（小乗仏教）
　　⑤抜業因種心：縁覚乗（小乗仏教）
　　⑥他縁大乗心：唯識思想
　　⑦覚心不生心：中観派
　　⑧一道無為心：天台宗
　　⑨極無自性心：華厳宗

5）空海　前掲書3），120-145頁。頼住　前掲書2），375頁。

6）空海　前掲書3），149-151頁。津田真一「『即身成仏義』」廣松ほか編『岩波哲学・思想事
典』982頁。

7）津田真一「『秘密曼荼羅十住心論』」廣松ほか編『岩波哲学・思想事典』1327-1328頁。

⑩秘密 荘 厳心：真言密教

(4)　阿字観

　阿字観は『大日経』に由来し，空海が弟子の実恵に伝授したと伝えられる『阿字観用心口決』に記されている瞑想法である。この瞑想は梵字の阿字を観て，口で真言を唱え，手で印を結びながら行う。阿字は大日如来を表し，阿字観を行うことによって本来の自己を自覚して，大日如来と一体になることができる。「阿字本不生」と言われるように，阿字は不生不滅であり，万物の根源であると考えられている。阿字観は日本の真言密教で広く実践されている[8]。

③　覚鑁の生涯——新義真言宗の開祖

　覚鑁（1095-1143年）は新義真言宗の開祖であり，興教大師とも呼ばれる。彼は肥前国藤津荘に官人伊佐兼元の子として生まれた。幼名を弥千歳麿と言った。幼い頃から出家の望みを持ち，1107年に京の仁和寺成就院に入り，寛助に師事した。1108年に奈良の興福寺で倶舎，唯識を学んだ。1110年，仁和寺成就院に戻り，出家得度し，覚鑁と名を改めた。その後，再び奈良に行き，興福寺で唯識，東大寺で三論，華厳を学んだ。

　1114年，覚鑁は高野山に行き，高野山の明寂に師事して虚空蔵菩薩求聞持法を七度修した。しかし，なかなか修行の成果が現れなかった。その一方で真言密教の修行にも励み，1121年覚鑁は仁和寺成就院の寛助より，両部灌頂を受けた。1122年，覚鑁は八度目，九度目の虚空蔵菩薩求聞持法を修した。そして，ついに修行の成果が現れ，覚醒の体験を得た。1132年に覚鑁は鳥羽上皇の支援を得て，高野山に大伝法院を建立し，さらに自らの入定の場所として密厳院も造った。覚鑁は1132年に大伝法院で伝法大会を復活した（伝法大会は9世紀に高野山で修行僧の教育研究のために行われたが，いつの間にか消えてしまっていた）。

　1134年，覚鑁は大伝法院の座主と，金剛峯寺の座主を兼ねることになったが，金剛峯寺と東寺からの反発が起き，1135年，覚鑁は金剛峯寺座主職を，東寺長

8) 山﨑泰廣『密教瞑想と深層心理』創元社，1981年，231-236，243-256頁。

者の定海に譲った。そして，覚鑁は密厳院に籠り，発露懺悔文を書いた。その後，覚鑁は再び皆の前に現れて伝法大会で教授したが，再び，密厳院に入室してしまった。金剛峯寺の衆徒たちが大伝法院，密厳院を襲撃するが，覚鑁はこれを逃れ，1140年に高野山を去り，根来山に移った。覚鑁は根来山に明王寺伝法院を創立した。ここで，彼は僧たちに弘法大師の教えを伝え，自ら『五輪九字明秘密釈』，『一期大要秘密集』を著している。1143年，覚鑁は根来山で入滅した。覚鑁は新義真言宗の開祖とされて，現代の真言宗智山派と豊山派は新義真言宗の流れに属する。[9]

4　覚鑁の思想

　覚鑁は空海の真言密教の思想を基盤にしながら，真言密教に新しい展開をもたらした。彼は即身成仏に関して，空海の三密成仏思想を基盤にしながら，一密・二密成仏も可能であることを説いた。そして，密教と浄土教を融合させ，阿弥陀仏の真言を唱えることにより，阿弥陀仏の極楽浄土・大日如来の密厳浄土に往生することができると説いた。そして，独自の曼陀羅理解を示した。

(1)　一密・二密成仏説

　覚鑁によれば，即身成仏に至る四種の行は以下のとおりである。

　①深智相応印明行：三密行

　②事観相応結誦行：三密行

　③唯信作印誦明行：二密行（身口）

　④随於一密至功行：一密行（身口意，いずれか一つ）

　③・④に関しては，行者が大日如来の加持力を深く信じて，二密もしくは一

---

9)　大久保良峻「覚鑁」廣松ほか編『岩波哲学・思想事典』230-231頁。吉田宏哲「覚鑁──真言密教と浄土教」大谷旭雄ほか『永観・珍海・覚鑁──浄土仏教の思想　第十七巻』講談社，1993年，259-320頁。

密の行を修するとき，大日如来の三密の不思議加持力によって，おのずと行者の本有の三密が備わって，三密具足して即身成仏に至る[10]。

(2)　即身成仏と浄土往生——真言密教と浄土教の融合

　一密成仏の場合，大日如来の加持力を深く信じて，口で真言を唱えることにより，即身成仏に至る。最も易しい行である。阿弥陀仏の真言（オン・アミリタ・テイ・ゼイ・カラ・ウン。九字曼荼羅）を唱えることにより，阿弥陀仏の極楽浄土に往生することができる（「南無阿弥陀仏」の六字名号は，顕教に属するため，これを称えない）。阿弥陀仏の極楽浄土に往生して，ついで大日如来の密厳浄土に往生する。覚鑁は往生を現身往生と順次往生とに分けている。現身往生とは，即身成仏（三密，二密，一密の行による即身成仏）である。そして，順次往生とは，阿弥陀仏の本願力を信じ，阿弥陀仏の真言を唱えて，阿弥陀仏の極楽浄土に往生し，ついで（順次），大日如来の密厳浄土に往生する[11]。

(3)　五種曼荼羅説

　覚鑁は空海の四種曼荼羅（四曼：大曼荼羅，三昧耶曼荼羅，法曼荼羅，羯磨曼荼羅）に法界曼荼羅を加えて，五種曼荼羅説を唱えた[12]。

(4)　五輪曼荼羅観

　覚鑁は空海の六大（地，水，火，風，空，識）のうち，識は地，水，火，風，空に遍満していると理解し，六大を大日如来の身体であるとみなす。そして，地，水，火，風，空の五大をサンスクリット語の種子で象徴的に示し，人体の五つの部分のうえに観じた。これが五輪曼荼羅観である[13]。

10）松﨑惠水『平安密教の研究——興教大師覚鑁を中心として』吉川弘文館，2002年，579-597頁。
11）同上，599-619頁。
12）同上，645-653頁。
13）同上，653-663頁。

①空輪─頂輪─髪の生え際より頭頂の部分。

②風輪─面輪─咽喉より頭髪の生え際の部分。

③火輪─胸輪─胸より咽喉の部分

④水輪─腹輪─臍より胸の部分。

⑤地輪─膝輪─膝より下の部分。

(5)　九字曼荼羅観

　覚鑁は阿弥陀仏の真言の九字の句義と字義を観ずることにより，浄土に往生すると説いた。[14]

3　日本の天台仏教

　日本の天台宗の開祖は，最澄である。最澄は唐の天台山で天台仏教を学び，天台智顗の思想にもとづいて，天台，密教，禅，律を総合した新しい天台仏教を築くことを目指した。最澄の死後，円仁と円珍が天台仏教と密教を融合した天台密教を発展させた。

①　最澄の生涯──日本天台宗の開祖

　最澄（767-822年）は，767年，比叡山の麓，滋賀の里に渡来人の子孫である三津首百枝の子として生まれ，幼名を広野といった。778年に近江国の国分寺の行表に師事して，寺院生活に入る。14歳のときに出家得度して沙弥になり，785年に東大寺で具足戒を受け，比叡山に入り，草庵を結んで修行した。787年に「願文」を書く。この「願文」のなかで，最澄は「愚が中の極愚，狂が中の極狂，塵禿の有情，底下の最澄，上は諸仏に違し，中は皇法に背き，下には孝礼を闕けり。謹んで迷狂の心に随ひて三二の願を発す」と述べた。788年，比叡山内に一乗止観院を創建する。791年には「内供奉十禅師（天皇のために病気平癒の祈祷を行う十人の僧のひとり）」に任命される。

---

14)　同上，653-663頁。

802年に天台仏教を学ぶため，入唐求法を朝廷に願い，許可された。804年，最澄は還学生（短期の留学生）として，唐に渡り，台州の龍興寺で道邃に出会う。その後，天台山に行き，行満に就いて，天台仏教を学んだ。さらに禅（北宗禅の伝統）や大乗戒も学んだ。それから，行満とともに龍興寺に戻り，道邃から「一心三観」を一言で伝えられ，さらに菩薩の円戒（大乗戒）を受けた。805年，越州で帰国の出帆を待つ間，霊厳寺の順暁から密教を学び，同年4月に密教伝授の灌頂を受け，「三部三昧耶（三種悉地法における三種類の印と真言）」を授けられた（最澄による密教の受法。天台密教の出発点）。

805年6月，日本に帰国し，朝廷に経典の請来目録『台州録』，『越州録』を提出した。同年9月に，最澄は高雄山寺（現在の神護寺）で密教の「灌頂」を行った。さらに，806年，最澄は天台宗の立宗と天台宗の年分度者（課試に及第し得度を許され沙弥［見習い僧］となる者）を許可してもらうことを朝廷に奏請し，その結果，朝廷は天台宗を公認して，天台宗に年二人の年分度者を与えた。年二人の年分度者とは，止観業（天台仏教の止観）を修する者一人，遮那業（密教）を修する者一人であった。

806年に真言密教を修めた空海が日本に帰国した。最澄は空海から本格的な密教を学びたいと思い，空海から経典の貸与を願うなど，多くの書簡を交わしている。812年，最澄は自分の弟子とともに，空海から高雄山寺から密教の灌頂を受けた。しかし，その後，最澄と空海の間でさまざまな対立が起き，[15]両者の関係は疎遠になってしまった。813年に最澄は『依憑天台義集』を著し，奈良諸宗を批判して，天台宗のすぐれていることを論じ，817年には東国巡化を行い，天台仏教を布教した。

晩年には，817年から822年にかけて，5年にわたり，法相宗の徳一との「三一権実論争（法華権実論争）」を行った。この論争のなかで最澄は『照権実鏡』

15）最澄は空海から密教の灌頂を受けたが，立場上，比叡山を離れることができなかったため，空海の下に行って習学，修行することをしなかった。そこから，空海は最澄に対して次第に厳しい態度を取るようになった。さらに最澄は密教を学ばせるため，自分の弟子たちを空海に託していた。そのなかの一人である泰範が最終的に最澄から離反して，空海の弟子になってしまった。大久保良峻編『山家の大師　最澄』吉川弘文館，2004年，119-127頁。

（817年）を著して，徳一の『仏性抄』を批判した。さらに，『守護国界章』（818年）を著して，徳一の『中辺義鏡』を批判した。その後も論争のなかで『法華秀句』（822年）などを著した。

　さらに最澄は818年から822年にかけて，奈良仏教諸宗と大乗戒論争を展開した。大乗戒（『梵網経』の十重四十八軽戒）にもとづく大乗大僧戒の授受による出家教団の設立を目指して，天台宗僧侶の養成課程について述べた『六条式』（818年），『八条式』（818年），『四条式』（819年）を著して朝廷に奏上した。その後も大乗戒論争のなかで『顕戒論』（820年）などを著した。822年6月4日に最澄は逝去し，その一週間後，朝廷から大乗戒と比叡山における大乗戒壇の設立を許可された。[16]

2　天台密教（台密）の出発点

　最澄が入唐中，順暁から密教の三部三昧耶（三種悉地法における三種類の印と真言）を授けられた。これが天台密教（台密）の出発点となった。

　空海は『秘密曼陀羅十住心論』において，真言密教を最終の第十段階「秘密荘厳心」に位置付け，天台仏教をその二つ下の第八段階「一道無為心」に位置付けている。空海は真言密教のみが密教であり，天台宗を含めたそれ以外の仏教は顕教で，真言密教より劣ったものであるとみなしている。

　これに対して，最澄は「円密一致」を唱え，『法華経』における久遠実成の釈迦如来と真言密教における大日如来とが仏智のうえで一体であると考え，両者の間に優劣はないと考えた（「円教」とは法華経における釈迦如来の教えのことで，「円」とは完璧，完全を意味する）。ただし，最澄は密教を十分に学ぶことができなかったため，天台密教を完成させることはできなかった。天台密教の完成は，最澄の死後，円仁，円珍，安然によってなされることになる。[17]

16）箕輪顕量「最澄」廣松ほか編『岩波哲学・思想事典』568頁。大久保編　前掲書15），33-135頁。
17）同上，85-86頁。

③　最澄の思想

(1)　四宗相承

　最澄は天台智顗の思想にもとづいて，天台，密教，禅，律（大乗戒）を総合した新しい天台仏教を構築しようとした（四宗相承）[18]。

(2)　法華一乗思想

　『法華経』においては，三乗思想と一乗思想が共に説かれている。三乗思想とは，仏教には「声聞」（釈迦の教えを聞いて悟りに至る者），「縁覚」（師によらず，一人で十二因縁を悟る者），「菩薩」（すべての生きとし生ける者たちを助けて，悟りに至る者）という三つの道があるという考えである。これに対して，一乗思想とは，すべての生きとし生けるものが真の悟りに至ることができるという考えである（例，一切衆生悉有仏性）。『法華経』においては，三乗の教えよりも一乗の教えがすぐれていると説かれる。

　徳一は法相宗（唯識思想）にもとづき，法華経が方便の経典であると考えた。彼は法相宗の教えに即して，一切衆生を声聞定性，縁覚定性，菩薩定性，不定性，無性に分ける五性各別説を唱え，菩薩定性・不定性の者は成仏できるが，声聞定性・縁覚定性・無性の者は成仏できないと考えた。そのため，彼は三乗思想こそが真実であり，『法華経』における一乗思想は，方便権教であると主張した。これに対して，最澄はすべての生きとし生けるものは仏性を持ち，真の悟りに至ることができると考えたため，『法華経』における一乗思想が真実であり，三乗思想は一乗思想に導くための方便権教であると主張した[19]。

(3)　大乗戒思想──『山家学生式』

　以下の①，②，③をすべて合わせて，『山家学生式（さんげがくしょうしき）』と呼ぶ[20]。

　①　『六条式』（『天台法華宗年分学生式』818年）

18）同上，82-85頁。
19）同上，136-161頁。
20）同上，162-184頁。

密教（遮那業）・天台教学（止観業）の学び。十二年間籠山。「国宝とは何物
ぞ。宝とは道心なり。道心ある人を名付けて国宝と為す。故に古人言ふ，
『径寸十枚，是れ国宝に非ず。一隅を照らす，此れ則ち国宝　なり』と」。

② 『八条式』（『勧奨天台宗年分学生式』818年）

学生の生活，勉学，修行について。

③ 『四条式』（『天台法華宗年分度者回小向大式』819年）

「回小向大」（小乗戒から大乗戒へ）

4 円仁（慈覚大師）の生涯

円仁（794-864年）は794年，下野国（現在の栃木県）都賀郡に生まれた。15歳
のとき，比叡山に行き，最澄と出会い，その後，最澄の指導のもとで生活する
ようになる。814年の天台宗年分度者（止観業）の一人に選ばれて，出家得度し
た。最澄没後，円仁は比叡山上で修学を続け，外に出て説法することもあった。
40歳のとき，比叡山の北方の峰づたいに隠棲するようになり，このときから横
川の開発が始まったと考えられている。

円仁は遣唐使の請益僧に選ばれ，838年，44歳のときに唐に渡る。彼は揚州
開元寺で密教を学び，五台山大華厳寺で浄土教（法照流の念仏）を学び，長安
の大興善寺，青龍寺，玄法寺で密教を学んだ。彼は大興善寺で金剛界大法の灌
頂を受け，青龍寺で蘇悉地大法を受け，玄法寺で胎蔵界大法を受けた。その後，
845年に唐の武宗による仏教迫害が起き，仏教僧の還俗が命じられたため，円
仁は俗人に身をやつして長安を密かに脱出し，艱難辛苦の旅の末，山東半島の
赤山に至り，そこから847年，日本に帰国した。

848年，円仁は比叡山に戻り，最高の僧位である伝灯大法師位に就き，天台
宗で6人の年分度者が朝廷から認められるようになった。6人の年分度者とは，
止観業を修する者3人，真言胎蔵業（遮那経業）を修する者1人，金剛頂経業
を修する者1人，蘇悉地経業を修する者1人である。851年に『金剛頂大教王
経疏』，855年に『蘇悉地羯羅経略疏』を著した。円仁は最澄の円密一致論をさ
らに発展させて，法華円教と真言密教を包含した一大円教論を打ち立てた。こ

れは後世の天台密教の基盤となる考えであった。

　さらに彼は五台山で学んだ（法照流の念仏）を比叡山に導入した。この念仏
は「山の念仏」と呼ばれ，比叡山の常行堂で実践されるようになった。854年，
比叡山の教団で初めて「座主」を名乗り，864年に逝去した[21]。

5　円仁の思想

　円仁は一大円教論を唱え，天台密教を深化させた。まず，円仁の「円密一致
観」は最澄以来の天台密教の伝統である。円仁が金剛，胎蔵，蘇悉地の三部の
密教を日本に伝えたため，それ以来，三部密教が天台密教（台密）の伝統とな
る。天台密教は胎蔵界を重視する。これに対して，空海の真言密教は胎蔵界・
金剛界のみの両部密教で，金剛界を重視する。そして，円仁は教相判釈を行い，
「顕密二教判」を唱えた。この教相判釈のなかで，三乗教は顕教，一乗教は密
教と位置付けられ，一乗教のなかで華厳経，維摩経，般若経，法華経は「唯理
秘密」であり，『毘盧遮那経（大日経）』，『金剛頂経』は「事理倶密」であると
述べられる。

　さらに円仁は『法華経』における久遠実成の釈迦如来と密教の大日如来（毘
盧遮那仏）とが同体であり，法身・報身・応身（化身）の三身が相即していると
考える。彼は釈迦如来と大日如来との「二仏一体」観に即した円密一致観を基
盤にして，三乗教と一乗教とを相対させて，顕教と密教とを弁別し，密教にお
ける唯理秘密教と事理倶密教とを相対させ，さらにその相対性を一大円教にお
いて止揚した（一大円教判）[22]。

6　円珍（智証大師）の生涯

　円珍（814-891年）は讃岐国（現在の香川県）那珂郡に生まれた。母は空海との
血縁関係にある佐伯氏の出身である。14歳のとき，比叡山に行き，最澄の弟子
義真のもとで出家得度する（遮那業の年分度者）。その後，十二年籠山を始め，

21）木内堯央『最澄と天台教団』講談社，2020年，118-127頁。
22）木内堯央『天台密教の形成——日本天台思想史研究』渓水社，1984年，287-307頁。

籠山中に金色不動明王を感得する（黄不動）。さらに，籠山中，大峯山，葛城山，熊野三山で修験道の修行をしている。

　844年，十二年籠山を修了し，比叡山の真言学頭になる。その後，夢のなかで山王明神から入唐求法するようお告げがあり，853年，円珍は唐に渡り，福州開元寺，天台山国清寺，長安の青龍寺で学び，青龍寺で胎蔵界，金剛界，蘇悉地の大法を受けて，三昧耶戒も受けた。その後，両部曼荼羅について学び，その後，洛陽，天台山に滞在して，858年に日本に帰国した。

　円珍は最澄以来の円密一致の伝統に従って，『法華論記』，『講演法華儀』などを著し，真言密教の大日如来と法華経の久遠実成の釈迦如来が同体であると見ながら，法華経の解釈をしている。さらに円珍は一字仏頂輪王経を重視し，『菩提場所説一字頂輪王経略義釈』を著し，一字仏頂輪王が法身の体であると考えている。一字仏頂輪王とは真言ボロン（भ्रूं）を意味する。

　円珍は年分度者の枠を2人増やし，大日経業と一字頂輪王経業の2人の年分度者を朝廷に請うて許されている。859年，三井の園城寺（三井寺）を修築し，新羅明神の夢告により，多くの経論章疏を収めた。868年には延暦寺の座主職に就任し，円仁一門との融和をはかりながら，比叡山を治めた。891年に逝去した。[23]

7　円珍の思想

　円珍は円仁と同様に天台密教を深化させた。円珍によれば，大日如来と久遠実成の釈迦如来は同体であり，法身・報身・応身の三身が相即している。そして，一字仏頂輪王である真言ボロンは，大日如来と釈迦如来の二仏一体と三身相即をその内に含んでいる。[24]さらに，円珍は天台，密教，禅，律の四宗に加えて，修験道を学ぶことを大切にした。以後，円珍門流の修験道が発展した。

23）木内 前掲書21），127-135頁。木内 前掲書22），324-344頁。
24）水上文義『台密思想形成の研究』春秋社，2008年，107-134頁。

8 　円仁門流と円珍門流の対立──山門派と寺門派

　円仁と円珍の死後，10世紀延暦寺座主や他の地位の任命をめぐって，円仁門流と円珍門流との対立が起きた。10世紀終わりに，円珍門流は比叡山を下り，園城寺（三井寺）に入ることになった。円仁門流は，比叡山延暦寺を本拠地としていたことから山門派と呼ばれ，現在の天台宗を形成している。これに対して，円珍門流は園城寺を本拠地としていたことから寺門派と呼ばれ，現在の天台寺門宗を形成している。[25]

4　日本の浄土教

　日本の浄土教は円仁が唐の五台山の念仏を比叡山に導入してから展開し始めた。平安時代中期，比叡山の横川にいた源信が『往生要集』を著し，日本の浄土教が本格的に発展した。その後，平安時代末期から鎌倉時代にかけて，法然の専修念仏が日本の浄土教の展開に決定的な影響を与えた。法然には多くの弟子がいて，彼らは起行派と安心派に分けられる。起行派から弁長（聖光）が現れ，彼の唱える鎮西義の系統が現在の浄土宗になった。安心派からは証空と親鸞が現れ，証空の唱える西山義の系統が現在の西山浄土宗，親鸞の系統が現在の浄土真宗になった。さらに証空の西山義の系統から，一遍が現れ，現在の時宗の祖となった。

1 　源信の生涯

　源信（942-1017年）は大和国の生まれで，比叡山で良源に師事して得度した。その後，比叡山内の横川に隠棲して，恵心僧都と呼ばれた。984年に源信は『往生要集』を著した。『往生要集』の内容は，後世に大きな影響を与えた。当時は1052年が末法到来の年であると考えられ，末法が間近であると認識され，阿弥陀仏の極楽浄土に往生する思想が高まっていた。その他にも天台宗の学者

として，『即身成仏義私記』，『一乗要決』などを著した。[26)]

2　源信の思想

　『往生要集』においては，阿弥陀仏の極楽浄土へ往生するための念仏を勧める。「厭離穢土・欣求浄土・極楽証拠・正修念仏・助念方法・別時念仏・念仏利益・念仏証拠・往生諸行・問答料簡」の十門より構成されている。「厭離穢土」においては，地獄の様子を詳しく描写し，「欣求浄土」においては，極楽浄土の素晴らしさを説いている。「正修念仏」においては，念仏の実践について述べられており，世親（天親）の『浄土論（往生論）』における礼拝門，讃歎門，作願門，観察門，廻向門の五念門について説明される。観察門においては，阿弥陀仏の身体の観想について述べている。[27)]

3　法然の生涯

　法然（1132-1212年）は，美作国の豪族漆間時国の子として生まれた。父は源内武者定明の夜襲により殺害された。その後，法然は仇討ちをせずに出家するように伝えた父の遺言に従い，13歳で比叡山に登り，15歳のときに出家して天台宗の僧となった。比叡山西塔黒谷で叡空のもとで学び，法然という房号を与えられた。このとき，源信の『往生要集』を学び，浄土教思想にも触れた。また法然は奈良に行き，法相宗，三論宗，華厳宗の学僧のもとで学んだ。

　法然は学識に優れた天台僧で，「智慧第一の法然房」とも言われていた。しかし，彼自身は自分が戒（戒律）・定（精神統一）・慧（智慧）の三学を保てない凡夫であるという意識をもっていた。1175年，法然は43歳のとき，黒谷の経蔵で善導の『観無量寿経疏』の一文「一心に専ら弥陀の名号を念じ，行住坐臥に時節の久近を問わず，念々に捨てざる，これを正定之業と名づく。彼の仏の願に順ずるが故に」を読んで開眼し，専修念仏に目覚めたと言われている。それから，法然は西山広谷にいた念仏聖の遊蓮房円照に会うため，比叡山を下り，

26）大久保良峻「源信」廣松ほか編『岩波哲学・思想事典』467-468頁。
27）大久保良峻「往生要集」廣松ほか編『岩波哲学・思想事典』177-178頁。

遊蓮房の念仏三昧生活を見て，ますます称名念仏による往生，すなわち阿弥陀仏の名号である「南無阿弥陀仏」をひたすら称えて浄土に往生することへの確信を深めた。その後，京都の吉水に住みながら，専修念仏の布教を行った。法然のまわりには貴賤を問わず多くの人々が集まり，天台宗出身の門弟集団が次第に形成されていった。

　1198年，法然は『選択本願念仏集』を著し，専修念仏の教学体系を確立した。しかし，既成の仏教諸宗は法然の専修念仏を徹底的に批判し，1204年に，比叡山の衆徒が専修念仏の停止を天台座主に訴えた。これに対して，法然は門弟たちと協議して，『七箇条制誡』，『送山門起請文』を天台座主に提出した。ところが，1205年に興福寺衆徒が専修念仏の禁止を朝廷に訴えた。1207年2月，ついに朝廷は専修念仏停止の命令を発し，法然の弟子4人が死罪になり，法然と7名の弟子たち（親鸞など）は流罪にされた。法然は僧籍を剥奪され，「藤井元彦」という俗名を与えられて讃岐に流罪にされた（承元の法難）。その後，1207年12月に法然は流罪を赦免されるが，入京を許されず，摂津の勝尾寺に滞在した。1211年に入京を許され，その翌年に京で死去した。[28]

4　法然の思想

(1)　『選択本願念仏集』における称名念仏と浄土往生

　『選択本願念仏集』では，聖道門（難行道）と浄土門（易行道）を区別する。そして，聖道門を捨てて浄土門に帰入することを説く。浄土門に入るときに雑行を捨てて，正行に帰する。この場合，正行とは読誦正行，観察正行，礼拝正行，称名正行，讃歎供養正行を指す（善導『観無量寿経疏』）。これに対して，雑行とは正行以外のすべての実践行（持戒など）を意味する。そして，正行を修するとき，助業（読誦，観察，礼拝，讃歎供養）をかたわらにして，正業，すなわち正定の業である「称名念仏」に専念することを説く。称名念仏こそが阿弥陀仏の本願に順ずる行であるからである。

　阿弥陀仏は称名念仏（仏の名を称えること）を往生の行とする浄土を選んだ。

28）林淳「法然」廣松ほか編『岩波哲学・思想事典』1476頁。

称名念仏こそが浄土往生に至る行であり，浄土往生は他の諸行を交えることなく，称名念仏によってのみ可能になる。法然は『観無量寿経』を重視し，浄土に往生したいと願う者は，『観無量寿経』のなかで説かれる「三心」，すなわち「至誠心」，「深心」，「回向発願心」を起こして称名念仏を行ずるとき，浄土に往生することができる[29]。

(2)　阿弥陀仏（法蔵菩薩）の本願における第18願・第19願・第20願

　『大無量寿経』に説かれる阿弥陀仏（法蔵菩薩）の48の本願のなかで，主要な本願は第18願，第19願，第20願である。このなかで法然は第18願を「念仏往生の願」と呼び，浄土往生のために最も重要な本願であるとみなした。

①第18願の内容

　　たとい，われ仏たるを得んに，十方の衆生，至心に信楽し，わが国に生まれんと欲して，乃至十念せん。もし生まれずんば，正覚を取らじ。ただ五逆と正法を誹謗するとを除く[30]。

　　（現代語訳）もし，私が仏になることができる時が来たとき，十方世界の衆生が，心から信じねがって私の国に生まれたいと欲って十たび深く心に仏を念ずるならば，必ずわが国に生まれるであろう。もし生まれることができないようであれば，私は正覚をひらいて仏にならない。ただし五逆（母を殺す，父を殺す，阿羅漢（煩悩を滅した聖者）を殺す，仏身を傷つけて血を流す，僧団を破壊する，の五つ）の大罪を犯す者と，正しい仏法を謗る者は除かれる[31]。

---

29) 林淳「『選択本願念仏集』」廣松ほか編『岩波哲学・思想事典』962頁。『選択本願念仏集』は九条兼実の懇請によって撰述された。草稿では「南無阿弥陀仏　往生之業念仏為先」のみが法然の自筆で，本文は門弟の証空，真観，安楽の筆による。
30) 藤村義彰『新訳大無量寿経・阿弥陀経』国書刊行会，1993年，40頁。
31) 同上，40頁。

②第19願の内容

　　たとい，われ仏たるを得んに，十方の衆生，菩提心を発し，もろもろの功徳を修め，至心に発願して，わが国に生まれんと欲するに，寿終わる時に臨みて，[われ]もし大衆とともに囲繞して，その人の前に現ぜずんば，正覚を取らじ。

（現代語訳）もし，私が仏になることができる時がきたとき，十方世界の衆生が，菩提を求める心をおこしてもろもろの功徳を修め，心よりねがって我が国に生まれたいと欲するならば，その人の寿が終わる時にあたって，私は極楽浄土の大衆に囲まれてともにその人の前に身を現わすであろう。もしそうでなければ，私は正覚をひらいて仏にならない。

③第20願の内容

　　たとい，われ仏たるを得んに，十方の衆生，わが名号を聞きて，念をわが国に係け，もろもろの徳本を植え，至心に廻向して，わが国に生まれんと欲するに，果遂せずんば，正覚を取らじ。

（現代語訳）もし，私が仏になることができる時が来たとき，十方世界の衆生が私の名号を聞いてわが浄土に思いをかけ，もろもろの徳を積んで，心からその功徳をすべて仏の方にさしむけて私の国に生まれたいと欲うならば，必ずその願は果たされるであろう。もしそうでなければ，私は正覚をひらいて仏にならない。

⑤　法然没後の法然教団──起行派と安心派

　　法然没後，法然門下では，浄土往生の正因が念仏行なのか信心なのか，諸行

32）同上，41頁。
33）同上，41頁。
34）同上，41頁。
35）同上，41頁。

往生の可能性や一念と多念の理解をめぐって，さまざまな考えが生じた。

(1)　起行派——称名念仏の行を重視する立場
　　・弁長（聖光）：鎮西義（現在の浄土宗）。
　　・隆寛：多念義（長楽寺流）。信心や他力を重視した安心派の傾向もある。証空や親鸞への影響。
　　・長西：諸行本願義。称名念仏以外の諸行も阿弥陀仏の本願に順ずる行であると考える。

(2)　安心派——信心を重視する立場
　　・証空：西山義（現在の西山浄土宗）。
　　・幸西：一念義。念仏行よりも信心を重視する。本願への信心が往生の正因であり，聖道門・諸行往生は方便であると考える。
　　・親鸞：真宗義（現在の浄土真宗）

6　弁長の生涯——鎮西義の祖

　弁長（聖光・鎮西上人　1162-1238年）は，筑前国香月に生まれた。9歳のときに出家して聖光房弁長と名乗った。22歳の時に比叡山に登り，観叡，証真に学んだ。29歳のときに故郷香月に帰り，30歳で油山の学頭に任じられ，天台宗の学僧として活躍した。弁長が故郷の明星寺に五重塔を建てるため，勧進をしていたとき，五重塔の本尊を求めて京都の仏師康慶のもとを訪ねた。そして，仏像が出来上がるまでの間，弁長は東山吉水にいた法然を初めて訪ねた。このときに彼は法然に深く感化され，専修念仏の道に目覚めるに至った。本尊が完成した後，弁長は故郷に戻るが，その後伊予国に移り，そこで教化活動を行った。そして京都に戻り，法然に再会して，法然から『選択本願念仏集』を授与された。1204年，弁長は故郷に戻り，それ以後，九州で専修念仏の布教を行った。1207年に一千日別時念仏を修した（このとき，京都で法然と法然の弟子たちへの激しい弾圧が行われていた）。その後，彼は善導寺を建立し，さらに筑前，筑後，

肥後国に多くの寺院を建立した。1212年に師法然が京都で入滅する。1228年，弁長は肥後往生院にて四十八日念仏会を開き，『末代念仏授手印』を著した。そして，法然から直接伝えられた法語「鎮西相承一枚起請文」を書き記して，弟子の入阿に与えた。その後，『念仏名義集』（1231年），『念仏三心要集』（1231年）などの主要著作を続けて書いている。1236年には，然阿 良 忠が弁長の門下に入った。1237年に，弁長は浄土宗の論題を問答形式で講じて，良忠がそれを筆記して『浄土宗要集』を完成させ，浄土宗の思想を体系化した。同年，弁長は『徹選択本願念仏集』を著し，これを弟子の良忠に与えた。そして，翌1238年，弁長は入滅した。[36]

7　弁長の思想──浄土宗の思想

　弁長は法然の思想を基盤にしながら，仏の願いを総願と別願に区別し，浄土往生に至る念仏を総念仏と別念仏に分けて自らの浄土教思想を展開した。

（1）　総願と別願の区別

　弁長は以下のように総願と別願を区別した。[37]

①総願：四弘誓願（仏になろうとする者が誰でも必ず起こす願い）

　　　　・無辺の衆生を済度せん。

　　　　・無量の煩悩を断除せん。

　　　　・無尽の法門を知悉せん。

　　　　・無上の菩提を証得せん。

②別願：ある特定の仏の願い

　　　　釈迦如来の500の大願，薬師如来の12の上願，阿弥陀仏の48願など。

36）梶村昇「弁長の生涯」梶村昇・福原隆善『弁長・隆寛──浄土仏教の思想　第十巻』講談社，1992年，19-134頁。
37）梶村昇「弁長の教学」梶村・福原『弁長・隆寛──浄土仏教の思想　第十巻』149-150頁。

(2)　聖道門における総願と浄土門における総願

　通常，総願は一切諸仏が誰しも持っている願いであるが，弁長によれば，総願のなかに聖道門，浄土門の区別がある。聖道門における総願は，小乗の総願，大乗の総願に分けられる。これに対して，浄土門における総願（四弘誓願）とは，浄土往生のための念仏の正行も助行も，まず①衆生と共に往生せんと願い，②衆生と共に法門を知らんと願い，③衆生と共に，穢土を離れ浄土に往生せんと願い，④衆生と共に成仏せんと願うことである。法蔵菩薩の行も，この浄土の四弘誓願（総願）を成就するためであった。[38]

(3)　阿弥陀仏の別願

　弁長によれば，阿弥陀仏の別願は48願であり，そのなかで第18願は「称名往生の願」，第19願は「来迎の願」，第20願は「係念定生の願」である。[39]法然は『選択本願念仏集』のなかで，第18願を「念仏往生の願」と呼んでいたが，弁長は「称名往生の願」と呼んで，称名念仏の実践を強調する。[40]

(4)　総念仏・別念仏（総の念仏・別の念仏）

　法然は『選択本願念仏集』のなかで，称名念仏の一行だけを阿弥陀仏の本願の行であるとして，称名念仏を専修すべきであると考えた。そして，他の諸行（戒・定・慧も含む）はすべて非本願の行であるとして廃捨した。

　法然の死後，法然門下では，称名念仏と諸行との関係が問題になり，諸行は非本願か本願か，諸行の往生は許されるのか，許されないのかということが議論された。弁長は「六度万行」（六波羅蜜，すなわち大乗仏教の一切の諸行。聖道門の一切の行，称名念仏以外の浄土門の一切の行を含む）を「総念仏」，称名念仏を「別念仏」と理解し，諸行による往生，称名念仏による往生を共に認めた。法蔵菩薩も浄土門の四弘誓願（総願）にもとづいて，自ら48願（別願）を立てて

38）同上，151頁。
39）同上，152-153頁。
40）同上，153頁。

一切の諸行を修し，悟りを開き，阿弥陀仏となった。そして，凡夫が称名念仏によって往生できる道が開かれた。弁長は聖道門と浄土門の両方を共に学ぶことを認める。[41]

(5)　結帰一行説

　弁長は浄土教で行ずる行を以下のように「六重二十二件」にまとめ，最終的に念仏の一行に結帰するという「結帰一行説」を唱えた。[42]

(6)　六重二十二件の内容
　①五種正行：読誦・観察・礼拝・称名・讃嘆供養
　②正助二行：称名の一行が正行，その他の読誦・観察・礼拝・讃嘆供養は助
　　　　　　　行。助行を用いるか，用いないかは任意である。
　③三心
　　・至誠心：虚仮心を捨て，真実心をもって念仏を行ずる心。
　　・深心：疑う心を起こさずに，阿弥陀仏の本願力を信じて本願の念仏をた
　　　　　　のむ心。
　　・回向発願心：自ら行う正助二行をもって往生を得ようと願う心。
　④五念門
　　・礼拝門（身業）：阿弥陀仏を礼拝する。
　　・讃嘆門（口業）：阿弥陀仏を讃嘆する。
　　・観察門（意業）：浄土と阿弥陀仏を観想する。
　　・作願門（意業）：浄土に生まれたいと願う。
　　・回向門（意業）：自ら行った善をもって浄土に回向する。
　⑤四修
　　・恭敬修：西方に背を向けずに，本尊を安置し，香花を供え，身を浄め，
　　　　　　　すべてに慎み深く丁寧に生きる。

---

41) 同上，181-194頁。
42) 同上，166-180頁。

- 無余修：一向に阿弥陀仏の名号を念じて，余行をまじえない。
- 無間修：隙なく念仏を行じ，隙なく阿弥陀仏に仕え，香花を供養し，阿弥陀経を読誦し，正助二行を絶え間なく修する。
- 長時修：浄土の教えに帰してから，臨終に至るまで，恭敬・無余・無間の三修を保つ。

⑥三種行儀

- 尋常行儀：日常の念仏の行じ方。時や場所を定めず，ありのままで念仏する。特別な道場の必要はなく，行住坐臥のどんな場合でも念仏を唱えればよい。
- 別時行儀：日時，場所を定めて規則通りに念仏を行う。道場にて衣服を整え，食事の制限などを設けて，一日，七日，九十日を一期として，一向に念仏する。
- 臨終行儀：本尊を東に向けて安置し，灯明を点ずるなど，別時行儀の作法に順じ，来迎引接（阿弥陀仏と諸菩薩が，臨終の念仏行者を迎えに来ること）の思いに住して一心に念仏する。

　これらは平生・別時・臨終のときの念仏であるが，このなかで臨終のときの念仏が大切である。

⑺　結帰一行

　三心，五念門，四修，三種行儀は皆，念仏一行に結帰する。

8 証空の生涯——西山義の開祖

　証空（1177-1247年）は，源親季の子として生まれた（9歳のとき，源通親の猶子となる）。14歳の時，東山吉水で法然門下に入り，浄土教，天台仏教を学んだ。それ以来，証空は浄土教の念仏と天台仏教の円頓戒を共に重要視するようになった。1198年，師法然の『選択本願念仏集』の撰述に参加し，「勘文」の役（書物を書き記すときに，典拠となる経典の言葉を探し出す役目）を務めた。1209年，証空は河内磯長の聖徳太子御陵で，願蓮に天台仏教の止観を学び，1211年，聖

徳太子御陵に二重の塔婆を立てて，仏舎利を納めた。そして，その後，証空は天台密教も学んでいる。1212年，師法然が入滅すると，翌1213年，証空は慈円から譲られて西山善峯寺の北尾往生院（三鈷寺）に移り，そこで布教をした（証空が「西山上人」と呼ばれる由縁）。証空は往生院で，三種の行事，すなわち「不断念仏」（日時を定め絶え間なく念仏すること），「六時礼讃」（時刻を定め一日に六回，阿弥陀仏を礼讃すること），「問答論議」（問答をとおして教理の学びを深めること）を定めた。そして，1217年，証空は仁和寺で偶然，善導の『般舟讃』を発見する。そして，1229年，大和の当麻寺に参詣し，当麻曼荼羅が善導の『観無量寿経疏』の内容に従って構成されていることを発見する。その後，証空は信濃の善光寺，関東，陸奥を旅して布教し，各地に寺院を建立した。1238年，証空は武庫川に橋を架け，橋に近い生瀬の里に，浄橋寺を建立した。1244年，浄橋寺の梵鐘が鋳造され，その梵鐘に証空の仏教思想の内容が刻まれている。1247年，証空は京都の白川遣迎院にて入滅した。主著『観門義』，『他筆鈔』，『白木念仏法語』[43]など。

9　証空の思想——西山浄土宗の思想

　証空は法然の思想を基盤にしながら，善導の『観無量寿経疏』から独自の用語を編み出して，自らの浄土教思想を展開した。

(1)　行門・観門・弘願の三門

　①行門：自力修行の法門。聖道門。顕行。

　②観門：弘願（阿弥陀仏の本願のはたらき）を観照する法門。示観。

　③弘願：一切衆生を救う阿弥陀仏の救済意志。

　衆生は行門から観門に入り，観門から弘願に帰入する。弘願に帰入すると，一度は自力行として捨てられた定善（阿弥陀仏とその浄土を十六の方法を用いて観

43）上田良準「西山上人証空の生涯」上田良準・大橋俊雄『証空・一遍——浄土仏教の思想第十一巻』講談社，1992年，6-74頁。

想すること）と散善（浄土に往生するために，悪を避け，善を行うこと。三福と九品）
も，念仏にもとづいて実践されるようになる。法然は諸行の「頸を切った」が，
証空は諸行を「生け捕り」にしたと言われる。証空の念仏は「諸行生け捕り」
の「三業さながら南無阿弥陀仏」と呼ばれる[44]。

(2)　顕行と示観

　　①顕行：『観無量寿経』の定善・散善を，自力修行の「行門」であると認識
　　　　　する立場である。

　　②示観：『観無量寿経』の定善・散善を，すべてのものを平等に救う阿弥陀
　　　　　仏の弘願を知らしめる他力の「観門」であると認識して，阿弥陀仏
　　　　　の本願のはたらきを認識して，他力を領解する立場である。顕行か
　　　　　ら示観へ移行する[45]。

(3)　証空による『観無量寿経』の三心の解説

　　証空は『観無量寿経』の「三心」（至誠心，深心，回向発願心）を以下のように
理解した。第一に至誠心とは真実心であり，法蔵菩薩の真実心に由来する。第
二に深心とは善導が『観無量寿経疏』のなかで説く機の深信と法の深信である。
機の深信は，「自身は現にこれ罪悪生死の凡夫，曠劫よりこのかたつねに没し，
つねに流転して，出離の縁あることなしと信ず」という内容を持つ。そして，
法の深信は「かの阿弥陀仏の四十八願は衆生を摂受して，疑なく慮りなくかの
願力に乗じて，さだめて往生を得と信ず」という内容を持つ。そのうえで，証
空は機の深信と法の深信との関係について「生仏不二（機法一体）」を説く。証
空は「爰に衆生は仏の願力に依りて往生を成じ，弥陀は衆生の信心に依りて正
覚を顕す。然れば，往生を離れて別に仏の正覚も無く，仏の正覚を離れて往生
も無しと信ずるなり」と述べている。すなわち，衆生が浄土に往生することと，

44）上田良準「証空の浄土仏教」上田・大橋『証空・一遍——浄土仏教の思想　第十一巻』
92-95頁。
45）同上，96-97頁。

法蔵菩薩が正しい悟りを開いて阿弥陀仏に成ることは，一体の出来事である。
十劫の昔，法蔵菩薩が悟りを開いて阿弥陀仏に成ったとき，衆生の往生はすで
に定まったと考えているのである。第三に廻向発願心とは，すべての行（聖道
門・浄土門のすべての行）が，法蔵菩薩の本願と修行によって成就されたもので
あることを喜び，それらの行を実践して浄土に生まれたいと願うことである。
証空は「帰命の一心即三心」が浄土往生の「正因正定業」である南無阿弥陀仏
そのものであると考える。[46]

(4)　証空の念仏理解

　証空は「但し，念仏といふは，仏を念ずるなり。仏を念ずるといふは，其の
仏の因縁を知りて，その功徳を念ずるを，真の念仏とはいふなり」（証空『女院
御書』）と述べる。真の念仏とは，法蔵菩薩が48の本願を発したこと，法蔵菩
薩が兆載永劫の修行をしたことの因縁を知って，法蔵菩薩が悟りを開いて阿弥
陀仏と成ったことを念ずる行である。

　十劫の昔，法蔵菩薩が悟りを開いて阿弥陀仏に成ったときに，衆生の往生は
すでに定まっている。そのため，衆生が南無阿弥陀仏という六字の名号を声に
出す前に，すでに往生は定まっている。証空は「声に唱へ出す所は，我が往生
の色の声に出づるなり。これについて，念仏申すに依りて仏の摂取して捨てた
まはぬぞといふにはあらず。念仏に依て往生すとにはあらず，念仏即往生」と
述べる。すなわち，念仏することによって浄土に往生するというのではなく，
念仏の声は浄土往生がすでに定まっているがゆえに出るのであると考える。証
空は「全分願力」，「全分他力」という言葉を用いて，絶対他力を表現する。そ
して，「離三業の念仏」，「白木の念仏」という言葉を用いて，自力の計らいか
ら離れた他力の念仏を表現する。[47]

---

46)　同上，114-128頁。
47)　同上，128-136頁。

(5)　証空の往生理解——二種往生

　証空は即便往生と当得往生という二種類の往生を示す。第一に即便往生とは，阿弥陀仏の弘願の謂れ（法蔵菩薩が一切衆生を救うために，本願を発し，修行して悟りを開いて阿弥陀仏に成ったことにより，衆生の浄土往生がすでに定まっており，阿弥陀仏が自らの心を南無阿弥陀仏の名号として衆生に与えられたこと）を聞いて阿弥陀仏の心と一体になり，南無阿弥陀仏が口から出て，浄土往生を体験している姿である。これは平生往生，すなわち今この世で生きているときに体験する往生である。第二に当得往生とは，臨終において南無阿弥陀仏を称えるとき，阿弥陀仏の来迎に与って浄土に行くことである。即便往生と当得往生は平生と臨終の違いはあるが，一人の上に同時に論ずべき往生観である（臨平一同）[48]。

10　親鸞の生涯——浄土真宗の開祖

　親鸞（1173-1262年）は貴族の日野有範の子として生まれ，少年時代，京都の青蓮院にて，のちの天台座主の慈円のもとで得度した。その後，比叡山に入り，堂僧として修学しながら，厳しい修行にも励んだ。29歳のときに比叡山を下りて，六角堂で100日間参籠し，夢のなかで聖徳太子からのお告げを受けた。そして，吉水の法然のもとに行き，法然の教えを聞いて法然に入門し，専修念仏の道に入った。1205年には『選択本願念仏集』の書写を許可される。1207年に法然の専修念仏が弾圧されたとき，親鸞は僧籍を剥奪され，「藤井善信」の俗名を与えられ，越後国に配流された。それ以来，親鸞は「愚禿」と名乗るようになった。配流前後の時期に妻帯していたと考えられる。

　1211年に赦免を受けると，常陸国笠間郡稲田郷に移住した。そこで，稲田の草庵を本拠地にして東国で布教活動を行った。このとき，主著『教行信証』の草稿を書いたと考えられている。1232年に京都に戻り，著作活動を行うようになる。70歳代で『教行信証』を完成させ，80歳代のときに，多くの著作を書いた。さらに東国で異端的な教えを説いた長男善鸞を義絶した。その後，1262年に親鸞は京都で亡くなった[49]。

48）富永真光「往生」中西随功監修『證空辞典』東京堂出版，2011年，37-38頁。

⑪　親鸞の思想——浄土真宗の思想

(1)　信心と往生

　親鸞は阿弥陀仏の名を称える「行の一念」ではなく，阿弥陀仏の本願を信じる「信の一念」を重視する。親鸞の弟子唯円は『歎異抄』のなかで，信心と往生に関わる親鸞の言葉に言及する。

　　　弥陀の誓願不思議にたすけられまいらせて，往生をばとぐるなりと信じて，念仏まうさんとおもひたつこころのおこるとき，すなわち摂取不捨の利益にあづけしめたまふなり。弥陀の本願には老少善悪の人をゑらばれず。ただ信心を要とすとしるべし。そのゆへは，罪悪深重，煩悩熾盛の衆生をたすけんがための願にてまします（『歎異抄』第1段）[50]。

　私たちは自らの罪悪と煩悩が重いために，輪廻のなかで流転し続けて救われがたい身であることを自覚する（機の深信「自身は現にこれ罪悪生死の凡夫，曠劫よりこのかたつねに没し，つねに流転して，出離の縁あることなしと信ず」）。しかし，このとき，阿弥陀仏の本願のはたらきが及んで，阿弥陀仏が罪悪の深いこの自分を必ず救ってくださると信じる（法の深信「かの阿弥陀仏の四十八願は衆生を摂受して，疑なく慮りなくかの願力に乗じて，さだめて往生を得と信ず」）。これが阿弥陀仏から信心が与えられた瞬間である。親鸞の場合，信心とは阿弥陀仏の心を意味する。今ここで，私たちの自己が信心をいただくとき，念仏がおのずから口から出て，最終的な落ち着きに至り，未来に浄土に往生することが確定する。信心が定まって未来に浄土に往生することが定まった者を「現生正定聚」と呼ぶ。親鸞の場合，『観無量寿経疏』の機の深信と法の深信が互いに相矛盾しながらも逆接的に相即するという関係を持つ。これは証空の「生仏不二（機法一体）」という機の深信と法の深信との関係の理解とは異なるものである。

49）佐藤弘夫「親鸞」廣松ほか編『岩波哲学・思想事典』848頁。
50）唯円『歎異抄』金子大栄編『親鸞著作全集　全』法蔵館，1964年，674頁。

(2)　悪人正機

親鸞は『歎異抄』のなかで，「善人なをもちて往生をとぐ。いはんや悪人をや」（『歎異抄』第3段）と述べる。この場合，善人とは，自分の努力で往生のために功徳を積むことができると考えている人である。このような人は他力をたのむ心が欠けている。これに対して，悪人とは，自分の罪悪を深く自覚している人であり，自分の力で往生のために功徳を積むことのできぬ人である。このような人は他力をたのむ心を持っているため，浄土往生に至る。

(3)　三願転入

親鸞によれば，私たちが真の信心をいただき，真の浄土に至るまでに第19願から第20願へ，第20願から第18願へというように，三つの本願の立場に展開していく。これが三願転入である。

第一に第19願の立場とは，諸行を修めて浄土に往生しようとすることである。自らの力をたのんで，精神を統一して仏や浄土を観想したり（定善），善い行いをしたりして（散善），その功徳によって浄土に往生しようとする。このような人々は「邪定聚の機」と呼ばれ，「双樹林下往生」に至る。第19願の立場は『観無量寿経』に対応する。

第二に第20願の立場とは，自力で念仏を称えて浄土に往生しようとすることである。自らの力で阿弥陀仏の御名（南無阿弥陀仏）を称え，自らの功徳をさしむけて，浄土に往生しようとする。このような人々は「不定聚の機」と呼ばれ，「難思往生」に至る。第20願の立場は『阿弥陀経』に対応する。

第三に第18願の立場とは，阿弥陀仏の本願のはたらきによって信心が与えられるとき，未来で浄土に往生することが定まることである。このような人々は，「正定聚の機」と呼ばれ，「難思議往生」に至る。第18願の立場は『大無量寿経』に対応する。

---

51) 同上，676頁。

(4)　三心一心

　親鸞は第18願「たとい，われ仏たるを得んに，十方の衆生，至心に信楽し，わが国に生まれんと欲して，乃至十念せん。もし生まれずんば，正覚を取らじ」のなかの「至心（清浄，真実の心）」，「信楽（阿弥陀仏を疑いなく信じる心）」，「欲生心（浄土に生まれたいと願う心）」が，「信楽（信心）」という一心におさまると考えた。これを「三心一心」と呼ぶ。

(5)　阿弥陀仏の仏身と仏土

　親鸞は阿弥陀仏の仏身を表現するために，曇鸞の「法性法身」と「方便法身」という概念を用いる。親鸞の場合，法性法身とは真理（ダルマ）そのものであり，かたちなく言葉で言い表せない永遠不滅の現実（真如，空）である。そして，方便法身とは，生きとし生けるものを救うために，法性法身がかたちを取り，法蔵菩薩となって本願を立てて修行し，阿弥陀仏となった仏の身であると考える。さらに親鸞は阿弥陀仏の仏土を表現するために，真仏土と化身土という概念を用いる。親鸞の考える浄土とは，法蔵菩薩の本願と修行に報いて実現されたものである。第一に真仏土（阿弥陀仏の真実の浄土）とは，阿弥陀仏の光といのちそのものであり，第18願の立場の人々に対して顕れる仏土である。第二に化身土（仮の仏土）とは，第19願，第20願の立場の人々に対して顕れる仏土である。真実の浄土に導く手立てとしてある。

(6)　二種廻向

　廻向とは自分の行った善行を人々のためにさしむけることである。しかし，親鸞においては，廻向は他力の廻向，すなわち阿弥陀仏の本願のはたらきを意味する。第一に往相廻向とは，阿弥陀仏が衆生を浄土に往生せしめるはたらきである。第二に還相廻向とは，浄土に往生して仏となった者たちを，阿弥陀仏が再びこの世に還らしめ，苦しんでいる者たちを救わしめるはたらきである。

(7)　自然法爾

　親鸞は晩年，自然法爾の境地に至った。親鸞は「末燈抄」のなかで自然法爾
について以下のように述べる。

　　　自然といふは，自はをのづからといふ，行者のはからひにあらず，然と
　　いふはしからしむといふことばなり。しからしむといふは，行者のはから
　　ひにあらず，如来のちかひにてあるがゆへに法爾といふ。法爾といふは，
　　この如来の御ちかひなるがゆへに，しからしむるを法爾といふなり」（『末
　　燈抄』第五[52]）。

　自然法爾とは，自力のはからいから離れて，阿弥陀仏の本願のはたらきにす
べてをゆだねて，自由にとらわれなく生きることである。

⑫　一遍の生涯——時宗の開祖

　一遍（1239-1289年）は，伊予国で河野七郎道広（武士）の子として生まれた。
10歳のとき，母と死別して継教寺（天台宗）で出家し，随縁という名を与えら
れた。その後，13歳の時，九州に行き，大宰府で証空の弟子聖達のもとを訪
ね，その後，肥前国で華台に師事した。そこで，名を智真と改めた。そして，
14歳の時，一遍は再び聖達のもとに戻り，11年間，証空の西山義を学んだ。25
歳のとき，父の通広が亡くなり，家を継ぐために，伊予国に帰って還俗した。
そして，妻子を持ち，在俗の生活を送った。1271年，信濃の善光寺に参詣して，
二河白道の譬えにある本尊阿弥陀仏を感得し，それを絵図に描いた。そして，
伊予国に戻り，3年間，窪寺の庵室で専修念仏の生活に入った。そのとき，
「十劫正覚衆生界，一念往生弥陀国，十一不二証無生，国界平等坐大会（十劫
に正覚す衆生界，一念に往生す弥陀の国，十と一とは不二にして，無生を証し，国と界
とは平等にして大会に坐す）」という「十一不二の偈」を感得した。そして，伊
予国菅生の岩屋に参籠して真言密教を学んだ。

52）親鸞『末燈抄』金子編『親鸞著作全集　全』587頁。

　1274年，在俗生活から離れて，再び出家生活に入り，同行三人（妻の超一，娘の超二，下女の念仏房）とともに，伊予国を出立して，遊行の旅に出た。その後，一遍は摂津国四天王寺に参詣し，念仏札を人々に配ること（賦算）を始めて，念仏を勧めた。そして，高野山，熊野にも参詣した。熊野本宮の参詣中，熊野権現からの啓示を受けて，賦算のより深い意義を知らされ，名を一遍と改めた。その後，一遍は熊野新宮を参詣し，そこで妻子（超一，超二）と別れた。そして，「六字名号一遍法，十界依正一遍体，万行離念一遍証，人中上々妙好華（六字の名号は一遍の法なり，十界の依正は一遍の体なり，万行を離念して一遍を証す，人中上々の妙好華なり）」という「六十万人偈」を感得した。その後，一遍は熊野那智神社に詣でて，京都を経て，伊予国に行き，九州を旅した。その頃，最初の弟子，真教他阿弥陀仏が一遍に入門した。遊行の旅のなかで，一遍の教えに従う者たちが次第に増え，「時衆」という共同体が形成されていった（出家して一遍とともに遊行する者は道時衆，家にとどまって在俗生活する者は，俗時衆と呼ばれた）。そして，一遍と弟子たちは中国地方や信濃に行き，佐久郡伴野の市庭で踊念仏を始めた。1282年に鎌倉に入ろうとしたが，偶然に執権北条時宗の一行に出会って，鎌倉入りを阻止された。その後も，一遍と弟子たちは賦算（「南無阿弥陀仏　決定往生六十万人」と書かれた念仏札を配ること）と踊念仏をしながら布教し，全国を旅した。そして，1289年に一遍は兵庫で入滅した。[53]

13　一遍の思想

(1)　遊行と捨聖

　一遍の有名な歌に「唱ふれば仏もわれもなかりけり　南無阿弥陀仏　なむあみだ仏」，「すてはてて身はなきものとをもひしに　さむさきぬれば風ぞ身にしむ」という二首がある。[54]これは一遍が念仏三昧と遊行生活のなかで至った境地を表している。一遍は「捨聖」と呼ばれ，家を捨て，衣食住を捨て，親族を

---

53)　大橋俊雄「一遍智真の生涯」上田・大橋『浄土仏教の思想　第十一巻　証空・一遍』145-334頁。
54)　同上，343頁。

捨て，世も寺も経典もすべてのものを捨てた。そして，彼は一所不住の遊行生活をしたのである。

(2)　「十一不二の偈」──西山義からの影響

　一遍は若い頃，聖達や華台のもとで，証空の西山義を学んだ。そのため，彼は西山義における「生仏不二（機法一体）」思想から影響を受けている。西山義においては，衆生が浄土に往生することと，法蔵菩薩が正しい悟りを開いて阿弥陀仏に成ることは，同一の出来事である。十劫の昔，法蔵菩薩が悟りを開いて阿弥陀仏に成ったとき，衆生の往生はすでに定まったと考える。

　一遍が伊予国の窪寺で感得した「十一不二の偈」は，西山義の「生仏不二（機法一体）」思想の延長線上に出てきたものである。「十一不二の偈」においては，「十劫正覚衆生界，一念往生弥陀国，十一不二証無生，国界平等坐大会（十劫に正覚す衆生界，一念に往生す弥陀の国，十と一とは不二にして，無生を証し，国と界とは平等にして大会に坐す）」と言われている。その意味は，法蔵菩薩が本願を立てて，十劫の昔に悟りを得て阿弥陀仏になったが，そのとき衆生が阿弥陀仏の浄土に往生することが約束された（十劫正覚衆生界）。衆生は南無阿弥陀仏と称えるただ一声の念仏で，生けるその身のままの姿で浄土に往生できる（一念往生弥陀国）。十劫の過去に，法蔵菩薩が長い修行の末に悟りを開いて仏になったことと，衆生がただ一声の念仏で浄土に往生することとは同一の出来事であり，そこには生も死もない（十一不二証無生）。阿弥陀仏の浄土と衆生界は時間的・空間的隔たりがあるが，一つのものであり，「法会座には仏も衆生も同時同座に席を同じくしている」のである（国界平等坐大会）[55]。

(3)　「六十万人偈」──熊野における信から行への転換

　伊予国を出立する前から，一遍は念仏札を人々に配ること（賦算）を実践していた。はじめ彼は「一念の信をおこして南無阿弥陀仏ととなへて，このふだをうけ給べし」と述べているように，人々に一念の信を起こしてから，念仏を

55）同上，337-338頁。

称えることを要求していた。しかし，それに対して，熊野権現は「融通念仏
すゝむる聖，いかに念仏をばあしくすゝめらるゝぞ，御房のすゝめによりて一
切衆生はじめて往生すべきにあらず，阿弥陀仏の十劫正覚に，一切衆生の往生
は南無阿弥陀仏と必定するところ也，信不信をえらばず，浄不浄をきらはず，
その札をくばるべし」と述べた。その意味は，自らのはからいにより，阿弥陀
仏を信じさせ，念仏を申させて，そのうえで往生を約束するというのは増上慢
である。一切衆生が阿弥陀仏の浄土に往生することは，すでに法蔵菩薩が十劫
の昔，悟りを開いて阿弥陀仏になったときから定まっているのだから，彼らに
信があろうがなかろうが，浄であろうが不浄であろうが，差別することなく，
縁あるすべての人々に札を配って差し支えないということである。

　この熊野権現の言葉から，一遍は深い回心を体験し，「六字名号一遍法，十
界依正一遍体，万行離念一遍証，人中上々妙好華（六字の名号は一遍の法なり，
十界の依正は一遍の体なり，万行を離念して一遍を証す，人中上々の妙好華なり）」と
いう「六十万人偈」を感得した。その意味は，六字の名号はすべての教えを収
めており（六字名号一遍法），十の法界（地獄・餓鬼・畜生・修羅・人・天・声聞・
縁覚・菩薩・仏）に住むすべての生きとし生けるものが，善悪邪正を問わず，
この名号の徳に照らされたとき，衆生の身は仏の本体と差別なく平等になる。
そして，すべての修行は六字の名号に包まれているのであるから，おのれの計
らいを捨てて，名号さえ称えれば絶対不二の悟りを得ることができる（万行離
念一遍証）。このようにして，名号を称え，悟りを得た人こそが，人間のなかの
上々人であり，泥のなかから咲き出た清浄な蓮華にたとえられるような人であ
る（人中上々妙好華）。[56]

(4)　当体の念仏――念仏理解

　一遍にとって，一念の念仏とは，一回限りの念仏ではなく，「只今の念仏」，
時々刻々の称名を意味する。ひとたびの念仏が当体の一念である。法蔵菩薩が
本願を発して衆生を救うことができなければ仏にならないと誓い，その結果，

56）同上，350-352頁。

十劫の昔，法蔵菩薩は修行の結果，六字名号を成就して悟りを開いて阿弥陀仏となった。そのため，阿弥陀仏と南無阿弥陀仏という六字の名号は一体である。そして，法蔵菩薩が悟りを開いて阿弥陀仏となったからには，衆生が救われることが前提となっており，信じるも信じないもなく，ただひとたび南無阿弥陀仏と称える一念だけで往生が約束される。この私が阿弥陀仏の名号を称えて，阿弥陀仏に自らの身をささげてゆだねるとき，私は阿弥陀仏と同体になっている。そのとき，私の心や行いなど，一挙手一投足が阿弥陀仏の行為そのものとなる（機法一体）。私が南無阿弥陀仏を称えるのではなく，南無阿弥陀仏が南無阿弥陀仏を称えている[57]。

(5)　往生理解

　一遍は「出る息入る息をまたざる故に，当体の一念を臨終とさだむるなり。しかれば念々臨終なり，念々往生なり」と述べて，一念一念が往生であり，念仏即往生，称名即往生という往生理解を示す。一遍は，臨終の時でなければ浄土に往生できないとか，平生に往生するといった区別をしない（臨終即平生，臨平一致）。時々刻々にうつっている只今が，死の深淵にさしかかっていて，この只今がすなわち当体の一念であり，この土にありながら，その身そのままの姿で往生を得ることができる。一遍の場合，西山義のような即便往生，当得往生という区別は設けないが，平生における往生と臨終における往生を一体に見るという点では，西山義の影響を受けていると言える[58]。

5　日本における禅——日本臨済宗と日本曹洞宗

　平安時代末期から鎌倉時代にかけて，栄西が臨済宗の禅を，道元が曹洞宗の禅を宋から日本にもたらした。その後，日本と中国の間で禅僧の交流が行われ，日本の臨済宗と曹洞宗は大きく発展した。江戸時代には，臨済宗の隠元 隆 碕

57）同上，365-368頁。
58）同上，359-365頁。

が中国から日本に渡来し，明朝の臨済禅を伝え，黄檗宗を開いた。さらに江戸時代，臨済宗の白隠慧鶴が新しい公案体系を作り，日本の臨済禅に決定的な影響を与えた。

1　栄西による臨済禅の移入

　臨済宗の禅は，鎌倉時代，明庵栄西（1141-1215年）によって初めて日本に伝えられた。栄西はもともと天台宗の僧であったが，宋に渡り，臨済宗黄龍派で修行し法を得て，1191年に日本に帰国した。比叡山による妨害もあったが，北条政子や将軍源頼家らの帰依を得て，鎌倉に寿福寺，京都に建仁寺を創建し，日本に臨済禅を伝えた。ただし，建仁寺は禅のみを修する「純禅」の道場ではなく，比叡山の別院，天台・真言・禅の三宗兼学の道場として創建されたため，「兼修禅」であった。

　栄西の門下には，明全（1184-1225年），退耕行勇（?-1241年），栄朝（?-1247年）などのすぐれた弟子がいた。明全の弟子が道元（日本曹洞宗の祖），退耕行勇の弟子が心地覚心（普化宗の祖），栄朝の弟子が東福円爾であった。心地覚心（1207-1298年）は宋に渡り，無門慧開（1183-1260年）の下で修行して法を嗣ぎ，日本に帰国して普化宗を開いた（尺八を持つ「虚無僧」は普化宗の僧）。東福円爾（聖一国師　1202-1280年）は無準師範（1177-1249年）のもとで修行して法を嗣ぎ，日本に帰国して，東福寺の開山となった。東福円爾は宋の禅の思潮の影響を受けて，日本で三教一致，教禅一致を説き，兼修禅を実践した。[59]

2　鎌倉時代における中国と日本の臨済僧の往来

　日本に初めて「純禅」が伝えられたのは，道元が南宋で曹洞禅を学んで1227年に日本に帰国したときであった。その後，執権北条時頼が1253年に鎌倉に建長寺を建立したとき，1246年に来日していた宋の臨済僧，蘭渓道隆（1213-1278年）が開山として招かれ，「純禅」としての臨済禅を伝えた。その後，南宋が元に滅ぼされ，元の時代になってからも，中国から次々と臨済宗の禅僧が日本

59）伊吹敦『禅の歴史』法蔵館，2001年，188-192頁。

に渡来して，臨済禅を日本に伝えた。この時代，大休正念（仏源禅師　1215-1289年），無学祖元（仏光国師　1226-1286年），一山一寧（1247-1317年），清拙正澄（大鑑禅師　1274-1339年）らが中国から渡来した。北条時宗が鎌倉に円覚寺を創建したとき，無学祖元が開山とされた。

　さらに日本人の僧たちも中国に渡り，臨済禅を学んで日本に伝えた。彼らの中で，後世の日本の臨済禅に影響を与えたのが，無関普門（1212-1291年，南禅寺の開山），南浦紹明（大応国師　1235-1309年），孤峰覚明（1271-1361年），中巌円月（1300-1375年）である。現在の日本の臨済宗諸派は，すべて南浦紹明と，彼の弟子である宗峰妙超（大燈国師　1282-1338年，大徳寺の開山），関山慧玄（関山国師　1277-1361年）の系統に属する（応・燈・関の一系）。[60]

③　室町時代における臨済禅の発展

　1336年，足利尊氏が京都に室町幕府を開くと，尊氏は後醍醐天皇にも重んじられていた日本人の臨済僧，夢窓疎石（1275-1351年）に帰依した。そして，尊氏は安国寺利生塔を建立し，後醍醐天皇の没後，その菩提を弔うために，京都に天龍寺を建立して，夢窓疎石が開山となった。

　足利義満の時代になると，京都・鎌倉に五山十刹の制度が成立した（京都の五山第一：天龍寺，第二：相国寺，第三：建仁寺，第四：東福寺，第五：万寿寺。南禅寺は五山之上。鎌倉の五山第一：建長寺，第二：円覚寺，第三：寿福寺，第四：浄智寺，第五：浄妙寺）。十刹は全国に置かれた。五山は幕府との関係のなかで発展し，「五山文学」，「五山版」，禅宗絵画，墨蹟，作庭など，室町時代における禅文化の中心的な担い手であった。これに対して，五山十刹のような官寺に属さない禅宗教団（例，臨済宗の大徳寺，妙心寺，曹洞宗など）は独自の発展を遂げた。これらの教団は「林下」と呼ばれた。[61]

60）同上，193-203頁。
61）同上，216-252頁。

4　江戸時代における臨済禅の発展

(1)　隠元 隆 碕の渡来と黄檗宗の成立

　江戸時代初期，中国から臨済宗の隠元隆碕（1592-1673年）が日本に渡来し，念仏禅を特色とする明朝の臨済禅を伝えた。隠元は京都に万福寺を創建して，その開山となり，日本黄檗宗の祖となった。隠元の渡来は，日本の臨済宗に大きな影響を与え，日本の臨済宗に参禅の伝統が復活し，黄檗宗の禅堂を模倣した禅堂が作られるようになった。黄檗宗は漢文学，書道，禅宗絵画，寺院建築，普茶料理，明朝風の梵唄など，日本の禅文化に大きな影響を与えた（黄檗文化）[62]。

(2)　白隠慧鶴による公案禅の大成

　臨済僧白隠慧鶴（1685-1768年）は駿河の人で，各地で修行し大悟して，駿河の松蔭寺を本拠として民衆を教化した。さらに，白隠は宋朝禅以来の公案禅の伝統を受け継ぎながら，公案体系を整理して，「隻手の音声」などの新しい公案を開発して，日本における公案禅の大成者であるとみなされる[63]。

(3)　大応国師による公案の分類

①理致：悟りを体得するための公案。

②機関：悟りを日常の生活の中で働かせるための公案。

③向上：悟りの臭みを抜く，悟りを忘れるための公案。

(4)　白隠禅師による公案体系

①法身：悟りを体得するための公案（＝理致）。「見性（悟りの体験）」とは，師から与えられる法身の公案を通ることである。

②機関：悟りを日常の生活の中で働かせるための公案。

③言詮：自分の体験した悟りを言葉にするための公案。

④難透：通りにくい難しい公案。

62）同上，261-266頁。

63）同上，275-277頁。

⑤向上：悟りの臭みを抜く，悟りを忘れるための公案。

(5)　法身の公案の例

①「狗子（犬）に仏性があるか」──「無」（趙州）

②「父母未生以前における本来の面目」（慧能）

③「隻手の声あり，その声を聞け」（白隠）

5　道元の生涯──日本曹洞宗の祖

　道元（1200-1253年）は大納言久我通具（一説には内大臣久我道親）の子として京に生まれた。1213年，比叡山にて天台座主公円のもとで剃髪し，菩薩戒を受けて出家者となり，道元を名乗った。その後，道元は比叡山で修行したが，「本来本法性，天然自性身（人間は本来，仏の心を持ち，生まれながらにして仏の身体を有している）」という天台宗の教えに対して，「本来仏であるならば，なぜ仏になることを願い，厳しい修行をしなければならないのか」という疑問を抱くようになった。その後，比叡山を下りて，三井寺の公胤にこの問いを発したところ，公胤は宋の国に行って，禅を学ぶことを勧めた。1217年，道元は京の建仁寺に行き，栄西（1141-1215年）の弟子の明全（1185-1225年）に師事して禅を学ぶようになった。

　1223年，道元は明全とともに宋に渡った。船のなかで明州の阿育王山の典座（料理係）の僧と出会い，道元は彼との問答のなかで，多くのことを学んだ。1225年，道元は天童山に登り，天童如浄（1163-1228年）に出会い，如浄に師事することになった。道元は如浄のもとで厳しい坐禅修行を積んだ。ある日，坐禅中に居眠りをしている僧を如浄が「身心脱落」と言って叱りつけている言葉を聞いて，道元は「身心脱落，脱落身心」の悟りを開いた。そして，如浄は道元に印可を与えた。1227年，道元は日本に帰国し，『普勧坐禅儀』を著した。1228年，京の建仁寺に入り，京で布教した。1230年には安養院に移り，1231年，「弁道話」を著した。1233年，京の深草に興聖寺を開いた。1234年には懐奘（1198-1280年）が道元のもとに入門し，道元の一番弟子となった。その後，

1241年には興聖寺の道元のもとに，懐鑑（えかん），義介（ぎかい），義尹（ぎいん），義演（ぎえん）らが入門した。しかし，この頃，比叡山からの圧迫が強くなったため，信徒の波多野義重からの勧めに応じて，1243年，道元は興聖寺を弟子たちに任せて，越前国に移住した。そして，越前の山中に大仏寺を開き，修行道場とした。この時期に，『正法眼蔵』の多くの箇所を書いている。1246年には大仏寺を永平寺と改称した。1247年，北条時頼の招きに応じて，道元は鎌倉に行き布教したが，1248年には永平寺に戻った。1253年，永平寺で入滅した。主要著作に『正法眼蔵』，『普勧坐禅儀』などがある[64]。

6　道元の思想

(1)　只管打坐（しかんたざ）

　道元は坐禅を釈迦の悟りに由来し，仏祖が継承してきた「正伝の法門」であると考えた[65]。道元は「只管打坐」，すなわちただひたすら坐禅することを説いた。只管打坐はもともと如浄の教えであった[66]。

(2)　本証妙修（ほんしょうみょうしゅう）

　道元によれば，坐禅は悟りを得るための手段ではない。坐禅修行そのものが本来の悟りの現れである（本来の悟りの上での修行。本証妙修，証上の修）。すなわち，坐禅とは仏の行である。悟りを求めない，悟りのあり方としての坐禅を意味する。本証妙修は中国曹洞宗には見られない，道元の独自の思想であると見られる。臨済宗のように，公案を解きながら，ことさらに悟りの体験（見性）を求めたりしない。「妙修」とは悟りを求めず，悟りを現す修行であることを意味する。すなわち，修行と悟りは一つである（修証一等）[67]。

64）頼住光子「道元」廣松ほか編『岩波哲学・思想事典』1161-1162頁。角田泰隆『禅のすすめ──道元のことば』NHK出版，2003年，9-75頁。

65）頼住 前掲書64），1161頁。

66）角田 前掲書64），87-98頁。

67）同上，99-122頁。

(3)　身心脱落・脱落身心

「身心脱落・脱落身心」とは，身心を脱落して，脱落した身心となる，ということを意味する。如浄の教えによれば，坐禅は身心脱落である。悟りは修行の結果，得られるものではない。坐禅という修行そのものが，身心脱落という悟りにほかならない。坐禅とは，「習禅」（悟りを目的とした修行）ではなく，「安楽の法門」である[68]。それゆえ，曹洞宗では，悟りを得る手段として公案を解くことをせず，坐禅修行そのものが仏の悟りであるため，ただひたすら坐禅修行する伝統が発展した（黙照禅）。

(4)　『正法眼蔵』の言葉
　①「現成公案」の巻

　　　仏道をならふとは，自己をならふなり。自己をならふというは，自己を忘るるなり。自己を忘るるなり。自己を忘るるといふは，万法に証せらるるなり。万法に証せらるるといふは，自己の身心および他己の身心をして脱落せしむるなり[69]。

（現代語訳）仏道を習うというのは，自己を習うのである。自己を習うというのは，自己を忘れるのである。自己を忘れるというのは，万法（あらゆる存在，もろもろの現象）に証らされるのである。万法に証らされるというのは，自己の身と心も，そして他人の身も心もなくなってしまうのである[70]。

68）同上，43-44頁。
69）道元『正法眼蔵』道元『道元禅師全集　第一巻』春秋社，1991年，3頁。
70）角田　前掲書64），161頁。

②「有時」の巻

　　いはゆる有時は，時すでにこれ有なり，有はみな時なり[71]。

　　山も時なり，海も時なり。時にあらざれば山海あるべからず，山海の而今に時あらずとすべからず。時もし壊すれば山海も壊す，時もし不壊なれば，山海も不壊なり[72]。

（現代語訳）山も時である，海も時である。時でなかったら海も山もあるはずがなく，山や海の而今（まさに今）に時がないとするのでもない。時がもしなくなってしまえば，山や海もなくなってしまう。時がもしなくならなければ，山も海もなくならない[73]。

③「山水経」の巻

　　而今の山水は，古仏の道現成なり[74]。

（現代語訳）今ここにある大自然は，仏の修行している相であり，仏の説法している声である[75]。

6　日蓮仏教

　日蓮仏教は日蓮が法華経にもとづいて説いた仏教である。日蓮は鎌倉時代，法華経を至上の経典とみなし，「妙法蓮華経」の五字の題目を唱える行を中心

71）道元 前掲書69），240頁。
72）同上，245頁。
73）角田 前掲書64），218頁。
74）道元 前掲書69），316頁。
75）角田 前掲書64），269頁。

とする仏教を説いた。日蓮は度重なる迫害を受けるが，佐渡流刑の苦難のなか
で，日蓮仏教の骨格が完成した。その後，日蓮は本門の本尊，本門の題目，本
門の戒壇の三大秘法を明らかにした。

[1] 日蓮の生涯

　日蓮（1222-1282年）は，安房国（現在の千葉県）長狭郡片海（現在の小湊）に生
まれた。12歳のとき，安房国清澄寺（円仁開基の伝承を持つ天台宗の寺院）に入っ
て就学し，16歳のとき清澄寺の道善を師として出家した。その後，日蓮は清澄
寺で天台仏教，密教，浄土教を学んだ。そして，鎌倉に留学して，専修念仏
（法然門下の浄土教）や禅にふれた。それから，比叡山に行って修学し，さらに
京都，園城寺，高野山，天王寺などをめぐって仏教を学んだ。とりわけ，日蓮
は天台智顗，伝教大師最澄の教えに親しみ，修学時代に法華経至上主義に目覚
めていったと考えられる。[76]

　日蓮は京畿地方での修学を終えて，安房の清澄寺に戻り，1253年，法華経が
至上の経典であることを宣言し，法華経の題目「妙法蓮華経」を唱える行（唱
題行）の実践を説いた（立教開宗）。そして，浄土教の念仏信仰を徹底的に排撃
するようになる。その結果，彼は念仏信仰を受容していた清澄寺の大衆や，地
頭の東条景信の反発を買い，清澄寺から退出させられてしまう。1254年，日蓮
は不動明王と愛染明王の示現を体験し，それを図に書いて，大日如来以来の正
しい相承として弟子の新仏に授けた。[77]

　その後，日蓮は鎌倉に行き，1256年頃から鎌倉の松葉ヶ谷の草庵に滞在しな
がら，市中で辻説法を行い，法華経の教えを説いた。熱心な布教の結果，日昭，
日朗などの弟子たち，多くの信徒が生まれた。1257年，鎌倉で大地震があり
（正嘉の大地震），その後3年間，大飢饉があった（正嘉の飢饉）。1260年，日蓮は
『立正安国論』を著して北条時頼（鎌倉幕府の当時の最高権力者）に提出し，専修

76）佐藤弘夫『日蓮』ミネルヴァ書房，2003年，1-42頁。茂田井教亨『日蓮その人と心』春
秋社，1984年，6-44頁。
77）佐藤 前掲書76），42-68頁。茂田井 前掲書76），46-48頁。

念仏の禁止を訴えた。『立正安国論』によれば，当時，多くの災害が頻発したのは，悪法（念仏）が流布して，正しい教えが消えてしまい，その結果，国土守護の善神と聖人が日本を捨てて，去ってしまったためである（「善神捨国」，「聖人辞所」）。それゆえ，法然の念仏を禁止して正しい教え（法華経）を広めれば（立正），国土守護の善神が戻り，国土はおのずから安穏となり，平和な生活が取り戻される（安国）と説いた。そして，このまま悪法の流布を許すならば，「自界叛逆難」（内乱）と「他国侵逼難」（外国の侵略）が起こると予言した[78]。

　『立正安国論』提出後，日蓮は松葉ヶ谷の草庵で念仏者たちの襲撃を受けた（松葉ヶ谷の法難）。1261年，幕府は日蓮を伊豆に流罪にした。伊豆に流された日蓮は，俎岩に置き去りにされたが，漁師の弥三郎に助けられた（伊豆法難）。1263年，日蓮は伊豆流罪を赦免されて，1264年，病身の母を見舞うために安房に戻った（日蓮が実家に戻ったとき，彼の祈祷で母親の病気が回復し，母親の寿命を四年延ばしたという伝説がある）。その後，安房国東条の松原を日蓮一行が通っていたとき，地頭の東条景信に襲撃された（小松原の法難）。その後，下総の信徒の富木常忍の家に迎えられ，しばらく日々を過ごしてから，再び鎌倉に戻った。安房国滞在中，日蓮はかつての師道善と再会して，念仏信仰を捨てて，法華経の信仰に目覚めるよう道善を諭している。1269年に元からの国書が届き，蒙古来襲の危機が叫ばれるようになった。日蓮はこの出来事を『立正安国論』における「他国侵逼難（外国の侵略）」の予言の実現であると考えるようになった[79]。

　1271年9月，日蓮は讒訴を受けて幕府に逮捕され，形式上の裁判によって佐渡流罪が宣告されるが，平頼綱の意向により，竜の口の刑場に移送され，密かに斬首されることになった。しかし，斬首されようとしたとき，江ノ島の上空に光る物体があり，警護の者たちが狼狽して，処刑は延期されることになった。その後，日蓮は相模国依智の本間六郎左衛門尉の屋敷に移送され，一か月を過ごした。執権北条時宗は日蓮の処刑に消極的であり，裁判の判決通り，日蓮を

---

78) 佐藤 前掲書76），69-125頁。茂田井 前掲書76），49-86頁。
79) 佐藤 前掲書76），127-190頁。

佐渡に配流するよう命令した。日蓮の逮捕に合わせて，鎌倉の日蓮教団は幕府から徹底的な弾圧を受けて壊滅した（竜の口法難[80]）。

　1271年10月，日蓮は佐渡に流され，塚原の三昧堂に住みながら生活した。佐渡でも日蓮は念仏信徒からの論難や迫害を受けたが，同時に協力者も現れ，阿仏房・千日尼夫妻，国府入道夫妻から支援を受けて生活していた。1272年，塚原で日蓮は『開目抄』を著した。そのなかで，日蓮は「法華経の行者」としての自覚を深め，「我日本の柱とならむ，我日本の眼目とならむ，我日本の大船とならむ，等とちかいし願，やぶるべからず」と述べた。その後，一谷に移ると，信徒たちが増えていった。1273年，日蓮は『観心本尊抄』を著した。さらに，彼は本尊の大曼荼羅（佐渡始顕本尊）を図顕した。この佐渡流罪期に，日蓮仏教の骨格が完成した。1272年には，鎌倉で「二月騒動」が起き，執権北条時宗の兄北条時輔が反乱を起こして鎮圧された。日蓮はこの出来事を知り，『立正安国論』における「自界叛逆難」（内乱）の予言の実現であると考えた[81]。

　1274年3月，日蓮は佐渡流罪を赦免され，鎌倉に戻った。そして，平頼綱と対談し，幕府への諫暁を再び行った。日蓮は年内に蒙古が来襲すると伝え，真言宗など仏教諸宗による祈祷の禁止を求めた。しかし，幕府はそれを拒絶した。日蓮は鎌倉での諫暁活動を断念し，鎌倉から離れて甲斐国身延の地（有力信徒・波木井実長の領地）に行き，西谷の草庵に住んだ[82]。

　1274年11月，日蓮の予言どおり，蒙古が襲来した。元軍が九州に侵攻し，日本軍と戦闘状態に陥った。しかし，嵐により元軍の船が沈没し，戦闘は終結した（文永の役）。日蓮は蒙古襲来が悪法の流布によって起きたと考え，念仏，真言宗と禅への批判を繰り返した。1275年，日蓮は『撰時抄』を著した。1276年，日蓮は旧師道善の死を受けて，『報恩抄』を著した。そのなかで，天台密教の完成者円仁を批判した。日蓮の弟子の日興は，駿河国を拠点として蒲原郡や富士郡にかけて多くの信徒を増やした。しかし，1279年，富士郡の熱原で幕府に

80）同上，191-211頁。茂田井 前掲書76），88-97頁。
81）佐藤 前掲書76），211-254頁。茂田井 前掲書76），97-130頁。
82）佐藤 前掲書76），255-266頁。茂田井 前掲書76），132-140頁。

よる激しい弾圧が起きた（熱原の法難）。このとき，多くの信徒が迫害によって
亡くなった。1281年，元軍が再度襲来するが，嵐で船団が壊滅し，戦闘は終結
した（弘安の役）。1282年秋，体調を崩していた日蓮は，湯治のために常陸国に
向かった。しかし，旅の途中，日蓮は武蔵国千束郡にある池上宗仲の屋敷で，
1282年10月13日に入滅した。[83]

2　日蓮の思想

(1)　法華経における迹門と本門の区分（天台智顗）

　天台智顗は『法華経』全28品を迹門（前半の14品）と本門（後半の14品）に区
分した。「迹門」においては，インドに生まれて悟りを開いた釈迦が霊鷲山で
「迹化の菩薩（観音菩薩，弥勒菩薩など）」やその他のさまざまな聴衆に法を説く。
その後，「迹門」終わりの「見宝塔品」から，釈迦の説法の席が霊鷲山から虚
空世界（虚空会）に変わる。「見宝塔品」では，空中に巨大な宝塔が出現し，塔
内の多宝如来が釈迦の教えが真実であることを証明し，多宝如来は塔内の半座
を釈迦に与えて，ともに宝塔内に坐した。そして，釈迦と多宝如来がともに並
んで法を説く。

　本門の最初の章「従地湧出品」においては，地が震えて，地の下から上 行
菩薩，無辺 業 菩薩，浄 行 菩薩，安立 行 菩薩に率いられた無数の菩薩たちが
湧き出してくる（本門の菩薩）。そして，釈迦はインドに生まれる前から久遠の
昔にすでに成仏を遂げていた（久遠実成），それ以来，久遠実成の釈迦如来は何
度もこの世に現れて，数知れぬ多くの人々を教化しつづけ，これからも霊鷲山
で法を説きつづけると述べる。

　「迹化の菩薩」たちは，釈迦がインドに生まれ，ブッダガヤで成道してから
初めて教えを受けた者たちであるため，苦難の世において，困難に耐えて正法
を伝えることができない。これに対して，地から湧き出てきた「本化の菩薩」
たちは，久遠の昔から久遠実成の釈迦より教化を受けてきた者たちであるため，
苦難の世にあっても耐え抜いて，正法を伝えることができる。それゆえ，久遠

83）佐藤 前掲書76），266-323頁。茂田井 前掲書76），141-230頁。

実成の釈迦如来は，上行菩薩をはじめとする地湧の菩薩たちに法を授け（付嘱），後世における正法の布教をゆだねたのである[84]。

(2)　日蓮における法華経理解の深化

　1253年，日蓮は立教開宗のとき，法華経が至上の経典であることを宣言し，法華経の題目「妙法蓮華経」を唱える行（唱題行）の実践を説いた。そして，彼は度重なる迫害体験をとおして，法華経の「色読（法華経の内容を知的に理解するだけではなく，身をもって実践することをとおして把握すること）」を行い，法華経理解を深化させていった。

　もともと，日本の天台宗においては，天台智顗の「五時八教の教判」にもとづいて，法華経が真実の仏の教えを伝える至上の経典であるとみなされる。真言密教，華厳経，涅槃経などの大乗仏教の教えも，法華経によって意義付けられ，法華経の一仏乗の教えのなかに融合されていくことから，法華経以外の諸経における仏や菩薩，諸経において勧められる修行も，法華経のなかに含まれると考えられていた。そのため，日本の天台宗では，真言密教の修行も，念仏の修行も，すべて法華経の真理にもとづく修行であると理解されていた。

　日蓮も立教開宗の直後は，日本の天台宗における法華至上主義に近い立場を取り，法華経を至上の経典であるとしながらも，法華経と真言密教を同等に捉える言葉を見出すこともできる（『守護国家論』など）。ただ，日蓮は当初から浄土教の念仏信仰を徹底的に否定していた。

　ところが，日蓮は伊豆流罪期ごろから，「法華独勝」，すなわち法華経のみが唯一の正法，真実教であり，他の大乗仏教の経典は方便権教であるため，法華経のみを取り，他の大乗仏教の教えから離れるべきであると説くようになった。そこから，日蓮は念仏だけではなく，禅宗，真言宗，律宗をも徹底的に批判するようになった。このとき，彼は「四箇格言（真言亡国，禅天魔，念仏無間，律国賊）」を用いて他宗を批判した。日蓮は法華経と天台宗以外の仏教諸派をすべて否定し，天台宗を見るときも，天台智顗と伝教大師最澄のみが法華経を正

84）佐藤　前掲書76），221-228頁。

しく理解し実践していたと考えている。それゆえ，日蓮は自分こそが伝教大師の精神を真に継承する者であると思っていた（日蓮は「根本大師門人」と自称している）。

　さらに佐渡流罪期，日蓮の法華経理解が決定的に深化した。日蓮は『開目抄』のなかで，法華経の寿量品において，釈迦の悟りの究極である「一念三千」が真に説かれていることから，法華経が唯一の正しい法であると考えた。さらに法華経には「二乗作仏（声聞と縁覚が成仏すること）」と「久遠実成（久遠実成の釈迦如来）」が説かれており，これは他の大乗仏教の経典とは決定的に異なる点であると考える。そして，日蓮は「法華経の行者」としての自覚を深めた。その後，日蓮は『観心本尊抄』のなかで，釈迦如来が虚空会において上行菩薩をはじめとする地湧の菩薩たちに授けた法とは，「妙法蓮華経」の題目であったと理解する。そのうえで，日蓮は末法において題目を唱え，その実践を人々に求める自分自身が地湧の菩薩であると考えるようになった。彼は身延時代，ある手紙のなかで自らを「上行菩薩の垂迹」であると述べている（『頼基陳状』）。日蓮宗などでは，日蓮を上行菩薩の応現，再誕であると考える。[85]

（3）　唱題行

　平安時代から法華経の題目を唱える行（「南無妙法蓮華経」と唱える行）が実践されていた。日蓮は立教開宗に先立つある時期から，その行を取り入れ，唱題を実践するようになっていったと思われる。

　法華経においては，「五種法師」と呼ばれる修行方法が述べられている。「五種法師」とは，受持，読，誦，解説，書写を意味する。しかし，日蓮は末法の衆生が「五種法師」を実践することは難しく，題目を唱えることが末法の衆生にとって最も実践しやすい行であると考えた。

　日蓮は『観心本尊抄』のなかで，久遠実成の釈迦如来，法華経，唱題行の関

85）同上，42-68，108-110，145-152，219-244頁。ジャクリーン・ストーン「日蓮と法華経」https://www.princeton.edu/~jstone/Articles%20on%20the%20Lotus%20Sutra%20Tendai%20and%20Nichiren%20Buddhism/Stone.Nichiren%20to%20Hokekyo%20(2014).pdf，2021年3月11日閲覧。

係を解明した。彼によれば，釈迦如来が地湧の菩薩に授けた法が，「妙法蓮華経」の題目そのものであり，「妙法蓮華経の五字」の内に「釈尊の因行果徳の二法（釈迦如来の修行と悟りによって実現されたすべての功徳）」が具足している。それゆえ，私たちが題目を唱えるとき，自然に釈迦如来の修行と悟りの功徳が私たちの内に譲り与えられる。[86]

(4)　事の一念三千

　日蓮は『観心本尊抄』のなかで，天台智顗の「一念三千」を以下のように理解している。日蓮によれば，釈迦の悟りの究極の内容は，一念三千である。天台智顗は法華経方便品（迹門に属する箇所）の内容を読み込み，一念三千，十界互具の説を唱えた。このとき，天台智顗は「観心」行をとおして，自己の心の内に十法界を観じ，我が一念のなかに三千世界を観ずることを行った。これに対して，日蓮は法華経寿量品（本門に属する箇所）の内容のうちに，真の一念三千を見出すことができると考えた。釈迦の悟った一念三千の内容は，五字の題目の内に含まれている。それゆえ，私たちが一念三千を具現した題目を口唱するとき，自然に観心の行が実践される。

　日蓮によれば，法華経方便品（迹門）にもとづく天台智顗の一念三千は，「理の一念三千」である。これに対して，法華経寿量品（本門）にもとづく一念三千は，「事の一念三千」である。この場合，理とは一般的・普遍的な理法（不生不滅，普遍的・平等的な真如実相），事とは個別的・具体的な事実（因縁生滅，個別的・差別的な森羅万物）を意味する。「理の一念三千」は，私たちが自らの心を観じて，一念の内に三千世界を観照するときに理法として見出される（理具）。これに対して，「事の一念三千」は，私たちが唱題行において，釈迦の悟った一念三千の内容がおのずと私たちの内に与えられるときに体験され，この歴史的世界における具体的な実践を含んでいる（事行）。

　私たちが題目を唱えるとき，釈迦の悟った一念三千と，私たちの主体の内における一念三千が互いに感応，共鳴する。この瞬間が即身成仏を遂げている状

86）佐藤 同上，240頁。

態である。日蓮仏教においては，修行（因）してから，悟り（果）に至る（因果異時）のではなく，題目を唱える修行と悟り（成仏）は同時に起こる。それゆえ，因果倶時の即身成仏論を日蓮は展開するのである。[87]

(5)　三大秘法

　日蓮は佐渡流罪期，五字の題目が，釈迦如来によって地湧の菩薩たちに託された「一大秘法」であると考えていた。そのうえで，身延期に彼は「一大秘法」に目覚めた者が，自らの信仰と実践を堅固なものとすることができるよう，「三大秘法（本門の本尊，本門の題目，本門の戒壇）」を明らかにし，「三大秘法」全体が釈迦如来から地湧の菩薩たちに託された法であると考えるようになった。[88]三大秘法の内容は以下のとおりである。[89]

　①本門の本尊

　　日蓮は1271年，佐渡に配流される直前に，相模国依智で「南無妙法蓮華経」の題目を中心にした「曼荼羅本尊」を初めて書いた。そして，佐渡流罪期，彼は『開目抄』，『観心本尊抄』を書いたのち，法華経における虚空会を表現した本尊の大曼荼羅（題目を中心にして，釈迦如来，多宝如来，地湧の菩薩などの名前が書かれた文字曼荼羅）を図顕した。その後，身延時代，日蓮は多くの本尊曼荼羅を書き，弟子たちや信徒たちに授与した。

　②本門の題目

　　本門の題目とは「妙法蓮華経」の五字である。

　③本門の戒壇

　　日蓮による本門の戒壇についての記述は極めて少なく，法華経の信仰が広く流布した暁に，然るべき戒壇の建立を彼の帰依者に要請したにとどまる。比叡山の大乗戒壇はあくまで迹門の戒壇であり，末法の世においては，そ

87）同上，223-231，241-243頁。ストーン　前掲書85）。日蓮宗事典刊行委員会編『日蓮宗事典』日蓮宗，1981年，140頁。

88）同上，130-133頁。

89）佐藤　前掲書76），246-251，315-319頁。ストーン　前掲書85）。

れにかわる本門の戒壇の建立が必要であると日蓮は考えた。本門の戒壇にはさまざまな解釈がある。例えば，法華経の教えが広く流布して国家に承認され，王法と仏法が冥合したときに設立される戒壇（事の戒壇）であるという解釈や，一人ひとりが題目を唱える所は，どこでも戒壇である（理の戒壇）という解釈がある。

(6)　五義（五綱）

　伊豆流罪期から，日蓮は五義の思想を明らかにする。五義とは，教・機・時・国・序（仏法流布の先後を知ること，すなわち先に広まった教えを知り，これから後，どのような教えを説くのがふさわしいのかを知ること）である。法華経は一切経のなかで至上の経典であり（教），末法の世にあって（時），衆生は重罪を負い煩悩にまみれた愚鈍の凡夫であるが（機），日本国は法華経にもとづく真の大乗仏教の広まるべき国である（国）。本来，仏法は小乗→権大乗（法華経以外の大乗仏教）→実大乗（法華経）の順番で流布していくべきである。しかし，日本においては，はじめに伝教大師最澄が法華経を日本に広めたが，その後，禅や専修念仏などが流行したため，実大乗から権大乗に堕落してしまった。それゆえ，これから後は，実大乗に戻すために，法華経を広めるのがふさわしい（序）[90]と日蓮は考えた。

90）佐藤 前掲書76），144-145頁。日蓮宗事典刊行委員会編 前掲書87），88-91頁。

第 III 部

中国と日本発祥の宗教

——「道」に生きる——

　　第 III 部では，中国と日本で発生した宗教について取り扱う。まず
中国で生まれた儒教，道教の教義と歴史について説明する。そのう
えで，日本で発生した神道と修験道の教義と歴史についても解説す
る。儒教は東アジア諸国の倫理観や社会規範の形成に大きな影響を
与えた。道教と神道はともに多神教であり，独自の伝統を育んでき
たが，教義形成の歴史の中で，儒教や仏教からも影響を受けた。修
験道は神道，仏教，道教，儒教の要素をすべて併せ持った宗教である。

<table>
<tr><td>第12章</td><td>儒　教
——孔子・孟子・朱子学・陽明学</td></tr>
</table>

1　五　経

　儒教は孔子によって創始され，五経を聖典とする。五経は孔子以前に成立した聖典，孔子が古い伝承を整理して編纂した聖典，孔子が改訂した聖典を共に含んでいる。儒教では孔子以来，五経の解釈の営みが続けられ，儒学が発展した。

1　五経の内容

　五経とは『易』，『書』，『詩』，『礼』，『春秋』である。『易』は『周易』と名付けられ，後に『易経』とも呼ばれる。『書』は『尚書』と名付けられ，のちに『書経』とも呼ばれる。『詩』は『毛詩』とも言い，後に『詩経』とも呼ばれる。『礼』とは『儀礼』，『礼記』，『周礼』の三種類の経典（三礼）である。『春秋』は「伝」という解説書を持ち，現存する「伝」が『公羊伝』，『穀梁伝』，『左氏伝』の「三伝」である[1]。

2　『易』

　『易』は周の文王とその子の周公旦の作と伝えられているため，『周易』とも名付けられ，後世には『易経』とも呼ばれるようになった。『易』は「占筮」の書であるとともに，「義理」の書である。「占筮」の書（占いの書）とは，「人間を超えた神秘」である「天」の世界に関わる書であることを意味する。これに対して，「義理」の書（思想・哲学の書）とは，「人間の理性・倫理」といった

1) 野間文史『五経入門——中国古典の世界』研文出版，2014年，5-13頁。

「人」の世界についての書であることを意味する。そして，『易』は両者を統合して，「天」の世界と「人」の世界とを一貫する「道」を明らかにする書でもある。「易」という字は変化を意味するので，『易』とは変化のなかの道を示す書物である。[2]

(1)　『易』における陰陽二元論

　陰陽がすべてのものを構成し，万物に生成変化をもたらす原理である。陰は「‐‐」の象徴で表す。陽は「━」の象徴で表す。「‐‐」と「━」を「爻」と呼ぶ。しかし，宇宙万物のすべての変化をこの二つの爻のみで表すのは困難であるため，二つの爻を三画合わせて「八卦」を作る。[3]

(2)　八卦

　乾「☰」・兌「☱」・離「☲」・震「☳」・巽「☴」・坎「☵」・艮「☶」・坤「☷」

　さらにこの八卦を二つ重ねて，六十四卦を作る。[4]

(3)　『易』の構成

　・「経」：「卦辞」六十四卦の解説。

　　　　　「爻辞」386の爻辞の解説。

　・「伝」：「経」の解説　①「彖伝」上篇　②「彖伝」下篇

　　　　　　　　　　　　　③「象伝」上篇　④「象伝」下篇

　　　　　　　　　　　　　⑤「文言伝」

　　　　　　　　　　　　　⑥「繋辞伝」上篇　⑦「繋辞伝」下篇

　　　　　　　　　　　　　⑧「説卦伝」

　　　　　　　　　　　　　⑨「序卦伝」

---

2)　同上，30-31頁。

3)　同上，32頁。野村茂夫「易」廣松渉ほか編『岩波哲学・思想事典』岩波書店，1998年，149-150頁。

4)　野間 前掲書1)，33-37頁。野村 前掲書3)，149-150頁。野村茂夫「『易経』」廣松ほか編『岩波哲学・思想事典』150頁。

⑩「雑卦伝」

①～⑩を合わせて，「十翼」と呼ぶ。[5]

(4)　太極説

　『易』「繋辞伝」には，「易に太極あり，これ両儀（陰・陽）を生ず」と述べられている。太極とは，有と無とを超えた混沌たる状態であり，宇宙の根源である。太極から陰陽が生じる。占いとしての易が成立した後で，戦国時代の道家が述べた「太極」を易のなかに取り入れたと考えられる。[6]

③　『書』

　『書』は帝堯から周代に至るまでの諸帝王の言葉の記録である。上代の『書』であるため，『尚書』と呼ばれ，宋代以降は，『書経』とも呼ばれるようになった。[7]

(1)　『書』（『尚書』）の構成

①「虞書」：帝堯・帝舜の2代のもの。堯から舜，舜から禹までは禅譲。
②「夏書」：禹から始まる夏王朝のもの。
③「商書」：湯王から始まる殷王朝のもの。
④「周書」：武王から始まり，武王の弟の周公を中心とする周王朝のもの。
　　　　　　一部春秋時代の諸侯のものも含む。

　近代の研究では，まず「周書」の主要部分が作られ，その後，「商書」，「夏書」，「虞書」と時代をさかのぼるかたちで作成された。[8]

(2)　『今文尚書』

　伝説によれば，孔子が諸帝王の言葉を集めて，『尚書』を100篇に編纂し，そ

---

5) 野間 前掲書1），37-39頁。
6) 野村 前掲書3），149頁。
7) 野間 前掲書1），79頁。
8) 同上，80頁。

の序を書いた。しかし、この孔子編纂の『尚書』100篇は、秦の始皇帝の焚書により散逸してしまった。このとき、秦の伏生（伏勝）という人物が『尚書』を自分の家の壁のなかに保管していた。そして、秦の滅亡後、前漢の時代になって伏生によって保管されていた『尚書』29篇が明らかにされた。伏生の伝えた『尚書』は、当時統一的に用いられていた隷書で書かれていたため、『今文尚書』と呼ばれた。そして、学官（国立大学の正式科目）に立てられ、漢王朝公認の学となった。[9)]

⑶ 『古文尚書』

　『今文尚書』が学官に立てられた後、前漢の武帝（在位紀元前141-前87年）の時代に孔子旧宅の壁から大量古文献が発見され、そのなかに『尚書』もあった。これらの古文書は始皇帝の文字統一以前の古い書体（古文）で書かれていたため、『古文尚書』と呼ばれた。『古文尚書』には、『今文尚書』に見られない別の16篇が存在し、孔子12世の子孫である孔安国が、前漢の朝廷に献上した。しかし、『古文尚書』が学官に立てられることはなかった。その後、前漢、新、後漢、三国（魏呉蜀）時代を経て西晋時代になると、『古文尚書』は永嘉の乱（307-314年）のときに失われ、『今文尚書』のみが残った。ところが、東晋の元帝（317-322年）の時代、梅賾（ばいさく）という人物が、失われた『古文尚書』を発見したと述べて、これを東晋の朝廷に献上した。梅賾発見の『古文尚書』には、孔安国の「伝（注釈)」が付されていて、『今文尚書』に一致する33篇に、『古文尚書』25篇を加えた全58篇があった。この『古文尚書』は尊重され、唐代の科挙の科目も採用され、唐王朝欽定の『尚書』注釈書である『尚書正義』にも用いられた。ところが、宋代になると、朱熹（朱子）が梅賾発見の『古文尚書』に疑義を提出し、ついには、清代初期の閻若璩（えんじゃくきょ）（1636-1704年）が、梅賾の『古文尚書』25篇ならびに孔安国による「伝」がすべて魏晋時代の偽作であることを証明した。それ以来、梅賾発見の『古文尚書』は『偽古文尚書』と呼ばれるようになった。[10)]

9) 同上、82-83頁。

(4)　天命思想

　堯から舜，舜から禹へ帝位は禅譲された。禹は自らの子の啓に王位を伝え，以後，王位は世襲されるようになり，夏王朝が成立した。ところが，夏王朝最後の桀王が暴政を行ったため，殷（商）の湯王が武力によって夏を滅亡させ，殷王朝を開いた。その後，殷王朝の最後の紂王が暴政を行ったため，周の文王と武王が武力によって殷を滅ぼし，周王朝を開いた。このように，武力によって王位を奪って一つの王朝を滅ぼし，自ら王位について新しい王朝を開くことを「放伐」という。「放伐」は，もともと天命が一つの王朝に降っていたが，その王朝末期の失政により，「天命が革まり」（革命），天命が新しい王朝に移ったことにより起こる[11]。

4　『詩』

　伝説によれば，春秋時代，『詩』は3,000余篇あったと言われているが，孔子が重複する詩を捨て去り，礼儀にのみ用いるもののみを採用して編集し，305篇にまとめた。そして，孔子とその弟子たちは，それらの詩を管弦に乗せて歌った。秦の始皇帝の焚書のとき，305篇の『詩』が失われることはなかった。なぜなら，『詩』は書物ではなく，口伝で伝えられたものであったためである[12]。

(1)　『魯詩』，『斉詩』，『韓詩』，『毛詩』
　前漢時代，『詩』は以下の四系統で伝えられていた[13]。
　①『魯詩』：前漢の文帝の時代の博士である申培（しんばい）によって伝えられた。西晋時代に滅ぶ。
　②『斉詩』：前漢の景帝の時代の博士である轅固（えんこ）によって伝えられた。三国の魏の時代に滅ぶ。
　③『韓詩』：前漢の文帝の時代の博士である韓嬰（かんえい）によって伝えられた。

10)　同上，83-87頁。
11)　同上，93-95頁。
12)　同上，112-118頁。
13)　同上，118-120頁。

北宋時代までに滅びるが，『韓詩外伝』のみが現存する。

④『毛詩』：春秋時代，荀子が魯の毛亨（もうこう）に伝え，毛家に代々伝承された。

①，②，③は「三家詩」と呼ばれていたが，いずれも失われた。『毛詩』のみが残り，『毛詩』が『詩』と同一視されるようになり，宋代以降，『詩経』と呼ばれるようになった。

(2) 『詩』（『毛詩』）の構成

　①「風」：「国風」とも呼ばれる。諸国の民謡。

　②「雅」：「小雅」と「大雅」とに分けられる。朝廷の正しい音楽。

　③「頌」：宗廟で祖先の功業をほめたたえるための歌舞を伴った詩。[14]

5 『礼（れい）』

(1) 『儀礼（ぎらい）』

　孔子とその弟子たちによって，礼の学びと実践が行われていたが，孔子の時代には書物としての『礼』はなかったと思われる。その後，荀子の生きた戦国時代には，『礼』の文書化が行われるようになったと考えられる。秦の始皇帝の焚書の後，前漢の時代に，魯の高堂生が（文書化された）今文の『士礼』17篇を伝えた。その後，孔子旧宅から古文の『礼古経』が現れた。しかし，今文の『士礼』が学官に立てられ，後世に伝えられることになった。この『士礼』が『礼経』と呼ばれるようになり，西晋時代から，『儀礼（ぎらい）』と称されるようになった。[15]

(2) 『儀礼』の構成

　『儀礼』は17篇から成り，鄭玄は後に各篇を「吉（祖先祭祀）」・「嘉（冠婚饗

---

14) 同上，120-121頁。

15) 同上，166-169頁。

宴)」・「賓（賓客）」・「軍（軍旅）」・「凶（喪葬）」の五礼に配当している[16]。

(3)　『礼記』

　　『礼記』は『儀礼』の「記」（補足説明・解説の部分）を意味する。『儀礼』の「記」には，もともと131篇あったが，戴徳が「記」131篇のなかから，85篇の抜粋本（『大戴礼記』）を編纂し，戴徳の甥である戴聖が46篇の抜粋本（『小戴礼記』）を作成した。現在，『大戴礼記』は85篇中，39篇が現存し，『小戴礼記』は46篇すべてが現存している。『小戴礼記』を『礼記』と呼ぶ[17]。

(4)　『礼記』の構成

　　元来，『礼記』は46篇であるが，「曲礼」，「檀弓」，「雑記」を上下篇に分け，49篇で構成される。『礼記』は「王制」（周王を頂点とする公・侯・伯・子・男の諸侯たちの秩序など），「月令（1年12か月それぞれの月ごとの気候と各月に行うべき政令など）」の篇を持ち，さらに「楽記」，「大学」，「中庸」などの篇をも含んでいる。このなかで，「楽記」は音楽を理論的に述べたものである。もともと，詩・書・礼・楽・易・春秋の六経と言われていたが，やがて，楽が『礼記』のなかに入れられるようになると，詩・書・礼・易・春秋の五経になった。「大学」，「中庸」は宋時代になって重要視されるようになり，四書（『論語』，『孟子』，『大学』，『中庸』）の内に入れられるようになった[18]。

(5)　『周礼』

　　『周礼』はもともと『周官』と呼ばれていて，周公旦の制作した周王朝の行政法典，官制の記録であった。前漢滅亡後，新の王莽によって学官に立てられ，後漢の時代，鄭玄によって重要視され，彼によって『周官』は『周礼』と呼ばれるようになった[19]。

16）同上，169頁。
17）同上，176-180頁。
18）同上，180-197頁。
19）同上，197-199頁。

⑹ 『周礼』の構成

　周王朝の官制は天・地・春・夏・秋・冬の六官から成る。それぞれの官の内に細かい官位がある。緻密な統治構造についての説明が展開されている。[20]

6 『春秋』

　『春秋』は，魯の国の史書である。そして，周の王室への尊崇，周の封建制度にもとづく秩序の維持を重んじる傾向を見出すことができる。[21]

『春秋』の三伝

　『春秋』の釈義・解釈の書である「伝」は以下の三つである。[22]
　① 『公羊伝』
　② 『穀梁 伝』
　③ 『左氏伝』

2　孔　子

　孔子は儒教・儒家思想の祖である。孔子は春秋時代，中国の古典研究にもとづいて，教育活動，政治活動を行い，周王朝の理想的社会を再興することを目指した。孔子の没後，彼の門人が孔子の言行録『論語』を編纂し，後の儒教に決定的な影響を与えた。

1 孔子の生涯

　孔子（紀元前552-前479年）は中国の春秋時代の思想家で，儒教・儒家思想の祖である。魯の国の出身で，少年期を終える頃に，詩・書・礼・楽を中心とする古典の学問を探求することに目覚めた。彼は周王朝初期の周公旦の時代に，

20）同上，199-219頁。
21）同上，220-240頁。
22）同上，240-322頁。

精神的な調和と社会的な秩序が正しく保たれた理想的社会が実現していたと考えた。そして，この理想的な社会を現代に再興することを目指した。その目的を果たすために，孔子は40歳頃，高等教育機関を作り，多くの若者たちに古典を教育した。50歳を過ぎたとき，彼は政治家に転身し，魯の国の大司寇（司法長官）など，多くの重要な政治の要職に就いた。しかし，周王朝の理想社会を再興することを目指す彼の政治は，魯の中央政府のなかで多くの反発を招いた。その結果，孔子は56歳のときに失脚し，魯の国を去って，弟子たちとともに放浪の生活を送った。孔子と弟子たちは各地を放浪しながら，為政者たちに理想的な政治のあり方を説いたが，彼らを受け容れてくれる国はどこにもなかった。しかし，この旅のなかで，孔子の教えは各地に広がり，孔子と弟子たちとのつながりも深まり，後の教団の基盤となった。孔子は69歳のとき，魯の国に戻ることを許され，魯に戻ってからは政治に関わることなく，古典研究と教育に専念した。孔子は過去の伝承にもとづいて現在に伝わる『書（尚書）』や『詩』などの古典の内容を整理して編集した。孔子の没後，弟子たちが孔子の言葉と行いをまとめて『論語』を編纂した。弟子たちは中国の各地に行って孔子の教えを広め，儒学が発展する基礎を作った。孔子の晩年の弟子曾参（曾子）は魯に残り，彼の弟子が子思であった。そして，子思の門人の弟子になったのが孟子であった。以後，この系統が儒学の正統であるとみなされるようになった。[23]

② 孔子の思想——『論語』

　『論語』は孔子の言葉と行いをまとめたテキストであり，天命，仁，孝，悌，礼，死生観など，孔子の基本的な教えが述べられている。

(1)　天命

　孔子は天を信頼し，天命を知り，それを実現することに自らの力を尽くした。[24]天命とは，①天の命令，②人間の命運，すなわち人間の生死，長寿，短

23）野村茂夫「孔子」廣松ほか編『岩波哲学・思想事典』489頁。
24）同上，489頁。

命，禍福，貴賤を意味する。孔子は以下の天命について以下のように述べている。

　　君子に三畏あり。天命を畏れ，大人を畏れ，聖人の言を畏る。小人は天命を知らずして畏れず，大人に狎れ，聖人の言を侮る（『論語』季氏篇）[25]。

（現代語訳）君子には三つの畏れ（はばかり）がある。天命を畏れ，大人を畏れ，聖人のことばを畏れる。小人は天命を知らないで畏れず（わがままにふるまい），大人になれなれしくし，聖人のことばをばかにする[26]。

　　吾れ十有五にして学に志す。三十にして立つ。四十にして惑わず。五十にして天命を知る。六十にして耳順う。七十にして心の欲する所に従って，矩をこえず（『論語』為政篇）[27]。

（現代語訳）わたしは十五歳で学問に志し，三十になって独立した立場を持ち，四十になってあれこれと迷わず，五十になって天命をわきまえ，六十になって人のことばが素直に聞かれ，七十になると思うままにふるまってそれで道をはずれないようになった[28]。

(2)　仁
　孔子は仁の徳に生きることを求める。仁とは，人を大切にすること，愛することである。孔子は仁について以下のように述べる。

　　己れに克めて礼に復るを仁と為す。一日己れを克めて礼に復れば，天下仁に帰す。仁を為すこと己れに由る。而して人に由らんや（『論語』顔淵

25)『論語』金谷治訳注，岩波書店，1963年，333頁。
26) 同上，333-334頁。
27) 同上，35-36頁。
28) 同上，35-36頁。

篇²⁹⁾）。

（現代語訳）（内に）わが身をつつしんで（外は）礼（の規範）にたちもどるというのが仁ということだ。一日でも身をつつしんで礼にたちもどれば，世界じゅうが仁になつくようになる。仁を行なうのは自分しだいだ。どうして人だのみにできようか³⁰⁾。

　己れの欲せざる所は人に施すこと勿かれ。邦に在りても怨み無く，家に在りても怨み無し（『論語』顔淵篇³¹⁾）。

（現代語訳）自分の望まないことは人にしむけないようにし（て人を思いやり），国にいても怨まれることがなく，家にいても怨まれることがない³²⁾。

　仁者は難きを先きにして獲るを後にす，仁と謂うべし（『論語』雍也篇³³⁾）。

（現代語訳）仁の人は難しい事を先きにして利益は後のことにする，それが仁といえることだ³⁴⁾。

　巧言令色，鮮し仁³⁵⁾。

（現代語訳）ことば上手の顔よしでは，ほとんど無いものだよ，仁の徳は³⁶⁾。

---

29) 同上，224頁。
30) 同上，225頁。
31) 同上，225頁。
32) 同上，226頁。
33) 同上，118頁。
34) 同上，119頁。
35) 同上，21頁。
36) 同上，21頁。

(3) 孝・悌（弟）

　孔子は孝・悌（弟）の徳に生きることを求めた。孝とは，父母に仕えること
である。悌（弟）とは兄や年長者によく仕えることである。孔子は以下のよう
に述べる。

　　　弟子，入りては則ち孝，出でては則ち弟，謹しみて信あり，汎く衆を愛
　　して仁に親しみ，行ないて余力あれば，則ち以て文を学ぶ。[37]

　（現代語訳）若ものよ。家庭では孝行，外では悌順，慎んで誠実にしたう
　え，だれでもひろく愛して仁の人に親しめ。そのように実行してなお余裕
　があれば，そこで書物を学ぶことだ。[38]

(4) 礼

　孔子は礼を学び，礼に生きることを重んじた。孔子は礼について以下のよう
に述べる。

　　　生けるにはこれを事うるに礼を以てし，死すればこれを葬るに礼を以て
　　し，これを祭るに礼を以てす（『論語』為政篇）。[39]

　（現代語訳）（親が）生きているときには礼のきまりによってお仕えし，なく
　なったら礼のきまりによって葬り，礼のきまりによってお祭りする。[40]

(5) 死生観

　孔子は人間の生死について以下のように述べる。

37）同上，23-24頁。
38）同上，24頁。
39）同上，36頁。
40）同上，37頁。

　未だ生を知らず，焉んぞ死を知らん（『論語』先進篇）。

（現代語訳）生もわからないのに，どうして死がわかろう[41]。

　商これを聞く，死生　命あり。富貴　天にあり。君子は敬して失なく，人と恭々しくして礼あらば，四海の内は皆な兄弟たり（『論語』顔淵篇）。

（現代語訳）商（このわたくし）はこういうことを聞いている，「死ぬも生きるもさだめあり，富みも尊さもままならぬ」と。君子は慎んでおちどなく，人と交わるのにていねいにして礼を守ってゆけば，世界じゅうの人はみな兄弟になる[42]。

3　孟　子

　孟子は中国の戦国時代に活躍し，性善説，仁義礼智，四端の心，浩然の気，仁義にもとづく王道政治，天子と天命との関係などについて説き，後世の儒教思想に大きな影響を与えた。

１　孟子の生涯

　孟子（紀元前370頃-前290年頃）は中国の戦国時代の儒家の思想家である。孟子は鄒の国の出身であった。孟子は孔子の孫である子思の門人から儒学を学んだ。孟子は50歳を過ぎてから，梁（魏）・斉・宋などの諸国をまわり，仁義を中心とする王道政治の理想を為政者たちに説いた。諸国の王たちは孟子の教えに耳を傾け，彼を優遇したが，彼の理想主義的な政治思想は実現されることはなかった。孟子は晩年，鄒の国で弟子たちの教育に専念した。孟子の思想が記されているのが『孟子』である[43]。

41）同上，208頁。
42）同上，228頁。

2 孟子の思想─『孟子』

(1) 性善説

　孟子は人間の本性が善であると考え，以下のように述べる。

　　　人性の善なるは，猶ほ水の下きに就くがごときなり。人，善ならざること有る無く，水，下らざること有る無し（『孟子』告子章句　上[44]）。

　　　（現代語訳）人の本性が善であることは，水が低い下のほうに流れるようなものである。人の本性は善ならざるものはなく，水は低きに流れないものはない[45]。

(2) 仁義礼智

　人間の善き本性は仁義礼智の四つの徳において実現する。

　　　乃ち其の情の若きは，則ち以て善と為す可し，乃ち所謂善なり。夫の不善を為すが若きは，才の罪に非ざるなり。惻隠の心は，人皆之あり。羞悪の心は，人皆之あり。恭敬の心は，人皆之あり。是非の心は，人皆之あり。惻隠の心は，仁なり，羞悪の心は，義なり，恭敬の心は，礼なり，是非の心は，智なり。仁義礼智は，外由り我を鑠するに非ざるなり（『孟子』告子章句　上[46]）。

　　　（現代語訳）人間の本質はといえば，善をなすはずである。それが私のいう性善の証拠である。ところが，不善をなすことがあるのは，物欲に覆われて私心がその本性をそこなうからであって，性の能力である才の責任ではない。もう少し説明を加えると，人間はだれでも惻隠，すなわち人の不幸

43）島森哲男「孟子」廣松ほか編『岩波哲学・思想事典』1588頁。
44）宇野精一『孟子　全訳注』講談社，2019年，343頁。
45）同上，343頁。
46）同上，350頁。

を哀れむ心，羞悪，すなわち不正不義を恥じ憎む心，恭敬，すなわち慎み
敬う心，是非，すなわち是非を判断する心，を持っている。その惻隠の心
は仁の徳の発露であり，羞悪の心は義の徳の発露であり，恭敬の心は礼の
徳の発露であり，是非の心は智の徳の発露である。つまり，仁義礼智の徳
は，めっきのように外から我が心を飾りたてるものではなく，自分が元来
心に有するものなのである[47]。

(3)　四端の心

　仁義礼智は萌芽の状態で，惻隠の心，羞悪の心，辞譲の心，是非の心として
人間の心に具わっている[48]。惻隠の心（人の不幸を哀れむ心）は「仁の端」（仁の
萌芽），羞悪の心（不義不善を恥じ憎む心）は「義の端」（義の萌芽），辞譲の心（他
人に譲る心）は，「礼の端」（礼の萌芽），是非の心（是非善悪を判断する心）は「智
の端」（智の萌芽）である。我々は四端の心を拡大・充実させ，仁義礼智の徳を
完全にすることができる（『孟子』公孫丑章句　上[49]）。

(4)　人に忍びざるの心

　孟子は人は誰でも「人に忍びざるの心」，すなわち他人の不幸を見過ごすこ
とのできない心を持つ。そのような心は人間に生まれつき与えられている[50]。

　　　人皆人に忍びざるの心有り。先王人に忍びざるの心有り，斯に人に忍び
　　ざるの政有り（『孟子』公孫丑章句　上[51]）。

　　（現代語訳）人々はみな人に忍びざるの心，すなわち人の難儀を見過ごしに
　　できない心持ちがある。昔の聖王はもちろん人に忍びざるの心があったか

---

47)　同上，350-351頁。
48)　島森 前掲書43），1589頁。
49)　宇野 前掲書44），103-104頁。
50)　島森 前掲書43），1589頁。
51)　宇野 前掲書44），102頁。

ら，自然人に忍びざるの政治が行われた。[52]

(5) 浩然の気

　孟子は「浩然の気」を養うことを説く。浩然の気とは，天地の間に満ちる大いなる気のことである。私たちが仁義礼智を実践することによって，浩然の気を体得し，養うことができる。

　　　「敢て問ふ，何をか浩然の気と謂ふ」と。曰く，「言ひ難きなり。其の気為るや，至大至剛以て直，養うて害すること無ければ，則ち天地の間に塞がる。其の気為るや，義と道とに配す。是無ければ餒う」（『孟子』公孫丑章句　上）[53]。

　　　（現代語訳）「なおお尋ねいたしますが，いったい浩然の気とは，どういうものでございます」。「ことばでは説明しにくい。が，まあ，その気というものは，いたって大，いたって剛，そして直，害することなく養っていけば，広大なる天地の間にも充満するほどのものだ。また，その気というものは，道と義とに配合するもので，もし道義がなければ飢えてしぼんでしまう」[54]。

(6) 仁義にもとづく王道政治

　孟子によれば，王は「人に忍びざる心」を持ち，仁義にもとづく「王道」を実践すべきである。これに対して，力に頼るのは「覇道」である[55]。

　　　王も亦仁義を曰はんのみ。何ぞ必ずしも利と曰はん」（『孟子』梁恵王章句　上）[56]。

---

52) 同上，102頁。
53) 同上，90-91頁。
54) 同上，90-91頁。
55) 島森 前掲書43），1589頁。

　（現代語訳）「ですから，王様も仁義を心がけさえすればよろしいのであ
　りまして，利益などを口にされる必要はありません[57]」。

（7）　天子と天命

　孟子は天命と天子との関係について以下のように考察し，自らの政治思想を
展開する。

　　　万章曰く，「『堯は天下を以て舜に与ふ』と。諸有りや」と。孟子曰く，
　　「否。天子は天下を以て人に与ふること能はず」と。「然らば則ち舜の天下
　　を有つや，孰かこれを与へたる」と。曰く，「天，之を与ふ」と。「天の之
　　を与ふるは，諄諄然として之を命ずるか」と。曰く，「天言はず。行ひと
　　事とを以て之を示すのみ」と（『孟子』万章章句　上[58]）。

　（現代語訳）万章が問う，「堯は天下をば舜に与えたというのは，ほんとう
　　でしょうか」。孟子が答える，「いや，天子でもかってに天下を人に与える
　　ことはできないのだ」。「そうしますと，舜が天下を得たのは，だれが与え
　　たのでしょうか」。「天が与えたのだ」。「天が与えるというのは，天が諄々
　　と話をして御命令になったのですか」。「いやいや，天はなんとも言われぬ。
　　舜の行為とそれに応じた事柄とで，その意味をお示しになるだけだ[59]」。

　　　曰く，「仁を賊ふ者之を賊と謂ひ，義を賊ふ者之を残と謂ふ。残賊の人，
　　之を一夫と謂ふ。一夫紂（ちゅう）を誅するを聞く。未だ君を弑するを聞
　　かざるなり」と（『孟子』梁恵王章句　下[60]）。

56）宇野　前掲書44)，10頁。
57）同上，10頁。
58）同上，290頁。
59）同上，291頁。
60）同上，60-61頁。

（現代語訳）（孟子が言うには），「仁をそこなう者はこれを賊といい，義をそこなう者はこれを残と申しますが，残賊の人はそれを一夫すなわち一介の平民と申すべきで，君たる資格はありません。残賊の人たる桀・紂は，まさに一夫と申すべきであります。ですから，武王が『一夫なる紂』を誅したということは私も聞いていますが，君たる者を弑したとは，聞いておりません[61]」。

(8)　井田制

　田地を正確に区画し，すべての農民に田地を等しく分け与える。公田と私田を作り，みなでともに農作業を行う（『孟子』滕文公章句　上[62]）。

4　荀　子

　荀子は中国の戦国時代に活動し，天人の分，裁天説，性悪説，礼治主義などを説き，孟子とともに，戦国時代を代表する儒家の思想家である。

1　荀子の生涯

　荀子（紀元前339以降-前235年頃）は戦国時代の儒家の思想家である。趙の国の出身で，50歳の頃，秦に行って遊説し，秦の王と議論をした。その後，斉に行き，祭酒（学政の長官）として活躍した。晩年，楚に行き，蘭陵の令（長官）となり，楚で没した[63]。

2　荀子の思想

(1)　天人の分

　荀子は天道と人道を明確に区分し，天と人間との役割分担を行う。天には天

---

61) 同上，61頁。
62) 同上，157-159頁。
63) 片倉望「荀子」廣松ほか編『岩波哲学・思想事典』759頁。

の道があり，人間には人間の道がある。人間が人間の道（規範）に従って生きるとき，日一日と進歩することができる。しかし，人間が自分の道をなおざりにして，天の道にすべてをゆだねて生きると，日に日に退歩する。ここには，老子・荘子思想と孔子以来の初期儒教への批判が含まれている[64]。荀子は以下のように述べている。

　　　君子はその己に在るものを敬にして，その天に在るものを慕はず，ここを以て日に進む。小人はその己に在るものを錯きて，その天に在るものを慕ふ，ここを以て日に退く（『荀子』天論篇[65]）。

　　　（現代語訳）だから君子はわれみずからに属することをまことにして，天に属することを慕わない。こものどもは，われに属することをすておいて，徒らに天に属することを慕う。君子はわれに属することをまことにし，天に属することを慕わないから，日々に進歩する。こものどもは自分に属することをすておいて，天に属することを慕うから，日々に退歩する[66]。

(2)　裁天説

　荀子によれば，人間が自らの能力を用いて生きることにより，天のはたらきを統御することができる。天のはたらきにすべてをゆだねてはいけないと考える。

　　　天を大としてこれを思うは，物蓄みてこれを裁するといづれぞ。天に従ひてこれを頌するは，天命を制してこれを用ふるといづれぞ。時を望みてこれを待つは，時に応じてこれを使うといづれぞ。……故に人を錯きて天を思へば万物の情を失ふ（『荀子』天論篇[67]）。

64）戸川芳郎ほか『儒教史』山川出版社，1987年，47-49頁。
65）原富男『現代語訳　荀子』春秋社，1972年，287頁。
66）同上，287頁。
67）同上，290頁。

（現代語訳）いったい，天を大なりとして大切におもうのと，物を貯えて取りさばいていくのと，どちらがいい。天に従ってほめたたえているのと，天命を制御してうまく用いていくのと，どちらがいい。いい時がくればなあと待っているのと，その時々に応じてうまくつかっていくのと，どちらがいい。……だから，人の作為をすておいていたずらに天を思いしたっていると，万物本来のありかたをだいなしにしてしまう[68]。

(3) 性悪説――性偽の分

荀子によれば，人間の本性は生まれつき悪であり，その善というのは，人為的（偽）に後天的に備わるものである[69]。荀子は以下のように述べる。

　人の性は悪，その善なるものは偽なり（『荀子』性悪篇）[70]。

（現代語訳）人の性（生まれながらのこころざま）は悪である。人に善があるのは人為である[71]。

(4) 礼治主義

荀子は社会秩序の維持のために，礼の実践を重要視した。荀子は礼の発生と実践について以下のように述べる。

　礼は何に起こるや。曰く，人生まれて欲するあり，欲して得ざれば，求むることなきこと能はず，求めて度量分界なければ，争はざること能はず，争へば乱る，乱るれば窮す。先王その乱を悪む。故に礼義を制して以てこれを分ち，以て人の欲を養ひ，人の求めを給す。欲をして必ず物を窮めず，物必ず欲を屈せざらしめ，両者相持して長ず。これ礼の起こるところなり

---

68) 同上，290-291頁。
69) 戸川ほか 前掲書64），49-50頁。
70) 原 前掲書65），380頁。
71) 同上，381頁。

（『荀子』礼論篇[72]）。

（現代語訳）礼は何から起こるか。人は生まれながらにして欲がある。その欲が得られないと，求めないでは済まされない。求めるのに或る一定の程度制限がないと，争わないでは済まされない。争えば乱れる。乱れると窮する。先王はその乱れるのをにくむ。そこで礼義をきめて制限した。制限しながら人の欲をやしない人の要求を充たせ，欲が物をぎりぎりまで尽くし物が欲のためにつきてしまわないようにして，欲と物とたもちあって長持ちさせるようにする。そこから礼がおこる[73]。

5　前漢・後漢時代の儒教

　前漢・後漢時代の儒教は，天人相関説，災異説，陰陽五行説，讖緯説を取り込みながら展開し，経書（易・書・詩・礼・春秋）や論語のテキスト研究も発展した。

① 天と人間との関係についての思想

(1) 天人相関説

　「天」とは世界を統御する人格的な存在である。これに対して，「人」とは①人間一般，もしくは②天子（帝王）を意味する。天人相関説とは，人間が善を行うならば，天は報いとして福を人間に与え，人間が悪を行うならば，天は報いとして禍を人間に与えるという思想である[74]。

(2) 災異説

　災異説とは，自然現象や異常現象が天によって与えられる人間への譴責，警

72）同上，315-316頁。
73）同上，316頁。
74）南澤良彦「天人相関説」廣松ほか編『岩波哲学・思想事典』1136-1137頁。

告であると考える思想である。[75)]

(3) 五行説

　「五行」とは水，火，木，金，土を意味する。「五行」はもともと『尚書』に由来する概念であるが，後にこの五行が天地万物の変化を構成する原理であると考えられるようになった。戦国時代の斉の鄒衍（すうえん）（紀元前305-前240年頃）は，五行説を自身の政治・歴史理論のなかに導入し，五行相勝説を唱えた。五行相勝説によれば，五行の徳は「土→木→金→火→水」の順に移り変わる。この五行の徳の変化に伴って，帝王・王朝が興亡する。そして，各々の帝王・王朝は五行の徳に応じた祥瑞を予兆として天から与えられ，五行の徳に応じた制度を調える。例えば，古代中国の帝王・王朝の変化は，黄帝（土徳）→禹（夏王朝・木徳）→湯王（殷王朝・金徳）→文王（周王朝・火徳）と説明され，周に取って代わる王朝は，水徳を持つ帝王・王朝であるとみなされた。秦の始皇帝はこの理論に従って，秦王朝が水徳を得た王朝であると理解した。

　前漢の時代になると，五行説と陰陽説が融合して，陰陽五行説が成立し，天地万物の運動変化が陰陽と五行の変異によって説明されるようになった。前漢末の劉歆（りゅうきん）は，「五行相生説」を歴史理論に導入した。五行相生説によれば，五行の間には生成関係があり，「木→火→土→金→水」の順番で，木が火を生じ，火が土を生じ，土が金を生じ，金が水を生じ，初めに還って，水が木を生じると考えた。そして，五行相生説にもとづいて，王朝交替を説明した。この理論にもとづくと，前漢王朝は火徳を持つと考えられた。[76)]

② 董仲舒（とうちゅうじょ）の儒教思想

　董仲舒（紀元前200頃-前104年頃）は前漢時代の春秋公羊学者であり，儒教が前漢の国教となるきっかけを作った人物である。彼は天人相関説，災異説，陰陽五行説を政治理論に導入し，後の儒教の発展に大きな影響を与えた人物で

---

75) 宇佐美一博「災異説」廣松ほか編『岩波哲学・思想事典』564頁。
76) 南澤良彦「五行説」廣松ほか編『岩波哲学・思想事典』511頁。

あった。主著は『春秋繁露』である。董仲舒は天人相関説，災異説，陰陽五行説にもとづいて，自然界の災害や異変が為政者の過失に起因するという思想を唱えた。自然現象は天の支配下にある陰と陽の運動によって起こる。そして，自然の災害や異変のうち，小さいものを「災」，大きなものを「異」と定義した。もしも，君主が道から外れた政治を行って過失を犯すならば，天はまず災を与えて君主を譴責し，君主が改めない場合は，異を与えて警告する。それでも，君主が改めない場合は，天は天命を革めて，その国を滅ぼすと考えた（休祥　災異思想）。さらに，董仲舒はそれまでの儒家の唱えた四徳「仁義礼智」に，五行の徳（木火土金水）の土に該当する信を加えて，五常「仁義礼智信」を唱えた。[77]

③　災異説の変化と讖緯思想の発生

　前漢末の元帝の時代（在位紀元前48-前33年）になると，災異説に大きな変化が生じた。従来の災異説では，自然現象や災害は過去の為政者の過失に対する譴責と警告であると理解された。しかし，前漢末になると，災異に予言的な意味が与えられ，自然現象や災害が未来に起きる事態の予兆であると理解されるようになった。そこから，前漢末になると，讖緯思想が発生した。この場合，「讖」とは未来について述べることである。この時代，多くの「図讖（予言書）」が作られた。これに対して，「緯」とは「経（縦糸）」に対する横糸を意味し，経書を天人相関説，陰陽五行説，災異説などにもとづいて神秘的に解釈することである。それぞれの経書に応じて「緯書」が作られた（例，易緯，春秋緯など）。讖緯思想は前漢末から後漢前期にかけて流行した。前漢を滅ぼした新の王莽や，新を滅ぼした後漢の光武帝は，讖緯説を政権獲得と王朝設立の正当性の根拠として用いた。後漢時代，王充は『論衡』のなかで，讖緯思想を批判し，虚偽の知識を排して，実証的な方法を用いて公正な真理に至ることを説いた。[78]

77）戸川ほか　前掲書64），69-74頁。南澤良彦「天人相関説」廣松ほか編『岩波哲学・思想事典』1136-1137頁。宇佐美　前掲書75），564頁。

4 鄭玄の儒教思想

　鄭玄（127-200年）は，後漢末期，経書（易・書・詩・礼・春秋）や『論語』を体系的に研究し，それぞれの経書を校訂し，注釈を施した。とりわけ，鄭玄が『毛詩』の注釈『毛詩鄭箋』において用いた『詩（『毛詩』）』のテキストが，現在でも『詩』の定本として使用されている。そして，三礼の注釈も現在に残されている[79]。

6　魏晋南北朝時代の儒教

　魏晋南北朝時代の儒教は，同時期に中国で発展した仏教や道教と互いに対立しあい，影響しあいながら展開していった。

1 玄学の発生

　玄学は道家系の形而上学であり，「玄」，すなわち万物の根源である「道」，「無」を探求することを目指した。玄学の学者は，『老子』，『荘子』，『易』を「三玄之書」と呼んで自らの学問の典拠とした。玄学の代表的学者である魏の何晏（かあん）（193-249年頃）と王弼（おうひつ）（193頃-249年頃）は，万物の本体を「道（＝無）」であると考え，万物の営為は，「道」の無為なるはたらきにもとづいており，聖人を「無」の体得者と捉え，聖人による「無為」の統治を説いた。さらに，嵆康（けいこう）（223-262年），阮籍（げんせき）（210-263年）は「無為」，「自然」による統治を説き，儒教的な礼法や価値観を批判した。東晋において，張湛が『列子注』を著し，玄学を完成させた[80]。

78）宇佐美一博「讖緯思想」廣松ほか編『岩波哲学・思想事典』801頁。戸川ほか 前掲書64），98-105頁。
79）町田三郎「鄭玄」廣松ほか編『岩波哲学・思想事典』769頁。戸川ほか 前掲書64），115-120頁。
80）松村巧「玄学」廣松ほか編『岩波哲学・思想事典』443-444頁。戸川ほか 前掲書64），141-144頁。

２　仏教の発展と道教の成立

　後漢時代に中国に伝来した仏教は，魏晋南北朝時代に発展した。さらに同じ時代，道教も老子と荘子の道家思想や，後漢末の太平道・五斗米道などを背景にして成立した。それ以来，中国では儒教，仏教，道教の三教が互いに対立しつつも，深く影響しあいながら展開していった。儒教も仏教における精緻な経典解釈からの影響を受けて，「義疏」の学を発展させていった。[81]

３　南学と北学

　南北朝時代，南朝では王弼注『易』，偽孔伝『書』，杜預注『左氏伝』が中心で思弁的で新奇な解釈を好んだ（南学）。これに対して，北朝では鄭玄注『易』，『書』，服虔注『左氏伝』が中心で，伝統的な古文字学を守った。南北朝時代，南学と北学で経書の解釈が著しく異なるようになり，両者の伝統をどのように統一するのかが後代の課題となった。[82]

７　隋・唐時代の儒教

　隋・唐時代，歴代皇帝は儒教を尊重し，全国に儒学の学校を作った。隋の時代に科挙制度が導入され，科挙の試験のために儒学の学びが重要になった。隋の時代に，劉焯の『五経述義』，唐の時代に，孔穎達の『五経正義』が出て，五経を統一的に注釈する学問の営み（義疏）が完成した。しかし，『五経正義』が出た後，儒学は固定して活力を失い，衰退してしまう。その後，韓愈と李翺が現れて，新しい視野から儒学を再生することを試みた。

１　隋時代の儒教

　隋の文帝・煬帝は儒教を尊重し，儒者を厚遇し，全国に儒学を教える学校を作った。この時代，北学系統の儒学者である劉焯・劉炫が活躍した。劉焯は

81）同上，145-147頁。
82）同上，164-173頁。

『五経述義』を著して，経書を統一的に解釈し，南北の儒学を統一しようとした。この『五経述儀』は，唐代の『五経正義』に影響を与えた。そして，隋の文帝は科挙制度を導入し，官僚を門地門閥ではなく，学問と才能とによって選抜する制度を作った。[83]

2　唐時代の儒教

(1)　『五経正義』の編纂

　唐王朝は，儒教を尊重し，儒学を教える高等教育機関である国子学，太学，四門学を中央に設置し，各地方に儒学の学校を作った。唐の太宗は，国子祭酒である孔穎達（くようだつ）（547-648年）らに命じて，五経の統一的な注釈書『五経正義』を編纂させ，640年に完成した。これにより，南学と北学の間にあった経書解釈の違いが統一された。『五経正義』は儒学における「義疏」の集大成であり，唐の高宗の時代，『五経正義』が科挙「明経」科の基準になった。[84]

(2)　新しい儒学の胎動

　『五経正義』編纂以後，儒学は固定化して活力を失い，衰退し始めた。そして，儒者たちも堕落してしまった。安史の乱（755-763年）の混乱の後，中小地主層出身の文人科挙官僚が，儒教的政治秩序を再確認しようとした。そこから，儒学では春秋学に新たな展開があった。8世紀中葉以降，啖助（たんじょ），趙匡（ちょうきょう），陸淳（りくじゅん）らは『春秋』三伝の研究にとどまらず，『春秋』三伝を批判して，『春秋』の精神そのものに立つことを目指す研究を行った。[85]

　さらに，文学の分野では，古文運動（四六駢儷体（しろくべんれいたい）ではなく，漢代や先秦時代の古代の文章を第一とする運動）が発生し，8世紀中葉から9世紀前半にかけて，韓愈（かんゆ）（768-824年），李翺（りこう）（772-841年）が道学を唱え，柳宗元（りゅうそうげん）（773-819年），劉禹錫（りゅううしゃく）（772-842年）が合理思想を展開した。韓愈は反仏教，反道教の立場を取り，儒

---

83)　同上，179-183頁。

84)　同上，185-190頁。

85)　同上，190-196頁。

教の回復を目指し、「原道」,「原性」,「原人」という三つの論文を著した。「原道」では，儒教の「道」として仁義の実践を説いた。「原性」では，人間の精神活動を先天的な性（仁義礼智信）と後天的な情（喜怒哀懼愛悪欲）に分ける。「原人」では，人は天地とともに三才（三つの活動体）をなすが，夷狄禽獣の主として天地と同等に並ぶのは聖人である考える。李翺は『復性書』を著し，人間の性は絶対的に善であり，聖人の性も凡夫の性も同じである。しかし，凡人は喜怒哀懼愛悪欲の情に惑わされて，性を見ることができない。そのため，情に惑わされずに，性に復することができれば，聖人になることができる。『復性書』は後に，宋代の新儒学に大きな影響を与えた。[86]

8　北宋・南宋・元時代の儒教

　北宋の時代，周敦頤，張載，程顥・程頤によって新しい儒学が形成され，南宋の時代には，北宋の儒学の影響を受けた朱熹（朱子）が，朱子学という新たな儒学の体系を構築した。朱子学は東アジアに大きな影響を与えた。

① 北宋時代の儒学
(1)　北宋時代における士大夫階層と儒学の革新

　北宋時代になると，科挙官僚である士大夫階層が生まれ，彼らが経典の訓詁にとどまらず，経典そのものと向き合いながら，社会や政治のあるべきあり方を探求していった。そこから，儒学の革新が行われ，「宋学」と呼ばれる新儒学が成立していった。北宋時代，『周易』，『春秋』，『周礼』が重要視された。

　北宋中期の神宗（在位1067-1085年）から北宋末期の徽宗（1100-1126年）の時代，王安石の政治改革から新法派（王安石ら）と旧法派（司馬光ら）の対立が起きた。この時代，儒学の学派として，張載の「関学」，程顥・程頤の兄弟の「洛学」，蘇軾（蘇東坡）・蘇轍兄弟の「蜀学」，王安石の「新学」が発生した。関学，洛

86）同上，196-208頁。末岡実「韓愈」廣松ほか編『岩波哲学・思想事典』296-297頁。

学, 蜀学の人々は旧法派に協力し, 王安石の新法派, 新学と対立した。[87]

(2) 周敦頤の無極而太極説

周敦頤 (周濂渓 1017-1073年) は, 『太極図説』のなかで, 天地万物の根源を「無極而太極」(無極にして太極) と述べ, 根源からいかにして万物が生成するのかを図示して述べた。この考えは後に朱子学の創始者である朱熹に大きな影響を与えた。後に朱熹は周敦頤を「道学」の祖であるとみなした。周敦頤の主著として, 『太極図説』, 『通書』が挙げられる。[88]

(3) 張載 (張横渠) の太虚即気説

張載 (張横渠 1020-1077年) は, 宇宙生成の根源が理ではなく, 気であると考えた。これを「太虚即気説」と呼ぶ。万物は「一気」の凝集によって生じ, 拡散によって一気に復帰しうる。一気の本体は太虚と呼ばれ, 気が充満した宇宙の本源である。彼の「気一元論」は明代の王廷相や王船山に受け継がれた。張載は「心は性と情とを統ぶ」と述べ, 「天地の性」と「気質の性」を分ける。この点は, 朱熹に大きな影響を与えた。さらに張載は『周礼』からの影響で, 宗法の確立, 井田制の復活, 喪礼や祭礼における古礼の復原を唱えた。[89]

(4) 程顥・程頤の新しい儒学

程顥 (兄: 程明道 1032-1085年) と程頤 (弟: 程伊川 1033-1107年) の兄弟は, 「二程子」と呼ばれる。二程子は『周易』, 『春秋』, 『論語』, 『孟子』とともに, 『大学』, 『中庸』を重要視した。彼らは周敦頤に師事して儒学を学んだ。ともに旧法派に属し, 王安石の新法派に対抗した (王安石は『周礼』を重んじた)。

---

87) 戸川ほか 前掲書64), 250-252頁。土田健次郎「宋学」廣松ほか編『岩波哲学・思想事典』966-967頁。

88) 戸川ほか 前掲書64), 252-255頁。市來津由彦「周濂渓」廣松ほか編『岩波哲学・思想事典』730頁。

89) 戸川ほか 前掲書64), 255-258頁。宮崎順子「張横渠」廣松ほか編『岩波哲学・思想事典』1087-1088頁。

　程顥は万物万象を生み出し，万物を貫いている天地の「生意」が「道」の働きであり，天地の「仁」であると考える。万物は道の働きによって秩序あるものとして生まれ，万物に内在する他物との然るべき関わりを，「天理」として捉えた。そして，彼は「仁」を宇宙論的に再解釈し，「万物一体の仁」を説いた。

　程頤も兄と同様に万物を生み出す天地の「生意」と「道」のはたらき，万物に内在する原理としての「天理」を説いた。彼は旧来の人格神的存在としての「天」理解を排して，自然の理法としての「天」理解を示した。そして，人も天地の「生意」を受けた存在であることから「性即理」を唱え，『大学』の「格物」と『周易』の「窮理」をつなげて，敬とともに主体的に実践するように勧めた（居敬窮理）。そして，主体が事物の「理」と主体に内在する「理」とが究極的に同じであるという「理一分殊」の思想を説いた。二程子の儒学は，後に朱熹に強い影響を与えた[90]。

②　南宋時代の儒学

(1)　朱熹（朱子）と朱子学の発生

　朱子学とは朱熹（朱子　1130-1200年）によって創始され，彼の後継者によって展開された儒教の学問体系である。南宋時代，朱子学は周敦頤，張載，二程子などの北宋儒学の影響を受けながら発生した。元の時代に科挙に取り入れられ，以後，元，明，清の時代に士大夫階級によって多く学ばれた。朱子学の主要な書物は科挙（官吏任用試験）のテキストにもなり，当時の社会支配層を支える思想にもなった。そして，14世紀以降，東アジア全体にも大きな影響を及ぼした。朱子学の主要テキストは『近思録』，『朱子文集』，『朱子語類』などである。さらに朱熹は四書（『論語』，『孟子』，『大学』，『中庸』）を自らの哲学体系のなかに取り込み，五経とともに重要視した（「四書五経」[91]）。

90）戸川ほか　前掲書64），258-263頁。市來津由彦「程伊川」廣松ほか編『岩波哲学・思想事典』1101-1102頁。市來津由彦「程明道」廣松ほか編『岩波哲学・思想事典』1111頁。
91）佐藤仁「朱熹」廣松ほか編『岩波哲学・思想事典』736-737頁。吾妻重二「朱子学」廣松ほか編『岩波哲学・思想事典』740-741頁。

(2)　朱子学の基本的思想

①理気二元論（存在論）

- ・「気」：宇宙・天地に充満し，万物を形作るはたらき。すべての存在の生滅と運動は，「気」の凝集と拡散によって起こる。
- ・「理」：気の運動を方向付ける法則・原理。万物をあるべきあり方にあらしめているもの。万物は一つの「理」によって貫かれている。[92]

②性即理（人間論）

　人間は「気」と「質」によって成り立っている存在であるが，同時に自らの「性」（心の本体）に「理」を持っている。人間が天から等しく賦与された「性」にこそ，「理」が宿る（性即理）。人間の「性」は本来，純粋な善なるものである（本然の性）。しかし，人間の性はときに悪（不善）に誘引され，本来の「性」＝「理」の機能が妨げられてしまうことがある（気質の性）。そのため，「気質の性」を克服し，「本然の性」に立ち帰らなければならない。[93]

③居敬窮理（きょけいきゅうり）

　居敬窮理とは，朱子学の学問実践の方法である。「居敬」とは心がゆるまないように厳粛さを保つことである。「窮理」とは事物の理を窮めることであり，事物に内在している「理」を究明して認識することである。朱熹は『大学』にある「格物致知」という言葉を，「物に格（いた）りて知を致（きわ）む」と理解する。これは私たちの主体がすべてのものの理を究明し認識して，自らの知を完成させることを意味する。この場合，主体が客体（物）を見て，主体と客体を貫通する一つの理を認識する（「豁然（かつぜん）として貫通する」）。[94]

　さらに朱熹は「天理を存して人欲を滅す」と唱え，私たちの主体が人間的

92）伊東貴之「理気論」廣松ほか編『岩波哲学・思想事典』1669-1671頁。

93）伊東貴之「性即理」廣松ほか編『岩波哲学・思想事典』913頁。戸川ほか　前掲書64），285-290頁。

94）吾妻重二「居敬窮理」廣松ほか編『岩波哲学・思想事典』355頁。吾妻重二「格物」廣松ほか編『岩波哲学・思想事典』231頁。

な情欲を減して，主体と客体に貫通する理を認識して生きることを求める。[95]

(3) 陸象山

陸象山（1139-1192年）は「心即理」を唱え，「性即理」を唱える朱熹と，1175年に鵝湖寺で論争した（鵝湖の会）。陸象山は「心は一心なり，理は一理なり，至当は一に帰し，精義に二なし」と述べ，心における一なる理に目覚めるとき，宇宙万物の理と通貫しあうと考え，「心に内在する理の絶対的普遍性」を説いた。[96]

(4) 元時代の儒学

朱子学は南宋時代，禁学処置を蒙り，迫害された。しかし，元時代の中葉，科挙の科目に四書が取り入れられ，四書の解釈は朱子学に基づくことが定められた。それ以後，朱子学は中国全土に広がり，強い影響力を持つようになった。[97]

9 明時代の儒教

明の時代，王陽明が陽明学という新たな儒学を構築した。王陽明の弟子たちから陽明学のさまざまな学派が生まれた。陽明学は朱子学とともに後世に大きな影響を及ぼした。

① 王陽明と陽明学の発生

陽明学とは明の時代に王陽明（1472-1528年）とその後継者たちによって打ち立てられた儒教の思想体系である。朱子学の理気二元論，性即理，格物窮理説に対して，陽明学は理気一元論，心即理，知行合一，致良知，万物一体説など

95）戸川ほか 前掲書64），288頁。
96）同上，291-293頁。
97）同上，295-302頁。

310

を唱えた。陽明学は中国のみならず東アジア全体にも大きな影響を与えた。陽明学の基本テキストは『伝習録』などである[98]。

② 陽明学の基本的思想

(1) 心即理

　王陽明は「心即理」を唱えた。「心即理」では，事物のなかに理はなく，心においてのみ理があると考える。心における理とは，人間の「先天的道徳本性」であり，具体的には五倫（父子の親，君臣の義，夫婦の別，長幼の序，朋友の信）・五常（仁義礼智信）を意味する。王陽明は朱子学の格物窮理の方法を批判する。王陽明は「聖人の道は，吾が性に自足せり。さきに理を事物に求めしは誤りなり」と述べて，朱子学者が心の外部にある事物に理を求めることは誤りであると考える。自分の心を用いて事物の側に理を求めようとすると，心と理が分離してしまうためである[99]。

(2) 致良知

　王陽明の「心即理」は「致良知」へと深化した。良知とは元来孟子の言葉であり，「先天的本源的な道徳知」を意味する。良知が心の本源的な理であり，心の本体であると考える。良知に先んじて理があるのではなく，良知そのものが理である。そして，「致良知」とは，「良知を致す」，すなわち心の本体である良知を，十全に発揮することである[100]。

　王陽明は格物致知を「物を格して良知を致す」と解釈する。彼は「物」を客観的な事物ではなく，「意の在る所」，すなわち「意念が発動する場」と理解した。そして，「物を格して」とは，「事象に向かう心のはたらきを是正すること」であると解釈した。それゆえ，王陽明にとって，格物致知とは，心のはた

98) 吉田公平「王陽明」廣松ほか編『岩波哲学・思想事典』180-181頁。吉田公平「陽明学」廣松ほか編『岩波哲学・思想事典』1634-1635頁。戸川ほか 前掲書64)，303-310頁。
99) 戸川ほか 前掲書64)，307-312頁。吉田公平「心即理」廣松ほか編『岩波哲学・思想事典』827-828頁。
100) 戸川ほか 前掲書64)，312-313頁。

らきを正して，良知を完全に生かしきることを意味する[101]。そして，どのような事態にあっても，良知を十全に実現できるよう，自らの心身を磨くことを求める（事上磨錬）[102]。

(3)　無善無悪説

　晩年，王陽明は「善無く悪無きは是れ心の体，善有り悪有るは是れ意の動，善を知り悪を知るは是れ良知，善を為し悪を去るは是れ格物」と述べて，心の本体が無善無悪であると説くようになった。この説は後の陽明学の発展に大きな影響を与えた[103]。

(4)　知行合一

　王陽明は心即理とともに，知行合一を唱えた。知行合一とは「知（認識）」と「行（実践）」とが分離できないことを意味する。知行の本体である「心（主体）」は一瞬の今（絶対現在としての今）に現存する。この「心」においては知と行を分離することはできない。知と行の時間的な先後関係はない。これに対して，朱子学では，時間的に知が先で，行が後とされる[104]。

(5)　万物一体説

　北宋時代，程顥は「万物一体の仁」を説いたが，王陽明は「万物一体の仁」と彼自身の良知説とを結合させ，万物一体説を唱えた。先天的な道徳的判断能力である良知は「人身の霊気」であるとともに「天地の霊気」であり，宇宙天地を貫いて存在している。そのうえで，共同体の各構成員が，「万物一体の仁」にもとづき，皆の苦しみを自分の苦しみとみなして，各身分に安んじつつ相互に互いに助け合い，大同社会の実現を目指す[105]。

101）吾妻重二「格物」廣松ほか編『岩波哲学・思想事典』231頁。
102）戸川ほか 前掲書64），315頁。
103）同上，327頁。
104）吉田公平「知行合一論」廣松ほか編『岩波哲学・思想事典』1058-1059頁。
105）佐野公治「万物一体説」廣松ほか編『岩波哲学・思想事典』1305頁。

(6) 聖人観

　朱子学で聖人とは事物の理と主体に内在する理を窮め尽くした人である。そこから，朱子学においては，経典の研究，書物の研鑽，文物制度の考察が重要視された。これに対して，陽明学で聖人とは良知を実現した人である。たとえ，学問に無知な人であっても，良知を十全に発揮しさえすれば聖人とみなされる。良知はすべての人が先天的に持っているため，「満街の人（街中の人）都て是れ聖人」である。その結果，聖人の道が大衆化し，陽明学は庶民たちに受け入れられていった。[106]

③ 王竜溪の思想

　王竜溪（1498-1583年）は王陽明の弟子である。王陽明の「善無く悪無きは是れ心の体，善有り悪有るは是れ意の動，善を知り悪を知るは是れ良知，善を為し悪を去るは是れ格物」の四句教説の解釈をめぐって，弟子たちの間で論争が起きた。銭徳洪は王陽明の無善無悪の四句教説に関して，心の本体のみが無善無悪であるが，意，良知，格物については，悪を避け，善を行う日常的な修養が必要であると考えた。これに対して，王竜溪は王陽明の無善無悪説を，心の本体が無善無悪であると悟るならば，意も良知も格物もすべて無善無悪になるという説（四無説）を唱えた。そして，良知はこの現在にすでに実現しているので（現成良知），修養する必要はないと考えた。王竜溪の説は，心の本体の無善無悪に目覚めることによる相対的な善悪からの解放を説くものである。さらに王竜溪は気一元の天地万物一体観を取った。王竜溪や彼の兄弟弟子である王心斎はいわゆる陽明学左派の祖であるとされる。[107]

④ 李卓吾の思想

　李卓吾（1527-1602年）は明時代末期，心の本体，意，良知，格物の無善無悪を説く陽明学左派の伝統を受けて，「仮偽のない純粋に真なる第一念」が「童

106）戸川ほか 前掲書64），314-315頁。
107）同上，327-331頁。佐野公治「王竜溪」廣松ほか編『岩波哲学・思想事典』182頁。

心」,「真心」であり, 既成の価値意識を超えた「性情の自然」, 分別相対を超えた「無人無己」の「真空」であると見る。さらに, 彼は「穿衣吃飯(着ること, 食べること)が人倫物理」であると説き, 人間の欲望をそのまま肯定する理を説いた。人間の欲望, 生存欲, 所有欲を至善として捉え, 仁義礼智信などの道徳的本性だけではなく, 人間の欲望をも人間の本質として捉えた。彼の思想は既存の価値観や社会秩序を破壊するものとして危険視された。主著は『焚書』,『蔵書』などである[108]。

10　清時代の儒教

1　清時代の儒教における理と気, 天と人間との関係

　清時代, 北宋・南宋時代以来の新儒学にさまざまな変化が生まれた。そして, この時代, 清朝考証学が生まれ, 経書を厳密なテキスト批判によって実証的に研究することが行われるようになった。清朝考証学は清時代の新しい儒学の流れを生み出していった。

(1)　理気一元論

　明時代・清時代では, 朱子学の理気二元論(理先気後。理が気に対して優位性を持つ)に対して, 理気一元論(気の条理として理を捉える。理と気が相即している)が主流になった[109]。

(2)　天理人欲論の変容

　宋時代以降の儒学では,「人欲を滅して天理を存する(滅人欲存天理)」が基本であったが, 明時代の末期から, 人間の自然的な欲望や欲情を尊重する見方が広がり, 天理は人欲にもとづき, 人欲を正しく発揮することが天理であると

---

108) 戸川ほか 前掲書64), 331-335頁。佐野公治「李卓吾」廣松ほか編『岩波哲学・思想事典』1679-1680頁。
109) 戸川ほか 前掲書64), 344-345頁。

みなされるようになった。[110]

2 清時代における新しい儒学の流れ

(1) 清朝考証学の発生

　清朝考証学は，経書を古文献として厳密な本文批判にもとづいて実証的に研究する学問である。乾隆帝（在位1735-1796年），嘉慶帝（在位1796-1820年）の時代に発展した。清朝考証学の分野は，音韻学，金石学，校勘学，文字学など，多岐に渡る。清朝考証学の先駆として，清代初期の閻若璩（1636-1704年）が，経書への文献学的研究を行い，梅賾の『古文尚書』25篇ならびに孔安国による「伝」がすべて魏晋時代の偽作であることを証明した。それ以来，経書であっても，本文批判が必要であると考えられるようになった。[111]

(2) 戴震の儒学における「自然の分理」

　戴震（1724-1777年）は清朝考証学の代表的な学者である。戴震によれば，理とは「自然の分理」である。「自然の分理」においては，「血気の自然」と呼ばれる人間の欲望が「心知の自然」という理義によって正しい筋目（条）に区分される。この筋目（条）が理である。そして，「自然の分理」に即して，自分の欲望と他者の欲望が相互に調和される。ここで，理は「社会的相関の理」という意味を持つようになった。戴震の主著は『孟子字義疏証』である。[112]

110）同上，350頁。
111）木下鉄矢「清朝考証学」廣松ほか編『岩波哲学・思想事典』832頁。
112）戸川ほか　前掲書64），351-354頁。木下鉄矢「戴震」廣松ほか編『岩波哲学・思想事典』1017頁。

<table>
<tr><td>第13章</td><td>道 教
——正一教と全真教</td></tr>
</table>

1 老 子

　道教は老子などの道家の思想，古代中国の神々や帝王への信仰，易における陰陽の思想，神仙思想，鬼神と呪符を用いた呪術信仰などが融合されて，紀元後3世紀頃に中国で成立した宗教である。道教の根本要素を考えるうえで，まず老子の中心思想である道，無為自然を見ることが大切である。

1 「老子」という人物
　「老子」という人物を考えるにあたり，古来根本資料とされてきたのが，司馬遷『史記』巻63「老子韓非列伝」における老子についての記述である。このなかで，孔子が老子と会見したという伝説，老子が関所の長官のために上下二篇の書を著し，「道」と「徳」について話し，五千余字を残して立ち去ったという伝説などが伝えられている。老子の言葉が記された『老子』は中国の戦国時代（紀元前403-前222年）後期の成立であると考えられる。

2 『老子』の中心思想
(1)　道（どう・タオ・みち）
　老子は「道」が万物の根源であると考える。「道」より，「無名（天地のはじめ）」と「有名（万物の母）」が生じる。「無名」と「有名」の両者は根本的に同じものでありながら名称が異なる。これを「玄」という。そして，根本的に同じものである両者を発生させる根源を「玄の又玄」という。「玄の又玄」は

---

1) 横手裕『道教の歴史』山川出版社，2015年，22-24頁。

316

「道」を意味する[2]。老子は「道」について以下のように述べている。

　　道の道う可きは，常の道に非ず。名の名づく可きは，常の名に非ず（『老子』一章）[3]。

（現代語訳）「道」が語りうるものであれば，それは不変の「道」ではない。「名」が名づけうるものであれば，それは不変の「名」ではない[4]。

　　名無きは，天地の始めにして，名有るは，万物の母なり（『老子』一章）[5]。

（現代語訳）天と地が出現したのは「無名（名づけえないもの）」からであった。「有名（名づけうるもの）」は，万物の（それぞれを育てる）母にすぎない[6]。

　　此の両つの者は，同じきより出でたるも而も名を異にす。同じきものは之を玄と謂う，玄の又玄，衆妙の門なり（『老子』一章）[7]。

（現代語訳）この二つは同じもの（鋳型）から出てくるが，それにもかかわらず名を異にする。この同じものを，（われわれは）「玄（神秘）」とよぶ。（いやむしろ）「玄」よりもいっそう見えにくいもの（というべきであろう。それは），あらゆる「妙」が出てくる門である[8]。

---

2) 阿部吉雄・山本敏夫，渡辺雅之編『老子（新版）——新書漢文体系 2』明治書院，2002年，7頁。
3) 老子『老子』小川環樹訳，中央公論新社，2005年，3頁。
4) 同上，3頁。
5) 同上，3頁。
6) 同上，3頁。
7) 同上，3頁。
8) 同上，4頁。

(2)　無為自然

　老子は道の「無為自然」を説く。「無為」とは人為や作為を用いないことを意味する。道は人為的なことを一切行わず，一般の人間から見ると何もしていないように見えるが，道は万物を動かすような大いなるはたらきをしていて，あらゆることを成し遂げる。[9]

　　道は常に為す無くして，而も為さざるは無し（『老子』三十七章）。[10]

　（現代語訳）「道」はつねに何事もしない。だが，それによってなされないことはない。[11]

　　上善は水の若し。水は善く万物を利して而も争わず。衆人（しゅうじん）の悪む（にく）所に処（お）る。故に道に幾（ちか）し（『老子』八章）。[12]

　（現代語訳）最上の善とは水のようなものだ。水のよさは，あらゆる生物に恵みを施し，しかもそれ自身は争わず，それでいて，すべての人がさげすむ場所に満足していることにある。このことが，（水を）「道」にあれほど近いものとしている。[13]

　　知る者は言わず，言う者は知らず。其の兌（たい）を塞ぎ，其の門を閉ず。其の鋭を挫き，其の紛を解く。其の光を和らげ，其の塵に同じくす。是れを玄同と謂う（『老子』五十六章）。[14]

---

9)　阿部・山本 前掲書2），111頁。
10)　老子 前掲書3），77頁。
11)　同上，77頁。
12)　同上，18頁。
13)　同上，18-19頁。
14)　同上，110頁。

（現代語訳）知っているものは，しゃべらない。しゃべるものは，知っては
いない。穴（目や耳などの感覚器官）をふさぎ，門（理知のはたらき）を閉ざ
す。（こうして）すべての鋭さはにぶらされ，すべての紛れは解きほぐされ，
すべての激しいようすはなだめられ，すべての塵は（はらい除かれて）なめ
らかになる。これが神秘な「同一」とよばれる[15]。

(3)　「柔弱」な生き方

　老子は万事慎ましく控えめに，柔弱な生き方をするように説く。これが道の
無為自然に即した生き方である。

　　　天下に水より柔弱なるは莫し。而も堅強なるを攻むるに，之に能く勝つ
　　こと莫し。其の以て之に易うる無きを以てなり。弱の強に勝ち，柔の剛に
　　勝つこと，天下知らざるは莫くして，能く行なうこと莫し（『老子』七十八
　　章）[16]。

（現代語訳）天下において，水ほど柔らかくしなやかなものはない。しかし，
それが堅く手ごわいものを攻撃すると，それに勝てるものはない。ほかに
その代わりになるものがないからである。しなやかなものが手ごわいもの
を負かし，柔らかいものが堅いものを負かすことは，すべての人が知って
いることであるが，これを実行できる人はいない[17]。

③　黄老思想

(1)　三皇五帝

　三皇は中国の神話上の神もしくは帝王である。『史記』によれば，三皇とは，
天皇（てんこう）・地皇（ちこう）・人皇（じんこう）である。三皇には諸説あり，伏羲（ふくぎ）・神農（しんのう）・女媧（じょか）という説もあ

15）同上，110頁。
16）同上，143頁。
17）同上，143頁。

る。五帝とは中国の神話上の帝王である。『史記』によれば，五帝とは，黄帝，
顓頊，嚳，堯・舜であるとされる。このなかで黄帝は暦法，医学，神仙術など
さまざまな学術や技術の創始者であるとされる。五帝にも諸説があり，伏羲，
神農，黄帝，堯，舜という説もある。[18]

(2)　黄老思想の発生

　戦国時代末期から前漢時代にかけて，黄帝と老子が一体化し，人為を排した
無為自然なる統治を説く黄老思想が流行した。そして，前漢の時代の初期，国
家統治のための政治思想として用いられた。しかし，前漢の武帝の時代になる
と，董仲舒の献策をもとにして，儒教が国家統治のための政治思想となり，黄
老思想は，政治思想としては顧みられなくなる。ところが，黄帝は代表的な神
仙とみなされていたため，それにともない，老子もともに神仙と考えられるよ
うになった。そこから，前漢末から後漢にかけて「黄老の術」が政治思想では
なく，神仙術を指すようになっていく。[19]

2　荘　子

　荘子は老子とともに，道家を代表する思想家である。荘子は逍遥遊という何
ものにもとらわれない自由な境地を示し，万物斉同を説いて，万物が本来無差
別で斉しいものであることを明らかにした。

1　『荘子』の背景

　『荘子』は戦国時代中期の道家の思想家である荘周（荘子）によって書かれ
たと言われている著作である。内容は「内篇」7篇，「外篇」15篇，「雑篇」11
篇に区分される。[20]

---

18) 横手 前掲書 1），30-32頁。
19) 同上，30-32頁。
20) 浅野裕一「『荘子』」廣松ほか編『岩波哲学・思想事典』971-972頁。

2 『荘子』の中心思想

(1)　逍遙遊——大鵬の飛翔

「逍遙遊」とは，「あてどもなく，さまよい遊ぶこと」を意味する[21]。ここで荘子は大鵬の飛翔のたとえを用いて，何ものにもとらわれない自由な境地を表現する。

　　　北冥に魚あり，其の名を鯤と為す。鯤の大きさ，其の幾千里なるかを知らざるなり。化して鳥と為る。其の名を鵬と為す。鵬の背は，其の幾千里なるかを知らざるなり。怒りて飛ぶに，その翼は垂天の雲の若し。是の鳥や，海運けば，則ち将に南冥に徒らんとす。南冥とは天池なり（『荘子』逍遙遊篇[22]）。

（現代語訳）北のはての暗い海にすんでいる魚がいる。その名を鯤という。鯤の大きさは，幾千里ともはかり知ることはできない。やがて化身して鳥となり，その名を鵬という。鵬の背のひろさは，幾千里あるのかはかり知られぬほどである。ひとたび，ふるいたって羽ばたけば，その翼は天空にたれこめる雲と区別がつかないほどである。この鳥は，やがて大海が嵐にわきかえるとみるや，南のはての暗い海をさして移ろうとする。この南の暗い海こそ，世に天池とよばれるものである[23]。

　大海が大魚を生み，大魚が大鵬となり，大空が大鵬を飛翔させる。これは自然必然の道理であるが，小さな衆人たちには不可解である。

　　　小知は大知に及ばず，小年は大年に及ばず（『荘子』逍遙遊篇[24]）。

21）荘子『荘子　Ⅰ』森三樹三郎訳，中央公論新社，2001年，3頁。
22）同上，3頁。
23）同上，3-4頁。
24）同上，7頁。

（現代語訳）小さな知恵は，大きな知恵に及ぶことはできず，短い寿命のものは，長い寿命のものに及ぶことはできない。[25]

さらに，荘子は何ものにとらわれない自由自在の境地にについて，以下のように述べる。

　　若し夫れ，天地の正に乗じて，六気の弁に御し，以て無窮に遊ぶ者は，彼且た悪くにか待たんや。故に日わく「至人は己れ無く，神人は功なく，聖人は名無し」と（『荘子』逍遙遊篇）。[26]

（現代語訳）天地の正道に身をのせ，六気の変化にうちまたがり，無限の世界に遊ぶものにいたっては，もはや何を頼みとすることがあろうか。だからこそ，至人には己れがなく，神人には功を立てる心がなく，聖人には名を得ようとする心がない，といわれるのである。[27]

(2)　万物斉同

　荘子は万物斉同の理を明らかにする。万物斉同とは，「物を斉しくするの論[28]」であり，万物が本来無差別で斉しいものであることを意味する言葉である。万物斉同という事態は，是非や死生などの分別を越えている。荘子は万物斉同について以下のように述べる。

　　是れも亦彼れなり，彼れも亦是れなり。彼れも亦一是非なり，此れも亦一是非なり。果たして且た彼是有りや，果たして且た彼是無きや。彼是，其の偶を得る莫き，之を道枢と謂う。枢は始めて其の環中を得るや，以て無窮に応ず。是も亦，一無窮なり。非も亦，一無窮なり。故に日わく，

---

25) 同上，7頁。
26) 同上，10頁。
27) 同上，11頁。
28) 同上，37頁。

「明を以てするに若くは莫し」と（『荘子』斉物論篇）。[29)]

（現代語訳）もしこのような自然の立場，相対差別という人為を越えた立場からみれば，是れと彼れとの区別はなく，彼れと是れとは同じものになる。たとえ是非を立てるものがあったとしても，彼れは彼れの立場をもととした是非を立てているにすぎず，此れは此れの立場をもととした是非を立てているにすぎない。それに，もともと彼れと是れという絶対的な区別がはたして存在するのか，それとも彼れと是れとの区別が存在しないのか，根本的に疑問ではないか。

　このように彼れと是れとが，その対立を消失する境地を，道枢という。枢——扉の回転軸は，環の中心にはめられることにより，はじめて無限の方向に応ずることができる。この道枢の立場に立てば，是も無限の回転をつづけ，非もまた無限の回転をつづけることになり，是非の対立はその意味を失ってしまう。先に「明らかな知恵をもって照らすのが第一である」といったのは，このことにほかならない。[30)]

　荘子によれば，「枢（扉の回転軸）」は「環（回転軸を受ける穴）」の中心にはめられることにより，無限の方向に応ずることができる。環中に置かれた枢は，彼此や是非の対立にとらわれることはない。この「環中」の立場においては，彼此や是非の対立はその意味を失う。[31)]

(3)　胡蝶の夢
　荘子は「胡蝶の夢」を用いて，万物斉同の理を語る。荘周が夢のなかで胡蝶となって飛んでいた。そのとき，荘周であることに気づいていなかった。そして，突然目が覚めると，荘周そのものであった。荘周が胡蝶の夢を見ていたの

29）同上，37頁。
30）同上，38-39頁。
31）同上，39頁。

か，胡蝶が荘周の夢を見ていたのか分からなかった。すべてのものが斉しいという立場からみるならば，自他の区別がなくなるので，荘周がそのまま胡蝶であり，胡蝶がそのまま荘周である。そして，万物斉同の理から見ると，夢と現実との区別がなくなるので，夢がそのまま現実であり，現実がそのまま夢である（『荘子』斉物論篇）[32]。

3　道教の根本要素

　道教は以下のように，老子の思想，中国古代神話の神々や帝王への信仰，『易』における陰陽の思想，神仙思想，鬼神と呪符という要素から構成されている。

⑴　老子の思想
　　①道の思想
　　②無為自然
　　③その他の道家（荘子など）の思想も含む。

⑵　神々や帝王への信仰
　　①古代中国神話における神々
　　②三皇五帝
　　③三清四御
　　④その他のさまざまな神々（媽祖，娘娘，関帝［関羽］など）。

⑶　『易』における陰陽の思想
　　①太極：陰陽二気に分化する以前の混沌たる状況。
　　②陰陽：陰陽二気がさまざまに組み合わさり，宇宙万象が生じる。
　　③四象：陽陽・陽陰・陰陽・陰陰。

---

32) 同上，73-74頁。

④八卦：陰陽の爻を三つ並べると，八卦になる。八卦が宇宙に存在するもの
　　の物質的出発点となる。

⑤六十四卦：陰陽の爻を六つ並べると，六十四卦になる。

⑥陰陽五行説

(4)　神仙思想

　①東の世界，もしくは西の世界に，不老不死の神仙がいる。

　②長生不死の仙人になるためにさまざまな行を実践する（金丹術など）。

(5)　鬼神と呪符

　呪符をとおして「鬼神の使役，悪霊駆除，亡魂救済，自然災害の鎮静」など
を願う。[33]

4　古代中国における神仙説の発生

　古代中国では東の世界と西の世界に長生不死の仙人が住み，不老不死の薬が
あると信じられていた。そして，仙人になるための神仙術が開発され，そのな
かに不老不死の丹薬を作る方法も含まれていた。さらに，呪符を用いて邪鬼か
ら身を守り，鬼神を使役することができると信じられていた。

1　古代中国の神仙説における世界観と人間観

(1)　古代中国の世界観

　　・東の世界：蓬莱，方丈，瀛洲という東海の三神山がある。そこには長生不
　　　　　　　死の「僊人（仙人）」が住み，不老不死の薬があると考えられた。

　　・西の世界：黄河の水源である崑崙という山がある。仙女西王母や仙人たち
　　　　　　　が住んでいる。[34]

33）横手 前掲書1），付録8頁。
34）同上，38-42頁。

(2)　方士の発生

「僊人」は後漢以降，「仙人」と表記されるようになり，翼を持ち，空を飛翔し，長生不死の存在とされるようになった。そして，仙人や不老不死の薬について，専門知識を持つ者が「方士」と言われるようになった。彼らは陰陽五行説なども取り入れながら「方僊道」を形成した。「方僊道」では，さまざまな方術が施され，そのなかには「形解銷化」，すなわち尸解の術があった。尸解とは，神仙術を修める者が，普通の人と同じように死去して屍を残しても，ある種の術を使って蝉や蛇のように抜け殻を残して生まれ変わったとするものである。秦の始皇帝や前漢の武帝は，方士たちからさまざまな影響を受けた。後に，方術は道術と呼ばれるようになり，それとともに方士も道士と呼ばれるようになった。[35]

② さまざまな神仙術

(1)　『漢書』芸文志における神仙術

『漢書』芸文志には神仙になるための神仙術として，以下のようなものが挙げられている。[36]

①導引（道引）：身体の屈伸運動，呼吸法を含めた養生長生法。
②按摩：体をほぐす方法。
③芝菌：キノコ
④黄冶：不老不死の丹薬を錬成する錬丹術。「黄白の術」とも呼ばれる。

丹砂（硫化水銀）や他の薬剤を使って，黄金を作り，それを食すると，長生不死の存在になる。のちに「神丹」・「金丹」の術と呼ばれるようになる。

(2)　鬼神

鬼神とは「人間が直接知覚しえない霊的超越的存在を指す語」である。もと

35）同上，42-45頁。
36）同上，45-47頁。

もと，鬼とは人間が死して成る霊魂，神とは天地の自然神のことを意味した。しかし，鬼と神は多くの場合，混同されるようになった。[37]

(3) 呪符の使用

　符とは邪鬼から身を守ったり，鬼神を使役したりするなど，神秘的な力を持つ図形や文字，もしくはそのような図形を記した札である。晋の時代以降，「符籙」の術が現れた。符籙とは道教儀礼の際に用いる神々の名と符などが記された文書である。この符籙が授与されることにより，道教の儀式を行う資格が与えられる。符籙にはレベルの高低があり，さまざまな種類に分けられている。道士がより高い位階に昇格するとき，より高いレベルの符籙が授与される（授籙）。[38]

(4) 禹歩

　禹歩は五帝の一人である禹が行った特殊な歩行法であるとされる。悪霊から身を守るため，病気治療のため，鬼神を招き寄せ使役するための方法として用いられるようになった。[39]

(5) 老子の神格化

　前漢から後漢にかけて，黄老思想が神仙思想として発展し，黄帝とともに老子が神として祀られるようになった。そして，「老子銘」という石碑，『老子変化経』，『老子化胡経』などの経典も作られ，老子を神格化する内容となっている。[40]

---

37) 同上，50-52頁。
38) 同上，52-54頁，付録 8 頁。
39) 同上，54-57頁。
40) 同上，58-65頁。

5　初期道教の成立と発展（後漢末期・魏晋南北朝時代　3世紀～6世紀）

　後漢時代，張角が太平道の教団を開き，張陵（張道陵）が五斗米道の教団を創設した。五斗米道は魏晋南北朝の時代に発展し，天師道と呼ばれるようになった。天師道では，張陵の子孫が天師という最高指導者の位に就く。この時代，葛洪の金丹術が生まれ，道教の重要な経典である三皇経・霊宝経・上清経が成立した。この頃に初期道教が形成されたと考えられている。

1　太平道の発生

　後漢時代，于吉が曲陽泉のほとりで『太平清領書』という神書を得た。これが太平道の起源であるとされる。その後，張角が太平道の教団を設立し，『天官暦包元太平経』と『太平清領書』を経典とした。太平道の内容は，黄老道の実践であったと考えられている。太平道の信徒たちは黄巾党を結成し，反乱を起こした（黄巾の乱）。しかし，この反乱は後漢によって鎮圧された。太平道では，「首過」（自らの犯した罪過を思い起こし，反省し，告白すること）と「符水」（符を入れた水を飲むこと）による治病を実践した。「首過」と「符水」によって，鬼神により罰として与えられた病気が治ると考えられたのである[41]。

2　五斗米道の発生

　五斗米道は太平道より少し後，後漢時代に張陵（張道陵）によって始められた。五斗米道ははじめ蜀の地で広がり，その後，漢中（現在の陝西省漢中市）を根拠地にした。張陵の死後，張衡が指導者になり，張衡の死後は張魯が指導者になった。五斗米道は「祭酒」という指導者によって治められる「治」（行政組織）を基本にした強固な信徒組織を持ち，独立国家のようになっていた。五斗米道は三国時代になってから魏の曹操によって一旦滅ぼされるが，指導者張魯と信徒たちは魏の監視下のもとに生き残り，魏とその後の西晋の時代に，信

---

41) 同上，66-69頁。

徒たちを増やしていった。その後，4世紀終わりから5世紀初めにかけて，東晋の時代に，五斗米道の影響を受けた孫恩が江南で反乱を起こすが，結局鎮圧された（孫恩の乱）。五斗米道では，病人に「思過（首過と同義。自分の罪を思い起こして，反省し，告白すること）」を行わせて，自分の姓名と服罪の意を記した手紙を三通作らせて，天官，地官，水官の三官にささげさせた。三官はすべての生き物の行為の善悪をチェックし，それに応じて賞罰を下す。病人はかつて悪しき行いをしたために，その罰として病気が三官によって与えられた。病人はそのような罪を告白する手紙を書いて三官にささげて，三官に罪のゆるしと病気の治癒を願ったのである。[42]

③　五斗米道から天師道へ

(1)　北朝における天師道の発展

　5世紀以降，南北朝時代になると，北朝と南朝いずれでも五斗米道が発展し，五斗米道は「天師道」と呼ばれるようになった。北朝では北魏の時代に，寇謙之（365頃-448年）が現れ，嵩山と華山で修行した。寇謙之が嵩山で修行をしているとき，太上老君（老子）が降臨し，彼を張道陵以来，空職となっていた「天師」に指名し，天師道を改革するように命じたという。寇謙之は北魏の太武帝に接近して，皇帝も彼の教えに傾倒した。しかし，寇謙之の死後，有能な後継者が現れることなく，彼の道教は一代で終息した。[43]

(2)　南朝における天師道の発展

　南朝においては陸修静（406-477年）が活躍した。彼は南朝の宋（劉宋）の時代に，廬山で修行し，多くの弟子たちが集まってきた。陸修静は当時堕落していた南朝の天師道教団の秩序を回復し，この天師道の制度はその後さまざまな経典や教派が統合化されていく道教の制度的な基礎として引き継がれていった。さらに陸修静は多くの道教経典を収集し，彼自身も多くの著作を残した。[44]

---

42)　同上，70-71頁。

43)　同上，74-75頁。

(3)　玄学の流行

　後漢の末期から魏晋南北朝時代にかけて「玄学」が流行した。玄学は儒家による『易』、『老子』、『荘子』研究から発生したが、玄学を修める儒家のなかで、神仙道に関心を持つ者も多かった。[45]

(4)　葛洪の金丹術

　葛洪（283頃-343年頃）は、若い頃から金丹術をはじめとする神仙術、儒学を学んだ。彼は『抱朴子』を著し、後世の道教に大きな影響を与えた。『抱朴子』内篇は道家的内容、外篇は儒家的内容となっている。彼は長生登仙の方法は金丹術であり、鬼神の祭祀（五斗米道でよく実践されたこと）、導引などは役に立たないと考えた。金丹術とは、丹砂（硫化水銀）とさまざまな金属、鉱物、植物などを用いて、不老不死の丹薬を錬成する錬丹術であり、前漢以来の「黄冶の術」、「黄白の術」に遡る技術である。葛洪によれば、もともと金丹術は左慈が天柱山で瞑想していたときに神人から伝えられた。そして、左慈は弟子の葛玄（葛洪の祖父の兄弟）に伝え、葛玄は弟子の鄭隠に伝え、鄭隠は弟子の葛洪に伝えた。葛洪の『抱朴子』に先行する金丹術の書として『周易参同契』が挙げられる（後漢あるいは三国時代の呉の人、魏伯陽の作とされる書）。これは易の卦の象に従って、丹薬を作る方法を解説したものである。『抱朴子』は「丹砂・黄金中心主義」であるが、『周易参同契』は、「鉛・汞（水銀）中心主義」である。[46]

４　三皇経・霊宝経・上清経の成立

(1)　三皇経

　三皇（天皇・地皇・人皇）から伝わったとされる三皇文という呪術的文書があった。葛洪の『抱朴子』にもそれが記されている。三皇文には、『小有三皇

---

44)　同上、75-76頁。
45)　同上、77-80頁。
46)　同上、81-87頁。

文』，『大有三皇文』がある。[47)]

(2)　霊宝経

　霊宝経は後漢時代に現れた「霊宝五符」を起源とし，その後さまざまな展開を見せた経典群である。東晋の末頃，葛洪の従孫という葛巣甫が現れ，従来の霊宝経をかなり増補・改訂して，新しい霊宝経を作り出した。この新しい霊宝経には，仏教に由来する輪廻転生説や一切の衆生の救済を説く大乗仏教の思想が取り入れられた。とりわけ，『霊宝無量度人経』では，元始天尊という神により，生けるものと死せるものが皆，救済されると説かれる。元始天尊はのちに道教全体の最高神とみなされるようになり，さらに『霊宝無量度人経』は，道教の死者供養儀礼に大きな影響を与えることになった。霊宝経には二種類の系統がある。一つは元始天尊，太上道君を主人公とする諸経典である（「元始系」霊宝経）。これらは霊宝経以外の経典を引用しないという特徴を持つ。もう一つは太極真人と葛仙公（葛玄のこと。神仙としては太極左仙公という呼称もある）を主人公とする諸経典である（「仙公系」霊宝経）。この系統の経典は霊宝経以外の経典（上清経，三皇文，『老子』などの経典）からも引用するという特徴を持つ。[48)]

(3)　上清経

　上清経は経典群の名称であり，上清経を信奉する人々を上清派と呼ぶ。この上清派は茅山を重要な拠点としたことから，茅山派とも呼ばれる。上清派の開祖は魏華存（252-334年）という女性であった。彼女は神仙道を修め，神仙の世界で「紫虚元君」，「上真司命」，「南岳夫人」の位を授かったと言われている。その後，許謐（305-376年）が息子の許翽（341-370年）と霊媒の楊羲（330-386年）とともに，茅山で神降ろしの活動を行った。この神降ろしのときに，楊羲のもとに降りて来て言葉を語った神仙が，魏華存と茅盈・茅固・茅衷の三兄弟（茅

---

47)　同上，90-92頁。
48)　同上，92-98頁。

山で修行し省仙したと伝えられる三兄弟）であった。この降霊活動は363年から365年を中心にして，数年間にわたって続けられ，許謐，許翽，楊羲は多くの神仙たちの言葉を筆記して保存した。これが上清経のもとになっている。上清経のなかで説かれる修行法が「存思」である。「存思」とは，精神を集中して神や事物の姿を思念する道術である。上清経のなかで最高の経典とされる『大洞真経』のなかには，数多くの体内神の名前や字や居場所，それぞれの神についての存思法，唱えるべき呪文などが書かれている。同じく上清経の代表的な経典である『黄庭経』にも，体内神の名前や姿が述べられ，それらについての存思法が書かれている。[49]

　許謐と許翽の死後，経典類は許翽の息子の許黄民（361-429年）に伝えられた。その後，葛巣甫の手による新しい霊宝経が流行しているのを妬んだ王霊期が，許黄民に頼んで，上清経を授けてもらった。しかし，王霊期は上清経に新しい内容を付け加えて人々に伝えた。その結果，上清経は真経（楊羲と許父子に示された神仙のお告げ）と偽経（王霊期が付加した経典）が入り混じったまま，各地に分散してしまった。その後，南朝の梁の時代，陶弘景（456-536年）が各地を訪ねて上清経の諸経典を収集した。そして，彼は茅山に入り修行を行った。陶弘景は上清経の真偽判別を行い，王霊期による偽経を排除し，許謐，楊羲らの記録したお告げのみを編集して精密な註解を付した『真誥』を作成した。そして，彼は存思法を中心とした上清経の修道法をまとめて『登真隠訣』を編纂した。さらに彼は神仙世界のヒエラルキーを描いた『真霊位業図』，中国本草学の基礎を築く『神農本草経集注』なども作成した。陶弘景は旅の途中，周子良という少年に出会った。この少年は「神霊と感通する不思議な能力」を持ち，陶弘景の弟子になって茅山に住むようになった。その後，神降ろしの出来事が起きた。茅山の神仙たちが周子良のもとに現れて，さまざまな教えを残した。そして，周子良は陶弘景にその教えを伝えた。[50]

49）同上，98-100頁。
50）同上，100-104頁。

⑤　三清四御——道教の最高神の確立

　魏晋南北朝の時代，道教の最高神としてさまざまな神が立てられたが，のちに教理上整理されて，道教の最高神として，「玉清元始天尊，上清霊宝天尊，太清道徳天尊（太上老君：老子が神格化された存在）」の三つの神が位置づけられるようになった。この三つの神は三清と呼ばれる[51]。そして，三清を補佐する存在として四御が，宋（趙宋）の時代に置かれるようになった。四御とは玉皇上帝，后土皇地祇，勾陳天皇大帝，北極紫微大帝を言う。あるいは玉皇上帝ではなく，南極長生大帝を入れることがある。この場合，玉皇上帝は背後で四神を統御する存在とみなされる[52]。

6　隋・唐時代における道教（6世紀〜10世紀）

　隋・唐の時代，道教は発展し，道性思想，重玄思想が発展し，道術も発展した。唐時代の末期に金丹術において，それまでの外丹（金属，鉱物，植物を調合して不老不死の丹薬を作る方法）に加えて，内丹（気を集めて，不老不死の丹薬を自分の内に生み出す方法）が発生した。

① 隋の時代（6世紀末〜7世紀初頭）

　隋の時代の皇帝は，仏教を道教よりも重視したが，仏教と道教両方を尊ぶ姿勢を見せた[53]。

② 唐の時代（7世紀〜10世紀）

　唐の歴代の皇帝は道教を信奉し，仏教よりも道教を優遇した。この時代，唐の皇帝は仏寺に並んで，道観という道教寺院を公式に設置した。そのうえで，道官制度を設け，道士と道観（道教寺院）を管理するシステムを整えた。さら

51）同上，付録4頁。
52）同上，付録4-5頁。
53）同上，121-122頁。

に儒教経典にもとづく科挙とともに，道教経典にもとづく道挙制度も設けられ，道教経典についての試験を通過することにより，官吏になる道が開かれた（道挙制度は10世紀に廃止された[54]）。

③　道性思想と重玄思想

道性思想とは，大乗仏教における仏性のように，すべてのものは「道」と同じ要素を「道性」として持っているという思想である。

重玄思想とは『老子』のテキストの意味を解明する思想である。例えば，『老子』の「玄の又玄」という言葉のなかで，初めの「玄」は「非有非無」を示し，その後の「玄」は「非有非無」を超えたところを示しており，それこそが道であるという解釈がなされた[55]。

④　道術の発展

隋唐から五代十国時代にかけて，金丹・気法・内丹が発展した。まず，金丹術には『抱朴子』の「丹砂・黄金中心主義」と『周易参同契』の「鉛・汞（水銀）中心主義」の系統があったが，唐の時代には『周易参同契』に由来する金丹術が発展した。気法とは「気を使って身体の不老長生と昇仙をはかる技法」であり，行気（体内に気をめぐらせること），服気（気を体内に取り込むこと），胎息（胎児が母胎のなかにいるときのように微かな呼吸をすること）などに分けられる。

さらに内丹とは「体内の気を修練することにより，自らの内に不老不死の金丹をつくりあげる技法」である。この内丹は唐末期から始まり，宋の時代に発展することになる。そして，『周易参同契』も内丹術のコンテクストから理解されるようになっていった[56]。

54）同上，122-132頁。
55）同上，145-152頁。
56）同上，153-156頁。

7　宋・金・元時代における道教 (10世紀〜14世紀)

　宋・金・元の時代，中国南部では江南 経 籙三山 (龍虎山，茅山，閤皂山)，中国北部では，華北の新興三派 (太一教，大道教，全真教) が栄えた。江南経籙三山のなかの龍虎山に天師道が継承され，後の正一教になった。華北の新興三派のなかでは全真教が最終的に残った。全真教は王重陽によって開かれた新しい道教の一派で，金の時代に生まれ，元の時代に発展した。さらに，この時代，金丹術では内丹が発達した。

①　北宋時代の道教

　北宋時代，太祖 趙 匡 胤は仏教優遇政策を取ったが，第2代皇帝の太宗は道教を優遇し，多くの道観を設けた。そして，第3代皇帝の真宗と第8代皇帝の徽宗は，北宋時代を代表する崇道皇帝 (道教を厚く信仰する皇帝) であり，さまざまな道教振興政策を行った。[57]

(1)　江南経籙三山

　北宋時代になると，各々が独自に符籙を発給できる総本山として，以下の江南の経籙三山が挙げられる。[58]

　①龍虎山 (江西省)

　龍虎山は天師道を継承した。五斗米道の天師張道陵の孫である張魯が曹操に敗れて中原へ連行されてから，張魯の第三子 張 盛が南遊に出て，かつて張道陵が錬丹を行ったとされる龍虎山に至り，庵を結んでそこに住んだと言われている。そして，張盛の子孫が代々「天師」として龍虎山を統治し，天師道を伝えてきた。宋の歴代の皇帝は龍虎山の代々の天師を優遇した。とり

---

57)　同上，160-165頁。
58)　同上，176-182頁。

わけ，第30代天師の張継先（1092-1126年）は呪術師として，当時さまざまな神異を示して活躍した。この頃から龍虎山の張天師に一般の注目が集まるようになった。そして，龍虎山の天師道が江南の経籙三山の中心となり，後の正一教になっていく。

②茅山（江蘇省）

　茅山は上清派を継承した。南北朝時代の陶弘景が上清派を再興し，魏華存から始まり，楊羲，許謐，陸修静，陶弘景と続き，そこから宋時代の著名な道士へつながる茅山の宗師の系譜が作られた。そして，茅山の宗師たちは歴代の宋の皇帝から優遇された。

③閤皂山（江西省）

　閤皂山は霊宝派を継承した。閤皂山はいつしか葛玄の昇仙の地とみなされるようになり，葛玄から始まる宗師の系譜が作られた。閤皂山は南宋時代に栄えた。

(2)　華北の新興三派

　宋（北宋）の時代，1127年に女真族の金が首都開封を攻め落とし，華北を占領した。金の時代，華北には道教の新しい信仰組織が現れ，元の時代に発展した。それが以下に挙げる華北の新興三派である[59]。

①太一教

　太一教の開祖は蕭抱珍（?-1166年）である。蕭抱珍は「仙聖」から「秘籙」である「太一三元の法籙」を授かり，それが開宗の基本となった。太一教の指導者は，金の時代とそれに続く元の時代に，歴代の皇帝と良好な関係を持った。しかし，元時代の末期に記録がなくなっていることから，この時期に太一教は消えてしまったと考えられる。

---

59)　同上，183-190頁。

②大道教(だいどうきょう)

大道教の開祖は劉徳仁(りゅうとくじん)(1122-1180年)である。大道教は治病を特色とし,とりわけ,劉徳仁が符・薬・鍼灸などの方法を用いずに,「虚空に黙禱する」という方法によって人々の病気を治したと伝えられている。大道教は元時代に発展し,多くの信徒を持つようになり,元の皇帝からも信頼されていた。しかし,14世紀以降,記録がなくなっていることから,この時期に大道教は消えてしまったと考えられている。

③全真教(ぜんしんきょう)

全真教の開祖は王重陽(おうちょうよう)(本名:王嚞(おうてつ) 1113-1170年)である。彼は48歳のときに甘河鎮で2人の仙者(1人は呂洞賓という名の仙者)に出会い,口訣(くけつ)を与えられた(甘河の遇仙)。この体験の後,王重陽は修行生活に入り,「活死人墓(かつしじん ぼ)」という自らの墓を掘って,そこに二年半籠って修行をし,深い悟りを得た。その後,王重陽は墓を出て,劉蒋村(りゅうしょうそん)に庵を結んで住み,熱心な教化活動を行った。ところが,彼は突如としてその庵を自ら焼いて山東地方に行き,馬丹陽(ばたんよう)と出会った。そこで,馬丹陽から与えられた庵の名が「全真」であった(全真教の名前の起源)。そこで,王重陽は修行と教化活動を行い,多くの信徒たちが集まり,各地に大きな信徒組織ができた。王重陽の死後,彼の七人の高弟(七真),馬丹陽(馬鈺(ばぎょく)),丘長春(丘処機),譚長真(たんちょうしん)(譚処端(たんしょたん)),郝広寧(ねい)(郝大通(かくだいつう)),王玉陽(おうぎょくよう)(王処一(おうしょいつ)),劉長生(りゅうちょうせい)(劉処玄(りゅうしょげん)),孫不二(そんふじ)(孫清静(そんせいせい))が各地の教化のために活躍し,全真教は急速に広がっていった。

とりわけ,丘長春はチンギス・ハンから招かれて全真教の道を説き,大いに喜ばれ,それ以降,モンゴルから元朝の時代,全真教はさまざまな特権や優遇を得るようになった。元の時代,全真教は栄え,道教石窟の再発見と新しい道蔵の編纂などの大事業も行われた。

② 宋元時代の金丹術──外丹から内丹へ

もともとの金丹術(外丹術:さまざまな金属,鉱物,植物などを調合して,不老不

死の薬を作ること）は唐の時代に比べて下火にはなったが，宋元時代にも外丹の作成法や服用法を解説した書物が著された。これに対して，宋元時代に主流になったのが，唐末以降に現れた新しい金丹術，すなわち内丹術であった。内丹とは体内の気を修練することにより，自らの内に不老不死の金丹を作り出すことである。宋（北宋）の時代，内丹術についての重要文献が現れた。それは神仙の鍾離権から呂洞賓に伝えられたという内丹術の方法が記された『鍾呂伝道集』，『霊宝畢法』，『西山群仙会真記』という著作群であった。そのなかには，内丹修行のプロセスなどが述べられている。[60]

(1)　宋・金・元時代の内丹術の重要人物

　宋・金・元時代，内丹術の発展に寄与した重要な人物を，以下に挙げる。

　①王重陽

　　王重陽は金時代の華北の人であり，全真教の開祖であり，内丹術の「北宗」の祖であるとされる。王重陽は「甘河の遇仙」の出来事のとき，呂洞賓から内丹術の秘訣を伝授され，自らそれを修行して弟子たちを指導した。彼は内丹術のなかで「養気全神」，すなわち「気」を養い，「神（精神）」を完成させる修行について説いた。「神はすなわち性」であり，この性は「物質的な生滅を超えた本性」であり，本来誰もが持っているものである。しかし，私たちは性を普段自覚できなくなっているので，修行をとおして性を顕現させることを目指す。その性は「（本来の）真性」と呼ばれ，それこそが不死の金丹であり，それを回復したときに，長生不死に至ると考える（禅仏教や朱子学からの影響もあると考えられる）。そのために，王重陽は出家による厳しい修道生活を求めた。禅の修行僧の「清規（出家者の生活規則）」にならって，全真道士の「全真清規」を用いた。[61]

60）同上，190-198頁。
61）同上，190-191頁。

② 張 伯端

　張伯端（987-1082年）は北宋の時代の江南の人であり，内丹術の「南宗」の祖であるとされる。彼は『悟真篇』を著し，内丹術を解説した。この『悟真篇』は『周易参同契』と並んで，内丹術の二大根本経典とされるようになり，後世に大きな影響を与えた。その後，内丹術の「南宗」の道統は，張伯端，石泰，薛道光，陳楠，白玉蟾と続き，この5人は「南宗五祖」と呼ばれるようになった。この5人に彭鶴林，劉永年を加えて「南の七真」と呼ばれることもある（北の七真は王重陽の高弟の7人[62]）。

(2) 新しい符呪法

　宋元時代になると，道教の新しい符呪法が現れ，「道法」と呼ばれるようになった。

① 神霄派

　天には九霄と呼ばれる九つの世界があり，九つの世界の最上位に神霄という世界がある。神霄玉清真王がその世界に君臨して，雷の力を正義の力として用い，「生きとし生けるものの生殺賞罰」を司りながら，全宇宙を支配している。神の力を用いた呪法を雷法と呼ぶ。内丹法によって自己の気を修練して高め，呪符を用いて神将たちを使役する能力が得られるという[63]。

② 清微派

　神霄派に由来する雷法を用いる。ただし，道法の根源を神霄玉清真王ではなく，元始天尊に置く[64]。

62）同上，193-196頁。
63）同上，198-200頁。
64）同上，200-202頁。

③霊宝法

　霊宝法は『度人経』を中心とする霊宝経にもとづいて，死者の魂の供養または救済を行う斎法儀礼である。宋元の時代に発展した。[65]

8　明・清時代における道教（14世紀〜20世紀）

　明・清時代になると，天師道の流れを汲む正一教と，華北新興三派の一つであった全真教が道教の二大宗派となった。正一教と全真教は互いに異なる教理と実践を持ち，明・清時代を通じて大きな勢力を保持し続けた。さらに，この時代，道教，儒教，仏教を一体に見る三教一致論も発展した。

１　正一教と全真教

　元末明初の時代（14世紀中期）において，江南の経籙三山のなかでは，龍虎山の天師道が正一教として支配的な勢力を持ち，江南の諸派を傘下におさめた。これに対して，華北の新興三派のなかでは，全真教のみが残った。この時代以降，正一教と全真教が道教の二大宗派として共存していくことになる。

２　明時代における道教（14世紀〜17世紀）

　明の初代皇帝太祖洪武帝（1328-1398年）はその治世において仏教と道教の協力を求めた。洪武帝は龍虎山の天師に対して，天師の代わりに「（正一嗣教）真人」の称号を与えた。第３代皇帝成祖永楽帝（1360-1424年）は，「靖難の変」において玄武（真武）神の加護があったとして，真武信仰の本山である武当山（湖北省）の諸道観を整えた。このとき，張三丰という全真教の道士が活躍したため，武当山は全真教となった。さらに永楽帝は龍虎山正一真人 張 宇初に道蔵の編纂を命じた（1444年に完成）。そして，第12代皇帝世宗嘉靖帝（1507-1567年）が歴代の明皇帝のなかで最も道教を重んじた崇道皇帝であった。[66]

---

65) 同上，202-204頁。
66) 同上，213-218頁。

3 全真教の北の七真に由来する諸派

　全真教においては，北の七真に由来する道統が，それぞれの教派を形成していった[67]。その教派とは，馬丹陽の遇山派，丘長春の龍門派，譚長真の南無派，郝広寧の華山派，王玉陽の嵛山派，劉長生の随山派，孫不二の清静派である。このなかで，龍門派が大きな勢力を持ち，その次に華山派が勢力を持っていた。龍門派は中国各地に展開していった。

4 三教帰一

　明代から清代にかけて，禅的な思想傾向の強い王陽明（1472-1528年）の陽明学が現れ，儒教と仏教が接近した。それにともない，道教も儒教，仏教と一体化されて論じられる傾向が強まった。これを三教帰一という。とりわけ，道教における内丹説と陽明学の良知説との親近性を説く陽明学者もいた[68]。

5 清の時代における道教（17世紀～20世紀）

(1) 清王朝と道教との関係

　女真族の清王朝の歴代皇帝は，漢民族の伝統宗教である道教に対して，相応の配慮を示したが，第 6 代乾隆帝の頃，仏教と道教への管理が強化され，仏僧・道士の還俗がはかられた。さらに龍虎山正一真人の官位を下げ，教化活動の制限をした。その後，清王朝は道教教団に対して厳しい政策を取り続けた[69]。

(2) 授籙制度と伝戒制度

　清時代，正一教では符籙を授ける授籙，全真教では戒律を授ける伝戒（授戒）が行われるようになり，正一教と全真教で異なる位階制度が設けられるようになった[70]。

---

67) 同上，240-244頁。
68) 同上，244-246頁。
69) 同上，218-220頁。
70) 同上，224頁。

1　神道の原初的形態（4世紀～6世紀）

　神道は日本古来の宗教であり，人々は生活共同体のなかで，神を崇敬し，神まつりを行った。神まつりのなかで，人々は神が来るのを待ち，神に供物を献げ，神を見送った。そして，禊・祓，鎮魂（たまふり／たましずめ）の儀式も発達した。

1　神道の発生

(1)　神道における「かみ」の定義

　　　さて凡て迦微とは，古御典等に見えたる天地の諸の神たちを始めて，其を祀れる社に坐す御霊をも申し，又人はさらにも云ず，鳥獣木草のたぐひ海山など，其餘何にまれ，尋常ならずすぐれたる徳のありて，可畏き物を迦微とは云なり。すぐれたるとは，尊きこと善きこと，功しきことなどの，優れたるのみを云に非ず，悪きもの奇しきものなども，よにすぐれて可畏きをば，神と云なり（本居宣長『古事記伝』三之巻）[1]。

　本居宣長によれば，自然にあるもの（山，川，海，動植物など）や人間，天変地異（地震，嵐など）が私たちの心に「かしこし」（畏敬，賛美，恐怖，感謝など）という感情を引き起こすとき，そのものは「かみ」と認識される。信仰対象が

---

1) 本居宣長『古事記伝』大野晋・大久保正編『本居宣長全集』第9巻，筑摩書房，1968年，125頁。

「かみ」の他に，「たま」，「ち」，「もの」，「ぬし」などの言葉でも表わされる。

(2)　神道は「言挙げ」しない

　『万葉集』で「葦原の瑞穂の国は，神ながら言挙げせぬ国」（『万葉集』巻13，3253番）と言われていたように，神道においては古くから神について言葉に出すことは慎み憚られた。神について積極的に言挙げするようになるのは，院政期以降である。[2]

(3)　生活共同体（血縁，地縁）における神信仰
　　①氏神：ある氏族の祖先の神，ある氏族にゆかりの深い神。
　　②産土神：ある人が生まれた土地の神。その人を一生守る。

(4)　祟り

　自然の脅威や災害は，神の仕業，祟りであると考えられた。『常陸国風土記』行方郡条においては，祟る神を鎮めるために神まつりを行い，神社を創始するという伝承がある。[3]

(5)　まつり（祭り，祀り）
　「まつる」の意味
　　①神が来るのを「待つ」。
　　②神に供物を「献つる」。神への最高の供え物は食べ物（神饌・御饌）である。
　　③神に従う「服う」。「まつる」とは，神をお迎えして（神迎え），神に供物を献げて，心から神に従うことである。まつりの中で，神に供えた食べ物や飲み物を皆で共にいただき（直会），最後に神を見送る（神送り）。

---

2)　岡田荘司・小林宣彦編『日本神道史　増補新版』吉川弘文館，2021年，2頁。
3)　同上，27頁。

(6)　古代における神まつりの場所

　　①神籬：神をお迎えするための依り代（神の霊が憑り依く物）。

　　②磐座，磐境：神の霊の憑り依く岩。

　　③神体山：神々のいる山。山そのものがご神体。

　　　　　　　例，大神神社の三輪山など。

(7)　顕斎

　顕斎とは，ある特定の人間を神と見て，神まつりを行うことである。『日本書紀』における神武天皇の顕斎を起源とし，現代においても宮中における大嘗祭，神嘗祭，新嘗祭など稲魂に関わる祭儀において，祭主を神と見て，神まつりを行うことがある。[4]

　　　　例，神武天皇の顕斎

　　　　今，高皇産霊尊を以て，朕親ら顕斎を作さむ。汝（道臣命）を用て斎主として，授くるに厳媛の號を以てせむ。其の置ける埴瓮を名けて厳瓮とす。又，火の名をば厳香来雷とす。水の名をば厳岡象女，粮の名をば厳稲魂女，薪の名を厳山雷とす。草の名をば厳野椎とす（日本書紀巻第三）。[5]

② 神社成立の起源

　現代の神社祭祀に直接結びつく祭祀遺跡・遺物を考古学的に考察すると，神社成立の起源は古墳時代（4世紀-6世紀）であると考えられる。とくに当時の大和王権と深い関わりを持っていたのが，奈良県の大神神社の三輪山と石上神宮，福岡県の宗像大社の沖ノ島である。[6]

---

4)　同上，27頁。

5)　『日本書紀』『日本書紀　上——日本古典文学大系67』坂本太郎ほか校注，岩波書店，1967年，202頁。

6)　岡田・小林編 前掲書2)，10頁。

3 　神社の神殿の建築

　7世紀の律令祭祀制成立後，神社の神殿が作られていった。神殿内のご神体は，石・鏡・水などがある。

4 　神道の儀礼

(1) 　禊・祓
　　人間の罪や穢れが禊・祓をとおして浄められる。

(2) 　祓の二つの意味

　　①罪や穢れを祓い浄めること。

　　②自分の犯した罪や穢れに対して，罪の代償物を出して，罪を贖うこと。

　　　例，人形祓い。

(3) 　鎮魂

　　ある人から霊魂が離れると，苦しみ，病，死がもたらされる。そのため，鎮魂の儀式を行って，霊魂を揺り起こし，もしくは霊魂を鎮めて，その人をもう一度再生させる。

　　霊魂をあらわす語に「かみ」，「たま」，「もの」，「み」，「むすび」などがある。

　　・「たまふり」：静止沈滞状態にある霊魂を振作活動せしめる。

　　・「たましずめ」：身体から離れてしまった魂を，再び身体に復帰させる。

(4) 　現代の神道における鎮魂法

　　①石上神宮に伝承された「石上鎮魂法」

　　②本田親徳（1822-1889年）による「鎮魂帰神法」

2 　古代律令国家祭祀成立期における神道（7世紀～8世紀）

　8世紀に古代日本の律令国家が成立すると，神祇官が神祇令にもとづいて朝

廷の祭祀，諸国の官社を統括するようになった。神祇令に定められた公の祭祀が諸国の官社で行われた。

1　古代日本の律令制成立

　7世紀後半以降，古代日本では唐から本格的に律令制を導入しはじめ，天武天皇（在位673-686年）の時代から令の整備が始まり，持統天皇（在位690-697年）の時代，689年に飛鳥浄御原令が制定された。文武天皇の時代（在位697-707年），701年に大宝律令が完成した。そして，孝謙天皇の時代（孝謙天皇として在位749-758年，称徳天皇として在位764-770年），757年に養老律令が成立した。律令の制定によって，神祇官と太政官が成立し，神祇官が朝廷の祭祀，諸国の官社を統括運営した。神祇官の長は神祇伯であった。神祇官が律令国家の祭祀を執り行う際の法典を神祇令といった。[7]

2　古代律令国家における神社と祭祀

(1)　伊勢神宮と皇室との関係

　天武天皇の時代，天照大神の祀られている伊勢神宮の地位が上がり，皇女が斎王として伊勢神宮に送られるようになる。伊勢神宮の式年遷宮も685年，もしくは688年に始まったと考えられる。[8]

(2)　神祇官による神祇令にもとづく祭祀

　「天神地祇は，神祇官，皆，常の典に依りて祭れ」という神祇令にもとづいて，神祇官の統括のもとに，以下の13の祭りが以下の場所で行われた。この場合，「天神」とは天津神（高天原の神々），「地祇」とは国津神（地上の神々）を意味する。[9]

　①祈年祭（旧暦2月，以下いずれも旧暦の月）：官社（2861社・3132坐）

---

7) 同上，99-104頁，113-121頁。
8) 同上，131-139頁。
9) 同上，104-131頁。

②鎮花祭（3月）：大神神社・狭井神社

③神衣祭（4月・9月）：伊勢神宮

④三枝祭（4月）：率川神社

⑤大忌祭（4月・7月）：広瀬神社・龍田神社

⑥風神祭（4月・7月）：広瀬神社・龍田神社

⑦月次祭（6月・12月）：祈年祭で神祇官から幣帛を受ける神々（304坐）

⑧鎮火祭（6月・12月）：宮中の水神・埴山姫

⑨道饗祭（6月・12月）：都の八衢比古，八衢比売，久那斗

⑩神嘗祭（9月）：伊勢神宮

⑪相嘗祭（11月）：祈年祭で神祇官から幣帛を受ける神々（304坐）

⑫新嘗祭（大嘗祭　11月）：祈年祭で神祇官から幣帛を受ける神々（304坐）

⑬鎮魂祭（11月）：神祇官斎院に坐す八神

(3)　班幣

　班幣とは，国家が祈年祭，月次祭，相嘗祭，新嘗祭の際に，各地の官社の祝部（神社で祭祀を行う者）に，「幣帛」，すなわち神に供える布帛，衣服，武具などを配布することである。対象神社の祝部は毎年入京して，幣帛を受け取り，自分の神社に持ち帰って，祭祀を行った[10]。

(4)　斎戒

　神祇令の斎戒規定は，官人が祭祀前に行う禁忌・慎みとその期間を定めている[11]。

(5)　大祓

　大祓は国土の罪過を消除するために，毎年6月と12月の晦日に行われた。全国規模で大祓は実践された[12]。

---

10) 同上，109-110頁。

11) 同上，110頁。

3　『古事記』・『日本書紀』における神々

　8世紀に『古事記』，『日本書紀』，『風土記』が編纂され，日本の神々の神話が体系的にまとめられ，日本の朝廷と国家の起源が明らかにされた。

1　『古事記』・『日本書紀』・『風土記』の編纂

　元明天皇（在位707-715年）の時代，712年に太安万侶が『古事記』を編纂した。さらに元明天皇は諸国に『風土記』の編纂を命じた。元正天皇（在位715-724年）の時代，720年に『日本書紀』が編纂された。

(1)　『古事記』・『日本書紀』における神々の系譜
　　①天津神：高天原（天上の世界）にいる神々，高天原から国土に降臨した神々。
　　②国津神：もともと国土に土着していた神々。

(2)　神道の神々の３つのグループ
　　①天之御中主神をはじめとする天地開闢に関わる別天津神
　　②天照大御神を中心とするその他の天津神
　　③大国主神を中心とする国津神

(3)　天地開闢（『古事記』の記述）
　　『古事記』の冒頭に現れる造化の三神は以下のとおりである。[13]
　　①天之御中主神：至高の神。
　　②高御産巣日神：生産・生成の神。

　　　　　　　　　　　『日本書紀』では高皇産霊神。
　　③神産巣日神：生産・生成の神。

---

12)　同上，112頁。
13)　『古事記』『古事記（上）』次田真幸訳注，講談社，1977年，36頁。

『日本書紀』では神皇産霊神。

　ここで「むすび」とは，生産・生成のはたらきを意味する。

(4)　国土の創成と神々の生成（『古事記』の記述）[14)]

　　①伊邪那岐命と伊邪那美命による国土の「修理固成」。

　　②二神の結婚と国産み，神産み。神々の生成。伊邪那美命の死。

　　③伊邪那岐命の黄泉の国訪問と帰還（高天原―葦原中津国―根の国［黄泉の国］）

(5)　三貴子の誕生（『古事記』の記述）

　伊邪那岐命が黄泉国から帰り，禊ぎをしたとき，三柱の神が生まれた。[15)]

　　①天照大御神：「高天原」（天上の世界）の支配者。

　　②月読命：「夜の食国」（夜の世界）の支配者。

　　③建速須佐之男命：「海原」の支配者。

(6)　天照大御神と須佐之男命の誓約（『古事記』の記述）

　須佐之男命は委任された国を治めずに，母である伊邪那美命を思い慕い，亡き母のいる根の国に行きたいと言って泣き続けた。須佐之男命は高天原にいる天照大御神を訪問してから根の国に行こうと考え，高天原に行く。彼が高天原に向かったとき，山川が鳴動し，国土が震撼したため，天照大御神はとても驚き，須佐之男命が高天原を奪いにきたのではないかと思い，自ら武装して，須佐之男命に対峙した。須佐之男命は自らに邪心がないことを証明するため，「誓約」をすることを提案した。

　まず，天照大御神は須佐之男命の剣を三つに折って，天の真名井で洗い，これを口で嚙んで砕き，息を吐きだすと，吐き出す息の霧から，多紀理毘売命（別名　奥津島比売命），市寸島比売命（別名　狭依毘売），多岐都比売命という三柱の女神が生まれた。いずれも宗像大社の神々である。

14）同上，40-67頁。

15）同上，67-74頁。

次に須佐之男命が天照大御神の身に巻かれていた珠を，天の真名井で洗って口で噛み，息を吐きだすと，吐き出す息の霧から，天之忍穂耳命（天皇家の先祖神），天之菩卑能命（出雲国造の先祖神），天津日子根命，活津日子根命，熊野久須毘命という五柱の男神が生まれた[16]。

(7)　天の石屋戸（『古事記』の記述）

須佐之男命は天照大御神との誓約の後，高天原で乱暴狼藉（田の破壊など）を働いた。とりわけ彼は天津罪（畔放，溝埋，樋放，頻蒔，串刺，生剥，逆剥，屎戸。これらは主に農業を妨害する罪）を犯した。天照大御神はこれを見て恐れを抱き，天の石屋戸に引き籠もってしまった。そして，高天原も葦原中津国もすべて闇となってしまった（常夜）[17]。

この出来事を受けて，高天原の神々が天の安原で協議した。思兼神がいろいろと思案して，さまざまなことを行った。天の香具山の枝葉の茂った賢木を根ごと掘り起こして来て，枝に八尺瓊勾玉を通した長い玉の緒と八咫鏡と織物（白和幣・青和幣）を懸けた。布刀玉命がそれを御幣として持ち，天児屋命が祝詞を唱えた。そして，石屋戸の側に天手力男神が隠れて立ち，天宇受売命が踊った。すると，天照大御神は不思議に思って石屋戸から顔をのぞかせた。それに対して，天宇受売命は天照大御神に対して「あなたよりも貴い神がおいでになるので，喜び笑って歌舞しているのです」と言って，天児屋命と布刀玉命が天照大御神に鏡を見せると，天照大御神がその鏡を覗き込んだ。そのとき，岩屋戸の側に隠れていた天手力男神が，天照大御神を石屋戸の外に出して，布刀玉命が注連縄を岩戸に付けて閉めた。高天原と葦原中津国に光が取り戻され，再び明るくなった[18]。

高天原の神々は須佐之男命に自分の犯した罪に対して，いろいろなものを贖物として差し出すよう命じ，髭と手足の爪を抜いて罪を贖わせた。そして，須

16)　同上，75-86頁。
17)　同上，86-87頁。
18)　同上，87-91頁。

佐之男命は高天原を追放された[19]。

（8）　須佐之男命による八俣の大蛇の退治（『古事記』の記述）

　　須佐之男命は高天原から追放されて，出雲国の「肥の河上」に下った。彼は櫛名田比売を助けるために八岐の大蛇を退治した。大蛇の切り捨てた尾から，草薙の剣が現れたので，須佐之男命はその剣を天照大御神に献上した。それから，須佐之男命は出雲国の須賀の地に宮を造り，櫛名田比売と結婚する。このとき彼は「八雲立つ　出雲八重垣　妻籠みに　八重垣作る　その八重垣を」という歌を詠んだ[20]。

（9）　大国主神の国作り（『古事記』・『日本書紀』の記述）

　　大国主神は須佐之男命と櫛名田比売の間の子（『日本書紀』第八段本書），もしくは六世の孫（『古事記』，『日本書紀』第八段一書第一）である。大国主神は，『古事記』においては，大穴牟遅神，葦原色許男神，八十矛神，大物主神，宇都志国玉神とも呼ばれる[21]。『日本書紀』においては，大己貴神，大国玉神，顕国玉神とも呼ばれる[22]。『出雲国風土記』では，この神は「天の下造らしし大神」と呼ばれる創造神である[23]。『日本書紀』によれば，大国主神は少彦名命といっしょに葦原中津国を開拓して，国作りを行い，医薬，治水，農耕，牧畜などを始めた[24]。

（10）　大国主神の幸魂・奇魂（『日本書紀』の記述）

　　国作りをしているとき，少彦名命が常世に行ってしまった。大国主神が一人残されて途方に暮れていると，海より自分自身の「幸魂・奇魂」がやって来る

19）同上，89-95頁。
20）同上，97-105頁。
21）同上，105-108頁。前掲書5），124頁。
22）前掲書13），105-108頁。
23）前掲書5），125-128頁。
24）同上，128-129頁。

のを見た。幸魂・奇魂が大和の御諸山（三輪山）に住みたいと大国主神に言ったので，大国主神は幸魂・奇魂を御諸山に祀った。[25] 出雲系の神社では，大国主神への信仰のなかで「幸魂，奇魂，守給，幸給」と祈る。

(11)　国譲り（『古事記』の記述）

　『古事記』によれば，天照大御神は自らの子 天 忍穂 耳 命に葦原中津国を治めさせたいと望み，建御 雷 神と天鳥 船 神（『日本書紀』［第九段本文］では経津主 神）を葦原中津国に派遣した。[26] そして，葦原中津国の支配者である大国主神に国を譲るように迫った。[27] 大国主神の長男，事代 主 神は国を譲ることに同意したが，大国主神の次男，建御名 方 神は国を譲ることに反対した。そして，建御名方神は建御雷神と力競べをしたが，敗れてしまった。大国主命は最終的に国を譲ることに同意した（国譲り）。[28]

(12)　統治権の分担（『日本書紀』［一書第二］の記述）

　国譲りの際，次のように統治権を分担することを決定した。「顕露の事」（地上の統治権）は天照大神（天照大御神）の子孫である「皇孫」が治める。これに対して，「 幽 事（神々と死者の霊の世界の統治権）」は大国主神が治める。最後に大国主神は「天日 隅 宮（現在の出雲大社）」に隠棲する。[29]

(13)　天孫降臨（『古事記』の記述）

　天照大御神は天忍穂耳命の子である邇邇芸命を葦原中津国に送ることを決定した。そして，天照大御神は邇邇芸命に「この豊葦原水穂国は，汝知らせむ国なりと言依さしたまふ。かれ，命のまにまに天降るべし」と命じた。[30] その後，

25）同上，130頁。
26）同上，138頁。
27）前掲書13），147-162頁。
28）同上，163-170頁。
29）前掲書 5 ），150-151頁。
30）前掲書13），170-176頁。

邇邇芸命は天児屋命，布刀玉命，天宇受売命，伊斯許理度売命，玉 祖 命，思金神，天手力男神，天石門 別 神を伴い，八尺瓊勾玉，八咫鏡，草薙剣を持って，高天原から日向国の高千穂の峰に降りた（天孫降臨）。このとき，猿田毘古神が地上で神々の案内をした。そして，邇邇芸命は木花之佐久夜毘売と出会い，結婚した。彼らの曾孫が神 倭 伊波礼毘古命，すなわち神武天皇である。

(14)　天孫降臨のときの天照大御神の「神勅」（『日本書紀』の記述）

①「葦原の千五百秋の瑞穂の国は，是，吾が子孫の王たるべき地なり。爾皇孫，就でまして治せ。行くませ。宝祚の隆えまさんこと，当に天壌と窮り無けん」（『日本書紀』第九段，一書第一）。

②「吾は天津神籬及び天津磐境を起し樹てて，まさに吾孫の為に斎い奉らん。汝，天児屋命・太玉命は，天津神籬を持ちて，葦原中津国に降りて，また吾孫のために斎い奉れ」（『日本書紀』第九段，一書第二）。

③「吾が児，此の宝鏡を視まさんこと，まさに吾を視るがごとくすべし。与に床を同じくし殿を共にして，斎 鏡とすべし」（『日本書紀』第九段，一書第二）。

④「これの鏡は専ら我が御魂として吾が前を拝くが如，拝き奉れ」（『古事記』）。

31）同上，176-182頁。
32）同上，182-186頁。
33）同上，186-192頁。
34）前掲書5），147頁。
35）同上，152頁。
36）同上，152頁。
37）前掲書13），176頁。

⒂　神武天皇の東征（『古事記』の記述）

　『古事記』によれば，邇邇芸命の曾孫にあたる神倭伊波礼毘古命（かむやまといわれびこのみこと）は，安らかに天下の政（まつりごと）を行うためには，東国に行った方がよいと考え，日向の高千穂宮を出て，筑紫国，豊後国の宇佐，安芸国，吉備国，難波国，河内国，紀伊国を経て，さまざまな敵を退け，大和国に入った。そして，神倭伊波礼毘古命は大和国の橿原の宮で天下を治めることとなった。『日本書紀』において，彼は「神日本磐余彦天皇（かみやまといわあれびこのすめらみこと）」と呼ばれ，初代天皇の神武天皇であるとされる。

⒃　伊勢神宮の起源（『日本書紀』の記述）

　『日本書紀』によれば，八咫鏡（天照大神［『古事記』では天照大御神］の魂の依り代）はずっと天皇の側に置かれていた。しかし，第10代天皇の崇神天皇の時代，疫病がはやり，多くの民が死んでしまった。この出来事があった後，天皇の住居に祀られていた天照大神（天照大御神）と倭大国魂神の神威を畏れて，天皇の住居の外にそれらの神々を祀ることにした。まず，天照大神の八咫鏡が豊鍬入姫命（とよすきいりびめのみこと）に託され，彼女は八咫鏡を大和笠縫邑に祀った。そして，倭大国魂神の魂は渟名城入姫命（ぬなきのいりびめのみこと）に託されたが，彼女の髪が落ちて，体が痩せてしまったため，祀ることができなかった。その後，倭大国魂神は倭国造の市磯長尾市（いちしのなが（お）し）によって祀られることになった。[38]

　第11代天皇の垂仁天皇の時代，八咫鏡は，豊鍬入姫命から倭姫命（やまとひめのみこと）に託され，倭姫命は天照大神を祀る場所を探す旅に出て，伊勢国に至ったとき，天照大神から「この神風（かむかぜ）の伊勢の国は常世の浪の重浪帰する国なり。傍国（かたくに）の可怜国（うまし）なり。この国に居（お）らむと欲（おも）ふ」という神託があり，倭姫命は伊勢国に天照大神を鎮座させ，斎宮を五十鈴川のほとりに建てた（伊勢神宮の起源）。[39]

② 神道と仏教との関係──神仏習合の始まり

　6世紀に日本に仏教が伝えられると，日本古来の神信仰は「神道」と呼ばれ

38）前掲書 5），238頁。
39）同上，269-270頁。

るようになる。『日本書紀』には，仏法に対比する用語として「神道」という語がよく用いられている（『日本書紀』用明天皇即位前紀など）。日本に仏教が浸透し始めると，仏教の仏・菩薩と神道の神々が対立しあうことなく，神社の近くに神宮寺が立てられたり，神前で読経が行われたりした。神宮寺の建立は7世紀に始まり，8世紀になると顕著になる。神宮寺の創建物語では，神道の神々が苦しみ悩む衆生として現れ，仏教によって救われ，神の身を離れて（神身離脱），仏教を守護する護法善神になると言われていた。[40]

4　平安時代の神道

　平安時代の神道では，さまざまな祭祀制度の変革（官幣社と国弊社の区別，公祭制度の成立，神社臨時祭の確立，十六社・二十二社の制定など）が行われた。『延喜式』が成立し，『延喜式』の神名式に記された神社が，式内社と呼ばれた。そして，御霊信仰の発生に伴い，御霊の祟りを鎮めるために，人霊祭祀が行われるようになった。さらに神仏習合が高度に発達し，院政期になると，さまざまな神道思想が現れ，真言密教にもとづいた両部神道などが成立した。

① 官幣社と国弊社の区別

　奈良時代の律令祭祀制においては，神祇官による班幣を全国各地の官社で行っていた。しかし，奈良時代後期には，完全実施が難しくなったため，平安時代初期の798年，全国の官社を官幣社（神祇官から直接幣帛を受け取る神社。都に近い畿内の神社が中心）と国弊社（諸国の国司から幣帛を受け取る神社）に区別し，都から遠い所にある神社でも，近くの国府から幣帛を受け取ることができるようにした。[41]

40）岡田・小林編 前掲書2），139-147頁。
41）同上，150頁。

2　名神奉幣と神階授与

　平安時代の初期（8世紀-9世紀），官社のなかで霊験の高い神社である「名_{みょう}神_{じん}」に奉幣する名神奉幣制が発生した。さらに名神のなかから，平安京近辺の十六社・二十二社を選定した奉幣制度が成立した。そして，全国の神々に神階を授与する制度が始まり，神々はその霊験により，神階の等級が設けられるようになった。[42]

3　公祭制度の確立

　律令国家の祭祀制においては，神祇令にもとづいて，神祇官の統括のもとに13の祭りが公的祭祀として定められていた。しかし，平安時代になると，天皇，皇族，天皇の外戚，近臣たちが，ある特定の神社の恒例祭祀に関わるようになった。そして，それらの神社の年中祭祀が私的な祭祀ではなく，国家による公的祭祀の性格を帯びるようになり，8世紀終わりから9世紀にかけて，公祭制度が成立していった。公祭の例として，春日祭（春日大社），平野祭（平野神社），賀茂祭（賀茂御祖神社・賀茂別雷神社），松尾祭（松尾大社），梅宮祭（梅宮大社），大原野祭（大原野神社）などが挙げられる。[43]

4　石清水八幡宮の成立

　860年，豊前国の宇佐神宮における八幡神の神託により，平安京の南西にある男山に八幡神が勧請され，石清水八幡宮が創建された。それ以来，石清水八幡宮は伊勢神宮と並ぶ「二所宗廟」とされ，重要な神社とされるようになった。

5　宇多天皇による新たな祭祀制の確立

　宇多天皇（在位887-897年）は，賀茂社・石清水八幡宮をはじめとする神祇を崇敬し，天神地祇を毎朝神拝する日中の所作を定め，天皇の代替わりごとに特定の神祇に大神宝を奉献する大神宝使の制を制定した。さらに宇多天皇は伊勢

42）同上，150-151頁。
43）同上，151-154頁。

神宮に公卿を勅使として派遣する制度を作った。889年，宇多天皇は祭使として藤原時平を派遣し，初めて賀茂臨時祭を挙行した。ここから，特定の神祇を対象とした神社臨時祭（天皇直轄祭祀）が始まった。その後，天皇が祭使を派遣して，賀茂臨時祭，石清水臨時祭，平野臨時祭を挙行するようになった。[44]

⑥ 御霊信仰の発生

　平安時代初期，御霊信仰が発達し，非業の死を遂げた者の霊（御霊）の祟りによって，天変地異，疫病がもたらされると信じられた。そのため，疫病がはやると，御霊を鎮めるために，御霊会が行われた。この時代から，古代の天神地祇の信仰に加えて，人霊祭祀（人を神に祀る祭祀）が行われるようになった。平安時代の御霊信仰においては，早良親王（崇道天皇），菅原道真（天神）らの御霊への信仰が代表的である。そして，御霊会のなかでは，祇園社の祇園御霊会（現在の祇園祭）が有名である。[45]

⑦ 『延喜式』の成立

　奈良時代の養老律令以降，新しい律令が編纂されることはなかった。その代わり，平安時代になると「格式」が制定された。「格」とは律令を修正・補完するために出された詔勅，官符から選んで集成した法典である。「式」とは律令格の施行細則を集成した法典である。9世紀から10世紀にかけて，三代格式，すなわち弘仁格式，貞観格式，延喜格式が編纂された。そのなかで，『延喜式』（927年完成）が最も著名である。『延喜式』のなかには，神祇官関係の神祇式もある。祈年祭の対象であった官社（祈年祭に神祇官から幣帛を受ける神社）の名簿である神名式は，「延喜式神名帳」とも呼ばれ，このなかに記載された2861の神社は「式内社」と呼ばれた。そして，式内社のなかで，224社が「名神」に指定されている。[46]

44）同上，154-160頁。
45）同上，175-181頁。
46）同上，147-149頁。

8　天皇による神社行幸

　942年，朱雀天皇（在位930-946年）が承平・天慶の乱平定後，祭使を派遣して石清水臨時祭を挙行し，自身は賀茂行幸を行った。これ以降，天皇自身による神社行幸（賀茂社，石清水八幡宮，平野神社，春日大社，大原野神社などへの行幸）が行われるようになった。院政期に入ると，上皇が日吉や熊野への行幸を盛んに行うようになった。[47]

9　十六社の制定

　平安時代中期，年穀祈願，祈雨，祈晴，国家的大事に際して十六社が臨時奉幣の対象となった。十六社とは以下の神社である。[48]①伊勢，②石清水，③賀茂，④松尾，⑤平野，⑥稲荷，⑦春日，⑧大原野，⑨大神（おおみわ），⑩大和，⑪石上，⑫広瀬，⑬龍田，⑭住吉，⑮丹生，⑯貴布彌（きふね）。

10　二十二社の制定

　11世紀，十六社に六社が加えられ，二十二社への奉幣が行われた。[49]①伊勢，②石清水，③賀茂，④松尾，⑤平野，⑥稲荷，⑦春日，⑧大原野，⑨大神，⑩大和，⑪石上，⑫広瀬，⑬龍田，⑭住吉，⑮丹生，⑯貴布彌，⑰吉田，⑱北野，⑲広田，⑳梅宮，㉑祇園，㉒日吉。

11　神仏習合の発展

　平安時代中期以降，神仏習合が深化し，本地垂迹説として理論化された。本地垂迹説とは，仏教の仏・菩薩が神道の神として現れたという考えである。この場合，仏・菩薩が「本地（本来のあり方）」，神道の神が「垂迹（現われた姿）」である。そして，各神社の神々の「本地」が，どの仏・菩薩なのかが同定されるようになった（例，伊勢神宮内宮の天照大御神の本地仏は大日如来など）。本地垂

47）同上，160-162頁。
48）同上，162-165頁。
49）同上，165-167頁。

迹説の発展にともなって，「権現（仏教の仏・菩薩が，権に神道の神として現れた姿）」という神号が用いられるようになった（例，熊野三所権現など）。平安時代になると，仏教の影響を受けて神像が製作されるようになった（例，僧形八幡神像など）。神社のために神宮寺が建てられ，僧侶による神前読経が行われた。仏教寺院では，仏法擁護のため，鎮守社（山王権現，丹生明神，薬師寺八幡など）が定められた。[50]

12 熊野信仰の発展

10世紀以降，熊野三山（熊野本宮・新宮・那智）の神々（熊野三所権現：熊野本宮の神の本地仏は阿弥陀仏，新宮の神の本地仏は薬師如来，那智の神の本地仏は千手観音）への信仰が盛んになった。平安時代中期以降，阿弥陀仏の極楽浄土思想の流布，神仏習合の進展により，熊野三山は現世における仏・菩薩の浄土であるとみなされた。平安時代中期には，天皇，上皇による熊野参詣も行われ，平安時代末期の院政期には，上皇，法皇の熊野参詣が盛んに行われた。[51]

13 院政期の神道──神道思想の形成

平安時代末期の院政期（1086-1185年）以降，神道思想は積極的に言語化，理論化されるようになった。とりわけ，平安時代末期以降，神仏習合の進展のなかで，仏僧たちがさまざまな神道思想を唱えるようになった。

14 両部神道

両部神道は真言密教にもとづく神道思想である。両部神道においては，伊勢神宮の内宮（祭神：天照大御神）と外宮（祭神：豊受大御神）を，真言密教の胎蔵界・金剛界の両部に充てる。この場合，天照大御神の本地仏は胎蔵界の大日如来，豊受大御神の本地仏は金剛界の大日如来である。両部神道の秘伝書として『中臣祓訓解』，『宝志和尚伝』，『三角柏伝記』が著された。[52]

50）同上，173-175頁。
51）同上，181-184頁。

5　鎌倉時代の神道

　鎌倉時代の神道では，両部神道に加えて，山王神道，三輪神道，御流神道，伊勢神道などさまざまな神道思想が成立した。

１　山王神道

　鎌倉時代末期，真言密教系の両部神道の影響を受けて，天台密教系の山王神道が現れた。山王神道では，比叡山の麓にある山王日枝神社の神（山王権現）が釈迦如来の垂迹であると考えられた。さらにこの時代，両部神道の影響を受けた真言密教系の三輪神道，御流神道などの神道思想が生じた。

２　伊勢神道

　鎌倉時代末期，伊勢神宮外宮の神職である度会家行（1256-1351年）が，伊勢神宮外宮が内宮と同格であると唱え，自らの神道思想（伊勢神道）を展開した。度会家行によれば，外宮の祭神豊受大御神は，天地開闢の際に現れた天之御中主神と同一の神である。それゆえ，外宮の祭神は，内宮の祭神天照大御神と同格であると考えた。さらに，度会家行は仏教の仏・菩薩が神道の神よりも優位に立つ本地垂迹説ではなく，神道の神が仏教の仏・菩薩よりも優位に立つ反本地垂迹説を主張した。両部神道や山王神道は仏僧によって語られた真言密教，天台密教を基盤とする神道思想であった。これに対して，伊勢神道は両部神道の影響を受けつつも，神職によって編み出され，陰陽説や道教の思想をも取り込んだ独自の神道思想であった。伊勢神道は神道五部書『御鎮座次第記』，『御鎮座伝記』，『御鎮座本記』，『宝基本記』，『倭姫命世記』を典拠としている。伊勢神道では，謹慎の心，正直，清浄の精神が重要視された。そして，『倭姫命世記』における神国論「大日本国は神国なり，神明の加被によりて，国家の安全をえ，国家の尊崇によりて，神明の霊威を増す」にもとづいて，神道と国家

52）同上，186-189頁。

の関係について述べ，神道と王道が互いに相依関係にあることを説いた。[53]

6 室町時代の神道

　室町時代の神道においては，『神道集』という神道説話集が編纂された。さらに吉田兼倶が活躍して，吉田神道が成立した。吉田神道は近世の神道界に決定的な影響力を持った。吉田神道では，御霊の祟りを鎮めるという目的によらずに，さまざまな人霊祭祀を行った。

1 『神道集』の成立

　『神道集』は14世紀半ばに編まれた神道説話集である。このなかで，神道の神々の前生譚が多く語られている。仏教の仏・菩薩が人間の世界に現れて，さまざまな苦難を経験した後に，神道の神々になるという説話が多い。[54]

2 吉田神道の成立

(1) 吉田兼倶の活躍

　室町時代後期，吉田兼倶（1435-1511年）は応仁の乱の最中，新しい神道思想である吉田神道を創唱した。彼は神道を「本迹縁起神道」，「両部習合神道」，「元本宗源神道」に分け，彼自身の神道思想は「元本宗源神道」であり，これこそ古来より吉田家に伝わる唯一真正の神道であると考えた。彼の主著は『唯一神道名法要集』，『神道大意』である。[55]

(2) 大元尊神

　吉田兼倶の神道思想においては「大元尊神」という根源神（国常立尊）が陰陽を超える絶対的存在，天地万物に先立つ無始無終の霊的存在である。大元尊

53）同上，192-193頁。

54）大隅和雄「『神道集』」廣松渉ほか編『岩波哲学・思想事典』岩波書店，1998年，835頁。

55）玉懸博之「吉田兼倶」廣松ほか編『岩波哲学・思想事典』1641頁。

神の神性は天地においては神といい，万物においては霊といい，人においては心という。それゆえ，人の心は「神明の舎」であり，心は一神に帰するがゆえに「神即心，心即神」となると説く。吉田兼倶は，吉田神社境内に「斎場所大元宮」を創設し，大元尊神をはじめ全国の神道の神々を祀った[56]。

⑶　神道・儒教・仏教の関係

　吉田兼倶によれば，神道が万法の根本であり，神道は種，儒教は枝葉，仏教は花実であると見て，日本が根本を生み（神道），中国は枝葉を現し（儒教），インドで花を開き，実を結んだ（仏教）と理解する。そして，枝葉と花実が根に帰るように，儒教や仏教は日本に帰着したと考える[57]。

⑷　人霊祭祀

　吉田神道では，神と人との関係を密接に捉え，人の心が神明の舎であると考えるため，人間を神として祀ることに積極的であった。それまでは，御霊信仰のなかで，祟りを鎮めるために人間を祀ることはあった。しかし，吉田兼倶以来，祟りというコンテクストを超えて，人霊祭祀が行われるようになった。これは後世に大きな影響を与えた（例，豊臣秀吉の豊国大明神，徳川家康の東照大権現，幕末・明治の招魂社など）。そして，吉田兼倶以降，神道式の葬祭が行われるようになった[58]。

7　江戸時代の神道

　江戸時代にはさまざまな神道思想が発生し，儒学者による儒家神道，国学者による復古神道，白川家による伯家神道などが生まれた。幕末における後期水戸学は，神道思想にもとづいた国家観を示し，「尊王攘夷」と「国体」思想を

56）岡田・小林編　前掲書２），197-198頁。
57）白山芳太郎「『唯一神道名法要集』」廣松ほか編『岩波哲学・思想事典』1611頁。
58）岡田・小林編　前掲書２），200-201頁。

説いて，後世に大きな影響を与えた。

1 儒家神道の成立

　江戸時代前期，日本で朱子学や陽明学が盛んになった。そして，17世紀，儒学者たちは自らの神道思想を編み出していった。

　17世紀の朱子学者である林羅山（1583-1657年）は，理当心地神道を創唱し，神道と儒教が同じ宇宙万有の原理（理）にもとづき，神儒合一論を唱えた。そして，神仏習合を否定し，排仏論を主張した。林羅山は，天皇の心のなかに「清明なる神（「理」）」が宿り，そして，「その神の徳で政事が行われ，その神の力で国が治められてきた」と考える。そのため，歴代の天皇が伝えてきた国家統治の原理と精神が神道であり，王道であると理解される[59]。

　伊勢神宮でも，神儒合一論にもとづいて伊勢神道を再解釈する動きが現れた。これを後期伊勢神道と呼ぶ（従来の伊勢神道は前期伊勢神道）。代表的な人物に，度会（出口）延佳（1615-1690年）がいる。彼は「それ神道と云は，人々日常の間にありて，一事として神道にあらずと云事なし」（『陽復記』）と述べて，神道を人々の日常生活のなかに見出し，実現することを説いた[60]。

　吉川惟足（1616-1694年）は，吉田神道の萩原兼従に師事し，師より吉田神道の奥義「神籬磐境之伝」を伝授された。吉川惟足は吉田神道に朱子学を取り入れて，「理学神道」を唱えた。吉川によれば，天地万物の究極的存在である国常立神は人の心に内在する。人が敬をもって生き，祓を受けることによって，神人合一の境地に達することができる。そして，父子の道よりも君臣の道が重く，孝よりも忠を重んじた。そして，臣下の道は誠の心をもって，天皇を守り奉ることであると考えた。吉川惟足は会津藩主保科正之に仕え，その後，幕府神道方になった。吉川惟足の神道思想を吉川神道と呼ぶ[61]。

　朱子学者山崎闇斎（1618-1682年）は吉田神道を吉川惟足に学び，伊勢神道を

59）前田勉「林羅山」廣松ほか編『岩波哲学・思想事典』1286頁。岡田・小林編 前掲書2），217-218頁。

60）岡田・小林編 前掲書2），218-219頁。

61）同上，219-220頁。玉懸博之「吉川惟足」廣松ほか編『岩波哲学・思想事典』1641頁。

度会延佳に学んだ。闇斎は生前，自らの霊魂を自分で祀った（闇斎によれば，これは大国主神が自らの幸魂・奇魂を三輪山に祀ったことに先例があるという）。闇斎は『倭姫命世記』にある天照大御神の神勅の言葉「神垂は祈禱を以て先とし，冥加は正直を以て本とせり」にもとづいて，自身の霊社号を「垂加」とした。そこから，彼の神道思想は「垂加神道」と呼ばれるようになった。

　垂加神道の思想では，天照大御神の神勅における「天壌無窮」の皇統の持続を道として，猿田毘古神（天孫降臨の際に，葦原中津国で邇邇芸命たちを案内した神）が具現した「土金」を教えとする。この「土金」は皇統の永続のために天皇を守護する臣下としての自覚を意味する。この「土金」は朱子学の「敬」を読み替えたものである。闇斎は吉田神道秘伝の「神籬磐境之伝」のなかに皇統永続のために天皇を守護する臣道の実践が説かれていると理解し，この伝を弟子たちに広く伝授した。山崎闇斎の弟子の浅見絅斎（1652-1712年）は『靖献遺言』を著し，幕末の志士たちに大きな影響を与えた。浅見絅斎の弟子の若林強斎（1679-1732年）は塾「望楠軒」を作り，天皇への臣道実践を説いた。垂加神道は全国に広まり，その尊王思想は後世に大きな影響を与えた。[62]

２　復古神道——国学の発生

　江戸時代中期，国学が発生し，日本の上代・中古の文献を文献考証にもとづいて研究し，古代の日本に生きた人々の心，言葉，精神を解明しようとした。契沖が国学の開祖であり，「国学四大人」と呼ばれる荷田春満，賀茂真淵，本居宣長，平田篤胤が国学を大成させた。そして，国学者たちの神道思想を，復古神道と呼ぶ。彼らは神道を仏教や儒教と習合させる従来の神道思想を否定した。さらに，彼らは秘事口伝をも否定し，神道思想を自由に公開で研究できるようにした。[63]

　江戸時代中期，日本の儒学では「古学」が発生し，伊藤仁斎や荻生徂徠が中

62）岡田・小林編　前掲書２），220-222頁。高橋文博「垂加神道」廣松ほか編『岩波哲学・思想事典』862-863頁。
63）岡田・小林編　前掲書２），222-223頁。

国古代の経典の本来の意味を理解しようとする学問を築いた。彼らは朱子学の形而上学的な儒教経典解釈を相対化しようとした。このような儒学の動きに合わせて，契沖（1640-1701年）は日本の古典の本来の意味を理解しようとして『万葉集』を研究し，「此集を見るは，古の人の心に成りて，今の心を忘れて見るべし」と述べて，『万葉集』に現れている古代の日本人の心を読み取ろうとした。契沖は後に国学の始祖と言われるようになった。ただ，彼は真言宗の僧であり，神道研究は行わなかった。彼の主著に『万葉代匠記』がある[64]。

　荷田春満（1669-1736年）は国学者として初めて本格的な神道研究を行った。彼は「祝詞式」，「神代紀」，『古事記』，『万葉集』，『令』，『伊勢物語』などの精密な考証を行った。そして，「創倭学校啓」を著して，京都の東山に国学の学校を創設することを願い出たと言われている[65]。

　賀茂真淵（1697-1769年）は荷田春満に師事し，古典研究を行った。『万葉集』の注釈を行い，『万葉考』を著した。そして，『源氏物語真釈』，『古今和歌集打聴』などの注釈書も書いた。そして，「五意考」（『文意考』，『歌意考』，『国意考』，『語意考』，『書意考』）を晩年にかけて著した。彼は古典における古意，古言を理解体得して，古道を実現しようとした。古道とは，儒教や過去の神道思想のように，是非善悪を明確にする堅苦しいものではなく，天地の心のように丸くて何もかもを覆い包むおおらかさがあり，言葉では表現し難いものであると考えた。古道が失われてしまったのは，漢風の思惟と文化の流入によるものであるため，古道を回復するためには「漢意」を斥ける必要があると考えた。賀茂真淵は『万葉集』の歌のなかに，古代の人々の「真心」を見出し，「いにしへの世の歌は人の真ごころ也，後のよのうたは人のしわざ也」（万葉集大考）と述べた。万葉調の歌は「ますらをの手ぶり」（ますらをぶり）と呼ばれ，これに対して，王朝時代の歌は「たをやめぶり」と位置付けられた[66]。

　本居宣長（1730-1801年）は，堀景山に師事して漢学を修め，京都で堀景山を

64）同上，223頁。加川恭子「契沖」廣松ほか編『岩波哲学・思想事典』421頁。子安宣邦「国学思想」廣松ほか編『岩波哲学・思想事典』511-512頁。

65）岡田・小林編　前掲書2），223-224頁。

66）同上，225-226頁。子安宣邦「賀茂真淵」廣松ほか編『岩波哲学・思想事典』264-265頁。

とおして荻生徂徠による中国古典研究（古文辞学）や契沖による日本古典研究を知り，それが後に国学に目覚めるきっかけとなった。そして，宣長は『紫文要領』，『石上私淑言』を著して，「もののあはれ」を中核とした文学理解を示した。その後，1763年，彼は松坂の旅籠で賀茂真淵と出会い（松坂の一夜），師弟関係を結んだ。そして，賀茂真淵からの勧めもあって，『古事記』研究を行うようになった。1767年，宣長は『古事記』の注釈書『古事記伝』の執筆を始めた（1798年に完結する）。その他に，宣長は『直毘霊』，『玉勝間』，『源氏物語玉の小櫛』など，多くの著作を残した。宣長は『直毘霊』のなかで，日本を「皇大御国」と呼び，皇祖天照大御神の生まれた本国，その皇孫の統治の永続性にもとづいて，「皇国」が，他の国々に対して優越性を持っていることを示した。さらに宣長は『古事記伝』のなかで，神道の神を「尋常ならずすぐれたる徳のありて，可畏き物を迦微とは云なり」と説明した。[67]

　平田篤胤（1776-1843年）は独学で国学を学び，本居宣長没後の門人となった。1812年，彼は『霊能真柱』を著し，独自の死生観を示した。篤胤によれば，人間は生前，天皇の主宰する顕界で生き，死後は大国主神の主宰する幽冥界に住む者となる。そして，死者の住む幽冥界は生者の住む顕界と同じ空間にあり，別の世界にあるのではなく，ただ見えないだけであると説く。この幽冥思想は後世に大きな影響を与えた。さらに篤胤は民間伝承をとおして幽冥思想の研究も行い，『古今妖魅考』，『仙境異聞』，『勝五郎再生記聞』を著した。さらに篤胤は『古事記』，『日本書紀』，『古語拾遺』，『風土記』などのさまざまな古伝承を再編して一つの伝承にまとめあげて，『古史成文』，『古史徴』，『古史伝』を著した。[68]

③　水戸学の形成

　水戸藩では徳川光圀以来，史学研究，神道研究が盛んで，水戸藩の学問研究

67）岡田・小林編　前掲書２）226-229頁。子安宣邦「本居宣長」廣松ほか編『岩波哲学・思想事典』1596頁。子安宣邦「『直毘霊』」廣松ほか編『岩波哲学・思想事典』1194-1195頁。
68）岡田・小林編　前掲書２），229-231頁。桂島宣弘「平田篤胤」廣松ほか編『岩波哲学・思想事典』1343頁。桂島宣弘「『霊能真柱』」廣松ほか編『岩波哲学・思想事典』1039頁。

を水戸学と呼ぶ。徳川光圀（1628-1701年）は江戸の小石川邸に彰考館を作り，『大日本史』の編纂事業を行った。『大日本史』編纂事業のなかで，前期水戸学が形成されていった。

　19世紀以降，幕藩制社会秩序の動揺，西洋列強の日本接近に伴う危機意識を背景にして，後期水戸学が生じた。後期水戸学は水戸藩主徳川斉昭（1800-1860年）の時代に発展し，実践的な政治思想を基調としていた。まず，藤田幽谷が『正名論』を著して，水戸学の基礎を築き，その門下の会沢安（正志斎　1782-1863年）が『新論』を著して，「尊王攘夷」と「国体」思想を展開した。「国体」とは，天照大御神の神勅にもとづいて，天照大御神の子孫である一系の天皇が君臨して，国家と国民の統一を保持する日本固有の国家体制を意味する。そして，藤田幽谷の子である藤田東湖は，徳川斉昭が藩校弘道館を作ったとき，これを助けた。[69]

4　伯家神道の成立

　花山天皇の皇子清仁親王の子，延信王を始祖に持つ白川家は，平安時代末期から神祇官の長官である神祇伯と王号を世襲してきた。江戸中期から，伯家神道（白川神道）が成立した。江戸時代，吉田神道の吉田家とともに，白川家は全国の神職に神職免許を与えるなどの権利を持っていたが，勢力のうえでは吉田家が優位にあった。このような状況に対して，白川家では，17世紀後半から，吉田家に対する白川家の正統性を主張するようになった。雅富王は垂加神道を学び，『神代口授』を著し，『伯家部類』を編纂して白川家の記録を集成した。白川家は19世紀に勃興した教派神道の教団（禊教，金光教）をも取り込んだ。平田篤胤は晩年白川家の学頭に就任している。[70]

69）岡田・小林編　前掲書2），231-232頁。
70）同上，238-240頁。

8　近代の神道

　明治維新の際，明治政府は「王政復古の大号令」と「五箇条の御誓文」を発して，これまでの国家体制を変革することを示し，新しい神祇制度を確立した。そのなかで，明治政府は神仏分離政策を行い，神仏習合の伝統が否定された。そして，神社は「国家の宗祀」であるため，政府が新たな社格制度にもとづいて神社を管理するようになった。

1　明治政府による新しい神祇制度の確立

(1)　「王政復古の大号令」と「五箇条の御誓文」

　1867年，「王政復古の大号令」が出され，天皇親政による新政府が樹立し，神武天皇による国家創業の始めに回帰する「復古」が唱えられ，従来の国家体制の根本的変革が宣言された。1868年には「五箇条の御誓文」が発せられ，旧来の社会の因習を打破して，世界の諸外国から積極的に智識を取り入れて，国家の一新を目指す「維新」の方針が示された。[71]

(2)　神仏分離・廃仏毀釈

　明治政府は神道と仏教をもとの純粋な有様に戻すために，神道と仏教の混淆状態を解消し，神仏分離政策（神社の別当・社僧の復飾，神社からの仏像，仏具，仏語の除去，権現，牛頭天王，菩薩といった仏教的神号の廃止など）を実行した。その後，政府の意に反して，全国で廃仏毀釈の運動が起こり，仏像，経典などが破壊，焼却され，仏僧たちは還俗させられ，多くの仏教寺院が閉鎖され，仏教は壊滅的な被害を受けた。

(3)　「国家の宗祀」としての神社

　神社は「国家の宗祀」であるため，神社の社格，神職，祭祀は政府の法制度

71)　同上，244-245頁。

のもとに置かれることになった。そして，神道は宗教ではない，という神道非宗教論にもとづき，他の諸宗教（仏教，キリスト教）とは異なる扱いを受けることになった。神道は「非宗教」としての神社と，「宗教」としての教派神道（神道十三派：神道大教，黒住教，神道修成派，出雲大社教，扶桑教，實行教，神道大成教，神習教，御嶽教，神理教，禊教，金光教，天理教）とに分かれた。さらに教派神道から神道系新宗教も現れた。[72]

(4) 神社行政機関

　神社を統括する行政機関は，神祇事務科（1868年），神祇官（1869年），太政官下の神祇省（1871年），教部省（1872年），内務省社寺局（1877年），内務省神社局（1900年），内務省外局としての神祇院（1940年）というように変遷した。[73]

(5) 近代社格制度の成立

　明治政府は新たな神社制度・諸式の確立を目指し，1871年，「官社以下定額・神官職制等規則」を公布した。そのなかで，神社の格を官社と諸社とに分け，官社を官幣大社・中社・小社，国幣大社・中社・小社に分け，諸社を府社・藩社・県社・郷社の各社に分類した（廃藩置県後は藩社という名称はなくなった）。そして，社格の規模によって神官の職制が定められた。1872年，別格官幣社を新たに制定した。別格官幣社には，皇室や国家のために身命をささげた武将，志士，兵士らを祀る神社が指定された。例えば，湊川神社（楠木正成を祀る神社）や靖国神社などが別格官幣社に属する。[74]

(6) 靖国神社の成立

　1869年，戊辰戦争・明治維新期の戦没者を慰霊するため，東京招魂社が創建された。1879年，東京招魂社は「靖国神社」と改称され，別格官幣社に列する

---

72) 同上，244-245頁，280頁。
73) 同上，245-247頁。
74) 同上，249-250頁。

ことになった。[75]

② 第二次世界大戦後の神道

⑴ 「神道指令」

　第二次世界大戦後，連合国軍最高司令官総司令部（GHQ）は，1945年12月に「神道指令」を発し，神社に対する政府・地方公共団体・官公吏などによる支援，監督および公的な財政援助の禁止，伊勢神宮をはじめとする神社の宗教的式典に関する指令の撤廃，神祇院の廃止などが定められた。そして，神道を含むすべての宗教における「軍国主義的ないし過激なる国家主義的イデオロギーの宣伝・弘布」をも禁止した。そして，「神道指令」にともない，近代社格制度も廃止された。[76]

⑵ 神社の宗教法人化

　1945年12月に「宗教法人令」が制定され，1946年以降，神社は宗教法人としての取り扱いを受けることになった。そして，1946年1月，全国の神社を包括する新しい神社組織として神社本庁が設立された。1951年，宗教法人法が成立し，全国の神社，教派神道，神道系新宗教は，改めて宗教法人となった。[77]

75）同上，266-267頁。
76）同上，284-287頁。
77）同上，287-289頁。

第15章

修験道
—— 本山派と当山派

1　修験道の発生と展開

　修験道は神道と並ぶ日本発祥の宗教である。修験道は日本古来の山岳信仰が仏教，道教，儒教，シャーマニズムなどと習合して，平安時代末期頃に一つの宗教体系を作り上げて成立した。修験道は，「修験者・山伏といわれる宗教者の山岳修行による神秘体験の体得」と，修行によって体得された「超自然的な験力による呪術宗教的な活動」を中核としている。[1]

① 各地の修験道の開祖

　古代より日本各地で山岳修行が行われ，それぞれの場所で独自の修験道が発展していった。日本九峰（①大峯［熊野・吉野］，②彦山，③出羽三山［羽黒山・月山・湯殿山］④立山，⑤白山，⑥日光，⑦伯耆大山，⑧富士，⑨石鎚山）の修験道が代表的であるが，その他にも日本の多くの山岳で修験道の実践が行われている。以下，各地の修験道の開祖について見ていく。

(1)　大峯修験の開祖—— 役 小角

　役小角（634-701年）は飛鳥時代の人である。役 行 者，役優婆塞，神変大菩薩とも呼ばれる。大峯（吉野・熊野）修験の開祖である。[2]鎌倉時代以降になると，修験道そのものの開祖であるとも考えられるようになった。役小角は葛木

---

1) 宮家準『修験道思想の研究——増補決定版』春秋社，1999年，957頁。
2) 大峯山とは，現在の奈良県吉野山から和歌山県の熊野に至る紀伊半島中央の山系を指す。ここには，大峯七十五靡と呼ばれる75か所の霊場が設けられていた。現代の地域区分では，青根ヶ嶽までを「吉野」，それより以南を「大峯」と呼んでいる。

山（現在の金剛山）の山岳修行者として出発し，吉野，熊野でも修行した。弟子に韓国連広足がいた。役小角の呪験力の源は，山林修行，神仙術（道教），密教の孔雀明王の呪法であったと言われる。彼は神仙術を用いて，自由自在に飛行し，唐，新羅，天竺にも渡ったという説もある。役小角はその験力によって，鬼神を役使して水汲みや薪採りに行かせた。彼には，前鬼と後鬼という従者がいた。鬼神たちが役行者の命に従わなかった場合，彼は鬼神たちを呪縛することができた（例，葛木山の一言主神を呪縛して谷の底に置いた）。さらに役行者は一言主神を使って，葛木山から吉野金峯山に橋を架けようとした（久米の岩橋伝説）。役行者が吉野金峯山で修行中，彼の前に金剛蔵王権現が示現した。金剛蔵王権現は神道の神でもなく，仏教の仏・菩薩・諸天・明王でもなく，修験道独自の尊格である。役小角は験力がすぐれていたため，妬みを受けて，人々を惑わしているという讒言をされて，伊豆大島に流罪にされたと伝えられている。[3]

(2)　彦山修験の開祖

　北魏からの渡来僧善正と，豊後日田の狩人藤山恒雄（後に忍辱上人）の2人が彦山修験を開いたと伝えられる。[4]

(3)　羽黒修験の開祖

　能除太子（崇峻天皇の皇子である蜂子皇子）が羽黒修験の開祖である。能除太子は羽黒山の阿久谷という場所で修行し，そこで羽黒山の神である伊弖波の神の出現に出会い，羽黒山頂にこの神を祀って出羽神社を開創した。羽黒山では，日本の修験道そのものの開祖は能除太子であり，役行者は中興の祖であると考える。[5]

3）五来重『修験道入門』角川書店，1980年，20-36頁。宮家　前掲書1），964-965頁。
4）五来　前掲書3），36-40頁。
5）同上，40-50頁。

(4) 立山修験の開祖

　狩人佐伯有頼が発心・出家して慈興上人となり，立山修験の開祖となった。[6]

(5) 白山修験の開祖

　越知山の雑部密教（空海以前の密教）の修行者泰澄が，白山修験の開祖となった。泰澄の従者，臥行者は越知山から鉢を飛ばして，日本海を渡る船に食を乞うた（飛鉢法）。これに対して，船の船頭神戸浄定はこれを拒んだが，船の中の米俵が翼の生えたように飛び出して，越知山上に積み重なった。これを見た神戸浄定は発心出家して，浄定行者となり，臥行者とともに，泰澄に仕えた。[7]

(6) 日光修験の開祖

　二荒山に登頂した勝道上人によって日光修験が開創された。[8]

(7) 伯耆大山修験の開祖

　出雲玉造の狩人依道が山の女神（登攬尼・地蔵菩薩）と出会って発心し，金蓮聖人となり，伯耆大山修験を開創した。[9]

(8) 富士修験の開祖

　役行者や聖徳太子が飛行して富士山の頂上に行ったという伝説があり，二人が富士山の開祖であると位置づけられることがある。しかし，平安時代の末代上人が足で登頂した初めての人であり，彼が富士修験の開祖であると考えられている。[10]

---

6) 同上，51-61頁。
7) 同上，61-80頁。
8) 同上，81-100頁。
9) 同上，101-111頁。
10) 同上，121-131頁。

⑼　石鎚修験の開祖

　飛鳥時代に役小角が石鎚山で修行し，その後，奈良時代に寂仙（上仙菩薩）が修行して石鎚蔵王大権現を感得し，石鎚修験の開祖となったと伝えられる。

[2]　三神三容

　各地の修験道の起源を見ると，修験の山には，祀られる山神（女体神）と，この神を祀る狩人（俗体神），または高僧（法体神）がいる。三神三容とは，女体神，俗体神（狩人），法体神（僧侶）を意味する。例えば，高野山の山神においては，丹生津比売命（女体神），高野明神・狩場明神（俗体神），弘法大師（法体神）が挙げられる。

2　本山派と当山派の成立・発展・解体と修験道の再生

　全国各地に発生した修験道は，平安時代以降，本山派と当山派という二つの大きな勢力の下に置かれるようになった。本山派は天台宗寺門派系の修験道の宗派であり，当山派は真言系の修験道の宗派である。本山派と当山派はそれぞれの伝統を保持しながら，江戸時代の終わりまで全国の修験者たちに対して大きな影響力を持ち続けた。

[1]　本山派

　本山派は平安時代以降，聖護院を中心にして形成された天台系の修験道教団であり，天台宗寺門派（園城寺を中心とする円珍門流）の天台密教の伝統に従う。聖護院門跡は，熊野三山検校と新熊野検校を兼任して，熊野三山の修験者たちを統括していた。本山派は吉野金峯山（山上ヶ岳），大峯山，熊野三山，葛城山を修行の根本道場としていた。そして，熊野の修験者たちが聖護院との結びつきのなかで本山派を形成していった。

　さらに江戸時代には，吉野修験（金峯山寺）が日光輪王寺（天台宗山門派）に

11）同上，15-16頁。

属し，羽黒修験，戸隠修験，立山修験などが東叡山寛永寺（天台宗山門派）に属するようになり，天台宗山門派の影響が強く及んだ。そして，天台宗山門派の修験道も発展していった。[12]

[2]　当山派

　当山派は平安時代以降，醍醐寺三宝院を中心にして形成された真言系の修験道教団であり，真言密教の伝統に従う。当山派の開祖は平安時代の真言宗の僧聖宝であるとみなされる。聖宝は真言密教を修めて醍醐寺を開いた。そして，彼は修験道において大峯修験の中興者とみなされ，恵印灌頂を始めた者であると考えられている。伝説によれば，聖宝は大峯山で大蛇を退治して，役行者以来途絶えていた峰入を再興させた。そして，彼は役行者に出会い，役行者に導かれて，龍樹菩薩から役行者を経て理智不二の秘密灌頂を授けられた（恵印灌頂の起源）。当山派は本山派と同様に，吉野金峯山，大峯山，熊野三山，葛城山を修行の根本道場としていた。大峯山中の小篠に拠った修験者たちが当山派を形成していった。[13]

[3]　修験道の聖典の成立

　15世紀から17世紀にかけて，修験者たちが諸伝承にもとづいて修験道のさまざまな聖典を著した。その中で『役君形生記』，『修験指南抄』，『修験修要秘決集』，『修験三十三通記』，『修験頓覚速証集』が修験五書と呼ばれ，近世期を通じて重視された。[14]

[4]　神仏分離令・修験道廃止令による修験道廃止

　江戸時代，本山派と当山派は修験道の二大宗派として幕府から公認され，両

12）高杢利彦「本山派」宮家準編『修験道辞典』東京堂出版，1986年，351-352頁。宮家準「大峯山」宮家編『修験道辞典』36頁。

13）鈴木昭「当山派」宮家編『修験道辞典』270-272頁。

14）宮家準『現代語訳　修験道聖典——『役君形生記』『修験指南抄』『修験修要秘決集』』春秋社，2022年，123頁。

者は互いに対立していた。しかし，明治維新の後，明治政府は神仏分離令
（1868年）と修験道廃止令（1872年）を布告し，修験者たちに対して従来の本山
に従って，本山派の修験者は天台宗（寺門派）に，当山派の修験者は真言宗に
帰入するよう命じた。そして，僧侶か神職になるように強制された。その結果，
還俗する修験者たちも現れた。このとき，修験道は廃止され，本山派と当山派
は解体された[15]。

5　修験道の再生

　修験道廃止の逆境にあって，海浦義観らの心ある修験者たちは，修験道の典
籍や儀軌を求めて研鑽に励み，修験道の研鑽布教のための組織を作っていった。
　大正時代には『修験道章疏』全三巻が完成し，体系的な修験道の教義書も作
られた。さらに『修験』（聖護院発行），『神変』（醍醐寺三宝院発行）などの教団
機関紙が発刊されて，修験道教義が一般信者にも広められていった。
　第二次世界大戦後，数多くの修験教団が独立して新しい活動に入っていった。
例えば，本山修験宗（聖護院を中心とする旧本山派系修験教団），金峯山修験本宗
（吉野），羽黒山修験本宗などが挙げられる。旧本山派系修験者のなかで，本山
修験宗に加わらず，天台寺門宗にそのまま属している者もいる。さらに天台寺
門宗とは別に，天台宗山門派の修験道も実践されている。旧当山派系修験者は
独立修験教団を作らず，真言宗醍醐寺三宝院に属しながら修験道の修行を行っ
ている。そして，修験道の実践と研究も活発になっていった[16]。

3　修験道の基本思想

　修験道では，神道・仏教・道教にもとづいた宇宙観と人間観を示す。そのう
えで，修行の体系と究極的な悟りの内容を明らかにする。

---

15) 宮家 前掲書1），140-141頁。
16) 同上，147-154頁。宮家準「修験教団」宮家編『修験道辞典』181-182頁。

1 修験道の宇宙観と人間観

(1) 宇宙観

修験道は「この世と他界，人間と諸神諸霊，山川草木などの森羅万象を含む宇宙の存在を認め，この宇宙の創造，構成などに関する思想」を展開する。修験道は，神道の神話，真言密教（六大，四曼，三密），天台仏教（空仮中の三諦観，十界互具）などを用いて，宇宙，神格，人間の起源などについて語る。

「柱源護摩」という修行では，「水から天地，陰陽が生じ，その交わりによって宇宙軸としての修験者が生じるという修法」が実践される。「柱源」における「柱」とは，「宇宙万物の柱」であり，「源」とは「天地陰陽和合の本源」を意味する。[17]

(2) 他界観

古代より，日本では山中，海上が祖霊，神霊の住まう他界であると考えられてきたが，修験道でもこれを受け容れている。さらに修験道の他界観は，仏教思想を取り入れて発展し，「山中の湖や海辺の他界」は「観音の補陀落浄土」であるとみなされ，修行の場所の山岳は，「法華経の霊山浄土」，「密教の曼陀羅」（胎蔵界曼荼羅・金剛界曼荼羅），「須弥山や宇宙軸」とみなされた。また，死者の他界は，阿弥陀仏，地蔵菩薩，虚空蔵菩薩，地獄，極楽浄土への信仰のなかで理解されていった。さらに山岳は「末法後に弥勒（菩薩）が下生して宇宙を再生する場所」，「道教の蓬莱山のように不老長生の場所」とも考えられた。[18]

(3) 崇拝対象

修験道では「他界とされた山や島にある木・岩・水などの自然物」に神霊が住まうと見て，峰入修行などのときに，これらの神霊に対して祈った。修験道が成立すると，金剛蔵王権現が役行者によって感得された。また役小角の本地仏とされる法起菩薩も修験道独自の神格である。この場合，法起菩薩（本地）

17）宮家 前掲書1），213頁，962-963頁。
18）同上，963頁。

が役小角（垂迹）として，この世界に現れたと理解する。さらに修験道では，不動明王などの明王部の諸尊，観音菩薩，薬師如来，弁財天，毘沙門天，地蔵菩薩，虚空蔵菩薩などが祀られている。とりわけ，修験者たちは不動明王を重要視して崇拝し，「五大明王や不動明王の持ち物の剣と索」で象徴的に表現される倶利伽羅不動も崇拝した。[19]

⑷　修験道の人間観

　修験道において，人間は大日如来や大日如来の現われである諸仏諸尊と同一の本体を持った存在であると考えられている。そのため，人間は自ら本来持っている仏性を悟って修行すれば，成仏することができると考える。

　修験道では，人間の本来のあり方を，「無作三身」（衆生が本来法身・報身・応身を一身の内に具した仏であること），「十界一如」，「無相の三密」，「一念法界の内証」などという言葉で表現する。[20]

② 　修験道の修行

⑴　十界修行

　修験道の中心は，峰入と呼ばれる山中の修行である。[21]峰入修行は，前行，山に入るときの入成，入宿作法，峰中での三時の勤行や十界修行，出成や宿出の出峰儀礼などから成っている。峰入修行の中心をなすのが，十界修行である。

19）同上，964頁。
20）同上，874-884，965-966頁。
21）元来，修験道では，四季の入峯が行われていた。春の峰入・秋の峰入で修験者は山河を歩いて修行した。夏の峰入・冬の峰入では，一か所で山籠もりの修行をした。大峯修験では，春の峰入では熊野から入峯し，吉野から出峯した（順峯）。秋の峰入では，吉野から入峯し，熊野から出峯した（逆峯）。そして，夏の峰入では，修験者が山のなかに籠って，山の花を採って，その寺の山上山下の境内にあるたくさんの堂と社に，花を供えて回ったり，法華経の書写を行ったりした。現在，大峯修験では夏の峯入は失われたが，出峯の際の蓮華会で行われる験競が，「蛙飛」行事として残っている。さらに冬の峯入では堂舎や洞窟に籠る。大峯修験では，「笙の窟」に籠って，冬の峯入の修行を行っていた。羽黒山では「松例祭」を毎年行い，冬の峯入の伝統を残している。このように，現代の修験道では，各地で四季の入峯がそれぞれ異なるかたちで実践されている。五来　前掲書3），165-225頁。

十界修行とは，人間の成仏過程を示す地獄，餓鬼，畜生，修羅，人，天の六道と，声聞，縁覚，菩薩，仏の四聖に，床堅（地獄）・懺悔（餓鬼）・業秤（畜生）・水断（修羅）・閼伽（人）・相撲（天）・延年（声聞）・小木（縁覚）・穀断（菩薩）・正灌頂（仏）の十種の修行を充当させて，これらすべてを終えることによって即身成仏すると説く修行である。十界修行には，修行者が峰入で象徴的に死に，十界修行を完成させることにより，仏となって再生する「擬死再生」の考え方が見られる。[22)]

(2)　十界修行の具体的内容

十界修行は以下のようなプロセスで行われる。[23)]

①床堅（地獄）

峰入の最初の夜に行われ，「正坐した修行者を小打木や腕比（うでころ）で打つことにより，自己に仏性があること，あるいは自らを大日如来であると観じさせる」行である。

②懺悔（餓鬼）

「密室で正先達に五体投地の三礼をし，自分の罪を懺悔する」行である。

③業秤（畜生）

「秤に下げて修行者の罪あるいは業をはかる。具体的には先達たちが螺緒（かいのお）で修行者を縛り，体を吊り上げる」行である。

④水断（修羅）

「初夜勤行のとき，正先達よりそれ以後，水の使用ならびに飲むことが禁じられる」行である。

⑤閼伽（人）

水断の修行が終了した日の「後夜勤行」のあとに行われる。正先達により修行者の頭上に「閼伽水」が注がれて，修行者の手と顔が清められ，煩悩も洗い流される。

---

22)　由木義文「十界修行」宮家編『修験道辞典』164-165頁。

23)　同上，164-165頁。

⑥相撲（天）

　初夜勤行後，修行者が左右から出て，炉檀の前で相撲を取る。

⑦延年（声聞）

　修行者が檜扇をもって舞う。

⑧小木（縁覚）

　修行者が採燈の先達に小木をおさめる。

⑨穀断（菩薩）

　七日間，穀断修行を行われ，いかなる穀物をも食さない。

⑩正灌頂（仏）

　正先達から仏の秘印が授けられ，即身成仏する。

(3)　戒・定・慧

　修験道の修行は，以下のように仏教における戒・定・慧の三学に分けることができる[24]。

　・戒：峰中制戒（山中での集団生活上の注意を列挙した修験道の戒律）。

　・定：心を統一し，純化させる修行。十界修行，洞窟内での禅定。

　・慧：悟りを得るための修行。恵印灌頂（滅罪・覚悟・伝法の三灌頂と結縁灌頂）の実践（当山派）。大日如来の五智（法界体性智・大円鏡智・平等性智・妙観察智・成所作智）の獲得（本山派）。

(4)　修験道における三種成仏

　修験道では，以下の三種成仏があると考えられている[25]。

①即身成仏

　自分自身に本来的に仏の悟りが具わっていることを知る（始覚）。春峰（熊野から吉野への峰入）の修行に充当する。「順峰・胎蔵界の峰」とも呼ばれる[26]。

24）宮家 前掲書1），888-898頁。

25）由木義文「三種成仏」宮家編『修験道辞典』151-152頁。

②即身即仏

　　衆生の三業と仏の三密が一致して成仏する（本覚）。秋峰（吉野から熊野への峰入）の修行に充当する。「逆峰・金剛界の峰」とも呼ばれる。[27]

③即身即身

　　完全な悟りが体験される成仏である。衆生と仏が一体不二である「始本不二（始覚と本覚が不二である）」，「生仏不二」の世界である。金峯山での「順逆不二（順峰と逆峰の不二）」，「胎金不二（胎蔵界・金剛界の不二）」の峰入に充当する。[28]

　①→②→③の順で，我々の自己と仏との合一体験が深まる。修験道における仏との合一感覚は，「無作三身」，「十界一如」，「無相の三密」と表現され，不二絶対の境地は，「凡聖不二，迷悟不二，順逆不二，理智不二」という言葉で表現される。[29]

(5)　救済観

　山伏は峰入修行を終えると，神秘体験のなかで得た験力を用いて救済儀礼を行った。山伏の救済儀礼の中心は，「病気などの災厄除去の活動」であった。生霊，死霊，神霊などが祟って災厄をもたらしたとき，山伏はこのような霊を憑依させて，災厄をもたらした理由を語らせ，それに応じた処方を行い，災厄を除去した。霊が強力である場合は，「護法（修験者が使役する神）」を使役して，憑き物落としや調伏を行った。[30]

(6)　罪と穢れ

　修験道は罪と穢れをおそれ，火や水で罪と穢れを浄めることができると信じ

---

26) 由木義文「即身成仏」宮家編『修験道辞典』232頁。
27) 由木 同上，232頁。
28) 由木 同上，232頁。
29) 宮家 前掲書 1 ），904-906頁。
30) 同上，967-968頁。

る。例えば，修験者は垢離と呼ばれる水浴，護摩の火による浄化などを行う。そして，修験道の修行者は，自分の罪業のみならず，他人の罪業をも引き受けて懺悔し，その罪業を償うためにさまざまな修行を行う。「代受苦」の思想にもとづいて，多くの人々に代わって懺悔滅罪のための修行を行う。人々の罪業が重く，災難が大きければ，修行者はより厳しい懺悔滅罪の修行を行った。そのような修行の極みが，死に至る捨身の修行である。その方法には，火定（焼身），入定（土中入定），入水，捨身（断崖捨身）などがあった。[31]

31）五来 前掲書3），8-12頁。

参 考 文 献

序 章

田中秀央『増補改訂 羅和辞典』研究社，1966年。
西田幾多郎『善の研究』岩波書店，2015年。

第Ⅰ部

日本語文献

青木健『新ゾロアスター教史——古代中央アジアのアーリア人・中世ペルシアの神聖帝国・現代インドの神官財閥』刀水書房，2019年。
石田友雄『ユダヤ教史——聖書の民の歴史』山川出版社，2013年。
市川裕『ユダヤ教の歴史』山川出版社，2009年。
亀井俊博『「まれびとイエスの神」講話——脱在神論的「人称関係の神学」物語』NextPublishing Authors Press，2014年。
『イザヤ書——旧約聖書Ⅶ』関根清三訳，岩波書店，1997年。
『十二小預言書——旧約聖書Ⅹ』鈴木佳秀訳，岩波書店，1999年。
『キリスト教古典叢書　ルター著作選集』徳善義和ほか訳，教文館，2012年。
グレイビル，ドナルド・B，スティーブン・M・ノルト，デヴィッド・L・ウィーバー-ザーカー『アーミッシュの赦し——なぜ彼らはすぐに犯人とその家族を赦したのか』亜紀書房，2008年。
小杉泰『イスラームの拡大と変容——イスラームの歴史Ⅱ』山川出版社，2010年。
佐藤次高編『イスラームの創始と展開——イスラームの歴史Ⅰ』山川出版社，2010年。
佐原徹哉「サラフィ・ジハード主義の歴史と『イスラム国』」『現代宗教』国際宗教研究所，2018年，173-198頁。
上智学院新カトリック大事典編纂委員会編『新カトリック大事典　Ⅰ』研究社，1996年。

上智学院新カトリック大事典編纂委員会編『新カトリック大事典　II』研究社，1998年。

上智学院新カトリック大事典編纂委員会編『新カトリック大事典　III』研究社，2002年。

上智学院新カトリック大事典編纂委員会編『新カトリック大事典　IV』研究社，2009年。

『聖書　新共同訳──旧約聖書続編つき』日本聖書協会，1995年。

高野進『近代バプテスト派研究』ヨルダン社，1989年。

津田真奈美「ジョン・スマイスとトマス・ヘルウィスの『分裂』をめぐって──ヤーノ
　ル説の検討による考察」『人文学と神学』東北学院大学学術研究会，2018年，83-95頁。
　https://www.tohoku-gakuin.ac.jp/research/journal/bk2018/pdf/no03_06.pdf（2021 年
　3月10日閲覧）。

手島佑郎『ユダヤ教の霊性──ハシディズムのこころ』教文館，2010年。

デ・ラーンジュ，ニコラス『ユダヤ教入門』柄谷凛訳，岩波書店，2002年。

『日亜対訳クルアーン──［付］訳解と正統十読誦注解』中田考監修，中田香織・下村
　佳州紀訳，作品社，2014年。

中田考『イスラーム入門──文明の共存を考えるための99の扉』集英社，2017年。

永本哲也・猪狩由紀・早川朝子・山本大丙編『旅する教会──再洗礼派と宗教改革』新
　教出版社，2017年。

ハーツ，P. R.『ゾロアスター教』奥西峻介訳，青土社，2004年。

廣松渉・子安宣邦・三島憲一・宮本久雄・佐々木力・野家啓一・末木文美士編『岩波哲
　学・思想事典』岩波書店，1998年。

松谷好明『イングランド・ピューリタニズム研究』聖学院大学出版会，2007年。

牧野信也『イスラームの原点──＜コーラン＞と＜ハディース＞』中央公論社，1996年。

山中弘『イギリス・メソディズム研究』ヨルダン社，1990年。

ルター，マルティン「贖宥の効力を明らかにするための討論」（通称，「95箇条の提題」）
　『ルター著作選集──キリスト教古典叢書』徳善義和ほか訳，教文館，2012年。

英語文献

Kaplan, Dana Evan. "Contemporary Forms of Judaism." In *The Cambridge Guide to
　Jewish History, Religion, and Culture*. Edited by Judith R. Baskin, Kenneth Seeskin.
　Cambridge: Cambridge University Press, 2010.

Mar O'Dishoo Metropolitan. *The Book of Marganitha (The Pearl) on the Truth of
　Christianity*. Translated by Mar Eshai Shimun XXIII. Chicago: the Literary
　Committee of the Assyrian Church of the East, 1988.

第Ⅱ部

伊吹敦『禅の歴史』法蔵館，2001年。

ヴィンテルニッツ『叙事詩とプラーナ──インド文献史 第二巻』中野義照訳，日本印度学会，1965年。

上田真啓『ジャイナ教とは何か──菜食・托鉢・断食の生命観』風響社，2017年。

上田良準・大橋俊雄『証空・一遍──浄土仏教の思想　第十一巻』講談社，1992年。

大久保良峻編『山家の大師　最澄』吉川弘文館，2004年。

大谷旭雄・坂上雅翁・吉田宏哲『永観・珍海・覚鑁──浄土仏教の思想　第十七巻』講談社，1993年。

梶村昇・福原隆善『弁長・隆寛──浄土仏教の思想　第十巻』講談社，1992年。

鎌田茂雄『新　中国仏教史』大東出版社，2001年。

河﨑豊・藤永伸編『ジャイナ教聖典選』上田真啓ほか訳，図書刊行会，2022年。

木内尭央『最澄と天台教団』講談社，2020年。

木内尭央『天台密教の形成──日本天台思想史研究』渓水社，1984年。

空海『即身成仏義』金岡秀友訳・解説，太陽出版，1985年。

コール，W. オーウェン，ピアラ・シング・サンビー『シク教──教義と歴史』溝上富夫訳，筑摩書房，1986年。

佐藤弘夫『日蓮』ミネルヴァ書房，2003年。

親鸞『親鸞著作全集　全』金子大栄編，法蔵館，1964年。

ストーン，ジャクリーン「日蓮と法華経」https://www.princeton.edu/~jstone/Articles%20on%20the%20Lotus%20Sutra%20Tendai%20and%20Nichiren%20Buddhism/Stone.Nichiren%20to%20Hokekyo%20(2014).pdf（2021年3月11日閲覧）。

竹村牧男『インド仏教の歴史──「覚り」と「空」』講談社，2004年。

竹村牧男『華厳五教章を読む』春秋社，2009年。

竹村牧男『「覚り」と「空」』講談社，1992年。

竹村牧男『「成唯識論」を読む』春秋社，2009年。

竹村牧男『唯識の構造』春秋社，1985年。

立川武蔵『ヒンドゥー教の歴史』山川出版社，2014年。

辻直四郎編『ヴェーダ・アヴェスター──世界古典文学全集3』辻直四郎ほか訳，筑摩書房，1967年。

角田泰隆『禅のすすめ──道元のことば』NHK出版，2003年。

道元『正法眼蔵』道元『道元禅師全集　第一巻』春秋社，1991年。

中西随功監修『證空辞典』東京堂出版，2011年。

中村元『思想の自由とジャイナ教──中村元選集［決定版］第10巻』春秋社，1991年。

中村元『ヒンドゥー教史』山川出版社，1979年。

日蓮宗事典刊行委員会編『日蓮宗事典』日蓮宗，1981年。

『バガヴァッド・ギーター』上村勝彦訳，岩波書店，1992年。

廣松渉・子安宣邦・三島憲一・宮本久雄・佐々木力・野家啓一・末木文美士編『岩波哲学・思想事典』岩波書店，1998年。

藤村義彰『新訳大無量寿経・阿弥陀経』国書刊行会，1993年。

松﨑惠水『平安密教の研究──興教大師覚鑁を中心として』吉川弘文館，2002年。

『マヌの法典』田邊繁子訳，岩波書店，1953年。

水上文義『台密思想形成の研究』春秋社，2008年。

箕輪顕量『事典　日本の仏教』吉川弘文館，2014年。

茂田井教亨『日蓮その人と心』春秋社，1984年。

山崎泰廣『密教瞑想と深層心理』創元社，1981年

ルヌー，ルイ，ジャン・フィリオザ『インド学大事典』山本智教訳，金花舎，1979年。

第Ⅲ部

阿部吉雄・山本敏夫，渡辺雅之編『新書漢文体系2　老子（新版）』明治書院，2002年。

宇野精一『孟子　全訳注』講談社，2019年。

岡田荘司・小林宣彦編『日本神道史　増補新版』吉川弘文館，2021年。

『古事記』『古事記（上・中・下）全訳注』全三巻，次田真幸訳注，講談社，1977-1984年。

五来重『修験道入門』角川書店，1980年。

荘子『荘子　Ⅰ』森三樹三郎訳，中央公論新社，2001年。

戸川芳郎・蜂屋邦夫・溝口雄三『儒教史』山川出版社，1987年。

『日本書紀』『日本書紀　上──日本古典文学大系67』『日本書紀　下──日本古典文学大系68』坂本太郎・家永三郎・井上光貞・大野晋校注，岩波書店，1965-1967年。

野間文史『五経入門——中国古典の世界』研文出版, 2014年。

原富男『現代語訳　荀子』春秋社, 1972年。

廣松渉・子安宣邦・三島憲一・宮本久雄・佐々木力・野家啓一・末木文美士編『岩波哲学・思想事典』岩波書店, 1998年。

宮家準『修験道思想の研究——増補決定版』春秋社, 1999年。

宮家準編『修験道辞典』東京堂出版, 1986年。

宮家準『現代語訳　修験道聖典『役君形生記』『修験指南抄』『修験修要秘決集』』春秋社, 2022年。

本居宣長『古事記伝』大野晋・大久保正編『本居宣長全集』第9巻〜第12巻, 筑摩書房, 1968〜1974年。

横手裕『道教の歴史』山川出版社, 2015年。

老子『老子』小川環樹訳, 中央公論新社, 2005年。

孔子『論語』金谷治訳注, 岩波書店, 1963年。

資料1　入門・世界の宗教一覧表

本書に紹介の世界の宗教の概要を一覧にしました。

第Ⅰ部　一神教──「啓示」に生きる

<table>
<tr><th></th><th></th><th>第1章
ユダヤ教</th><th>第2章
キリスト教</th><th>第3章
イスラーム教</th><th>第4章
ゾロアスター教</th></tr>
<tr><td rowspan="9">歴史</td><td>信仰対象</td><td>YHWH（アドナイ，ヤハウェ）</td><td>三位一体の神（父・子・聖霊という3つのペルソナを持つ唯一の神）</td><td>アッラー</td><td>アフラ・マズダー</td></tr>
<tr><td>開祖</td><td>特定の開祖はいない。神とアブラハムとの契約，神とモーセとの契約がユダヤ教の出発点である。</td><td>イエス・キリスト</td><td>ムハンマド</td><td>ザラスシュトラ</td></tr>
<tr><td>教義・思想</td><td>唯一の神（アドナイ，ヤハウェ）を信仰し，律法（トーラー）を実践する。</td><td>三位一体の神を信仰し，イエス・キリストの説いた神の国の福音を実践する。</td><td>アッラーを信仰し，六信五行を実践する（スンナ派）</td><td>アフラ・マズダーを信仰し，聖典『アヴェスター』の説く倫理に従って生きる。</td></tr>
<tr><td>聖典</td><td>ヘブライ語『聖書』</td><td>『旧約聖書』・『新約聖書』</td><td>『クルアーン』</td><td>『アヴェスター』</td></tr>
<tr><td>成立期</td><td>紀元前13世紀</td><td>1世紀</td><td>7世紀</td><td>前17世紀</td></tr>
<tr><td>宗派・教派</td><td>正統派・保守派・改革派</td><td>カトリック教会，イースタン・オーソドックス諸教会，オリエンタル・オーソドックス諸教会，プロテスタント諸教会</td><td>スンナ派，シーア派</td><td></td></tr>
<tr><td>成立地</td><td>パレスチナ</td><td>パレスチナ</td><td>アラビア半島</td><td>イラン高原</td></tr>
</table>

第Ⅱ部　インド発祥の諸宗教──「ダルマ」に生きる

<table>
<tr><th></th><th></th><th>第5章
バラモン教</th><th>第6章
ヒンドゥー教</th><th>第7章
ジャイナ教</th><th>第8章
シク教</th></tr>
<tr><td rowspan="7">歴史</td><td>信仰対象</td><td>インドラ，アグニ，スーリヤ，ヴァルナ，ミトラなど，ヴェーダに現れる神々</td><td>ブラフマー，ヴィシュヌ，シヴァなど，ヴェーダやプラーナ文献に現れる神々</td><td>ティールタンカラ</td><td>唯一の神（イク・オンカール，サト・グルなどの名を持つ）</td></tr>
<tr><td>開祖</td><td>特定の開祖はいない。</td><td>特定の開祖はいない。</td><td>マハーヴィーラ</td><td>グル・ナーナク</td></tr>
<tr><td>教義・思想</td><td>バラモン教の神々を信仰し，「ブラフマン（宇宙の原理）」と「アートマン（個我の原理）」とが本来同一であること（梵我一如）を知ることによって，輪廻から解脱する。</td><td>ヒンドゥー教の神々を信仰し，「ブラフマン（宇宙の原理）」と「アートマン（個我の原理）」とが本来同一であること（梵我一如）を知ることによって，輪廻から解脱する。</td><td>ヴェーダの神々を拝まず，ティールタンカラを崇拝する。マハーヴィーラの説く五つの誓戒（マハーヴラタ）を守り，自らのジーヴァ（霊魂）を業の一切付着していない状態に戻して輪廻からの解脱に至る。</td><td>唯一の神（イク・オンカール，サト・グルなどの名を持つ）を信仰し，神と合一して輪廻から解脱する。</td></tr>
<tr><td>聖典</td><td>ヴェーダ（サンヒター，ブラーフマナ，アーラニヤカ，ウパニシャッド）</td><td>ヴェーダ，プラーナ文献，『マヌ法典』，『マハーバーラタ』，『ラーマーヤナ』，六派哲学の主要テキストなど。</td><td>『アンガ』（マハーヴィーラの直説を伝える経典群）など。宗派によって聖典の内容・数が異なる。</td><td>『グル・グラント・サーヒブ』</td></tr>
<tr><td>成立期</td><td>前15世紀</td><td>4世紀</td><td>前5世紀</td><td>15世紀</td></tr>
<tr><td>宗派・教派</td><td></td><td>ヴィシュヌ派，シヴァ派など。</td><td>白衣派（シュヴェーターンバラ派），空衣派（ディガンバラ派）</td><td>正統派（カールーサーン・シク）とナームダーリー派</td></tr>
<tr><td>成立地</td><td>インド</td><td>インド</td><td>インド</td><td>インド</td></tr>
</table>

第Ⅲ部　中国と日本発祥の諸宗教──「道」に生きる

<table>
<tr><td colspan="2" rowspan="2"></td><td>第12章</td><td>第13章</td><td>第14章</td><td>第15章</td></tr>
<tr><td>儒　教</td><td>道　教</td><td>神　道</td><td>修験道</td></tr>
<tr><td rowspan="2"></td><td>信仰対象</td><td>「天」を世界を統御する存在と見る。特定の神を信仰することはない。</td><td>三清：玉清元始天尊，上清霊宝天尊，太清道徳天尊（老子を神格化した存在）。
四御：玉皇上帝，后土皇地祇，勾陳天皇大帝，北極紫微大帝（玉皇上帝ではなく，南極長生大帝を入れることもある）。</td><td>造化三神，天照大御神，須佐之男命，大国主神などの神道の神々。</td><td>神道の神々，大乗仏教の仏・菩薩，修験道の神格。</td></tr>
<tr><td>開祖</td><td>孔子</td><td>特定の開祖はいない。</td><td>特定の開祖はいない。</td><td>役小角</td></tr>
<tr><td rowspan="5">歴史</td><td>教義・思想</td><td>儒教の説く倫理を実践し，仁義礼智などの徳を実現する。</td><td>道教の神々を信仰し，神仙道（金丹術），呪符を用いた祈祷の実践などを行う。</td><td>神道の神々を信仰し，神まつり，禊，祓の実践などを行う。</td><td>神道の神々，大乗仏教の仏・菩薩，修験道の神格を崇拝し，修験道の修行を行う。</td></tr>
<tr><td>聖典</td><td>五経（『易』，『書』，『詩』，『礼』，『春秋』），『論語』，『孟子』など。</td><td>三皇経・霊宝経・上清経などの道教経典。</td><td>『古事記』・『日本書紀』など。</td><td>修験道の諸聖典（『役君形生記』，『修験指南抄』，『修験修要秘決集』，『修験三十三通記』，『修験頓覚速証集』など）</td></tr>
<tr><td>成立期</td><td>前6世紀</td><td>3世紀</td><td>4世紀</td><td>7世紀</td></tr>
<tr><td>宗派・教派</td><td>儒学のさまざまな学派（朱子学，陽明学など）</td><td>正一教，全真教</td><td>天照大御神を中心とする伊勢系の神道，大国主神を中心とする出雲系の神道など。</td><td>天台宗寺門派系の修験道（旧本山派の修験道），真言宗系の修験道（旧当山派の修験道），天台宗山門派系の修験道など。</td></tr>
<tr><td>成立地</td><td>中国</td><td>中国</td><td>日本</td><td>日本</td></tr>
</table>

<table>
<tr><td>第9章</td><td>第10章</td><td>第11章</td></tr>
<tr><td>インド仏教</td><td>中国仏教</td><td>日本仏教</td></tr>
<tr><td>上座部仏教：仏（釈迦）
大乗仏教：多くの仏・菩薩</td><td>大乗仏教の多くの仏・菩薩</td><td>大乗仏教の多くの仏・菩薩</td></tr>
<tr><td>釈迦</td><td>釈迦</td><td>釈迦</td></tr>
<tr><td>真理（ダルマ）に目覚めて，仏（ブッダ）になる。仏になるとき，輪廻から解脱する。</td><td>真理（ダルマ）に目覚めて，仏（ブッダ）になる。仏になるとき，輪廻から解脱する。</td><td>真理（ダルマ）に目覚めて，仏（ブッダ）になる。仏になるとき，輪廻から解脱する。</td></tr>
<tr><td>原始仏教：『阿含経』
大乗仏教：『般若経』，『華厳経』，『法華経』など。</td><td>『般若経』，『華厳経』，『法華経』などの大乗仏教経典。</td><td>『般若経』，『華厳経』，『法華経』などの大乗仏教経典。</td></tr>
<tr><td>前5世紀</td><td>前1世紀</td><td>6世紀</td></tr>
<tr><td>部派仏教，上座部仏教，大乗仏教（中観派，瑜伽行派，密教など）</td><td>大乗仏教（三論宗，法相宗，華厳宗，律宗，天台宗，真言宗，浄土宗，禅宗など）</td><td>大乗仏教（三論宗，法相宗，華厳宗，律宗，天台宗，真言宗，浄土宗，禅宗，日蓮仏教など）</td></tr>
<tr><td>インド</td><td>中国</td><td>日本</td></tr>
</table>

資料2　入門・世界の宗教の変遷図
本書に紹介の宗教の広がりと変遷を図にしました。

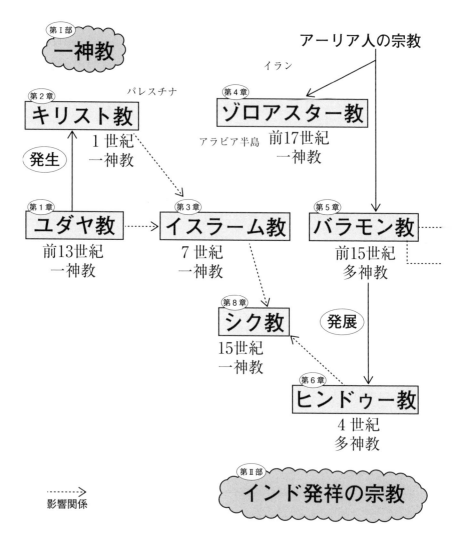

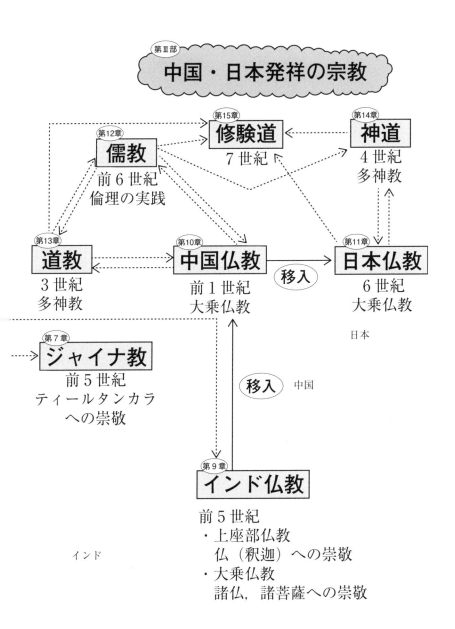

あとがき

　本書の目的は，世界の主要な宗教の教義が歴史のなかでどのように展開し，各宗教の内にどのような宗派が成立するに至ったのかを見ることであった。具体的には，一神教，インド発祥の宗教，中国や日本発祥の宗教における教えや実践の内容を見たうえで，教義の歴史的展開に即して，各宗教のなかにどのように宗派が生まれたのかを考察した。

　本書の内容を読んでいただけたら分かるように，世界の主要な宗教のなかには，同じ源から生まれた宗教でも，共通する点と異なる点を持っていることが多い。例えば，ユダヤ教を源として生まれたセム的一神教（ユダヤ教，キリスト教，イスラーム教）は，唯一の神への信仰，預言者の存在，聖典の内容について互いに重なり合う点を持っていながらも，神理解，人間の救済の理解が大きく異なる。そして，バラモン教を源として生まれたインドの宗教（バラモン教，ヒンドゥー教，ジャイナ教，仏教）は，カルマ（業），輪廻，解脱など共通の思想を持っていながらも，神々への信仰やバラモンやヴェーダを認めるかという問題についてまったく異なる見解を持っている。さらに源を共有していない諸宗教（例，キリスト教とヒンドゥー教）の場合，神，人間，いのち，世界，宇宙，歴史について，基本的にまったく異なる理解を持っている。

　宗教間対話のなかで大切な点は，お互いに共通している点と異なる点をきちんと確認し，その共通点と相違点を互いに認め合うことである。そのうえで，各宗教が互いに自らの立場を表明し，対話を続けていくならば，相手から学びつつ，相互に豊かにしあい，変容していくことが可能になる。

　さらに，どのような宗教でも必ず宗派の分裂と宗派間の対立が起こる。それはなぜかと言うと，教祖の教えと実践によって示された真理を，どのように正しく理解し，伝えればよいのかという問題について，信徒たちの間でさまざ

な見解の相違が生まれるためである。その見解の相違に従って，さまざまな宗派が生まれ，宗派間で対立が起きるようになる。しかし，宗派間の対立の場合，どのような教義上の対立であっても，必ずお互いに一致できる点がある。宗派間対話で大切なのは，まずお互いに一致できる点をまず確認することである。お互いに一致できる点を見たうえで異なる点を見ていくと，対立と緊張を緩和し，交わりと一致の回復への道を歩み始めることができる。

　このように，本書は宗教の教義と歴史に関する入門書でありながらも，すでに宗教についてある程度の知識を持っている人たちに対しても，各宗教の教義と歴史をより深く解説し，各宗教のなかのさまざまな宗派の起源をも説明しながら，宗教間対話や宗派間対話のために必要な知識も提供している。もともと本書はミネルヴァ書房の水野安奈さんからの依頼で作成することになった。本書の作成をとおして，筆者自身，世界の宗教について多くのことを学ぶことができた。このような機会を与えてくださったことに深く感謝している。さらに本書の編集担当者である長田亜里沙さんに，原稿執筆や校正などの多くの点でたいへんお世話になった。心から感謝を申し上げたいと思う。

2023年9月

角田佑一

人名索引

事項索引

《著者紹介》

角田佑一（つのだ・ゆういち）

1979年　生まれ。
2002年　上智大学文学部哲学科卒業。
2016年　米国サンタクララ大学イエズス会神学大学院博士課程修了。博士（神学）。
現　在　上智大学神学部助教。
主　著　Composite Nature without Particularities: Leontius of Byzantium's Understanding of Severus of Antioch's Miaphysite Christology, Studia Patristica (129), 2021, 183-194.
「イエスの内面的成長についてのキリスト論的考察—ペルソナと意識の関係」『「若者」と歩む教会の希望—次世代に福音を伝えるために 2018年上智大学神学部夏期神学講習会講演集』日本キリスト教団出版局，2019年，73-97頁。

教義と歴史から理解する
入門・世界の宗教

2024年3月1日　初版第1刷発行　　　　〈検印省略〉

価格はカバーに
表示しています

著　者　角　田　佑　一
発行者　杉　田　啓　三
印刷者　藤　森　英　夫

発行所　株式会社　ミネルヴァ書房
607-8494　京都市山科区日ノ岡堤谷町1
電話代表　（075）581-5191
振替口座　01020-0-8076

亜細亜印刷・吉田三誠堂製本

ISBN978-4-623-09610-7
Printed in Japan

| 朱子学入門 | 四六判／232頁 |
| 垣内景子 著 | 本 体 2,500円 |

| 知っておきたい 日本の宗教 | A 5 判／268頁 |
| 岩田文昭，碧海寿広 編著 | 本 体 2,200円 |

| 多文化時代の宗教論入門 | A 5 判／272頁 |
| 久松英二，佐野東生 編著 | 本 体 3,200円 |

宗教の世界史	四六判／288頁
ジョン・C・スーパー，ブライアン・K・ターリー 著	本 体 2,800円
南塚信吾，秋山晋吾 監修　渡邊昭子 訳	

| よくわかる宗教学 | B 5 判／232頁 |
| 櫻井義秀，平藤喜久子 編著 | 本 体 2,400円 |

| よくわかる宗教社会学 | B 5 判／224頁 |
| 櫻井義秀，三木英 編著 | 本 体 2,400円 |

―――――――― ミネルヴァ書房 ――――――――

https://www.minervashobo.co.jp